UTB **2782**

W0181005

Eine Arbeitsgemeinschaft der Verlage

Beltz Verlag Weinheim · Basel
Böhlau Verlag Köln · Weimar · Wien
Wilhelm Fink Verlag München
A. Francke Verlag Tübingen und Basel
Haupt Verlag Bern · Stuttgart · Wien
Lucius & Lucius Verlagsgesellschaft Stuttgart
Mohr Siebeck Tübingen
C. F. Müller Verlag Heidelberg
Ernst Reinhardt Verlag München und Basel
Ferdinand Schöningh Verlag Paderborn · München · Wien · Zürich
Eugen Ulmer Verlag Stuttgart
UVK Verlagsgesellschaft Konstanz
Vandenhoeck & Ruprecht Göttingen
vdf Hochschulverlag AG an der ETH Zürich
Verlag Barbara Budrich Opladen · Farmington Hills
Verlag Recht und Wirtschaft Frankfurt am Main
WUV Facultas Wien

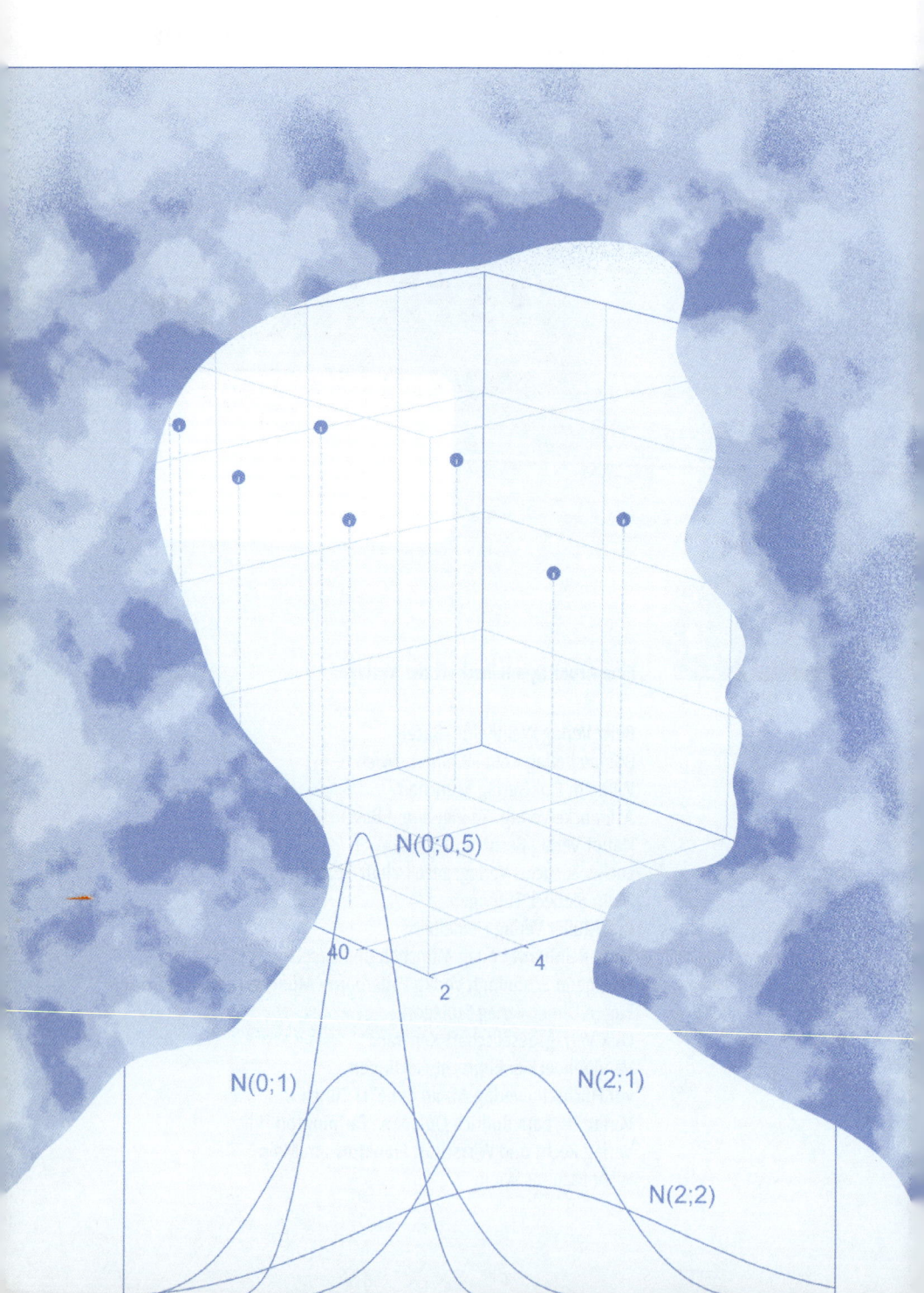

RAINER DIAZ-BONE

Statistik für Soziologen

UVK Verlagsgesellschaft

Zum Autor: Rainer Diaz-Bone ist Professor für Soziologie mit Schwerpunkt qualitative und quantitative Methoden an der Universität Luzern (Schweiz).

Bibliografische Information der Deutschen Bibliothek
Die Deutsche Bibliothek verzeichnet diese Publikation in der Deutschen Nationalbibliografie; detaillierte bibliografische Daten sind im Internet über http://dnb.ddb.de abrufbar.

ISBN 978-3-8252-2782-1

© UVK Verlagsgesellschaft mbH, Konstanz 2006
Einbandgestaltung und Grundlayout: Atelier Reichert, Stuttgart
Satz: Claudia Wild, Konstanz
Lektorat: Anke Beck, Stuttgart
Druck: fgb · freiburger graphische betriebe, Freiburg

UVK Verlagsgesellschaft mbH
Schützenstr. 24 · D-78462 Konstanz
Tel.: 07531-9053-0 · Fax: 07531-9053-98
www.uvk.de

Inhalt

INFERENZSTATISTIK

Einleitung 1

Das vorliegende Lehrbuch führt in die Grundlagen der sozialwissenschaftlichen Statistik ein. Es wendet sich in erster Linie an Studierende soziologischer und sozialwissenschaftlicher Studiengänge. Die Soziologie wird hierbei als das Kernfach der Sozialwissenschaften betrachtet. Die aufgeführten Beispiele sind soziologische Beispiele, die vorgestellten statistischen Maßzahlen, statistischen Verfahren und Denkweisen bilden das Grundlagenwissen für die soziologische Analyse numerischer Daten. Der Band „Statistik für Soziologen" versucht, Studierenden die Statistik in zugänglicher Form nahe zu bringen. Auf die Darlegung mathematischer Hintergründe und formaler Herleitungen wurde nach Möglichkeit verzichtet, wenn diese zum soziologischen Verständnis und für den sachlich richtigen Gebrauch der Statistik nicht erforderlich waren. Die frühe Verzahnung des einzuführenden Lehrstoffs mit Beispielen und der Vorrang der sprachlichen und visualisierenden Darstellungsweise gegenüber der formelmäßigen Darstellungsweise sollen den Zugang zur soziologisch relevanten Statistik vereinfachen.

Die hier zusammengestellten Inhalte stellen die Wissensbasis für eine *thematisch vollständige* Statistikausbildung im soziologischen und sozialwissenschaftlichen Grundstudium bzw. den entsprechenden B. A.-Studiengängen dar. Speziellere statistische Maßzahlen und Vertiefungen in solche Bereiche der Statistik, die in der soziologischen Praxis seltener zum Einsatz kommen, wurden mit der Zielsetzung ausgespart, dass der vorliegende Text in einer zweisemestrigen Lehrveranstaltung auch durchgearbeitet werden kann. Soweit dies möglich war, wurde versucht, die Empfehlungen der Deutschen Gesellschaft für Soziologie (DGS) für die Inhalte der Grundausbildung im Bereich Statistik für Studierende der Soziologie zu berücksichtigen (Rehberg 2003). Neuere Entwicklungen der soziologischen Statistik, soweit sie in den letzten Jahren Eingang in den Kanon der Grundausbildung gefunden haben, wurden hier aufgenommen. Die Einführung kann auch für die Grundausbildung in benachbarten Fächern wie der Politikwissenschaft oder der Kommunikationswissenschaft eingesetzt werden.

Definition Statistik

(1) Die Statistik ist das Wissenschaftsgebiet, in dem die Methoden und Techniken für die Analyse von numerischen Daten entwickelt werden. Zugleich ist die Statistik eine angewandte Wissenschaft, wenn ihre Methoden und Techniken in den empirischen Wissenschaften in der Datenanalyse zum Einsatz kommen.

(2) Mit dem Begriff „Statistik" werden auch Resultate einer statistischen Analyse wie Tabellen oder Übersichten mit statistischen Informationen bezeichnet.

Deskriptivstatistik und Inferenzstatistik

Die Statistik als Wissenschaft wird traditionell in zwei große Bereich unterteilt: Deskriptivstatistik und Inferenzstatistik. Die **Deskriptivstatistik** dient der Gewinnung von Überblicksinformationen über große Datenmengen sowie der Verdichtung von numerischen Informationen auf verschiedene forschungsrelevante Aspekte hin. Die Deskriptivstatistik heißt auch beschreibende Statistik, womit ihr Hauptanliegen zum Ausdruck kommt: Sie dient der *Beschreibung* von Datenstrukturen sowie ihrer anschaulichen Darstellung. Die **Inferenzstatistik** unterscheidet sich von der Deskriptivstatistik zuerst durch eine andere Datenlage: Hier dienen Stichproben aus einer Gesamtheit als Datengrundlage für die Analyse. Die Inferenzstatistik führt damit dann das statistische Prüfen von Aussagen über die Gesamtheit in Form eines Hypothesentests („Testen") durch, oder es wird versucht, ausgehend von den Stichprobendaten, auf Zustände in der Gesamtheit, aus der die Stichprobe gezogen wurde, mit Hilfe einer Schätzung zu schließen („Schätzen"). Das Testen und das Schätzen sind die beiden Formen des statistischen *Schließens,* die die Inferenzstatistik kennzeichnen. Daher wird die Inferenzstatistik auch schließende Statistik genannt.

Kausalanalyse und explorative Datenanalyse

In den Sozialwissenschaften ist die Statistik ein wichtiges Instrument der **Kausalanalyse**. Dies ist die Untersuchung von statistischen Zusammenhängen, mit denen kausale soziologische Annahmen belegt oder widerlegt werden sollen (→ Kap. 4.1). Eine andere Zielsetzung verfolgt die **explorative Datenanalyse**. Hier geht es nicht um die Prüfung von Aussagen über Zusammenhänge, sondern um die (auch hier: theoriegeleitete) Entdeckung von soziologisch interpretierbaren Strukturen in den Daten (Exploration), wobei dem Einsatz von Grafiken eine große Bedeutung zukommt.

Es gibt nicht nur die *eine* Statistik. Vielmehr ist die Statistik eine Wissenschaft mit verschiedenen Ansätzen, und sie ist – wie alle Wissenschaften – eine historisch entstandene Wissenschaft. Zu ihrer Entstehung haben verschiedene Strömungen beigetragen. Neben den naturwissenschaftlichen Beiträgen zur Statistik gibt es auch sozialwissenschaftliche Gründungsmomente. Mit dem Entstehen der westeuropäischen Nationalstaaten seit dem 17. Jahrhundert entsteht ein kontinuierlicher Bedarf an Regierungs- und Planungswissen über die nationalen Bevölkerungen und Ökonomien. Noch bevor die Sozialwissenschaften an Universitäten etabliert sind, entstehen bereits im 17. Jahrhundert in England mit der „**politische Arithmetik**" und in Deutschland mit der so genannten „**Universitätsstatistik**" frühe Vorläufer der empirischen Sozialforschung. Ende des 19. Jahrhunderts wird die Soziologie vor allem durch die wegweisenden theoretischen Arbeiten EMILE DURKHEIMS (1858–1917) und MAX WEBERS (1864–1920) begründet. Bereits diese beiden haben vor nunmehr über hundert Jahren empirische Untersuchungen vorgelegt, die sich der (damals noch einfachen) statistischen Analysetechniken bedienen und mit denen sie auch einer breiten Öffentlichkeit bekannt werden: DURKHEIM legt 1897 eine international vergleichende Studie vor, die die Selbstmordrate eines Landes mit Hilfe statistischer Daten als sozialen Tatbestand zum ersten Mal soziologisch analysiert (DURKHEIM 1983); WEBER führt (durch den Verein für Socialpolitik beauftragt) die Auswertung der Befragung von Gutsbesitzern über die Situation der Landarbeiter in den deutschen Regionen östlich der Elbe durch, welche er 1892 veröffentlicht. Seit Mitte des 20. Jahrhunderts zieht mit der Institutionalisierung der Soziologie als universitärer Disziplin die Statistik als Instrument der soziologischen Analyse in die Ausbildung von Soziologinnen und Soziologen ein. Zuerst in den USA. Das erste Statistiklehrbuch für Soziologen von MARGARET HAGOOD (1907–1963) erscheint 1941. In den 1940er und 1950er Jahren etabliert sich die quantitative Sozialforschung in den USA, mit einiger Verzögerung dann auch in der Bundesrepublik. Heutzutage ist die Statistik ein selbstverständliches Handwerkszeug für die soziologische Analyse, und Statistikkenntnisse zählen zu den wichtigen methodischen Qualifikationen von Absolventinnen und Absolventen in der Soziologie, die auch für die außerwissenschaftliche Berufstätigkeit und den Berufseinstieg als sehr bedeutsam eingeschätzt werden (siehe die Beiträge in ENGEL 2002).

Der Einsatz der Statistik in der Soziologie erfolgt im Rahmen eines Forschungsprozesses. Der Ausgangspunkt für jede Forschung ist eine theoriefundierte Fragestellung und ein Forschungsinteresse. Damit ist auch die statistische Analyse theorie- und interessegeleitet. Nur so kann die Datenanalyse die analytische Orientierung erhalten, wozu welche Daten wie ausgewertet werden sollen. Daten sind das Resultat von Datenerhebungsprozessen. Wenn man sich dessen bewusst ist, weiß man, dass „Daten" nicht einfach nur die objektive soziale Realität widerspie-

Geschichte der Statistik

Professionalisierung der Soziologie

Einordnung der Datenanalyse in den Forschungsprozess

geln, sondern dass sich im Datenerhebungsprozess theoretische Entscheidungen, Mess*operationen* sowie die Auswirkungen der praktischen Methodenprobleme der konkreten Datenerhebung in den „Daten" niederschlagen. In der empirischen Sozialforschung ist die Datenanalyse eingebettet in einen Ablauf vieler Forschungsschritte. Der Gebrauch der Statistik in der empirischen Sozialforschung muss das Wissen um die *vorangehenden* Forschungsschritte einbeziehen. Nur so kann die Qualität der in einem Datensatz enthaltenen Daten beurteilt und entschieden werden, welche statistischen Operationen mit den Daten möglich sind und welchen Informations*gehalt* die Daten haben.

vergleichende
Methode

Die vielleicht wichtigste analytische Denkweise ist der **Vergleich.** Dies gilt auch für die statistische Analyse in den Sozialwissenschaften. Ein einzelnes statistisches Datum oder eine einzelne statistische Maßzahl (z. B. die Arbeitslosenquote in Berlin) hat für sich allein noch keine sozialwissenschaftliche Aussagekraft. Erst wenn man einzelne Daten oder Maßzahlen entweder untereinander oder zu einer Norm bzw. einer zu erwartenden Ausprägung in Beziehung setzt, erhält man mit diesem Vergleich einen Informations*wert* für eine statistische Größe. (Man muss also die Arbeitslosenquote Berlins z. B. zur Arbeitslosenquote in Brandenburg oder in der Bundesrepublik in Beziehung setzen.) Bereits DURKHEIM hat die vergleichende Methode als *die* soziologische Methode zu etablieren versucht (DURKHEIM 1984). Daten soziologisch zu sehen, bedeutet daher: soziologische Daten interpretativ zu einem Vergleichsmaßstab in Beziehung zu setzen.

Notwendigkeit
der Interpretation

Ein wichtiges Prinzip der Datenanalyse in den Sozialwissenschaften ist die Notwendigkeit der Interpretation von Daten. Denn der sozialwissenschaftliche Sinn von Daten bleibt ohne Interpretation unvollständig. GERHARD SCHULZE hat dies deutlich hervorgehoben:

„Das ,Ergebnis' der empirischen Sozialforschung ist keineswegs identisch mit den Daten. In der Naturwissenschaft mag ein Forschungsprojekt dann an sein Ende kommen, wenn die Meßoperationen abgeschlossen und die dabei gewonnenen Informationen zu möglichst aussagekräftigen Daten verdichtet sind. An diesem Punkt hat die empirische Sozialforschung jedoch immer erst ein Zwischenstadium erreicht. [...] Relative Häufigkeitsverteilungen, Zusammenhangsmaße [...] bleiben ohne zusätzliche hermeneutische Bemühungen bedeutungslos. [...] Aus der Sinnlosigkeit uninterpretierter Daten läßt sich nicht ihre Entbehrlichkeit ableiten. Sie sind Ankerpunkte von Deutungsversuchen, in die viele andere Elemente einfließen: historische Überlegungen, sozialwissenschaftliche Theorie, Nachvollziehen fremder Subjektivität, vor allem die Alltagserfahrung des Forschers selbst in der Gesellschaft, die er untersucht, das ungeschriebene Protokoll lebenslang teilnehmender Beobachtung. [...] Dieser Deutungsversuch ist das eigentliche Ergebnis; ob er plausibel ist, läßt sich anhand von Daten allein nicht entscheiden. Man muß jedoch zeigen, daß die Daten mit dem Deutungsversuch vereinbar sind." (SCHULZE 2000, S. 562 f.)

Für viele Beispiele in diesem Buch wird der ALLBUS 2002 als Datengrundlage verwendet. Der **ALLBUS** ist die Allgemeine Bevölkerungsumfrage, die seit 1980 alle zwei Jahre als repräsentativer Survey in Deutschland erhoben wird (→ Kap. 11.2.3). Ein **Survey** ist eine „Überblicksbefragung" einer Stichprobe von Personen aus einer Bevölkerung zu verschiedenen sozialen Themen. Der ALLBUS wurde für die sozialwissenschaftliche Forschung konzipiert und deckt ein breiteres soziologisch relevantes Themenspektrum ab. Der ALLBUS 2002 enthält Daten über mehr als 2800 zufällig ausgewählte Personen, die in der Bundesrepublik in Privathaushalten wohnen. Die thematische Konzeption des Fragebogens, die Konstruktion der Stichprobe sowie Informationen zur Datenerhebung sind im Methodenbericht des ALLBUS dokumentiert (BLOHM et al. 2003).

ALLBUS

In Kap. 2 des vorliegenden Bandes werden zunächst die ersten Grundbegriffe und Schreibweisen vorgestellt, in den Kap. 3–5 wird in die Grundlagen der Deskriptivstatistik eingeführt. Ausgangspunkt ist in Kap. 3 die statistische Beschreibung einzelner Variablen. Das ist die so genannte **univariate Analyse**. In Kap. 4 werden die Grundzüge der statistischen Analyse des Zusammenhangs zweier Variablen vorgestellt. Dies ist die **bivariate Analyse**. Fragt man im nächsten Schritt (Kap. 5) danach, wie statistische Zusammenhänge beeinflusst werden durch zusätzliche Variablen (Drittvariablen), so betritt man das Feld der **Drittvariablenkontrolle**. Die beiden folgenden Kap. 6 und 7 führen in die Grundlagen der Inferenzstatistik ein. Kap. 6 führt in die Stichprobentheorie und die Stichprobenverteilungen ein, die Voraussetzungen für die Darlegung des **Schätzens** sind. Kap. 7 schließt dann mit dem **Testen** an. In der **multivariaten Analyse** wird der statistische Zusammenhang zwischen vielen Variablen betrachtet. Die Kap. 8 und 9 führen in das am häufigsten verwendete Verfahren der multivariaten Analyse ein: die multiple Regression. Kap. 8 stellt die **lineare Regression**, Kap. 9 die **logistische Regression** dar. Letztere hat sich in den letzten Jahren in der soziologischen Grundausbildung etablieren können. Die einzelnen Kapitel des vorliegenden Lehrbuchs bauen schrittweise aufeinander auf. Vorher eingeführte Begriffe und Denkweisen werden in späteren Kapiteln vorausgesetzt. Daher ist für das Verständnis einzelner Kapitel die Durcharbeitung der vorangehenden Kapitel in der Regel die Voraussetzung. Zur besseren Orientierung, wo Begriffe bereits eingeführt wurden oder ob sie an späterer Stelle noch einmal vorkommen, dient das Register am Ende des Buchs. Kap. 11 (An-

Aufbau des Lehrbuchs

hang) stellt weitere multivariate Verfahren vor. Die **Kurzporträts** dienen auch dazu, schnell entscheidbar zu machen, welches statistische Verfahren für ein gegebenes Analyseinteresse ein nützliches Werkzeug sein kann. Die wichtigsten **Datensätze** für die Sozialforschung werden kurz vorgestellt, und es wird auf **Datenarchive** hingewiesen, die einige Tausend Datensätze für statistische Analysen bereithalten. Wer die Beschäftigung mit den statistischen Grundlagen vertiefen oder mit der Beschäftigung mit multivariaten Verfahren fortsetzen will, erhält im Kap. 11.3 **Literaturhinweise** dazu.

Grundbegriffe | 2

Dimensionen und Variablen | 2.1

Definition Variable

Unter einer Variablen versteht man eine messbar gemachte Dimension (Merkmal), die verschiedene Ausprägungen (Werte) annehmen kann.

Drei soziologische Beispiele für solche Variablen sind *Schulabschluss, Einkommen, Familienstand*. Die TABELLE 2.1 beinhaltet Beispiele für zugehörige Ausprägungen.

Variablen und ihre Ausprägungen „fallen nicht vom Himmel". In einem standardisierten Forschungsprozess werden die Dimensionen, die durch die Forschungsfrage angesprochen sind, im Prozess ihrer Messbarmachung zu Variablen ausgearbeitet. Dieser Vorgang ist die **Operationalisie-**

Variablen sind das Resultat der Operationalisierung von Dimensionen

Variable	Ausprägungen	Tab. 2.1
Schulabschluss	Realschulabschluss, Abitur, kein Abschluss usw.	
Einkommen	5000 €, 2500 €, 2414 €, 50 €, 6400 € usw.	
Familienstand	ledig, verheiratet, geschieden usw.	

rung. Hierbei werden Dimensionen nicht nur begrifflich definiert, sondern es wird auch festgelegt, welche Ausprägungen unterschieden werden müssen und wie sie konkret gemessen werden. Ausprägungen sind Eigenschaften der **Merkmalsträger.** Letztere nennt man auch die statistischen Einheiten oder kurz: die Fälle. Bei den drei Variablen in der TABELLE 2.1 handelt es sich um soziodemografische Variablen. Merkmalsträger sind hier Personen. Merkmalsträger können je nach soziologischer Forschungsfrage unterschiedliche Einheiten sein. Neben Personen können Haushalte, Familien, soziale Beziehungen, Organisationen, Städte, Länder oder auch Ereignisse, Prozesse, Handlungen sowie bedeutungstragende Materialien (z. B. Wörter, Sätze, Zeichen, Bilder) statistische Einheiten sein, die im Rahmen einer Untersuchung interessierende Merkmale an sich aufweisen.

Merkmalsträger, statistische Einheiten, Fälle

2.2 | Eigenschaften von Variablen

Variablen können verschiedene Eigenschaften aufweisen. Die wichtigste Eigenschaft ist das **Skalenniveau** oder Messniveau einer Variablen. Bereits im Wortbestandteil „-niveau" drückt sich eine Hierarchie aus. Skalenniveaus bestimmten die zulässigen Rechenoperationen. Ein höheres Skalenniveau lässt mehr Vergleichsaussagen und Rechenarten zu als ein niedrigeres.

Definition Skalenniveau

Ein Skalenniveau gibt an, welche Vergleichsaussagen und welche rechnerischen Operationen die Ausprägungen von Variablen sinnvoll zulassen.

Nominales Skalenniveau

Das niedrigste Skalenniveau ist das **nominale.** Eine nominal skalierte Variable hat Ausprägungen, die sich nur daraufhin vergleichen lassen, ob sie bei zwei Merkmalsträgern gleich oder unterschiedlich sind. Beispiele für nominal skalierte Variablen sind der *Familienstand,* die Zugehörigkeit zu einer *Religionsgemeinschaft* oder das *Geschlecht* einer Person. Man kann zwei Personen daraufhin vergleichen, ob sie denselben Familienstand oder einen unterschiedlichen haben, ob sie derselben Religionsgemeinschaft oder zwei verschiedenen angehören, ob sie gleichen oder verschiedenen Geschlechts sind.

Gleichheit oder Unterschiedlichkeit können festgestellt werden

Ordinales Skalenniveau

Das nächst höhere Skalenniveau ist das **ordinale**. Hier sind die Ausprägungen bei zwei Merkmalsträgern nicht nur daraufhin vergleichbar, ob sie gleich oder unterschiedlich sind, sondern zusätzlich auch daraufhin, ob sie ein „Mehr" oder ein „Weniger" auf der zu messenden Dimension anzeigen. Damit lassen sich die verschiedenen möglichen Ausprägungen einer ordinal skalierten Variablen in eine Rangfolge bringen. Beispiele für ordinal skalierte Variablen sind der *Schulabschluss* oder die Zugehörigkeit von Managern zu *Hierarchieebenen* der Unternehmensführung, z. B. eingeteilt in untere, mittlere und obere Managementebene. Man kann zwei Personen daraufhin vergleichen, ob sie denselben Schulabschluss haben oder nicht. Wenn sie einen unterschiedlichen Schulabschluss haben, kann man nun zusätzlich feststellen, welche Person den höheren und welche den niedrigeren Schulabschluss hat. Man kann entsprechend zwei Manager nicht nur daraufhin vergleichen, ob sie derselben Managementebene angehören oder nicht. Wenn die Ausprägungen unterschiedlich sind, kann man nun zusätzlich vergleichen, welcher Manager einer höheren und welcher einer niedrigeren Managementebene zugehört. Über die Abstände zwischen den Ausprägungen von ordinal skalierten Variablen kann man aber keine Aussagen machen.

zusätzlich können Rangfolgen gebildet werden

Metrisches Skalenniveau

Das höchste Skalenniveau ist das **metrische**. Dieses lässt nicht nur den Vergleich von Ausprägungen auf Gleichheit und Ungleichheit sowie die Bildung von Rangfolgen zu, sondern darüber hinaus kann man hier nun angeben, wie groß die Abstände zwischen je zwei Ausprägungen sind. Man kann mit den Ausprägungen einer metrischen Variablen sinnvoll Differenzen und Summen bilden. Beispiele für metrisch skalierte Variablen sind das *Einkommen* von berufstätigen Personen in € oder die *Anzahl der Kinder* einer Familie. Einkommensdifferenzen zwischen zwei berufstätigen Personen oder der Unterschied der Kinderzahl zwischen zwei Familien können als Differenz berechnet und interpretiert werden. Leben mehrere Einkommensbezieher in einem Haushalt, kann man durch die Summierung der Einkommen das Haushaltseinkommen ermitteln.

zusätzlich sind Differenzen und Summen berechenbar

Verhältnis- und Intervallskala

Das metrische Skalenniveau lässt sich in zwei Skalenniveaus differenzieren.

Bei einer **verhältnisskalierten Variablen** ist die Ausprägung dann 0, wenn das Merkmal empirisch nicht vorhanden ist. Verhältnisskalen lassen damit die Bildung von Verhältnissen zu.

Beispiel: Ein *Einkommen* von 0 € bedeutet: Eine Person hat kein Einkommen. Die Abstände zweier Einkommen vom 0-Punkt kann man hier sinnvoll ins Verhältnis setzen. So kann man beispielsweise sagen, dass ein Einkommen von 5000 € ein doppelt so hohes Einkommen ist wie ein Einkommen von 2500 €.

Intervallskalen unterscheiden sich von Verhältnisskalen dadurch, dass die Ausprägung 0 nicht bedeutet, dass das Merkmal empirisch nicht vorhanden ist. Die Folge ist, dass man hier zwar Differenzen zwischen zwei Ausprägungen bilden kann, diese aber nicht ins Verhältnis gesetzt werden können.

Intervallskalen erlauben nicht, Verhältnisse zu bilden

Beispiel: Misst man die *Temperatur* in München und Berlin in Grad Celsius und ist es in München 20 °C, in Berlin dagegen nur 10 °C warm, so ist es zulässig zu sagen, dass es in München 10 °C wärmer ist als in Berlin. Es ist aber nicht zulässig zu sagen, dass es in München doppelt so warm ist wie in Berlin. Das Verhältnis der Intervalle 0 °C bis 20 °C (für München) und 0 °C bis 10 °C (für Berlin) gibt nicht das Temperaturverhältnis zwischen beiden Städten wieder. Denn die Ausprägung 0 °C bedeutet nicht, dass das Merkmal Temperatur nicht vorhanden ist. Erst bei –273 °C liegt keine Temperatur mehr vor. (Man müsste die Temperaturen in Grad Celsius beider Städte also zu diesem Wert ins Verhältnis setzen oder eine Temperaturskala verwenden, die ihren Nullpunkt bei –273 °C hat, wie die Kelvinskala.)

Eine Intervallskala liegt auch vor, wenn der Wert 0 nicht vorkommen kann und deshalb ein anderer Wert als 0 das Nichtvorhandensein des Merkmals darstellt.

Beispiel: Im Rahmen des ALLBUS 2002 wurde gefragt: „Würden Sie von sich sagen, dass Sie eher religiös oder eher nicht religiös sind?" Die Befragten konnten sich auf einer zehnstufigen Skala einordnen, bei der nur die Extremwerte mit „nicht religiös" und „religiös" bezeichnet waren. Die Variable *Religiosität* variiert von 1 = „nicht religiös" bis 10 = „religiös". Eine solche Variable gilt als metrische Variable. Diese ist nun intervallskaliert. Wenn für einen ersten Befragten die Ausprägung 10 und für einen zweiten Befragten die Ausprägung 5 auf dieser Religiositätsskala vorliegen, kann man angeben, welcher Befragte einen höheren Skalenwert angibt, und man kann die Unterschiedlichkeit (die Differenz) der angegebenen Religiosität ermitteln: Sie beträgt 10–5 = 5 Skalenpunkte. Man kann dagegen nicht sagen, der erste Befragte gebe an, doppelt so religiös zu sein wie der zweite Befragte. Das Verhältnis der angegebenen Religiosität lässt sich *nicht* bilden, indem man 10 zu 5 ins Verhältnis setzt. Für den ersten Befragten beträgt der Abstand zur Ausprägung für 1 = „nicht religiös" 9 Skalenpunkte, für den zweiten Befragten beträgt dieser Abstand nur 4 Skalenpunkte. Setzt man diese Abstände ins Verhältnis, erkennt man das tatsächliche Verhältnis der angegebenen Religiosität, das 9 zu 4 (= 2,25) und nicht 10 zu 5 (= 2) beträgt. Der erste Befragte gibt also an, *mehr* als doppelt so religiös zu sein wie der zweite Befragte. Eine einfache Transformation (Umrechnung) besteht darin, dass man von jeder vorliegenden Ausprägung einen Skalenpunkt subtrahiert, so dass die transformierte Variable *Religiosität* einen Nullpunkt hat, der das Fehlen der (angegebenen) Religiosität repräsentiert.

Die Religiositätsskala ist als Beispiel auch gut geeignet, sich bewusst zu machen, dass Daten, die mit einer Befragung erhoben wurden, das Antwortverhalten von Befragten auf Fragen im Rahmen einer Befragung abbilden. Die Religiositätsskala bildet also nicht ab, wie religiös Befragte sind, sondern wie sich Befragte in einer Befragungssituation auf die Frage nach dem Ausmaß ihrer Religiosität selbst beurteilen.

Befragungen messen das Antwortverhalten von Befragten

Skalierung (Messeinheit)

Vom Skalenniveau zu unterscheiden ist die **Skalierung** oder Messeinheit einer Variablen. Die Dauer von Zuständen (wie Betriebszugehörigkeit oder Arbeitslosigkeit) kann in Jahren oder in Monaten gemessen werden. Jahre und Monate sind dann unterschiedliche mögliche Messeinheiten der Variablen *Betriebszugehörigkeit*. Aus statistischen Gründen kann es vorteilhaft sein, wenn man Variablen so umrechnet (transformiert), dass sich die Messeinheiten ändern oder dass eine Variable keine Messeinheiten mehr aufweist. Im letzten Fall liegen die Ausprägungen dann nicht mehr in einer Messdimension vor. Man sagt: „Die Variable ist **dimensionslos**." Im Abschnitt zur z-Standardisierung von Variablen (→ Kap. 3.9) wird darauf näher eingegangen.

Diskrete und stetige Variablen

Variablen können weiter danach unterschieden werden, ob sie diskret oder stetig sind. Man sagt, dass eine Variable **diskret** ist, wenn nur endlich viele oder zumindest „abzählbar" (unendlich) viele verschiedene Ausprägungen möglich sind. Damit soll ausgedrückt werden, dass bei diesen Variablen keine „Zwischenwerte" zwischen zwei aufeinander folgenden Ausprägungen möglich sind, dass ihre Ausprägungen nur in „Sprüngen" vorkommen. Nominal und ordinal skalierte Variablen sind immer diskret. Für nominal skalierte Variablen gilt, dass es „Zwischenwerte" nicht geben kann. Bei ordinal skalierten Variablen gibt es zwar eine Rangfolge zwischen den Ausprägungen, diese bilden aber dann Abstufungen, die nicht weiter geteilt werden können. Metrisch skalierte Variablen können entweder diskret oder stetig sein. Die *Kinderzahl* von Familien ist z. B. eine diskrete Variable mit den Ausprägungen „kein Kind", „ein Kind", „zwei Kinder", „drei Kinder" usw. Die *Kinderzahl* kann zwar sehr groß sein,

bei diskreten Variablen sind mögliche Ausprägungen abzählbar

nur metrische Variablen können stetig sein

aber Zwischenwerte wie „2,15 Kinder" sind keine möglichen Ausprägungen für die *Kinderzahl* einer Familie. (Möglich ist eine solche Ausprägung aber für eine statistische Maßzahl wie das arithmetische Mittel, (→ Kap. 3.3.1.).

bei stetigen Variablen sind alle Zwischenausprägungen möglich

Für **stetige Variablen** gilt dagegen, dass zwischen zwei verschiedenen Ausprägungen immer noch eine dritte Ausprägung vorkommen kann. Hat man etwa das Nettoeinkommen zweier berufstätiger Personen mit unterschiedlichem Einkommen genau ermittelt, so kann es immer eine dritte berufstätige Person geben, deren Nettoeinkommen dazwischen liegt. Sachverhalte, die in Geldbeträgen oder in physikalischen Einheiten (wie Größe in Metern, Zeit in Jahren, Tagen oder Minuten) auch mit Nachkommastellen ausgedrückt werden können, gelten als stetige Variablen. Bei genauerer Betrachtung zeigt sich allerdings, dass im Alltag nur eine beschränkte Anzahl von Nachkommastellen erfasst wird. Bei Geldbeträgen in € verwendet man nur zwei Nachkommastellen für die Cents. Praktisch werden also auch solche Sachverhalte zu diskreten Variablen, man behandelt sie in der Statistik dennoch wie stetige.

Kategoriale Variablen

Geringe Anzahl von möglichen Ausprägungen

kategoriale Variablen überwiegen in der Soziologie

Eine diskrete Variable, die nur eine geringe Anzahl von verschiedenen Ausprägungen hat, nennt man auch **kategoriale Variable**. Wenn gesagt wurde, dass die Mehrheit der Variablen im Bereich der Soziologie nominal oder ordinal skaliert ist, so kann man weiter sagen, dass die meisten Variablen kategoriale Variablen sind. Die Ausprägungen einer kategorialen Variablen werden Kategorien genannt. Hat eine kategoriale Variable nur zwei mögliche Ausprägungen so ist sie **dichotom**, hat sie dagegen mehrere mögliche Ausprägungen, ist sie **polytom**. Ein Beispiel für eine dichotome Variable ist das *Geschlecht* mit den beiden Ausprägungen „männlich" und „weiblich". Ein Beispiel für eine polytome Variable wäre die *Religionsgemeinschaft,* der ein Befragter angehört, mit den verschiedenen möglichen Ausprägungen: „evangelisch", „römisch-katholisch", „andere christliche Religion", „andere nichtchristliche Religion", „keine Religion".

Manifeste und latente Variablen

Variablen können weiterhin unterteilt werden in manifeste und latente Variablen. **Manifeste Variablen** sind solche, deren Ausprägungen man direkt beobachten kann, während **latente Variablen** solche sind, deren Ausprägungen man nicht direkt beobachten kann. Bei den bisher angeführten Beispielen handelt es sich um manifeste Variablen. Ein Beispiel für latente Variablen aus der Psychologie sind *Intelligenzquotienten*. Diese kann man bei Personen nur über die Resultate von Intelligenztests indirekt ermitteln, man kann sie nicht direkt beobachten oder gar erfragen.

Schreibweisen | 2.3

So wie Musiker sich verständigt haben, wie sie Musik mit Hilfe von Notensystemen in einheitlicher Weise aufschreiben, damit jeder ausgebildete Musiker Partituren lesen kann, so haben sich auch in der Statistik **Schreibweisen** mit ähnlicher Zielsetzung eingebürgert. Man spricht auch von Notationen. Sie dienen dazu, Sachverhalte in deutlich kürzerer Form darzustellen. Zudem ist es mit Notationen möglich, statistische Überlegungen auszudrücken, die sich nicht auf einzelne konkrete Anwendungen (ein konkretes Beispiel) beziehen, sondern die allgemeinerer Art sein sollen. Statistische Notationen sind insofern einfach Konventionen, wie man etwas aufschreibt. Es gibt zwar keine verbindliche Norm für statistische Notationen, dennoch kann man sagen, dass es übliche Schreibweisen gibt und Varianten der Schreibweise bei einzelnen Aspekten vorkommen.

Funktionen von Notationen

Variablen als Buchstaben

In der Statistikliteratur werden Variablen häufig einfach nur mit einem **Buchstaben** repräsentiert. Man schreibt dann in Kurzform „X" anstelle einer umfangreicheren Variablenbezeichnung. Sollen mehrere Variablen mit Buchstaben repräsentiert und unterschieden werden können, kann man auf verschiedene Buchstaben zurückgreifen. Man schreibt dann: X, Y, Z … oder A, B, C, D usw. Jeder Großbuchstabe repräsentiert eine Variable. Eine andere Möglichkeit, verschiedene Variablen mit nur einem Buchstaben zu unterscheiden, besteht in der Verwendung von Indizes (s. u.). Einzelne Ausprägungen einer Variablen werden in der Statistikliteratur mit den zugehörigen kleinen Buchstaben repräsentiert. Spricht man also von einer Variablen insgesamt als einem Sachverhalt, so steht dafür ein Großbuchstabe, z. B. „X". Meint man einzelne Ausprägungen der Variablen X, so steht der entsprechende kleine Buchstabe dafür, z. B. „x".

Indizes

Als nützlich hat sich die Einführung von **Indizes** erwiesen. Diese werden in der Statistikliteratur für verschiedene Zwecke verwendet. Einmal dienen sie dazu, verschiedene Merkmalsträger zu unterscheiden, indem man sie mit Hilfe eines Indexes durchnummeriert. Man nennt diesen Vorgang die **Indizierung** der Merkmalsträger.

Indizierung von Merkmalsträgern

Beispiel: Für eine Projektarbeit haben sich sieben Studierende zusammengefunden. Die Anzahl der Merkmalsträger ist die **Fallzahl,** die man mit n abkürzt. Hier ist also n = 7, und die Merkmalsträger sind in diesem Beispiel die Studierenden. Für diese sind die Ausprägungen der beiden Variablen *Alter* (X) und *Geschlecht* (Y) ermittelt worden. Für den Index ver-

Fallzahl n

Tab. 2.2

i	Alter (X)	Geschlecht (Y)
1	26	weiblich
2	24	weiblich
3	22	männlich
4	22	weiblich
5	27	weiblich
6	22	männlich
7	23	männlich

wendet man ebenfalls einen Buchstaben wie beispielsweise „i". Man sagt dann: „Der Index i läuft von i = 1 bis n." Die Studierenden können nun unterschieden werden, indem man sie mit i = 1 bis 7 indiziert. Die TABELLE 2.2 stellt die Ausprägungen zusammen:

Nun kann man die Ausprägung der Variablen bei einem Studierenden in Variablenform darstellen, indem man an die Variable den Indexwert (etwas tiefer gestellt) anfügt: Zum Beispiel ist bei dem Studierenden mit dem Indexwert i = 3 dann x_3 die Ausprägung der Variablen *Alter* und y_3 die Ausprägung der Variablen *Geschlecht*. Kurz: $x_3 = 22$ und y_3 = männlich.

Indizierung von Ausprägungen

Will man in allgemeiner Form ausdrücken, dass man sich auf die konkreten Ausprägungen von X und nicht auf die Variable X insgesamt bezieht, schreibt man x_i. Um welchen konkreten Merkmalsträger es sich handelt, ist so nicht spezifiziert.

Sind sehr viele Variablen vorhanden, so bietet es sich an, nicht nur die Merkmalsträger mit Hilfe von Indizes zu unterscheiden, sondern für die Variablen einen einzigen Buchstaben zu verwenden, diesen aber mit einem weiteren Index zu versehen, um unterscheiden zu können, welche Variable nun repräsentiert wird. Man verwendet für die Variablen zumeist den Buchstaben X. Als Index für Variablen findet sich häufig der Buchstabe j. Die verschiedenen Variablen werden nun mit diesem Index durchnummeriert. Bei J verschiedenen Variablen läuft der Index j von j = 1 bis J:

Indizierung von Variablen

$$X_1, X_2, ...X_j, ...X_J$$

Nun liegt sowohl für die Merkmalsträger (die Fälle) als auch für Variablen je ein Index vor. Die einzelnen Ausprägungen sind damit durch zwei Indexwerte indizierbar. Man fügt erst den Index für den Merkmalsträger und dann den Indexwert für die Variable an. Allgemein: Die Ausprägung des i-ten Falls hinsichtlich der Variablen X_j ist dann x_{ij}. Wie die

Indizierung verwendet werden soll, muss also vorher jeweils festgelegt werden.

(Die Indizierung von Variablen mit einem tiefer gestellten Index findet sich in den Statistikbüchern. In einer Datenanalysesoftware vereinfacht sich die Indizierungen dann häufig zu einer fortlaufenden Nummerierung von Variablen. Außerdem entfällt auch die Unterscheidung zwischen Groß- und Kleinbuchstaben. So sind im ALLBUS 2002 mehr als 700 Variablen enthalten, die mit einem v (für Variable) und einer fortlaufenden Zahl unterschieden werden. Die Variable *Religiosität* ist beispielsweise v124.)

Das Summenzeichen (Σ)

Eine Standardschreibweise für Aufsummierungen ist das **Summenzeichen**. Es ermöglicht, längere Summierungen in kurzer Form zu notieren und damit auch Summen als Bestandteile von Formeln in Kurzform darzustellen. Als Zeichen für die Summation wird der griechische Großbuchstabe Σ (Sigma) verwendet. Die Summenschreibweise setzt voraus, dass man indizierte und metrische Werte vorliegen hat. Das können indizierte Ausprägungen von Variablen sein, das können aber auch indizierte statistische Maßzahlen sein.

Kurzschreibweise für längere Additionen

Beispiel: Wenn man das *Alter,* das die sieben Studierenden in der Projektgruppe „zusammenbringen", aufsummieren möchte (etwa um später den Altersdurchschnitt zu berechnen), kann man schreiben:

$$\sum_{i=1}^{7} x_i$$

Rechts neben dem Summenzeichen wird hierbei angegeben, welche Summanden in die Summation einbezogen werden. (Summanden sind die zu addierenden Werte.) In dem Beispiel sind das die Ausprägungen x_i der Variable X (*Alter*). Unter dem Summenzeichen steht der Index, der die Summanden indiziert und so unterscheidbar macht. Dieser Index ist der so genannte **Laufindex**. In dem Beispiel wird also angegeben, dass über i summiert wird: es wird also über die verschiedenen Studierenden summiert. Zugleich steht unter dem Summenzeichen auch, was der Indexwert des ersten Summanden ist, mit dem die Summation beginnt. Dieser Anfangswert für den Laufindex heißt **untere Summationsgrenze**. In dem Beispiel ist dies $i = 1$, was bedeutet, dass mit dem Alter des ersten Studierenden die Summierung begonnen werden soll, das ist $x_1 = 26$.

Der zweite Summand, der dann hinzuaddiert wird, hat den um 1 erhöhten Indexwert (= untere Summationsgrenze + 1). Das ist das Alter des Studierenden mit dem Indexwert $i = 1 + 1 = 2$, also $x_2 = 24$. Nachdem der zweite Summand hinzuaddiert ist, wird der Laufindex wieder um 1 erhöht und der durch diesen Indexwert gekennzeichnete Summand hinzuaddiert. Dieser Vorgang wird so lange fortgesetzt, bis der letzte Summand einen Indexwert hat, der der **oberen Summationsgrenze** entspricht. Diese steht oberhalb des Summenzeichens. In dem Beispiel ist die obere Summationsgrenze 7. D. h. dass die Summierung beendet ist, wenn das Alter des Studierenden mit dem Indexwert i = 7 hinzuaddiert wurde. Schreibt man die Summierung nach dieser „Anleitung" aus, erhält man:

$$\sum_{i=1}^{7} x_i = x_1 + x_2 + x_3 + x_4 + x_5 + x_6 + x_7$$

$$= 26 + 24 + 22 + 22 + 27 + 22 + 23 = 166$$

Statt der langen Summierung kann man nun in Kurzform schreiben:

$$\sum_{i=1}^{7} x_i = 166$$

Gelesen wird diese Summation: „Die Summe aller x_i von i = 1 bis 7".

Wenn aus dem Kontext die Grenzen der zu summierenden Werte hervorgehen, wird die Schreibweise für eine Summation oft verkürzt dargestellt. Manchmal wird sogar auch auf die Nennung des Laufindexes verzichtet, wenn dieser aus dem Kontext hervorgeht.

Verkürzte Summenschreibweisen

$$\sum_{i=1}^{n} x_i \text{ wird vereinfacht zu } \sum_{i} x_i \text{ oder sogar zu } \sum x$$

Das Summenzeichen kann auch auf erweiterte Ausdrücke wie Produkte oder eingeklammerte Ausdrücke angewendet werden (→ Kap. 11.4).

2.4 | Kodierungen

Für die statistische Datenanalyse werden Computer und Datenanalysesoftware eingesetzt. Computer können nur numerische Informationen verarbeiten. Aus diesem Grund müssen die Ausprägungen von Variablen numerisch kodiert werden. Die **Kodierungen** für die möglichen Ausprägungen sollen so vergeben werden, dass sie die logischen Operationen des Skalenniveaus ermöglichen. So sollen Rangfolgen bei ordinal skalierten Variablen durch die numerischen Kodes ausgedrückt werden, bei nominal skalierten Variablen reicht die Unterschiedlichkeit der Zahlen, um Ausprägungen zu kodieren. Die Ausprägungen von metrisch skalierten Variablen können zumeist (ohne die zugehörigen Messeinheiten) direkt verwendet und eingegeben werden, so dass hier keine Kodierung benötigt wird.

Kodierungen sollen das Skalenniveau berücksichtigen

Für Daten, die durch Befragungen erhoben wurden, ist typisch, dass Kodierungen für Antworten wie „weiß nicht" bzw. für Antwortverweigerungen hinzukommen („keine Angabe"). Fehlen Daten aufgrund solcher Ausfälle bzw. Antwortverweigerungen, spricht man von **missing values** (engl., „fehlende Werte"). Zudem kann es vorkommen, dass in einem Fragebogen Fragen enthalten sind, für die bei einer Person keine Ausprägungen vorliegen können. Sind in einem Fragebogen beispielsweise Fragen zur Berufstätigkeit enthalten und wird eine nicht berufstätige Person befragt, müssen diese Fragen in der Befragung übersprungen werden. Bei den übersprungenen Variablen erhält eine solche Person dann eine besondere Kodierung für „trifft nicht zu". Für alle diese Fälle werden besondere Ziffern (wie 8, 9 oder 98, 99) als Kodes vergeben, anhand derer die betreffenden Personen für statistische Berechnungen ausgeschlossen werden können.

Kodierungen können zusätzliche Informationen abbilden

Für ordinal skalierte Variablen gilt, dass ihre Ausprägungen so kodiert werden sollen, dass die Rangfolge zwischen den Ausprägungen erhalten bleibt. Die ordinal skalierte Variable *Schulabschluss* von Befragten könnte in folgender Weise kodiert werden:

1 = „kein Schulabschluss"
2 = „Volks-/Hauptschulabschluss"
3 = „Realschulabschluss"
4 = „Fachhochschulabschluss"
5 = „Abitur"
9 = „keine Angabe"

Die Abstände der numerischen Kodes sind bei ordinal skalierten Variablen nicht sinnvoll interpretierbar. Entsprechend ließe sich auch eine andere Kodierung verwenden. Eine Umkodierung ist also jederzeit möglich, wenn sie die Reihenfolge der Ausprägungen beibehält. Die Ausprägungen von dichotomen Variablen wie der Variablen *Geschlecht* werden häufig mit 0 und 1 kodiert.

0 = „männlich"
1 = „weiblich"

Die Kodierung einer nominal skalierten Variablen muss nur die Unterscheidbarkeit verschiedener Ausprägungen gewährleisten. Weder die Differenz zwischen den numerischen Kodes noch deren Reihenfolge ist hierbei sinnvoll zu interpretieren. Differenzbildung und Verhältnisbildung ist bei den numerischen Kodierungen von nominal und ordinal skalierten Variablen damit unzulässig.

2.5 | Datenorganisation

Liegen nach der Datenerhebung die Ausprägungen für eine Menge von Merkmalsträgern vor, spricht man von „Daten". Diese werden in einer Datentabelle angeordnet und gespeichert, die man **Datenmatrix** nennt. In dieser Datenmatrix stehen die Ausprägungen eines Merkmalsträgers (z. B. einer Person) für alle erhobenen Variablen in einer Reihe. Die bei allen Merkmalsträgern beobachteten Ausprägungen einer Variablen stehen in einer Spalte. Alle Ausprägungen einer Variablen bilden die **Verteilung**. In jeder Spalte findet man also jeweils eine Verteilung der vorliegenden Ausprägungen einer Variablen.

Die ABBILDUNG 2.1 zeigt einen Ausschnitt aus einer solchen Datenmatrix. Zu sehen sind die kodierten Ausprägungen für die ersten Fälle und die ersten Variablen des ALLBUS 2002. Die allermeisten sozialwissenschaftlichen Daten sind in der Form der Datenmatrix organisiert.

Andere Datenorganisationen

Zwei wichtige Ausnahmen sind Datensätze, die Netzwerkdaten oder Ereignisdaten beinhalten. Von **Netzwerkdaten** spricht man zum Beispiel dann, wenn nicht nur Daten zu den Eigenschaften von Personen vorliegen, sondern auch erhoben wurde, welche sozialen Beziehungen zwischen den Personen mit welchen Eigenschaften vorliegen. **Ereignisdaten**

Abb. 2.1

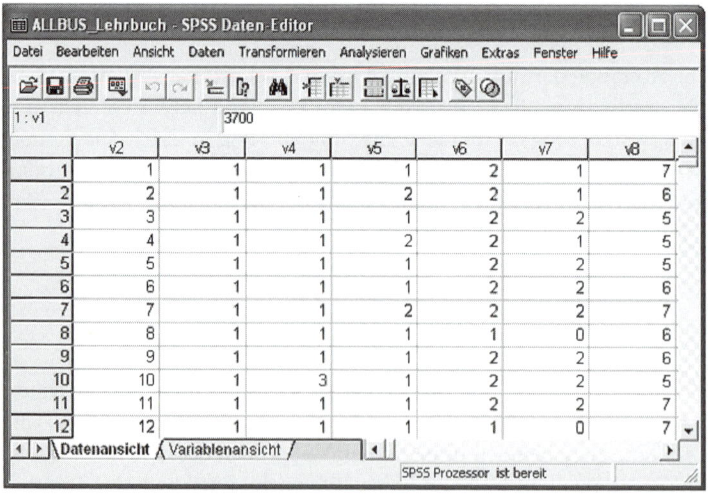

	v2	v3	v4	v5	v6	v7	v8
1	1	1	1	1	2	1	7
2	2	1	1	2	2	1	6
3	3	1	1	1	2	2	5
4	4	1	1	2	2	1	5
5	5	1	1	1	2	2	5
6	6	1	1	1	2	2	6
7	7	1	1	2	2	2	7
8	8	1	1	1	2	0	6
9	9	1	1	1	2	2	6
10	10	1	3	1	2	2	5
11	11	1	1	1	2	2	7
12	12	1	1	1	1	0	7

liegen vor, wenn zum Beispiel Personen nicht nur nach ihrem Familienstand zum Zeitpunkt der Befragung befragt wurden, sondern wenn man rückblickend und zeitlich genau erfasst hat, welchen Familienstand eine Person im Laufe ihres bisherigen Lebens von wann bis wann jeweils innehatte. Ereignisdatensätze enthalten also Informationen über Art, Anfangszeitpunkt und Endzeitpunkt von vorher definierten Zuständen, die bei statistischen Einheiten erhoben worden sind. Netzwerkdaten und Ereignisdaten werden daher in anderer Weise organisiert und gespeichert.

DESKRIPTIVSTATISTIK

Univariate Analyse | 3

Die univariate Analyse analysiert die Verteilungen einzelner Variablen. Die **Verteilung** einer Variablen wird gebildet durch die vorliegenden Ausprägungen. Der univariaten Analyse stehen verschiedene Strategien zur Verfügung: Verteilungen können in tabellarischer Form oder in grafischer Form dargestellt werden. Zudem stehen **statistische Maßzahlen** zur Verfügung, die einzelne Eigenschaften von Verteilungen in einer Zahl zum Ausdruck bringen. Will man die Verteilung einer Variablen beschreiben, empfiehlt es sich, eine Kombination der in diesem Abschnitt eingeführten Darstellungsformen und Maßzahlen einzusetzen. Dabei stehen für die Aspekte einer Verteilung wie ihre „Mitte" oder die Unterschiedlichkeit ihrer Ausprägungen jeweils verschiedene statistische Maßzahlen zur Verfügung. Welche statistische Maßzahl herangezogen werden soll, hängt davon ab, welches Skalenniveau eine Variable aufweist, denn die einzelnen Maßzahlen setzen für ihre Berechnung bestimmte Skalenniveaus voraus. Die Maßzahlen beruhen auf Konstruktionsprinzipien, wie man den interessierenden Aspekt einer Verteilung in einer Zahl zum Ausdruck bringt. Die Interpretation dieser Maßzahlen muss daher die verwendeten Konstruktionsprinzipien berücksichtigen.

Verteilung: Gesamtheit der Ausprägungen einer Variablen

Die Verteilung einer Variablen bildet eine eigene Ebene, die von der Ebene der einzelnen Ausprägungen der Merkmalsträger (wie Personen) zu unterscheiden ist. Maßzahlen beziehen sich auf Verteilungen und damit auf Kollektive oder Gruppen, nicht auf Einzelfälle oder Individuen.

Beispiel: Eine auch im Alltag verwendete Maßzahl ist das arithmetische Mittel, häufig „der Durchschnitt" genannt. Wenn man vom durchschnittlichen *Nettoeinkommen* einer Gruppe redet, so ist dieser Wert eine Eigenschaft der Gruppe und keine Eigenschaft einzelner Personen. Auch wenn man sich der Redeweise bedient: „Im Durchschnitt verdient jede Person …", so ist dieser Mittelwert zunächst für die Gruppe insgesamt berechnet worden, um ihn dann auf einzelne Personen zu beziehen. Der Durchschnittswert einer Gruppe kann deshalb auf eine Person bezogen werden, weil sie Mitglied der Gruppe ist.

Datensätze beinhalten die erhobenen und gespeicherten Daten einer Menge von Merkmalsträgern. Das sind die **empirischen Verteilungen** der Variablen. Für Vergleichszwecke und für die Durchführung statistischer Tests kann es immer wieder sinnvoll sein, die empirischen Verteilungen mit **theoretischen Verteilungen** zu vergleichen. Theoretische Verteilungen sind solche Verteilungen, die sich aus (oft einfachen) mathematischen Überlegungen entwickeln lassen. Für jeden Merkmalsträger wird dann aufgrund dieser Überlegungen eine Ausprägung ermittelt. Ein einfaches Beispiel für eine theoretische Verteilung ist die **Gleichverteilung** einer kategorialen Variablen: Jede Kategorie hat die gleiche Häufigkeit. (Diese theoretische Verteilung wird beispielsweise im Kap. 3.6 als Bezug heran-

Empirische und theoretische Verteilungen

gezogen). Nun kann es interessant werden zu fragen, wie stark eine empirische Verteilung von dieser Gleichverteilung abweicht und ob man die Stärke dieser Abweichung in einer Maßzahl zum Ausdruck bringen kann. Zunächst mag an dieser Stelle der Hinweis genügen, dass es neben den erhobenen Daten (empirischen Verteilungen) mit Hilfe theoretischer Überlegungen berechnete Daten (theoretische Verteilungen) geben kann, die in der statistischen Analyse eine Rolle spielen werden.

Häufigkeitstabellen | 3.1

Sehr häufig hat man in der soziologischen Analyse Datensätze, die eine sehr große Zahl von Merkmalsträgern (Fällen) beinhalten. Daher ist die „Durchsicht" eines Datensatzes keine gangbare Strategie, um einen systematischen Überblick über eine Verteilung einer Variablen zu gewinnen. Das Erstellen von **Häufigkeitstabellen** kann hier helfen, Übersicht über die Verteilung einer Variablen zu gewinnen. Dabei ist zu unterscheiden, ob eine kategoriale Variable mit wenigen Ausprägungen oder eine Variable mit sehr vielen verschiedenen Ausprägungen vorliegt.

Zunächst soll eine kategoriale Variable betrachtet werden. Man erstellt eine Auszählung, wie häufig die Kategorien (die Ausprägungen) einer Variablen jeweils vorkommen. Das Resultat dieser Auszählung ist die **Häufigkeitsverteilung** dieser Variablen.

In der Häufigkeitstabelle werden die Kategorien einer Variablen aufgelistet und ihnen die Häufigkeiten, mit der sie auftreten, zugeordnet. Die Information, welchem Merkmalsträger i welche Ausprägung zugehört, kann man einer Häufigkeitstabelle nicht mehr entnehmen. Da bislang die Indizierung $i = 1, \ldots I$ verwendet wurde, um die einzelnen Merkmalsträger zu unterscheiden, wird hier für die Häufigkeitstabelle der Index $j = 1, \ldots J$ verwendet, um die verschiedenen Kategorien einer Variablen zu unterscheiden.

Indizierung von Kategorien

Die **absoluten Häufigkeiten** werden mit dem Buchstaben f repräsentiert. Die absolute Häufigkeit, mit der die Kategorie j vorliegt ist also f_j. Neben den absoluten Häufigkeiten sind die **relativen Häufigkeiten** nützliche statistische Informationen. Diese werden mit dem Buchstaben p repräsentiert, die relative Häufigkeit der Kategorie j ist also p_j. Die relativen Häufigkeiten erhält man, indem man die absoluten Häufigkeiten f_j durch die Anzahl n der Merkmalsträger teilt:

Absolute und relative Häufigkeiten

$$p_j = \frac{f_j}{n}$$

Die Häufigkeitsverteilung einer kategorialen Variablen kann man in einer Häufigkeitstabelle übersichtlich darstellen.

Beispiel: Im ALLBUS 2002 ist der *Familienstand* des (oder der) Befragten (v239) in fünf möglichen Kategorien vorhanden. Die folgende TABELLE 3.1 beinhaltet die Häufigkeitsverteilung der Familienstände.

Für jede Kategorie der Variablen erhält man in der TABELLE 3.1 eine Reihe. In der zweiten Spalte steht die j-te Kategorie selber. In der dritten Spalte steht die absolute Häufigkeit f_j, mit der die j-te Kategorie der Variablen vorliegt. Addiert man alle absoluten Häufigkeiten auf, erhält man die gesamte Fallzahl n. In der nächsten Spalte stehen die relativen Häufigkeiten p_j, die angeben, welchen Anteil die Kategorien an der Gesamtzahl haben. In der letzten Spalte erfolgt die schrittweise Aufaddierung (Kumulation) der relativen Häufigkeiten zu 1, daher die Ergänzung des Index j um „cum". (Liegt ordinales oder metrisches Skalenniveau vor, so kann man hiermit Aussagen treffen, wie groß die aufaddierten Anteilswerte bis zu einer Kategorie sind.) Relative Häufigkeiten beinhalten

Relative und prozentuale Häufigkeiten

dieselbe Information wie Prozentwerte. Es handelt sich nur um verschiedene Darstellungsformen. Multipliziert man relative Häufigkeiten mit 100, erhält man einen Prozentwert. Nimmt man beispielsweise die relative Häufigkeit $p_1 = 0,5944$ der ersten Kategorie „verheiratet, zus. lebend", so ist der entsprechende Prozentwert 59,44 %. Man nennt diese als Prozentwert dargestellte relative Häufigkeit **prozentuale Häufigkeit**.

Für kategoriale Variablen, die nur eine kleine Anzahl verschiedener möglicher Ausprägungen haben, erhält man eine übersichtliche Tabelle mit einer kleinen Anzahl von Reihen. Anders verhält es sich, wenn eine Variable sehr viele mögliche Ausprägungen hat. Dann wird die Häufigkeitstabelle entsprechend lang und unübersichtlich. Für stetige Variablen gilt, dass (bei genauer Messung) nicht damit zu rechnen ist, dass bei den Merkmalsträgern nur wenige Ausprägungen wiederholt auftreten. In diesem Fall werden wenige Häufigkeiten vorliegen, die größer als eins sind. Für diese beiden Situationen bietet es sich an, die möglichen Aus-

Tab. 3.1

j	x_j	f_j	p_j	$p_{j\,cum}$
1	verheiratet, zus. lebend	1675	0,5944	0,5944
2	verheiratet, getr. lebend	61	0,0216	0,6160
3	verwitwet	182	0,0646	0,6806
4	geschieden	195	0,0692	0,7498
5	ledig	705	0,2502	1,0000
	Σ	2818	1,0000	

prägungen zu klassieren, da ansonsten eine Häufigkeitstabelle zu groß wird und nicht mehr praktikabel zu analysieren ist. Die Ausprägungen werden dafür in **Klassen** zusammengefasst. Man fasst dafür Bereiche von möglichen Ausprägungen zu einer Klasse zusammen und ordnet dann jeden Merkmalsträger in eine Klasse ein. Danach kann ermittelt werden, wie häufig Ausprägungen in den einzelnen Klassen vorkommen. Damit werden absolute und relative Häufigkeiten nicht mehr einzelnen Ausprägungen, sondern den gebildeten Klassen (von Ausprägungen) zugeordnet.

Klassierung stetiger Variablen

Wie bildet man die Klassen? Bei nominal skalierten Variablen lautet die Frage: Wie gruppiert man die Ausprägungen zu Klassen von Ausprägungen?

Prinzipien der Klassierung

Beispiel: Variablen, die den ausgeübten Beruf erfassen, haben meist über hundert Ausprägungen. Hier kann man für die Gruppierung ein sachlogisches Prinzip wie die Branche oder die überwiegend ausgeübte Tätigkeit heranziehen, um die Ausprägungen zu klassieren, man spricht dann von den gebildeten Klassen als den „Berufsgruppen". Nominal oder ordinal skalierte Variablen mit sehr vielen Ausprägungen sind aber selten.

Bei metrischen Variablen dagegen ist es häufig erforderlich, Ausprägungen zu klassieren. Wie bildet man nun diese Klassen? Hierbei stellen sich zwei Fragen: zum einen, wie viele Klassen sinnvoll einzurichten sind, zum anderen, ob alle Klassen gleich breit sein sollen oder nicht. Für viele soziologische Untersuchungen sind Klassierungen sinnvoll, die unterschiedlich breite Klassen für die Ausprägungen vorsehen. Hier ist dann aus sachlogischen Überlegungen heraus für jede einzelne Klasse zu entscheiden, was die **Klassengrenzen** sein sollen, wo die Klasse also beginnt (untere Klassengrenze) und wo sie aufhört (obere Klassengrenze).

Fehlen theoretische Vorgaben für die Klassengrenzen, richtet man häufig breite Klassen in den Ausprägungsbereichen ein, in denen aufgrund des Untersuchungsinteresses die Ausprägungen nicht so differenziert unterschieden werden müssen. Umgekehrt richtet man eher kleine Klassen in den Ausprägungsbereichen ein, in denen das Untersuchungsinteresse genauer differenzieren können möchte.

Beispiel: Der ALLBUS beinhaltet das *Nettoeinkommen* einmal unklassiert (v361) und dann auch klassiert (v362). Das *klassierte Nettoeinkommen* liegt im ALLBUS in 22 Klassen vor, wobei sich sieben unterschiedliche Klassenbreiten finden. Dabei sind die höchsten Einkommen in einer einzigen und breiten Klasse zusammengefasst. In den mittleren und unteren Einkommensbereichen sind die Klassenbreiten dagegen geringer und ermöglichen so eine differenziertere Aufgliederung. (Bei klassierten Daten wird der Index j für die Klassen verwendet, nicht mehr für die einzelnen Kategorien. Da 22 Klassen vorliegen, läuft j von j = 1 bis 22.)

Zu bedenken ist bei Klassenbildungen, dass die Art der Klassenbildung Einfluss auf die Analysemöglichkeiten hat. Einmal führt die Klassierung von Daten zu Informationsverlust, da die Unterschiedlichkeit der Ausprägungen innerhalb einer Klasse als Information verloren geht. Dieser Informationsverlust ist umso größer, je weniger Klassen eingerichtet werden. Zudem reduziert eine geringe Anzahl von Klassen das Differenzierungsvermögen der Analyse. Auf der anderen Seite sollte die Zahl der Klassen nicht zu groß werden, da sonst das Ziel, die Daten übersichtlicher zu organisieren, unterlaufen wird. In der Statistikliteratur wird empfohlen, eine Klassenzahl zwischen mindestens fünf Klassen und nicht viel mehr als 20 Klassen einzurichten. Empfohlen wird auch, dass die erste und die letzte Klasse „geschlossen" werden, d. h., dass sie jeweils konkrete Ausprägungen als Klassengrenzen haben. Ist eine Klassierung mit offenen Klassengrenzen für die erste und die letzte Klasse in der Datenerhebung verwendet worden, so müssen diese für die statistische Analyse nachträglich geschlossen werden, wenn die Klassenmitten oder Klassenbreiten für Berechnungen benötigt werden (wie für die Berechnung der Lorenzkurve, → Kap. 3.7.1). Die erste Klasse kann in dem Beispiel des *klassierten Nettoeinkommens* mit dem Wert 0 € für die untere Klas-

Klassierung führt zu Informationsverlust

Offene Klassen schließen

Tab. 3.2

j	Klasse	f_j	p_j	j	Klasse	f_j	p_j
1	< 200 €	36	0,0163	12	1375 bis < 1500 €	95	0,0430
2	200 bis < 300 €	64	0,0290	13	1500 bis < 1750 €	255	0,1154
3	300 bis < 400 €	109	0,0493	14	1750 bis < 2000 €	118	0,0534
4	400 bis < 500 €	73	0,0330	15	2000 bis < 2250 €	117	0,0530
5	500 bis < 625 €	180	0,0815	16	2250 bis < 2500 €	65	0,0294
6	625 bis < 750 €	112	0,0507	17	2500 bis < 2750 €	84	0,0380
7	750 bis < 875 €	126	0,0570	18	2750 bis < 3000 €	20	0,0091
8	875 bis < 1000 €	106	0,0480	19	3000 bis < 4000 €	103	0,0466
9	1000 bis < 1125 €	217	0,0982	20	4000 bis < 5000 €	41	0,0186
10	1125 bis < 1250 €	125	0,0566	21	5000 bis < 7500 €	18	0,0081
11	1250 bis < 1375 €	133	0,0602	22	> 7500 €	12	0,0054
					Σ	2209	1,0000

sengrenze geschlossen werden. Die letzte Klasse wird häufig mit dem größten vorliegenden Wert geschlossen, das ist hier x = 15200 €.

Einfache grafische Darstellungen

3.2

Grafiken können statistische Informationen anschaulicher darstellen, ihre Informationen sind daher oftmals besser für die Kognition zu verarbeiten als Zahlenreihen. Für die grafisch gestützte Analyse einer Verteilung werden überwiegend zwei Grafiken eingesetzt: das Balkendiagramm und das Histogramm. Hierbei dient das Balkendiagramm der Visualisierung der Verteilung einer kategorialen Variablen, während das Histogramm der Visualisierung einer klassierten metrischen Variablen dient. (Der Boxplot ist eine weitere Grafik, → Kap. 3.8.)

Balkendiagramm

3.2.1

Das **Balkendiagramm** wird manchmal auch als Streifendiagramm oder Stabdiagramm bezeichnet. Für jede Ausprägung ist im Diagramm ein Balken vorhanden, dessen Höhe (Y-Dimension) der zugehörigen Häufigkeit f_j entspricht. Bei nominal skalierten Variablen spielt die Reihenfolge der Balken keine Rolle. Bei ordinalen oder metrischen Variablen ist die

Höhe der Balken entspricht Häufigkeit

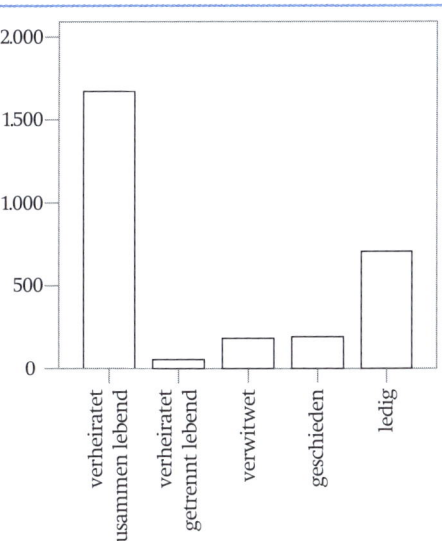

Abb. 3.1

Reihenfolge der Balken bedeutsam. Die Breite der Balken hat dagegen keine Bedeutung.

Beispiel: Die Häufigkeitsverteilung der Variablen *Familienstand* aus TABELLE 3.1 wird grafisch in der ABBILDUNG 3.1 veranschaulicht.

3.2.2 | Histogramm

Das **Histogramm** repräsentiert die Häufigkeitsverteilung klassierter Daten. Dabei gilt, dass die Flächen über den Klassen proportional zu den Häufigkeiten in den Klassen sein sollen. Diese Forderung ist das **Prinzip der Flächentreue.** Somit können auf der Ordinate (Y-Achse) nicht mehr die Klassenhäufigkeiten abgetragen werden. In der Y-Dimension entspricht die Höhe der jeweiligen Fläche daher der so genannten **Häufigkeitsdichte** einer Klasse. Man berechnet die Häufigkeitsdichte, indem man die Klassenhäufigkeit durch die Klassenbreite teilt:

Größe der Flächen entspricht Häufigkeit

$$\text{Häufigkeitsdichte}_j = \frac{\text{Klassenhäufigkeit } f_j}{\text{Klassenbreite der jten Klasse}}$$

Das Produkt aus Häufigkeitsdichte und Klassenbreite ergibt wieder die Klassenhäufigkeit.

Beispiel: Die hauptberuflich Erwerbstätigen wurden im Rahmen des ALLBUS 2002 gefragt: „Wie viele Stunden pro Woche arbeiten Sie normalerweise in Ihrem Hauptberuf, einschließlich Überstunden?" Die angegebenen *Wochenarbeitsstunden* (v214) werden hier in sechs Klassen klassifiziert. Unterschiedliche tarifliche Arbeitszeitregelungen und die Existenz von Teilzeittätigkeit legen hierbei Klassengrenzen (wie 20, 35, 40 Wochenarbeitsstunden) nahe, die zu unterschiedlichen Klassenbreiten führen. Die letzte Klasse wird mit der höchsten angegebenen Wochenarbeitszeit von 112 Stunden geschlossen.

j	Klasse	f_j	untere	obere	Breite	Häufigkeitsdichte
			Klassengrenze			
1	1 bis < 20	46	1	20	19	2,42
2	20 bis < 35	169	20	35	15	11,27
3	35 bis < 40	276	35	40	5	55,20
4	40 bis < 50	646	40	50	10	64,60
5	50 bis < 60	174	50	60	10	17,40
6	60 bis 112	139	60	112	52	2,67
	Σ	1450				

Tab. 3.3

Bei unterschiedlichen Klassenbreiten sind die Häufigkeitsdichten nicht mehr proportional zu den Klassenhäufigkeiten f_j. Würde man die Häufigkeiten als Y-Dimension verwenden, um dann Flächen über den Klassenbreiten zu ermitteln, würde dieser visuelle Eindruck die tatsächlichen Verhältnisse verzerrt darstellen.

Man erkennt anhand der Flächengrößen beispielsweise, dass in der vierten Klasse (40 bis < 50 Wochenstunden) mehr als doppelt so viele Ausprägungen enthalten sind wie in der dritten Klasse (35 bis < 40 Wochenstunden). Die vierte Klasse ist doppelt so breit wie ihre Nachbarklasse. Daher ist ihre Häufigkeitsdichte nicht doppelt so groß wie die der dritten Klasse.

Für die grafische Darstellung metrischer Variablen (anhand von Balkendiagramm oder Histogramm) können Begriffe zur Charakterisierung der Gestalt der Verteilung herangezogen werden. Die ABBILDUNG 3.3 stellt verschiedene Beispiele zusammen, die jeweils durch eine Kombination von Begriffen für die Schiefe, für die Symmetrie oder für die Anzahl der „Gipfel" qualitativ beschrieben werden. Für die Begriffe „eingipfelig" bzw. „zweigipfelig" verwendet man auch die Begriffe „unimodal" bzw. „bimodal".

Beschreibung der Gestalt der Verteilung

Die gängigen Statistikprogramme wie SPSS oder Stata bieten nicht die Möglichkeit, Histogramme mit unterschiedlichen Klassenbreiten zu erstellen. Stetige Variablen werden hier mit Histogrammen visualisiert, bei denen eine einheitliche Klassenbreite verwendet werden muss. Selber festlegen kann man dann die Zahl der Klassen, die Klassenbreite sowie den Anfangspunkt der Klassenbildung (die untere Klassengrenze der ersten Klasse). Dabei können die Anzahl der verwendeten Klassen und der Anfangspunkt für die Klassierung einen Einfluss auf die resultierende Gestalt der Histogramme haben.

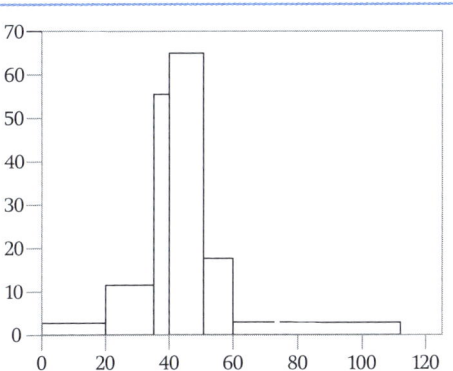

Abb. 3.2

Abb. 3.3

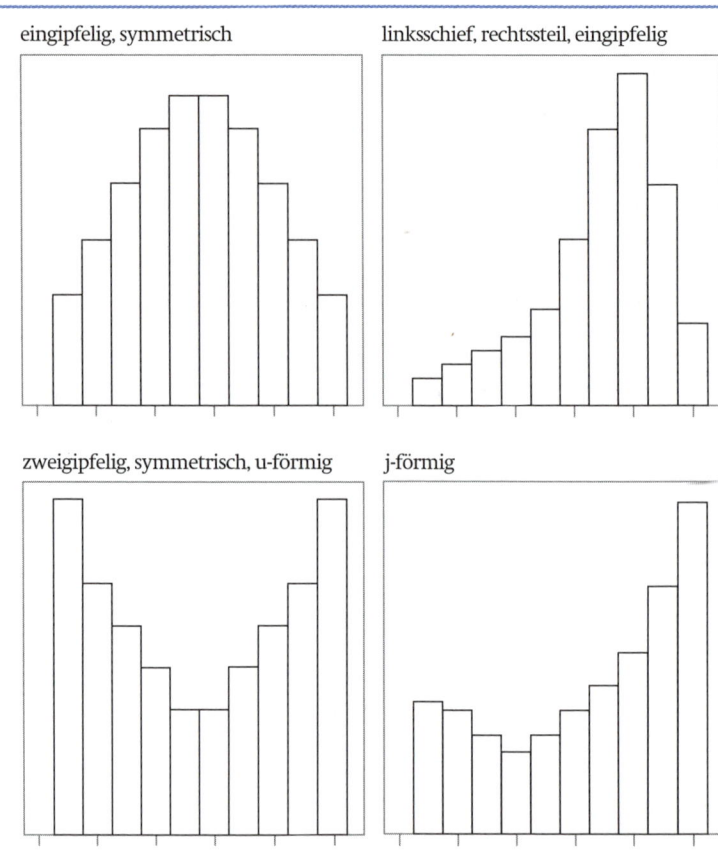

Beispiel: Die Variable *Alter des Befragten* (v185) ist im Bereich zwischen 18 Jahren und 94 Jahren im ALLBUS-Datensatz ausgeprägt. Die Verteilung wird mit verschiedenen Klassenbreiten und verschiedenen Anfangspunkten insgesamt viermal dargestellt (ABBILDUNG 3.4). Es zeigt sich, dass die Gestalt der Verteilung unterschiedlich erscheint. Bei gleichen Klassenbreiten, erscheint das rechte Histogramm jeweils symmetrischer als das linke, welches den Eindruck einer rechtsschiefen (linkssteilen) Verteilung vermittelt. Der Unterschied ist bei vier Klassen am deutlichsten, was auch an der geringen Anzahl der Klassen liegt.

In diesem Fall liegt eine rechtsschiefe, linkssteile und eingipfelige Verteilung vor, die mit mindestens acht Klassen dargestellt werden sollte.

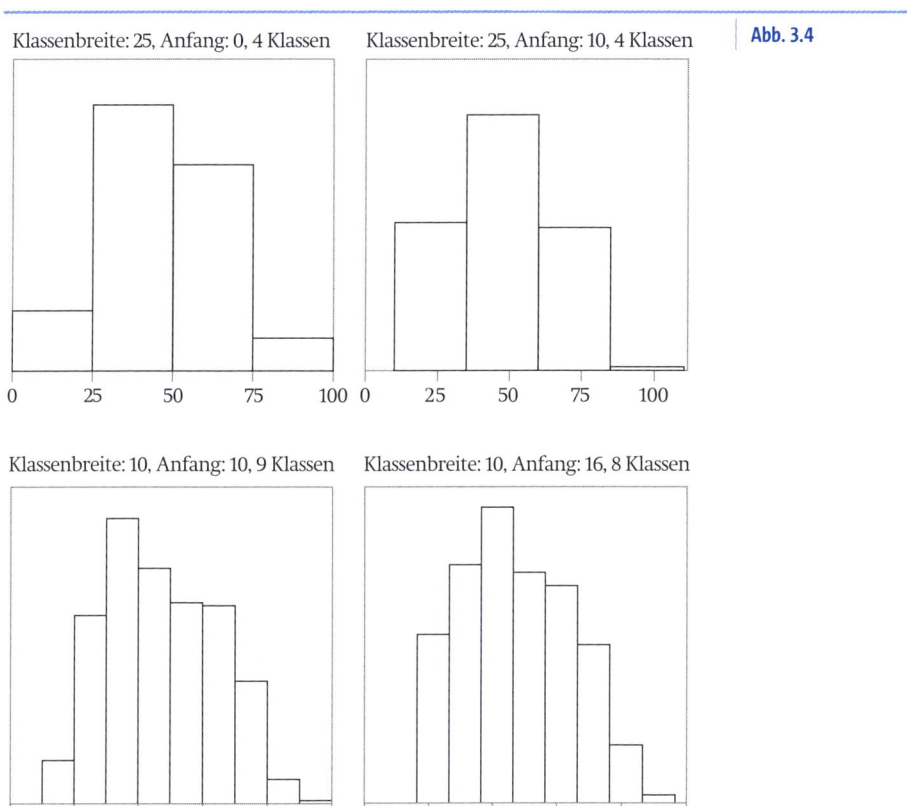

Abb. 3.4

Klassenbreite: 25, Anfang: 0, 4 Klassen
Klassenbreite: 25, Anfang: 10, 4 Klassen
Klassenbreite: 10, Anfang: 10, 9 Klassen
Klassenbreite: 10, Anfang: 16, 8 Klassen

Erstellt man mit Hilfe einer Statistiksoftware ein Histogramm (und verzichtet so auf die Möglichkeit, eine theoriegeleitete Einteilung in unterschiedlich breite Klassen zugrunde zu legen), empfiehlt es sich, verschiedene Histogramme mit variierender Klassenzahl und variierendem Anfang anzufertigen und die Wahl des Histogramms nicht den Voreinstellungen der Software zu überlassen (ausführlicher dazu Schnell 1994).

Kreisdiagramm

3.2.3

Die massenmediale Repräsentation von Daten verwendet häufig das **Kreisdiagramm** (Kuchendiagramm). Bekannt sind die Darstellungen von Wahlergebnissen, bei denen die von den Parteien erzielten Prozentwerte der Wählerstimmen anhand von Kreisdiagrammen veranschaulicht

Abb. 3.5

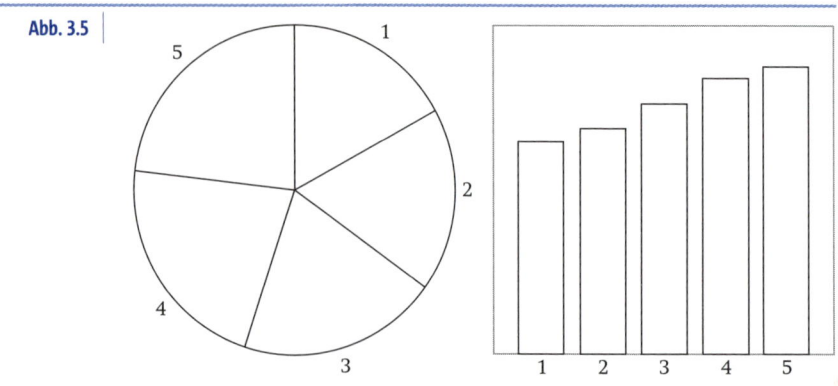

Warum Kreisdiagramme ungeeignet sein können

werden. Das Kreisdiagramm gilt in der Datenanalyse als eine ungeeignete Datenanalysegrafik, da es visuell die Unterscheidung von Häufigkeiten oder Anteilen dann erschwert, wenn diese ähnlich groß sind.

Beispiel: Die fünf Prozentwerte 17 %, 18 %, 20 %, 22 % und 23 % sind in einem Kreisdiagramm und einem Balkendiagramm dargestellt (vgl. SCHNELL 1994, S. 6). Das Kreisdiagramm lässt nur schwer erkennen, wie die Größenverhältnisse der Prozentwerte untereinander geartet sind, während dies bei dem Balkendiagramm sofort unterschieden werden kann.

Kreisdiagramme verzerren zusätzlich die Einschätzung von Größenverhältnissen, wenn sie dreidimensional und perspektivisch angelegt sind.

3.3 | Mittelwerte

Mittelwerte kennzeichnen die „Mitte" von Verteilungen. Es gibt verschiedene Mittelwerte, deren Berechnung auf jeweils unterschiedlichen Konstruktionsprinzipien basiert. Bei den verschiedenen Mittelwerten liegt deshalb jeweils ein anderes Verständnis davon zugrunde, was unter „der Mitte" einer Verteilung verstanden werden soll. Die für die soziologische Analyse wichtigen Mittelwerte sind das arithmetische Mittel, der Median und der Modus. Es gibt darüber hinaus noch weitere Mittelwerte für spezielle Anwendungen.

Arithmetisches Mittel

Das **arithmetische Mittel** $\bar{x}$ kann nur für metrisch skalierte Variablen berechnet werden. Es gibt den Schwerpunkt einer Verteilung an. Man bezeichnet diesen Mittelwert einer Verteilung im Alltag als „Durchschnitt". Berechnet wird das arithmetische Mittel für eine metrische Variable, indem alle Ausprägungen aufaddiert werden und die Summe durch die Anzahl der Merkmalsträger geteilt wird. Die Berechnungsweise des arithmetischen Mittels ist formal:

> Das arithmetische Mittel ist der Durchschnitt

$$\bar{x} = \frac{1}{n} \sum_{i=1}^{n} x_i$$

Beispiel: Wenn man das Durchschnittsalter der Studierendengruppe berechnen will ($\rightarrow$ TABELLE 2.2), summiert man die sieben Ausprägungen der Variable *Alter* für alle Studierende auf und teilt durch die Anzahl der Studenten:

$$\bar{x} = \frac{1}{7} \cdot (26 + 24 + 22 + 22 + 27 + 22 + 23) = \frac{166}{7} = 23{,}71$$

Das Durchschnittsalter der Studenten in der Studierendengruppe beträgt also 23,71 Jahre.

Das arithmetische Mittel zieht alle Ausprägungen einer Verteilung für die Berechnung des Mittelwertes heran. Daher beeinflussen auch Extremwerte das arithmetische Mittel. Es kann Werte annehmen, die für die einzelnen Ausprägungen einer diskreten Variablen nicht möglich sind.

Beispiel: Im Rahmen des ALLBUS 2002 wurde erfragt, wie viele Personen im Haushalt des bzw. der Befragten leben. Das arithmetische Mittel der Variablen *Anzahl der Haushaltspersonen* (v363) ist $\bar{x} = 2{,}63$. Allerdings leben in keinem realen Haushalt 2,63 Personen. Dieser Wert ergibt sich nur durch die Berechnungsweise und ist dann ein **statistischer Kennwert** für die Verteilung insgesamt.

Median

Der **Median** $\tilde{x}$ kann für ordinal und metrisch skalierte Variablen berechnet werden. Wenn man die Ausprägungen einer Verteilung der Größe nach ordnet („aufstellt"), dann ist der Median die Ausprägung, die man in der Mitte der geordneten Reihe findet. Der Median ist also im Wortsinn der „mittlere Wert" einer Verteilung. Er unterteilt die Reihe in zwei Hälften: die eine Hälfte der Ausprägungen ist kleiner als (oder höchstens

> Der Median ist der mittlere Wert

gleich groß wie) der Median, die andere Hälfte der Ausprägungen ist größer als (oder zumindest gleich groß wie) der Median. Man sieht, dass für die Berechnung des Medians die übrigen Ausprägungen nur insoweit herangezogen werden, als sie zur Aufreihung der Fälle notwendig sind. In die Ermittlung des Medians geht dann ihre Ausprägung *nicht* ein. Der Median gibt also als Information nur einen Rangplatz (den in der Mitte) und die eine Ausprägung des in der Mitte der geordneten Reihe stehenden Falles wieder. Die übrigen Informationen, die die Variable aufweist, werden nicht ausgenutzt. Berechnet man den Median für metrische Variablen, zeigt sich, dass er unempfindlicher gegenüber Extremwerten ist als das arithmetische Mittel. Der Grund ist, dass für die Berechnung dieses Mittelwerts nur die Rangfolge der Ausprägungen betrachtet wird und nicht die Abstände zwischen den Ausprägungen. Wenn die Anzahl der Merkmalsträger und damit auch die der Ausprägungen ungerade ist, ist der Median ein tatsächlich vorkommender Wert. Wenn die Anzahl der Merkmalsträger aber eine gerade Zahl ist, muss man überlegen, wie man den Median ermittelt. Man könnte die beiden in der Mitte stehenden Ausprägungen angeben und aussagen, dass der Median im Intervall zwischen diesen beiden Werten liegt. Häufig werden aber die beiden Ausprägungen aufaddiert und die Summe durch 2 geteilt. Der Wert, der sich ergibt, wird dann als Median betrachtet. Diese Rechenoperation setzt metrisches Skalenniveau voraus.

Beispiel: 27 Berlinerinnen und Berliner sind danach befragt worden, wie häufig sie in den letzten vier Wochen eine Kulturveranstaltung besucht haben. Die 27 Angaben sind der Größe nach geordnet:

$$0; 0; 0; 0; 0; 1; 1; 1; 1; 2; 3; 3; \underset{\text{Median}}{3}; 3; 4; 4; 4; 4; 4; 6; 8; 8; 8; 10; 16$$

Die 14. Ausprägung teilt die geordnete Reihe in zwei gleiche Hälften und ist damit der Median:

$$\tilde{x} = 3$$

Genau besehen, stehen jeweils weniger als 50 % der Ausprägungen in der geordneten Reihe vor bzw. hinter dem Median, da der Median selbst ausgenommen ist. In diesem Beispiel sind dies jeweils 13 Ausprägungen, was also jeweils 48,15 % aller Ausprägungen ausmacht. Bei großer Fahlzahl fällt die eine Ausprägung des Medians aber nicht mehr ins Gewicht. Man kann über die Variable *Zahl besuchter Kulturveranstaltungen* sagen: Die mittlere *Zahl besuchter Kulturveranstaltungen* (der letzten vier Wochen) beträgt drei Veranstaltungen.

Modus

Der **Modus** h ist die Ausprägung einer diskreten Variablen, die die größte Häufigkeit hat. Die Berechnung des Modus ist für jedes Skalenniveau möglich. Man kann den Modus schnell ermitteln, indem man die Häufigkeitsverteilung erstellt und dann sieht, welche Ausprägung die größte Häufigkeit vorweisen kann. Der Modus ist der häufigste Wert, man kann ihn deshalb als den Wert interpretieren, der „typisch" für eine Verteilung ist. Will man bei klassierten metrischen Variablen zum Ausdruck bringen, welcher Wert der Modus ist, kann das Problem auftreten, dass die Klasse mit der größten Häufigkeit nicht die Klasse mit der größten Häufigkeitsdichte ist. Man bezeichnet dann die Klasse mit der größten Häufigkeitsdichte als **modale Klasse.** Bei ordinalen und metrischen Variablen kann sich zeigen, dass zwei weit auseinander liegende Ausprägungen ähnlich oder sogar gleich häufig vorkommen. Dann spricht man von einer **bimodalen Verteilung,** um zu beschreiben, dass es eigentlich zwei typische Werte gibt, die zusammen geeignet sind, die Verteilung zu repräsentieren. Die Verteilung hat dann – wenn man so will – zwei Mitten.

> Der Modus ist der häufigste Wert

Beispiel: Die Variable *Familienstand* des Befragten (v239) im ALLBUS-Datensatz hat nominales Skalenniveau. Wenn man angeben will, was die Mitte der Verteilung ist, kann man mit der Ausprägung, die die größte Häufigkeit hat, den typischen Wert der Verteilung als Mitte ausweisen. Die erste Kategorie „verheiratet, zusammenlebend" hat mit Abstand die größte Häufigkeit von f_1 = 1675 ($\rightarrow$ TABELLE 3.1). Damit ist der Modus für die Verteilung

$$h = \text{„verheiratet, zusammenlebend"}$$

Der „typische" Familienstand der Befragten im ALLBUS-Datensatz ist also, verheiratet zu sein und mit dem Ehepartner zusammenzuleben.

Quantile (Lagemaße)

Ordnet man die Ausprägungen einer Verteilung der Größe nach an, so unterteilen **Quantile** die Verteilung so, dass ein festgelegter Anteil der Fälle vor ihnen steht. Für diese Fälle gilt, dass sie kleinere als oder höchstens gleich große Ausprägungen wie das Quantil haben. Quantile können für ordinal oder metrisch skalierte Variablen berechnet werden. Um für ein Quantil zu präzisieren, wie groß der Anteil der Ausprägungen ist, der kleiner als (oder höchstens so groß wie) das Quantil ist, ver-

> Quantile unterteilen die geordnete Reihe in vorgegebener Weise

wendet man den Anteilswert als Index: x_p ist das $p \cdot 100\,\%$-Quantil der Verteilung der Variablen X. Beispiel: $x_{0.30}$ ist das 30 %-Quantil einer Verteilung von X. 30 % der Ausprägungen sind kleiner oder höchstens so groß wie $x_{0.30}$. Das 50 %-Quantil $x_{0.50}$ ist der Median der Verteilung von X.

Weitere häufig verwendete Quantile sind die **Quartile**. Sie unterteilen die geordnete Reihe der Ausprägungen in vier gleich große Gruppen. Dafür sind drei Quartile erforderlich: das 25 %-Quantil $x_{0.25}$, das 50 %-Quantil $x_{0.50}$ (der Median) und das 75 %-Quantil $x_{0.75}$.

Man kann Quantile sehr flexibel einrichten, je nachdem, für welche Einteilung der geordneten Ausprägungsreihe man den entsprechenden Kennwert sucht. Quantile können für verschiedene Zwecke verwendet werden, z. B. für die Konstruktion von Streuungsmaßen ($\rightarrow$ Kap. 3.5).

Beispiel: Häufig ist man daran interessiert, Einkommensgruppen zu bilden. Man kann hierfür entweder eine Klassifikation heranziehen, oder man kann sie mit Hilfe von Quantilen einteilen. Wenn man vier Einkommensgruppen bilden will, die jeweils aus gleich vielen Fällen bestehen, kann man die drei Quartile berechnen. Für 2209 der Befragten im ALLBUS-Datensatz liegt eine Ausprägung für das *Nettoeinkommen* (v361) vor. Da die Anzahl der Ausprägungen sehr groß ist, wird einer Statistiksoftware die Ermittlung der Quartile überlassen. Es ergeben sich folgende Werte:

$$x_{0.25} = 700\ \text{€}, x_{0.50} = 1200\ \text{€}, x_{0.75} = 1800\ \text{€}$$

Diese drei Werte teilen die nach der Größe ihres Nettoeinkommens geordneten Befragten in vier Gruppen ein. Die unteren 25 % der Befragten verdienen bis 700 €, die zweiten 25 % der Befragten verdienen zwischen 700 € und 1200 €, die dritten 25 % der Befragten verdienen zwischen 1200 € und 1800 € und die oberen 25 % der Befragten verdienen 1800 € und mehr.

3.5 | Streuungsmaße

Streuungsmaße geben an, wie stark sich die Ausprägungen einer Verteilung voneinander unterscheiden. Die Unterschiedlichkeit wird mit Streuungsmaßen in einer statistischen Maßzahl quantifiziert. Da man verschiedene Konstruktionsprinzipien für Streuungsmaße anwenden kann, je nachdem was man unter „Unterschiedlichkeit" der Ausprägungen einer Verteilung versteht, existieren verschiedene Streuungsmaße mit verschiedenen Interpretationen.

Streuung misst die Unterschiedlichkeit metrischer Ausprägungen

Spannweite | 3.5.1

Man kann zunächst eine ganz einfache Strategie anwenden, um die Unterschiedlichkeit der Ausprägungen zu erfassen. Man zieht einfach die kleinste und die größte Ausprägung heran und berechnet die Breite des Spektrums, in dem die Ausprägungen liegen. Dieses Breite des Spektrums nennt man die **Spannweite** der Verteilung (engl. „range"). Man erhält den Wert für die Spannweite, indem man die kleinste von der größten Ausprägung subtrahiert.

$$\text{Spannweite} = \text{größte Ausprägung} - \text{kleinste Ausprägung}$$

Man kann diese Berechnung auch mit Quantilen ausdrücken:

$$\text{Spannweite} = x_{1.00} - x_{0.00}$$

Beispiel: Das kleinste und das größte im ALLBUS 2002 angegebene *Nettoeinkommen* betragen $x_{0.00} = 50$ € und $x_{1.00} = 15200$ €. Die Spannweite der Variablen *Nettoeinkommen* beträgt damit:

$$\text{Spannweite} = 15200 \text{ €} - 50 \text{ €} = 15150 \text{ €}$$

Man kann für die Befragten im ALLBUS 2002 sagen, dass das *Nettoeinkommen* mit einer Spannweite von 15150 € variiert.

Die Spannweite hat zwar den Vorteil, dass sie leicht zu berechnen und leicht zu verstehen ist, sie wird aber selten eingesetzt. Denn ihr Nachteil besteht darin, dass nur die beiden Randwerte herangezogen werden und die Informationen der übrigen Daten nicht ausgeschöpft werden. Man erfährt also nichts darüber, wie die Ausprägungen zwischen diesen Randwerten variieren. Diese Randwerte können zudem weitab von den übrigen Werten liegen und Extremwerte sein.

Quartilsabstand | 3.5.2

Häufiger wird deshalb ein anderes Maß eingesetzt, das ein ähnliches Konstruktionsprinzip wie die Spannweite hat. Der **Quartilsabstand** ist die Differenz zwischen dem ersten und dem dritten Quartil einer Verteilung. Er wird mit IQR (für engl. „interquartile range") abgekürzt:

$$IQR = x_{0.75} - x_{0.25}$$

Wie die Spannweite zieht also auch der Quartilsabstand nur zwei Werte heran, um die Unterschiedlichkeit der Ausprägungen in einer Zahl zum Ausdruck zu bringen. Im Unterschied zur Spannweite umgeht aber dieses Maß das Problem, dass die Randwerte möglicherweise weit von den übrigen Ausprägungen einer Verteilung entfernt liegen können. Der Quartilsabstand ist insofern unempfindlich dagegen. Da zwischen dem ersten und dem dritten Quartil genau 50 % der Ausprägungen liegen, gibt der Quartilsabstand an, wie breit das Spektrum ist, in dem die mittleren 50 % der Ausprägungen variieren.

IQR ist unempfindlich gegen Extremwerte

Beispiel: Der Quartilsabstand der angegebenen *Nettoeinkommen* der im Rahmen des ALLBUS Befragten beträgt:

$$\text{IQR} = 1800 \text{ €} - 700 \text{ €} = 1100 \text{ €}$$

Die mittleren 50 % der angegebenen *Nettoeinkommen* variieren in einem Bereich, der eine Breite von 1100 € aufweist.

3.5.3 | Varianz und Standardabweichung

Einer ganz anderen Logik folgen die Streuungsmaße **Varianz** var(x) und **Standardabweichung** s. Diese beiden sind die wichtigsten und gebräuchlichsten Streuungsmaße für metrische Variablen. Sie ziehen nicht nur die Ausprägungen von zwei Quantilen heran, sondern berücksichtigen alle Ausprägungen einer Verteilung. Varianz und Standardabweichung setzen jede Ausprägung in Bezug zum arithmetischen Mittelwert der Verteilung. Zuerst wird für jede Ausprägung die Abweichung zu $\bar{x}$ berechnet. Dann wird jede Distanz quadriert. Die Varianz ist das durchschnittliche Abweichungsquadrat der Verteilung:

s und var(x) berücksichtigen alle Ausprägungen

$$\text{var}(x) = \frac{1}{n} \sum_{i=1}^{n} (x_i - \bar{x})^2$$

Je weiter die einzelnen Ausprägungen um die Mitte der Verteilung streuen, umso größer ist die Varianz der Variablen. Da die Abweichungen vom arithmetischen Mittel für jeden Fall quadriert werden, tragen große Abweichungen stärker zur Varianz bei als kleine Abweichungen.

Die Standardabweichung ist die Quadratwurzel der Varianz:

$$s = \sqrt{\text{var}(x)}$$

Beispiel: Wie groß ist die Unterschiedlichkeit des *Alters* in der Studierendengruppe? Um diese Frage zu beantworten, kann man die Varianz oder die Standardabweichung berechnen. Mit dem bekannten arithmetischen Mittelwert von $\bar{x} = 23{,}71$ kann man die TABELLE 3.4 erstellen.

Die Varianz des *Alters* beträgt in der Studierendengruppe 3,63 Jahre^2. Die Standardabweichung beträgt 1,91 Jahre.

Die Werte, die die Varianz und die Standardabweichung jeweils realisieren können, sind wenig anschaulich. Zunächst einmal gilt, dass Varianz und Standardabweichung nur positive Werte realisieren können. (Sollten sie den Wert 0 annehmen, liegt keine Variable vor, da die Ausprägungen alle gleich sind und man eine Konstante hat.) Wenn die Unterschiedlichkeit der Ausprägungen einer Variablen klein ist, nehmen $\text{var}(x)$ und s Werte an, die relativ klein, d. h. relativ nahe an 0 sind. $\text{var}(x)$ und s werden sehr groß, wenn die Unterschiedlichkeit der Ausprägungen groß ist. Wenn ein Vergleichsmaßstab oder ein Vergleichsbezug fehlt, kann man das Ausmaß der Varianz bzw. Standardabweichung nicht einschätzen, dann weiß man also nicht, ab wann man von einer großen Varianz bzw. Standardabweichung und ab wann man von einer kleinen Varianz bzw. Standardabweichung sprechen kann. Zudem trägt die Skalierung (die Messeinheit) einer Variablen zu der Größenordnung von Varianz und Standardabweichung bei. Wenn man beispielsweise das *Alter* nicht in Jahren, sondern in Monaten angibt, erhält man andere Zahlenwerte für diese Streuungsmaße. Man kann daher nur Verteilungen mit gleicher Skalierung vergleichen (zum Beispiel die Unterschiedlichkeit der Nettoeinkommen in € für zwei Gruppen), um zu sehen, welche Verteilung eine größere Varianz bzw. Streuung aufweist. Oder

i	x_i	$(x_i - \bar{x})$	$(x_i - \bar{x})^2$	Tab. 3.4
1	26	2,29	5,22	
2	24	0,29	0,08	
3	22	− 1,71	2,94	
4	22	− 1,71	2,94	
5	27	3,29	10,80	
6	22	− 1,71	2,94	
7	23	− 0,71	0,51	
Σ	166	0,00	25,43	

$$\text{var}(x) = \frac{1}{7} \cdot 25{,}43 = 3{,}63 \text{ Jahre}^2$$

$$s = \sqrt{\text{var}(x)} = \sqrt{3{,}63} = 1{,}91 \text{ Jahre}$$

man führt einen Vergleichsmaßstab ein. Diese Überlegung liegt dem Variationskoeffizienten zugrunde.

3.5.4 | Variationskoeffizient

Der **Variationskoeffizient** v bezieht die Standardabweichung s auf das arithmetische Mittel x̄:

$$v = \frac{s}{\bar{x}}$$

Normierung der Standardabweichung

Er gibt den Grad der Variation in Einheiten des arithmetischen Mittels wieder. Der Variationskoeffizient hat keine Messdimensionen mehr, er ist dimensionslos. Der Variationskoeffizient wird auch als Maß der relativen Streuung bezeichnet. (Zu beachten ist, dass $\bar{x} \neq 0$ ist, da nicht durch 0 geteilt werden darf.)

Beispiel: Der Variationskoeffizient für das *Alter* in der Studierendengruppe ist:

$$v = \frac{1,91}{23,71} = 0,08$$

Der Wert von 0,08 für den Variationskoeffizienten sagt aus, dass die Standardabweichung des Alters nur 8 % des Altersdurchschnitts in der Studierendengruppe ausmacht.

3.6 | Maße der qualitativen Variation

Die Streuungsmaße setzen metrisches Skalenniveau voraus. Die Mehrheit der Variablen, die in soziologischen Datensätzen enthalten sind, weisen dieses Skalenniveau nicht auf. Bei nominal oder ordinal skalierten Variablen wird die Unterschiedlichkeit der Ausprägungen als **qualitative Variation** oder auch als Diversität bezeichnet.

Qualitative Variation misst die Unterschiedlichkeit kategorialer Ausprägungen

Ein solches Maß der qualitativen Variation ist die **Devianz** D_x (KÜHNEL/ KREBS 2004). Die qualitative Variation wird hierbei als maximal angesehen, wenn alle Kategorien einer kategorialen Variablen die gleiche relative Häufigkeit aufweisen. Minimale qualitative Variation liegt vor, wenn von j möglichen Kategorien nur eine empirisch vorkommt, die anderen dagegen nicht. Für die Berechnung von D_x wird der natürliche Logarithmus (→ Kap. 11.5) der relativen Häufigkeiten ermittelt. Die logarithmierten p_j werden jeweils mit den absoluten Häufigkeiten f_j multipliziert. Die Devianz berechnet sich dann mit:

$$D_x = -2 \cdot \sum_{j=1}^{J} \ln(p_j) \cdot f_j$$

Die Devianz nimmt Werte nahe 0 an, wenn die qualitative Variation klein ist, und sie nimmt sehr große Werte an, wenn die qualitative Variation groß ist. Die Devianz ist dimensionslos. Sie hat den Nachteil, dass ihre Größe nicht nur von dem Ausmaß der qualitativen Variation, sondern auch von der Fallzahl n abhängt. Die **relative Devianz** teilt die Devianz deshalb durch die Fallzahl:

$$d_x = \frac{D_x}{n}$$

Beispiel: Im Rahmen des ALLBUS 2002 wurde gefragt, welcher Partei der bzw. die Befragte seine bzw. ihre Zweitstimme geben würde, wenn am kommenden Sonntag Bundestagswahl wäre (v521). Für die qualitative Variation der *Wahlabsicht* sollen die Devianz D_x und die relative Devianz d_x berechnet werden.

Die Summe der letzten Spalte aus TABELLE 3.5 kann man in die Formel für D_x einsetzen:

$$D_x = (-2) \cdot (-3859,52) = 7719,04$$

Die Devianz ist offenbar sehr groß. Man kann sagen, dass der hier vorliegende Wert für D_x weit von 0 entfernt ist, aber die genauere Einschätzung des Ausmaßes der qualitativen Variation ist nicht möglich, da man nicht weiß, was das Maximum von D_x ist. Man kann den erhaltenen Wert mit dem möglichen Maximum für diese Tabelle bei vorliegender Fallzahl vergleichen. Dieser läge vor, wenn die relativen Häufigkeiten

j	Partei	f_j	p_j	$\ln(p_j)$	$\ln(p_j) \cdot f_j$	
1	CDU/CSU	734	0,3208	−1,1369	−834,5025	**Tab. 3.5**
2	SPD	664	0,2902	−1,2372	−821,4684	
3	FDP	296	0,1294	−2,0451	−605,3419	
4	Bündnis 90/Grüne	219	0,0957	−2,3464	−513,8532	
5	Republikaner	27	0,0118	−4,4396	−119,8691	
6	PDS	113	0,0494	−3,0080	−339,9091	
7	andere Partei	30	0,0131	−4,3342	−130,0271	
8	Nichtwähler	205	0,0896	−2,4124	−494,5468	
	Σ	2288	1,0000		−3859,5180	

Maximale Devianz bei
Gleichverteilung der acht Kategorien gleich groß wären. Die TABELLE 3.6 stellt diese theoretische Verteilung dar.

Man sieht im Vergleich zwischen der empirischen Devianz D_x und
der theoretischen maximalen Devianz $D_{x\,max}$, dass der empirische Wert
für die Devianz bereits sehr hoch ist.

Als empirische relative Devianz für die *Wahlabsicht* erhält man:

$$d_x = \frac{7719{,}04}{2288} = 3{,}37$$

Die relative Devianz ist 0, wenn die qualitative Variation minimal ist, sie
nimmt deutlich kleinere Werte als D_x an, wenn die qualitative Variation
groß ist. Werte für d_x kann man zwischen verschiedenen Verteilungen
mit unterschiedlichen Fallzahlen vergleichen. Leider ist d_x nicht auf das
Intervall [0;1] normiert, was die Interpretation des Zahlenwertes vereinfachen würde. Die theoretische maximale relative Devianz kann als Bezug dienen:

$$d_{xmax} = \frac{D_{xmax}}{n} = \frac{9515{,}52}{2288} = 4{,}16$$

Im Vergleich mit dem maximal möglichen Wert für die relative Devianz
zeigt sich, dass der empirische Wert ein großes Ausmaß der qualitativen
Variation der Wahlabsicht anzeigt.

Tab. 3.6	j	Partei	f_j	p_j	$\ln(p_j)$	$\ln(p_j)\cdot f_j$
	1	CDU/CSU	286	0,1250	−2,0794	−594,7203
	2	SPD	286	0,1250	−2,0794	−594,7203
	3	FDP	286	0,1250	−2,0794	−594,7203
	4	Bündnis 90/Grüne	286	0,1250	−2,0794	−594,7203
	5	Republikaner	286	0,1250	−2,0794	−594,7203
	6	PDS	286	0,1250	−2,0794	−594,7203
	7	andere Partei	286	0,1250	−2,0794	−594,7203
	8	Nichtwähler	286	0,1250	−2,0794	−594,7203
		Σ	2288	1,0000		−4757,7622

$$D_{xmax} = (-2)\cdot(-4757{,}76) = 9515{,}52$$

Konzentration | 3.7

Für metrische Variablen kann man die **Konzentration** analysieren. Die Konzentration besteht in dem Ausmaß der „Ballung" von Merkmalssummen auf Merkmalsträger. Konzentrationsmaße erfassen einen anderen statistischen Aspekt als Streuungsmaße. Während Streuungsmaße die Unterschiedlichkeit der Ausprägungen in einer Maßzahl angeben, bringen Konzentrationsmaße Anteile von Merkmalsträgern in Verbindung zu den Merkmalssummen, die diese Merkmalsträger auf sich vereinigen. Eine Aussage wie: „Die reichsten 10 Prozent der Haushalte in Deutschland besitzen 42 Prozent des Vermögens" gibt das Ausmaß der Konzentration an, indem eine **Konzentrationsrate** (42 %) auf einen vorher festgelegten prozentualen Anteil der Merkmalsträger (10 %) bezogen wird. Solche Konzentrationsraten sind zwar anschaulich, sie betrachten aber nur einen Teil der Konzentration einer Verteilung. Die Festlegung, welcher Anteil der Merkmalsträger herangezogen wird, kann willkürlich erscheinen.

Streuung vs. Konzentration

Lorenzkurve | 3.7.1

Eine grafische Darstellung der Konzentration, die systematisch Anteile an Merkmalsträgern zu den korrespondierenden Anteilen an Merkmalssummen in Beziehung setzt, ist die **Lorenzkurve**. Hierfür werden die Merkmalsträger der Größe ihrer Ausprägungen nach geordnet. Dann werden schrittweise die Anteile der Merkmalsträger aufsummiert und die zugehörigen Anteile der Merkmalssummen, die sie jeweils auf sich vereinigen, zugeordnet.

Visualisierung der Konzentration

Die Lorenzkurve für klassierte Daten wird folgendermaßen berechnet: Bei klassierten Daten ist die Anordnung der Merkmalsträger bereits durch die Klassierung gegeben. Der **Anteil der Merkmalsträger** in der j-ten Klasse ist im Grunde dasselbe wie die relative Häufigkeit p_j der Ausprägungen in dieser Klasse. Daher wird auch hier p_j verwendet und nach bekannter Formel berechnet:

$$p_j = \frac{f_j}{\sum\limits_{j=1}^{J} f_j} = \frac{f_j}{n}$$

Dann kumuliert man die Anteile der Einkommensbezieher p_j jeweils bis zur j-ten Klasse zu $p_{j\,cum}$ auf. Der **Anteil an der Merkmalssumme**, den die Merkmalsträger der j-ten Klasse auf sich vereinigen, ist m_j. Für die Berechnung bei klassierten Daten benötigt man die Klassenmitten x_j. Diese werden berechnet, indem man die beiden Klassengrenzen einer Klasse addiert und die Summe halbiert. Die Klassenmitten x_j werden mit der

Tab. 3.7

j	Klasse	f_j	p_j	$p_{j\,cum}$	X-Koordinaten x_j	$x_j \cdot f_j$	m_j	Y-Koordinaten $m_{j\,cum}$
1	0 bis < 200 €	36	0,0163	0,0163	100,0	3600,0	0,0011	0,0011
2	200 bis < 300 €	64	0,0290	0,0453	250,0	16000,0	0,0049	0,0060
3	300 bis < 400 €	109	0,0493	0,0946	350,0	38150,0	0,0117	0,0177
4	400 bis < 500 €	73	0,0330	0,1277	450,0	32850,0	0,0100	0,0277
5	500 bis < 625 €	180	0,0815	0,2091	562,5	101250,0	0,0310	0,0587
6	625 bis < 750 €	112	0,0507	0,2598	687,5	77000,0	0,0235	0,0822
7	750 bis < 875 €	126	0,0570	0,3169	812,5	102375,0	0,0313	0,1135
8	875 bis < 1000 €	106	0,0480	0,3649	937,5	99375,0	0,0304	0,1439
9	1000 bis < 1125 €	217	0,0982	0,4631	1062,5	230562,5	0,0705	0,2144
10	1125 bis < 1250 €	125	0,0566	0,5197	1187,5	148437,5	0,0454	0,2597
11	1250 bis < 1375 €	133	0,0602	0,5799	1312,5	174562,5	0,0534	0,3131
12	1375 bis < 1500 €	95	0,0430	0,6229	1437,5	136562,5	0,0417	0,3548
13	1500 bis < 1750 €	255	0,1154	0,7383	1625,0	414375,0	0,1267	0,4815
14	1750 bis < 2000 €	118	0,0534	0,7918	1875,0	221250,0	0,0676	0,5492
15	2000 bis < 2250 €	117	0,0530	0,8447	2125,0	248625,0	0,0760	0,6252
16	2250 bis < 2500 €	65	0,0294	0,8742	2375,0	154375,0	0,0472	0,6724
17	2500 bis < 2750 €	84	0,0380	0,9122	2625,0	220500,0	0,0674	0,7398
18	2750 bis < 3000 €	20	0,0091	0,9212	2875,0	57500,0	0,0176	0,7574
19	3000 bis < 4000 €	103	0,0466	0,9679	3500,0	360500,0	0,1102	0,8676
20	4000 bis < 5000 €	41	0,0186	0,9864	4500,0	184500,0	0,0564	0,9240
21	5000 bis < 7500 €	18	0,0081	0,9946	6250,0	112500,0	0,0344	0,9584
22	7500 bis 15200 €	12	0,0054	1,0000	11350,0	136200,0	0,0416	1,0000
	Σ	2209	1,0000			3271050,0	1,0000	

Häufigkeit f_j multipliziert, um die Merkmalssumme in der j-ten Klasse zu ermitteln. Das Verhältnis der Merkmalssumme der j-ten Klasse zur Merkmalssumme aller Klassen ist der Anteil der Merkmalssumme m_j der j-ten Klasse:

$$m_j = \frac{x_j \cdot f_j}{\sum\limits_{j=1}^{J} x_j \cdot f_j}$$

Dann kumuliert man die Anteile der Merkmalssummen m_j jeweils bis zur j-ten Klasse zu $m_{j\,cum}$ auf. Die Wertepaare $(p_{j\,cum}; m_{j\,cum})$ können als die X-Y-Koordination von Punkten betrachtet werden, die man in einem zweidimensionalen X-Y-Koordinatensystem einzeichnen kann. Die Verbindungslinie zwischen den Punkten $(p_{j\,cum}; m_{j\,cum})$ bildet die Lorenzkurve für die Konzentration. Die Lorenzkurve beginnt immer bei dem Wertepaar (0;0), denn 0 % der Merkmalsträger vereinigen 0 % der Merkmalssumme auf sich. Der Endpunkt der Lorenzkurve ist immer das Wertepaar (1;1), denn 100 % der Merkmalsträger vereinigen 100 % der Merkmalssumme auf sich.

Beispiel: Anhand der ALLBUS-Daten zum *klassierten Nettoeinkommen* (v362) soll das Ausmaß der Konzentration des Einkommens grafisch dargestellt werden. Wenn keine Konzentration vorläge, würden sich proportionale Paarungen ergeben, d. h., der kumulierte Anteil der Einkommensbezieher $p_{j\,cum}$ würde immer den gleichen Anteilswert an kumuliertem Einkommen $m_{j\,cum}$ auf sich vereinigen. Wenn aber einige der Anteile der Einkommensbezieher mit größeren bzw. geringeren Anteilen an der Einkommenssumme einhergehen, liegt Konzentration vor.

Die TABELLE 3.7 liefert 22 Wertepaare für die X-Y-Koordinaten. Hinzukommt dann das Wertepaar (0;0), so dass 23 Punkte zu verbinden sind. Die Lorenzkurve ist die Linie, die in der ABBILDUNG 3.6 unterhalb der grauen Fläche verläuft. Oberhalb der grauen Fläche verläuft die Diagonale, die die Punkte (0;0) und (1;1) als Gerade verbindet. Die Größe der

Flächengröße unter Diagonalen repräsentiert Konzentration

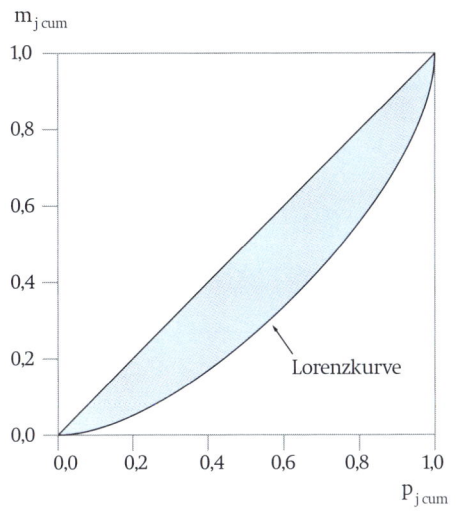

Abb. 3.6

Lorenzkurve

Fläche zwischen der Diagonalen und der Lorenzkurve gibt das Ausmaß der Konzentration an. Je stärker die Lorenzkurve von der Diagonalen abweicht, umso stärker ist die Konzentration des metrischen Merkmals.

In der ABBILDUNG 3.7 ist die Lorenzkurve der empirischen Konzentration zum Vergleich mit den Lorenzkurven zweier theoretischer Konzentrationen dargestellt (auf Schraffierungen wurde verzichtet). Die empirische Lorenzkurve, die sich im Einkommensbeispiel ergibt, ist mit 2 gekennzeichnet. Die theoretische Lorenzkurve 1 würde sich ergeben, wenn die Konzentration minimal, d. h. keine Konzentration vorhanden wäre. Dann lägen immer Wertepaare $(p_{j\,cum}; m_{j\,cum})$ vor, die aus gleichen Zahlenwerten bestünden.

(Keine Konzentration liegt vor, wenn alle Merkmalsträger in eine Klasse fallen.)

Die theoretische Lorenzkurve 3 drückt eine stärkere Konzentration als die empirische aus, die aber noch nicht maximal ist. Maximale Konzentration läge vor, wenn ein einziger Merkmalsträger die gesamte Merkmalssumme auf sich vereinigen würde und die übrigen Merkmalsträger keinen Anteil an der Merkmalssumme vorzuweisen hätten. In diesem Falle würde die Lorenzkurve bei (0,0) beginnend auf der X-Achse entlanglaufen und dann (fast genau) bei (0;1) sprunghaft zum Wert (1;1) aufsteigen. (Damit dieser idealtypische Verlauf der Lorenzkurve möglich ist, müsste allerdings eine erste Klasse eingerichtet werden, die die Klas-

Abb. 3.7

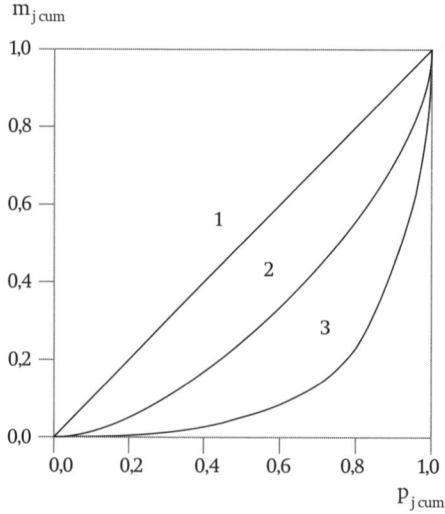

senbreite 0 hat, da ansonsten die Merkmalsträger mit der Ausprägung 0 in eine Klasse fielen, die eine von 0 verschiedene Klassenmitte hätte.)

Lorenz-Münzner-Maß   3.7.2

Von der Lorenzkurve ausgehend lässt sich ein Konzentrationsmaß entwickeln, das quantifiziert, wie stark ein metrisches Merkmal konzentriert ist. Das Konzentrationsmaß ist das **Lorenz-Münzner-Maß**, das auch Gi-

Tab. 3.8

j	Klasse	p_j	$m_{j\,cum}$	$m_{j-1\,cum}$	$p_j \cdot \dfrac{m_{j-1cum} + m_{jcum}}{2}$
1	0 bis < 200 €	0,0163	0,0011	0,0000	0,0000
2	200 bis < 300 €	0,0290	0,0060	0,0011	0,0001
3	300 bis < 400 €	0,0493	0,0177	0,0060	0,0006
4	400 bis < 500 €	0,0330	0,0277	0,0177	0,0007
5	500 bis < 625 €	0,0815	0,0587	0,0277	0,0035
6	625 bis < 750 €	0,0507	0,0822	0,0587	0,0036
7	750 bis < 875 €	0,0570	0,1135	0,0822	0,0056
8	875 bis < 1000 €	0,0480	0,1439	0,1135	0,0062
9	1000 bis < 1125 €	0,0982	0,2144	0,1439	0,0176
10	1125 bis < 1250 €	0,0566	0,2597	0,2144	0,0134
11	1250 bis < 1375 €	0,0602	0,3131	0,2597	0,0172
12	1375 bis < 1500 €	0,0430	0,3548	0,3131	0,0144
13	1500 bis < 1750 €	0,1154	0,4815	0,3548	0,0483
14	1750 bis < 2000 €	0,0534	0,5492	0,4815	0,0275
15	2000 bis < 2250 €	0,0530	0,6252	0,5492	0,0311
16	2250 bis < 2500 €	0,0294	0,6724	0,6252	0,0191
17	2500 bis < 2750 €	0,0380	0,7398	0,6724	0,0268
18	2750 bis < 3000 €	0,0091	0,7574	0,7398	0,0068
19	3000 bis < 4000 €	0,0466	0,8676	0,7574	0,0379
20	4000 bis < 5000 €	0,0186	0,9240	0,8676	0,0166
21	5000 bis < 7500 €	0,0081	0,9584	0,9240	0,0077
22	7500 bis 15200 €	0,0054	1,0000	0,9584	0,0053
	Σ	1,0000			0,3100

ni-Koeffizient genannt wird. Es ist dimensionslos und wird mit K_L notiert. Dieses Maß variiert zwischen 0 (keine Konzentration) und näherungsweise 1 (maximale Konzentration) und lässt sich daher gut interpretieren. K_L wird berechnet mit:

$$K_L = 1 - 2 \sum_{j=1}^{J} p_j \cdot \frac{m_{j-1\mathrm{cum}} + m_{j\mathrm{cum}}}{2}$$

Die Werte für p_j und $m_{j\,\mathrm{cum}}$ liegen schon in der TABELLE 3.7 vor. Mit Hilfe der TABELLE 3.8 kann man K_L berechnen.

Es ergibt sich für K_L:

$$K_L = 1 - 2 \cdot 0{,}31 = 0{,}38$$

Hier liegt also eine empirische Konzentration mittlerer Stärke für das *klassierte Nettoeinkommen* der Befragten im ALLBUS-Datensatz vor. Zum Vergleich: Für die theoretische Lorenzkurve 1 ist K_L = 0, für die theoretische Lorenzkurve 3 ist K_L = 0,73. Es wird empfohlen für die Erfassung der Konzentration sowohl die Lorenzkurve zu erstellen, als auch das Lorenz-Münzner-Maß zu berechnen.

Bemerkung: Die Lorenzkurve und das Lorenz-Münzner-Maß kann man auch konstruieren bzw. berechnen, wenn man nicht klassierte Daten vorliegen hat. Die vereinfachten Formeln für p_j und m_j erhält man, indem man f_j = 1 setzt und dann mit den nicht klassierten Ausprägungen x_i statt mit den Klassenmitten x_j rechnet.

3.8 | Boxplot

Für metrische Variablen ist der von JOHN W. TUKEY (1915–2000) entwickelte **Boxplot** eine geeignete Datenanalysegrafik, die eine Verteilung hinsichtlich ihrer Mitte, Streuung, Schiefe und Extremwerte anschaulich darstellt. Ist man mit Boxplots erst einmal vertraut, kann man die wesentlichen statistischen Aspekte der Verteilung einer metrischen Variablen grafisch schnell erkennen und interpretieren.

Beispiel: Die Verteilung der *Zahl besuchter Kulturveranstaltungen* von 27 Berlinerinnen und Berlinern (→ Kap. 3.3.2) wird in ABBILDUNG 3.8 mit einem Boxplot und mit einem Histogramm dargestellt.

(Das Histogramm ist hier gedreht und vertikal angeordnet.)

Interpretation des Boxplots

Die Breite des Boxplots hat keine Bedeutung. Der dicke Strich in der Box (in dem Kasten) ist der Median ($\tilde{x}$ = 3). Die Streuung der Verteilung wird durch die Höhe des Kastens repräsentiert, denn der untere Rand der Box ist das erste Quartil, der obere Rand das dritte Quartil. Die Aus-

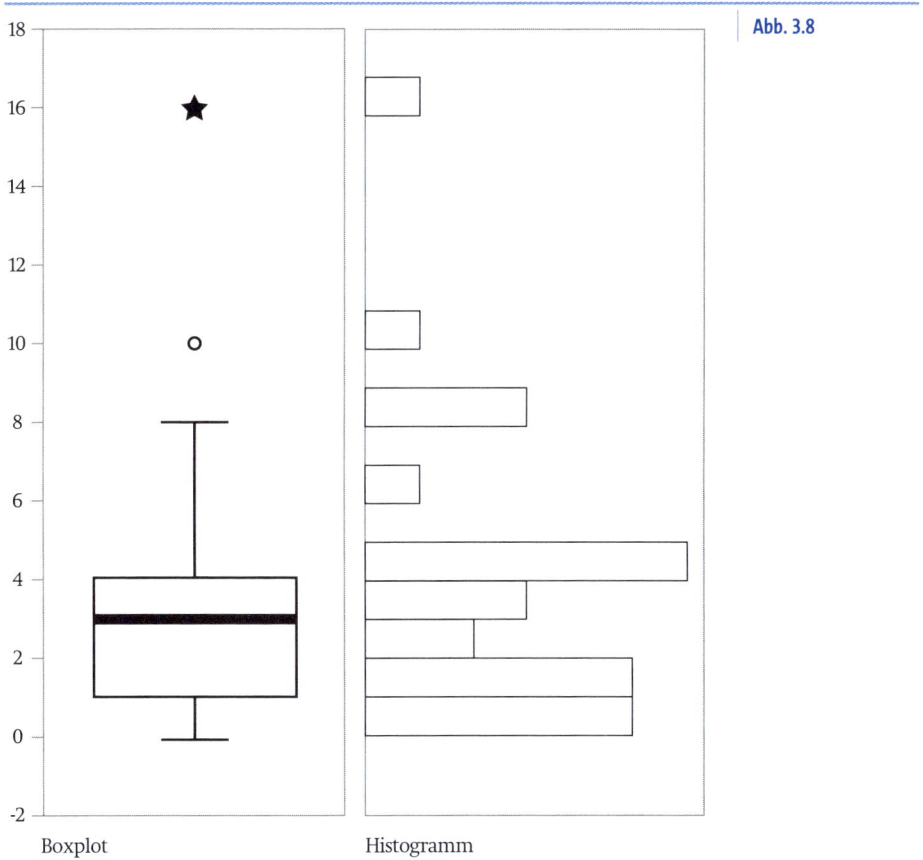

Abb. 3.8

prägungen für das erste und das dritte Quartil sind $x_{0.25} = 1$ und $x_{0.75} = 4$. Die Höhe der Box entspricht damit dem Quartilsabstand (IQR = 4−1 = 3). In der Box liegen damit 50 % der Fälle. Diese teilen sich so auf, dass 25 % der Fälle oberhalb und 25 % der Fälle unterhalb des Medians (dicker Strich) in der Box liegen. Wichtig: Obwohl die Fläche der Box oberhalb des Medians in diesem Fall kleiner ist, liegen hier also genauso viele Fälle wie in dem Bereich der Box unterhalb des Medians.

Die beiden T-Formen, die vom unteren Rand der Box nach unten und vom oberen Rand der Box nach oben ragen sind die „Whisker". Sie ragen jeweils bis zur letzten Ausprägung, die maximal das 1,5fache der Höhe der Box (des Quartilsabstands) von der Box entfernt ist. Werte, die das

1,5fache bis 3fache der Höhe der Box (des Quartilsabstands) von der Box entfernt liegen, sind Ausreißer und werden als Kreis markiert. Hier liegt ein Ausreißer mit $x_i = 10$ vor. Werte, die noch weiter als das 3fache der Höhe der Box (des Quartilsabstands) von der Box entfernt liegen, sind extreme Ausreißer, die mit einem Stern markiert werden. Hier findet sich ein extremer Ausreißer mit $x_i = 16$. Im Vergleich mit dem Histogramm zeigt sich, dass der Boxplot schnell erkennen lässt, wo die Mitte der Verteilung liegt und wie die Streuung zu bemessen ist. Boxplots sind besonders geeignet, um Gruppenvergleiche zu visualisieren, indem man für jede Gruppe einen Boxplot anfertigt und diese nebeneinander plottet.

Boxplot versus Histogramm

3.9 | z-Standardisierung

Eine für verschiedene Zwecke nützliche Transformation (Umrechnung) ist die **z-Standardisierung**. Mit ihrer Hilfe können z.B. Verteilungen, die in unterschiedlichen Skalierungen (Messeinheiten) vorliegen, vergleichbar gemacht werden. Jede Ausprägung x_i einer Variablen X wird in einen z-Wert transformiert, so dass danach für jeden Merkmalsträger ein x-Wert sowie ein z-Wert vorliegen. Die z-Standardisierung besteht aus zwei Schritten: (1) von jedem x_i wird das arithmetische Mittel $\bar{x}$ subtrahiert, und (2) die so gebildete Differenz $(x_i - \bar{x})$ wird dann durch s_x, die Standardabweichung von X, geteilt:

Zweck der z-Standardisierung

$$z_i = \frac{x_i - \bar{x}}{s_x}$$

Genauer betrachtet besteht die z-Standardisierung also aus zwei Transformationen. Der erste Schritt ist eine **Mittelwertzentrierung** und der zweite Schritt eine **Normierung.** Die Mittelwertzentrierung, also die Berechnung der Differenzen $(x_i - \bar{x})$ für alle x_i, hat zur Folge, dass der neue Mittelwert der Differenzen bei 0 liegt. Die Verteilung von X wird also in diesem Schritt um den Mittelwert $\bar{x}$ so verschoben, dass ihr neuer Schwerpunkt bei 0 liegt. Die Normierung bewirkt, dass die Differenzen eine Standardabweichung von s = 1 erhalten. Normiert wird die Standardabweichung der z-Werte (nicht der Bereich ihrer möglichen Ausprägungen). Man kann verschiedene Eigenschaften der z-Standardisierung festhalten, die für alle z-standardisierten Variablen gelten:

Mittelwertzentrierung und Normierung

Eigenschaften z-standardisierter Variablen

(1) das arithmetische Mittel ist immer $\bar{z} = 0$ und

(2) die Standardabweichung der z-Werte ist immer $s_z = 1$.

(3) Da sowohl die Differenzen $(x_i - \bar{x})$ als auch die Standardabweichung von X (s_x) in Messeinheiten von X vorliegen, kürzen sich diese durch

i	x_i	$(x_i - \bar{x})$	z_i	Tab. 3.9
1	26	2,29	1,20	
2	24	0,29	0,15	
3	22	− 1,71	− 0,90	
4	22	− 1,71	− 0,90	
5	27	3,29	1,72	
6	22	− 1,71	− 0,90	
7	23	− 0,71	− 0,37	
Σ	166	0,00	0,00	

die Berechnung von z heraus. Die z-Werte haben keine Messdimension mehr, sie sind dimensionslos.

Beispiel: Die Gruppe der sieben Studierenden hatte einen arithmetischen Mittelwert für das *Alter* von $\bar{x} = 23,71$ Jahren und eine Standardabweichung des *Alters* von $s_x = 1,91$ Jahren. Die TABELLE 3.9 beinhaltet für jeden Studierenden das Alter x_i, die Differenz $(x_i - \bar{x})$ und z_i.

Die z_i-Werte geben anhand des Vorzeichens unmittelbar Auskunft darüber, ob ein Studierender in Bezug auf den Durchschnitt der Studierendengruppe über- oder unterdurchschnittlich alt ist. z = 0 bedeutet, dass ein Studierender ein Durchschnittsalter aufweist. Ist z < 0 ist der Studierende unterdurchschnittlich alt, also jünger als der Durchschnitt. Ist z > 0, dann ist ein Studierender älter als der Durchschnitt. Diese Information kann man an den z-Werten ablesen, ohne sie mit dem arithmetischen Mittelwert vergleichen zu müssen. Das gilt nicht für die x-Werte. Die Größenordnung von z_i gibt auch an, wie viele Standardabweichungen eine Ausprägung vom Durchschnittswert entfernt ist. Der erste Studierende hat einen z-Wert von 1,20. Das Alter des Studierenden ist überdurchschnittlich hoch, und zwar 1,2 Standardabweichungen höher als der Durchschnittswert.

Interpretation von z-Werten

4 | Bivariate Analyse

Bivariate Analyse untersucht gemeinsame Variation zweier Variablen

In der bivariaten Analyse wird der statistische Zusammenhang zwischen zwei Variablen untersucht. Der Begriff „bivariat" bezieht sich auf das *gemeinsame* Variieren zweier Variablen. Anstatt wie in der univariaten Analyse von jedem Merkmalsträger nur genau eine Ausprägung einer Variablen z. B. X heranzuziehen und so für viele Merkmalsträger deren Ausprägungen x_i als die Verteilung von X zu analysieren, werden von jedem Merkmalsträger in der bivariaten Analyse jeweils genau zwei Ausprägungen herangezogen, je eine der beiden betrachteten Variablen z. B. X und Y. Die bivariate Analyse untersucht, wie die *Kombinationen* der Ausprägungen zweier Variablen sich verteilen. Denn bei jedem Merkmalsträger liegt eine Ausprägungskombination – ein Wertepaar $(x_i;y_i)$ – vor, und diese Ausprägungskombination kann man für eine Menge von Merkmalsträgern als eine Verteilung von Ausprägungskombinationen betrachten. Man spricht hier daher auch von einer **bivariaten oder zweidimensionalen Häufigkeitsverteilung**. Statistisch interessiert nun, ob die bivariate Verteilung der Ausprägungskombinationen einen **statistischen Zusammenhang** zwischen X und Y zum Ausdruck bringt oder ob eine bivariate Verteilung zweier statistisch voneinander unabhängiger Variablen vorliegt. Man kann statistische Zusammenhänge in einer Grafik visualisieren, tabellarisch darstellen oder versuchen, anhand einer statistischen Maßzahl die Stärke eines statistischen Zusammenhangs auszudrücken.

Bivariate Verteilung ist Verteilung von Ausprägungskombinationen

Leitfragen der bivariaten Analyse sind: Gibt es ein „Muster" in der Verteilung der Ausprägungskombinationen, so dass man sagen kann, es liegt ein statistischer Zusammenhang zwischen zwei Variablen vor? Wie lässt sich die Stärke des Zusammenhangs einfach erfassen, darstellen und interpretieren?

Bivariate Analyse kann statistische Zusammenhänge untersuchen

Eine Strategie, um das Vorliegen und die Stärke eines Zusammenhangs zu untersuchen, ist der Vergleich einer empirischen bivariaten Verteilung von Ausprägungskombinationen mit einer theoretischen bivariaten Verteilung. Wenn eine theoretische bivariate Verteilung konstruiert werden kann, die sich ergeben würde, wenn kein statistischer Zusammenhang zwischen zwei Variablen X und Y bestünde, dann kann man die empirische Verteilung mit der theoretischen Verteilung daraufhin vergleichen, ob sie voneinander abweichen. Wenn sie voneinander abweichen, dann sagt man, dass ein Zusammenhang zwischen X und Y vorliegt.

Theoretische Verteilungen können als Vergleich dienen

Kausalität und statistische Analyse $\quad$ | 4.1

Definition Kausalität

Von Kausalität spricht man, wenn ein Sachverhalt als eine Ursache angesehen wird und ein anderer Sachverhalt als dessen Wirkung. Nach IMMANUEL KANT ist das Denken in Kausalitätsbeziehungen ein grundlegendes menschliches Erkenntnis- und Denkschema. Damit ist gemeint, dass der menschliche Verstand versucht, Ursachen und Wirkungen auszumachen und beide als durch eine Wirkungsbeziehung vernetzt zu denken.

Repräsentiert eine Variable eine Ursache, dann wird für sie häufig die Variablenbezeichnung X verwendet. Repräsentiert eine Variable eine Wirkung, dann wird häufig für diese die Variablenbezeichnung Y verwendet. Man spricht in diesem Fall von Y als **abhängiger Variable** und von X als **unabhängiger Variable**. Da hier eine Wirkungsrichtung angenommen wird, spricht man von einer **gerichteten Beziehung** oder einem **asymmetrischen Zusammenhang** zwischen X und Y.

Man versucht, statistisch einen kausalen Zusammenhang zwischen zwei Variablen Y und X zu belegen, indem man eine Variation von Y (Unterschiedlichkeit der Wirkung) auf eine Variation von X (Unterschiedlichkeit der Ursache) zurückführt. Aber die Rede von Kausalität ist voraussetzungsvoll. Man sollte unterscheiden zwischen sachlichen Wirkungszusammenhängen, die kausale Beziehungen sind, und statistischen Zusammenhängen, die rechnerisch zwischen Variablen vorliegen und die nicht notwendig auch kausale Zusammenhänge sein müssen.

Kausale Beziehungen und statistische Zusammenhänge

Damit man von Kausalität als einer gerichteten Ursache-Wirkungs-Beziehung zwischen X und Y sprechen kann, muss (1) die Ursache X der Wirkung Y zeitlich vorangehen, muss sich (2) der Zusammenhang statistisch (rechnerisch) belegen lassen und darf (3) der statistische Zusammenhang nicht beeinflusst sein durch den Einfluss anderer Sachverhalte auf die bivariate Beziehung zwischen X und Y. Denn ein Problem kausaler Analysen sind die Einflüsse von **Drittvariablen** auf den kausalen Zusammenhang zweier Variablen. Beispielsweise kann es sein, dass ein statistisch vorhandener Zusammenhang zwischen zwei Variablen sich als Scheinkausalität erweist, die durch den Einfluss einer Drittvariablen entstanden ist und verschwindet, wenn man diesen Drittvariableneinfluss aus der bivariaten Beziehung herausrechnet.

Wann liegt Kausalität vor?

Soziologisch macht der Begriff der Kausalität zudem erst dann Sinn, wenn (4) eine theoretische Erklärung für die Wirkung von X auf Y vorliegt, so dass der statistische Zusammenhang soziologisch als sozialer Wirkungszusammenhang anerkannt werden kann.

In der Praxis der sozialwissenschaftlichen Statistik werden häufig Sachverhalte als unabhängige Variablen eingesetzt, die eigentlich keine Ursache sein können wie z. B. das Geschlecht einer Person. Wenn am Ende dieses Kapitels statistisch untersucht wird, wie sich das Geschlecht auf das Einkommen von Hochschulabsolventen auswirkt, so kann soziologisch gesehen nicht das *biologische Geschlecht* die Ursache dafür sein, dass Einkommensunterschiede zu Tage treten. Statistisch nachgewiesene Unterschiede im Einkommen zwischen Männern und Frauen können in einer soziologischen Interpretation auf die Auswirkung der *sozialen Geschlechterrollen* und die *ungleiche soziale Bewertung* von Frauen- und Männerarbeit zurückgeführt werden.

Variablen repräsentieren oft nur indirekt Ursache und Wirkung

An diesem Beispiel wird deutlich, dass die in der statistischen Analyse verwendeten Variablen oft nicht unmittelbar die Ursache-Wirkungs-Beziehung abbilden, sondern dass in der soziologischen Interpretation auf diese erst noch geschlossen werden muss. Eine **soziologische Erklärung** besteht eben darin, mit Daten zu belegen, wie soziale Sachverhalte durch andere soziale Sachverhalte verursacht bzw. beeinflusst werden können. Hier findet sich eine der von EMILE DURKHEIM (1984) formulierten Regeln der soziologischen Methode: Soziales durch Soziales erklären.

An dem Beispiel kann man auch verdeutlichen, was ein **Drittvariablen-einfluss** ist (vgl. → Kap. 5). Denn es kann sein, dass die Einkommensunterschiede zwischen Hochschulabsolventinnen und Hochschulabsolventen nicht auf die ungleiche soziale Bewertung von Frauen- und Männerarbeit zurückzuführen sind, sondern auftreten können, wenn die Hochschulabsolventinnen häufiger Teilzeit arbeiten als die Hochschulabsolventen. Weiter ist denkbar, dass nicht nur eine, sondern mehrere Drittvariablen auf den statistischen Zusammenhang zwischen Geschlecht und Einkommen einwirken, so dass sich die statistische Analyse schnell ausweitet. Ein Problem kausaler Analysen ist, dass Einflüsse von Drittvariablen übersehen werden können.

Problem: Hat man alle relevanten Drittvariablen berücksichtigt?

Die oben eingeführte Kausalvorstellung basiert auf gerichteten oder auch asymmetrischen Beziehungen. Die Ursache X bewirkt die Wirkung Y, diese wirkt aber nicht auf den verursachenden Sachverhalt zurück. Von **ungerichteten Beziehungen** oder einem **symmetrischen Zusammenhang** spricht man, wenn beide Sachverhalte sich gegenseitig bedingen und keine von beiden als Ursache oder Wirkung der jeweils anderen auszumachen ist. Soziologisch gesehen gibt es viele Sachverhalte, von denen man annehmen kann, dass sie in typischen Konstellationen auftreten, weil sie in einem wechselseitigen Zusammenhang stehen, da ihnen eine symmetrische kausale Beziehung zugrunde liegt.

Obwohl der Statistik in der Soziologie häufig zugesprochen wird, für die Analyse von Kausalität zuständig zu sein, vermeiden Statistiker von Kausalität zu sprechen. Mit statistischen Mitteln allein ist eine Kausalanalyse nicht möglich. Der Grund ist einmal darin zu sehen, dass man mit statistischen Methoden nicht zwischen gerichteten und ungerichteten Beziehungen unterscheiden kann. Zum anderen kann man kausale Beziehungen zwischen sozialen Sachverhalten im starken Sinne des Wortes statistisch nicht beweisen. Man kann aber mit Hilfe der Statistik versuchen, soziologische Behauptungen über Ursache-Wirkungs-Beziehungen zu belegen oder in Frage zu stellen. Und erst die Vervollständigung mit soziologischen Erklärungen (Interpretationen und Hypothesen) macht statistische Befunde zu „empirischen Tatsachen", die unter Soziologen kommuniziert und bewertet werden können. Wenn Kausalität wirklich im Sinne KANTS ein Denkschema ist, dann ist die Rolle der soziologischen Theorie fundamental. Demnach ermöglicht erst die theoriefundierte statistische Analyse von Daten Orientierung zu stiften, welche Variablen welche sozialen Sachverhalte abbilden, welche kausalen Beziehungen zwischen ihnen zu vermuten sind und wie diese in der

Statistik allein kann Kausalität nicht analysieren

Kausalität und Interpretation

statistischen Analyse abgebildet werden können. Die statistischen „Resultate" (Zahlen) müssen dann interpretiert werden, um den Status eines soziologischen Resultats zu erhalten. Der Beleg vorhandener oder fehlender sozialer Kausalbeziehungen ist insgesamt eine soziologische Interpretationsleistung von Daten.

4.2 | Tabellenanalyse

Die Häufigkeitstabelle ist der Ausgangspunkt für die Analyse des Zusammenhangs zwischen kategorialen Variablen. Daher wird die Analyse kategorialer Variablen auch Tabellenanalyse genannt. Die Tabelle, die die empirischen Ausprägungskombinationen einer bivariaten Häufigkeitsverteilung darstellt, ist die so genannte Kontingenztabelle. Mit Hilfe einfacher Prozentuierungen kann man bereits die Kontingenztabelle für die Zusammenhangsanalyse einsetzen. Die Bezeichnung Tabellenanalyse schließt nicht aus, dass über die Tabellierung hinaus statistische Maßzahlen für die Erfassung der Stärke des Zusammenhangs zwischen kategorialen Variablen zum Einsatz kommen.

4.2.1 | Kontingenztabelle

Kontingenztabelle stellt bivariate Verteilung der Ausprägungskombinationen dar

Die **Kontingenztabelle** ist eine systematische Darstellung der Ausprägungskombinationen zweier Variablen. Eine Kontingenztabelle besteht aus den Zellen, die sich aus der Kreuzung von Reihen und Spalten ergeben. Man spricht bei dieser Art der Tabellenkonstruktion auch von Kreuztabulierung, die Tabelle wird auch als **Kreuztabelle** bezeichnet. Die Ausprägungen der beiden Variablen werden den Reihen bzw. Spalten der Tabelle zugeordnet. Konvention ist, dass bei gerichteten Beziehungen die Ausprägungen der unabhängigen Variablen (X) den Spalten zugeordnet werden und die Ausprägungen der abhängigen Variablen (Y) den Reihen zugeordnet werden. Die Ausprägungen von X werden mit j indiziert, wobei

Schreibweisen für die Kontingenztabelle

der Index j von $j = 1, \ldots s$ läuft. Der Buchstabe s steht für die Anzahl der Spalten und ist so groß wie die Anzahl der Ausprägungen von X. Die Ausprägungen von Y werden mit i indiziert, wobei i von $i = 1, \ldots r$ läuft. Hier steht r für die Anzahl der Reihen und ist so groß wie die Anzahl der Ausprägungen von Y. Für jede Ausprägungskombination von i und j liegt damit eine eigene Zelle vor. In den Zellen stehen dann die Häufigkeiten f_{ij}, mit denen die Ausprägungskombination $(x_j; y_i)$ bei den Merkmalsträgern aufgetreten ist. Die TABELLE 4.1 veranschaulicht die Notation der bivariaten Häufigkeitstabelle. Man spricht von der Größe einer Tabelle auch als

Größe der Tabelle ist das Format

dem **Format** einer Tabelle. Das Format einer bivariaten Kontingenztabelle besteht aus der Angabe der kombinierten Anzahl von Reihen und Spalten: r × s. Man sagt: „Eine Tabelle hat das Format r mal s.“

Die Summierung der Häufigkeiten in den einzelnen Spalten ergibt die **Spaltensummen**, entsprechend ergibt die Summierung der Häufigkeiten in den einzelnen Reihen die **Reihensummen**. Spaltensummen und Reihensummen werden auch **Randsummen** genannt. Diese werden notiert mit $f_{.j}$ (Spaltensumme der j-ten Spalte) bzw. mit $f_{i.}$ (Reihensumme der i-ten Reihe). Die Berechnung kann in Summenschreibweise dargestellt werden mit:

$$\sum_{i=1}^{r} f_{ij} = f_{.j} \quad \text{bzw.} \quad \sum_{j=1}^{s} f_{ij} = f_{i.}$$

Summiert man die Zellenhäufigkeiten f_{ij} über alle Zellen auf, erhält man die Fallzahl n, die die Anzahl der Merkmalsträger ist. Auch diese Summierung kann man in Summenschreibweise darstellen. Da über alle Spalten und alle Reihen zu summieren ist, benötigt man zwei Summenzeichen, eines für die Summierung der f_{ij} über die Reihen (rechtes Summenzeichen) und eines für die Summierung über die Spalten (linkes Summenzeichen):

$$\sum_{j=1}^{s} \sum_{i=1}^{r} f_{ij} = n$$

Diese Summierung ist gleich der Summe der Spaltensummen über alle Spalten hinweg oder gleich der Summe der Reihensummen über alle Reihen hinweg, denn auch das ergibt jeweils die Fallzahl n:

$$\sum_{j=1}^{s} \sum_{i=1}^{r} f_{ij} = \sum_{j=1}^{s} f_{.j} = \sum_{i=1}^{r} f_{i.} = n$$

	x_1	x_2	...	x_j	...	x_s	Σ
y_1	f_{11}	f_{12}	...	f_{1j}	...	f_{1s}	$f_{1.}$
y_2	f_{21}	f_{22}	...	f_{2j}	...	f_{2s}	$f_{2.}$
...	...	...	...	...	...	...	...
y_i	f_{i1}	f_{i2}	...	f_{ij}	...	f_{is}	$f_{i.}$
...	...	...	...	...	...	...	...
y_r	f_{r1}	f_{r2}	...	f_{rj}	...	f_{rs}	$f_{r.}$
Σ	$f_{.1}$	$f_{.2}$	...	$f_{.j}$	...	$f_{.s}$	n

Tab. 4.1

Die vereinfachte Schreibweise für die Summierung der Häufigkeiten über alle Zellen ist:

$$\sum_{\text{Zellen}} f_{ij} = n$$

In den Kontingenztabellen stellen die Spaltensummen bzw. die Reihensummen die beiden **Randverteilungen** dar. Diese heißen auch **marginale Verteilungen** von X und Y. Die marginalen Verteilungen sind die univariaten Verteilungen von X und Y. Die Spaltensummen stellen die univariate Verteilung von X und die Reihensummen die univariate Verteilung von Y dar. In den Spalten und den Reihen der Kontingenztabelle liegen die so genannten **bedingten Verteilungen** vor. Diese werden deshalb „bedingt" genannt, weil die Ausprägung einer der beiden Variablen konstant ist und unter dieser Voraussetzung für die andere Variable eine Verteilung vorliegt. Die Spalten der Kontingenztabelle stellen bedingte Verteilungen von Y dar, also die jeweilige Verteilung von Y unter der Bedingung, dass für X eine konstante Ausprägung vorliegt. Entsprechend stellen die einzelnen Reihen jeweils eine bedingte Verteilung von X dar, unter der Bedingung, dass für Y eine konstante Ausprägung vorliegt.

Kontingenztabelle enthält zusätzlich die univariaten Verteilungen

Schreibweise: Um zu kennzeichnen, dass durch X bedingte Verteilungen einer Variablen Y vorliegen, schreibt man für Y unter der Bedingung x_j in Kurzform: $Y|x_j$. Der senkrechte Strich wird dabei gelesen als „unter der Bedingung, dass". Die Bedingung, die vorliegt, steht dann rechts neben dem Strich. Eine gleichwertige Betrachtungsweise ist, dass man sagt: Die unabhängige Variable X richtet unter den Merkmalsträgern s verschiedene Gruppen ein. Durch jede Ausprägung x_j werden die Merkmalsträger in Gruppen eingeteilt. Innerhalb dieser durch X eingerichteten Gruppen variiert X nicht mehr, sondern ist konstant. Unter dieser Voraussetzung kann man dann untersuchen, wie Y in den einzelnen Gruppen variiert, also eine Verteilung aufweist.

Beispiel: Im ALLBUS 2002 wurde untersucht, wie die Einstellung zu der Frage, ob Paare, die dauerhaft zusammenleben auch heiraten sollten, mit dem *Familienstand* des Befragten variiert. Hierzu wird angenommen, dass der *Familienstand,* den eine Person innehat, sich auf die Einstellung auswirkt. Der *Familienstand* (v239) wird also als unabhängige Variable betrachtet, die *Einstellung zur Heirat bei dauerhaftem Zusammenleben* (v6) als abhängige Variable mit den Ausprägungen y_1 = „ja", y_2 = „nein", y_3 = „unentschieden". Die TABELLE 4.2 hat damit ein 3 × 5-Format.

Die univariaten Verteilungen finden sich in der letzten Spalte (für v6) und der unteren Reihe (v239). Differenziert man die Verteilungen nach den Gruppen, die sich mit Hilfe der je anderen Variablen einrichten lassen, ergeben sich die bedingten Verteilungen. In den Spalten werden die

Tab. 4.2

	verheiratet, zus. leb.	verheiratet, getr. leb.	verwitwet	geschieden	ledig	Σ
ja	1092	24	112	45	213	1486
nein	427	33	37	112	395	1004
unentsch.	151	4	30	35	81	301
Σ	1670	61	179	192	689	2791

Verteilungen der *Einstellungen zum Heiraten* dargestellt, die durch den *Familienstand* bedingt sind. Man erkennt deutlich, dass die bedingten Verteilungen sich unterscheiden. Beispielsweise sind von den Verheirateten, die auch zusammenleben, 1092 (von 1670) der Meinung, dass man in diesem Fall heiraten sollte. Dies ist die deutliche Mehrheit in dieser Gruppe, nämlich fast zwei Drittel. Von den Ledigen meinen nur 213 (von 689), dass man in diesem Fall heiraten sollte. Dies ist weniger als ein Drittel in dieser Gruppe. Die bivariate Häufigkeitstabelle hat den Nachteil, dass hier unterschiedliche Gruppengrößen vorliegen können und damit die Zellenhäufigkeiten f_{ij} nicht direkt erkennen lassen, wie der Zusammenhang geartet ist.

Spaltenprozentuierung

4.2.2

Die Spaltenprozentuierung ist die einfachste Strategie, mit der man die statistische Beziehung zweier kategorialer Variablen X und Y untersuchen kann. Untersucht werden soll hierbei, ob zwischen X und Y eine gerichtete Beziehung besteht. Dafür werden die Häufigkeiten f_{ij} spaltenweise durch die zugehörigen Spaltensummen f_j geteilt und mit 100 % multipliziert. Die TABELLE 4.3 stellt die Spaltenprozentuierung in allgemeiner Form dar. Die Spaltenprozentuierung führt zu einer neuen Tabelle, die nun Prozentwerte statt absoluter Häufigkeiten aufweist. Summiert man die Prozentwerte in einer Spalte auf, ist die Summe 100 %.

Das einfachste Konzept statistischer Unabhängigkeit sagt nun aus, dass Y von X dann statistisch unabhängig ist, wenn die prozentuierten bedingten Verteilungen von Y gleich sind. Dies ist dann der Fall, wenn die Serien der Prozentwerte in den einzelnen Spalten gleich sind. In diesem Fall spielt es keine Rolle, welche Ausprägung von X vorliegt, also von welcher Spalte die Rede ist. Alle durch die Variable X eingerichteten Gruppen weisen dieselbe bedingte Verteilung von Y auf. Es ist also nicht notwendig, die Gruppen zu unterscheiden. Damit ist Y statistisch unab-

statistische Unabhängigkeit zeigt sich anhand gleicher bedingter prozentuierter Verteilungen

Tab. 4.3	$Y|x_1$	...	$Y|x_j$	...	$Y|x_s$	Σ
y_1	$\dfrac{f_{11}}{f_{.1}} \cdot 100\%$	...	$\dfrac{f_{1j}}{f_{.j}} \cdot 100\%$	...	$\dfrac{f_{1s}}{f_{.s}} \cdot 100\%$	$\dfrac{f_{1.}}{n} \cdot 100\%$
y_2	$\dfrac{f_{21}}{f_{.1}} \cdot 100\%$	...	$\dfrac{f_{2j}}{f_{.j}} \cdot 100\%$	...	$\dfrac{f_{2s}}{f_{.s}} \cdot 100\%$	$\dfrac{f_{2.}}{n} \cdot 100\%$
...	...	...	...	...	...	...
y_i	$\dfrac{f_{i1}}{f_{.1}} \cdot 100\%$	...	$\dfrac{f_{ij}}{f_{.j}} \cdot 100\%$	...	$\dfrac{f_{is}}{f_{.s}} \cdot 100\%$	$\dfrac{f_{i.}}{n} \cdot 100\%$
...	...	...	...	...	...	...
y_r	$\dfrac{f_{r1}}{f_{.1}} \cdot 100\%$	...	$\dfrac{f_{rj}}{f_{.j}} \cdot 100\%$	...	$\dfrac{f_{rs}}{f_{.s}} \cdot 100\%$	$\dfrac{f_{r.}}{n} \cdot 100\%$
Σ	100%	...	100%	...	100%	100%

hängig von X. Weichen die Serien der Prozentwerte im Vergleich der Spalten aber voneinander ab, dann liegt ein statistischer Einfluss von X auf Y vor. Denn dann spielt es für die Analyse von Y eine Rolle, in welcher Spalte (in welcher der durch X eingeteilten Gruppen) die Verteilung von Y betrachtet wird.

Bemerkung: Statistische Unabhängigkeit ist eine symmetrische Eigenschaft. Das heißt, wenn Y von X statistisch unabhängig ist, dann ist auch X von Y statistisch unabhängig. Man erhält also denselben Befund (der statistischen Unabhängigkeit oder statistischen Abhängigkeit), gleichgültig, ob man eine Spaltenprozentuierung oder eine Reihenprozentuierung durchführt.

Statistische Unabhängigkeit ist eine symmetrische Eigenschaft

In der TABELLE 4.3 sind auch die Reihensummen als Prozentwerte von der Gesamtzahl n angegeben (letzte Spalte rechts). Diese Serie von Prozentwerten repräsentiert die prozentuierte univariate Verteilung von Y. Diese wird auch prozentuierte **marginale Verteilung** von Y genannt. Sie kann als ein Bezugspunkt dienen, da sie die durchschnittliche Serie der Prozentzahlen repräsentiert. Die Verteilung $Y|x_j$ gibt an, mit welchen Ausprägungen von Y die eine Ausprägung x_j kombiniert ist. Die Serie der Prozentwerte in einer Spalte von x_j gibt an, mit welchen prozentualen Häufigkeiten die r verschiedenen Ausprägungen y_i mit der einen Ausprägung x_j kombiniert sind. Hier liegt also ein Muster der Kombination für x_j mit den y_i vor. Wenn die Kombinationsmuster für verschiedene x_j unterschiedlich sind, liegt statistische Abhängigkeit bzw. ein sta-

Marginale Verteilung ist durchschnittliche Verteilung und dient als Bezug

tistischer Zusammenhang zwischen X und Y vor. Dann „bewirkt" das Vorliegen einer spezifischen Ausprägung von X eine andere Verteilung der Variablen Y.

Obwohl in den Spalten nur eine Variable variiert, ist die Spaltenprozentuierung keine univariate Analyse. Denn der Vergleich verschiedener Serien prozentuierter Häufigkeiten untersucht das gemeinsame Variieren von X und Y. In einer Spalte ist X jeweils konstant, im Vergleich über die Spalten hinweg variiert X aber.

Beispiel: Anhand des bereits herangezogenen Zusammenhangs zwischen *Familienstand* (v239) und der *Einstellung zum Heiraten bei dauerhaftem Zusammenleben* (v6) soll die Spaltenprozentuierung durchgeführt werden (TABELLE 4.4).

Die Unterschiedlichkeit der Größe der fünf „Familienstands-Gruppen" wird nun durch die Prozentuierung kontrolliert. Mit Hilfe der Spaltenprozentuierung wird einmal das Vorliegen eines Zusammenhangs sichtbar, denn die fünf Spalten unterscheiden sich deutlich in der Abfolge ihrer Prozentwerte. Der *Familienstand* hat also einen statistischen Einfluss auf die *Einstellung zum Heiraten bei dauerhaftem Zusammenleben*.

Man kann zum anderen auch erkennen, welche der fünf Gruppen sich hinsichtlich des abhängigen Merkmals ähnlich und welche sich unähnlich sind. Die Ähnlichkeit ergibt sich aufgrund der ähnlichen Serien der Prozentwerte der Gruppen. Es zeigt sich, dass einmal die Verwitweten und diejenigen, die verheiratet sind und zusammenleben, sich hinsichtlich ihrer *Einstellung zum Heiraten bei dauerhaftem Zusammenleben* ähnlich sind. Zum anderen scheinen sich die Gruppen der Ledigen, der Geschiedenen und die Gruppe derjenigen, die verheiratet sind, aber getrennt leben, hinsichtlich ihrer *Einstellung zum Heiraten* ähnlich zu sein.

(Man erhält natürlich dieselben Resultate, wenn man statt der Prozentzahlen die relativen Häufigkeiten der bedingten Verteilungen verwendet, die ja dieselbe Information als Dezimalzahl angeben. Eine solche Serie von relativen Häufigkeiten in einer Spalte nennt man ein

Tab. 4.4

	verheiratet, zus. leb.	verheiratet, getr. leb.	verwitwet	geschieden	ledig	Σ
ja	65,39 %	39,34 %	62,57 %	23,44 %	30,91 %	53,24 %
nein	25,57 %	54,10 %	20,67 %	58,33 %	57,33 %	35,97 %
unentsch.	9,04 %	6,56 %	16,76 %	18,23 %	11,76 %	10,78 %
Σ	100,00 %	100,00 %	100,00 %	100,00 %	100,00 %	100,00 %

Spaltenprofil. Jeder Ausprägung x_j ist also ein Spaltenprofil zugeordnet. Die Spaltenprofile addieren sich in jeder Spalte zu 1 auf. Unterscheiden sich die Spaltenprofile, so liegt eine statistische Abhängigkeit vor. Wie bei der Prozentuierung, die man als Spaltenprozentuierung oder Reihenprozentuierung durchführen kann, so können nicht nur Spaltenprofile, sondern auch **Reihenprofile** erstellt werden, um den Nachweis statistischer Unabhängigkeit bzw. statistischer Abhängigkeit zu führen.)

Der Nachteil der Spaltenprozentuierung (oder auch der Reihenprozentuierung) ist, dass die Stärke des statistischen Zusammenhangs nicht in einer Maßzahl zum Ausdruck gebracht wird.

4.2.3 | Prozentsatzdifferenz

Die **Prozentsatzdifferenz** (abgekürzt d %) erfasst, wie stark die Spaltenprozente zweier bedingter Verteilungen voneinander abweichen. Sie erfasst in einer Differenz für 2 × 2-Felder-Tabellen den Grad dieser Abweichung in einem Wert. Die Prozentsatzdifferenz ist also anwendbar für die Kreuztabulierung von zwei dichotomen Variablen. Unterstellt wird dabei eine gerichtete Beziehung zwischen den beiden betrachteten Variablen. Die Prozentsatzdifferenz berechnet sich einfach, indem man für die Reihen die Differenz der Spaltenprozente berechnet. Im Falle einer 2 × 2-Felder-Tabelle erhält man zwei Prozentsatzdifferenzen, die sich nur im Vorzeichen unterscheiden, so dass eine Prozentsatzdifferenz die Tabelle beschreibt. Die Prozentsatzdifferenz hat als Einheit **Prozentpunkte** (PP), nicht Prozent, da die Prozentuierungsbasis (der Bezug, was 100 % entspricht) in den Spalten jeweils unterschiedlich ist.

d% für Analyse des Zusammenhangs zweier dichotomer Variablen

Beispiel: Im Rahmen des ALLBUS ist die Zustimmung oder Ablehnung zu der folgenden Aussage erfragt worden: „So wie die Zukunft aus-

Tab. 4.5

	West	Ost	Σ
bin derselben Meinung	715 (32,25 %)	270 (52,43 %)	985
bin anderer Meinung	1502 (67,75 %)	245 (47,57 %)	1747
Σ	2217 (100 %)	515 (100 %)	2732

Für die beiden Reihen ergibt sich:
d % = 32,25 % – 52,43 % = –20,18 PP
d % = 67,75 % – 47,57 % = 20,18 PP

sieht, kann man es kaum noch verantworten, Kinder auf die Welt zu bringen" (v25). Nimmt man als unabhängige Variable die Einteilung in alte und neue Bundesländer (*West/Ost*, v3) hinzu, ergibt sich eine 2 × 2-Felder-Tabelle. Die folgende Kontingenztabelle beinhaltet die beobachteten Häufigkeiten f_{ij} und die Spaltenprozentuierung.

Der Anteil der Westdeutschen, die der Aussage zustimmen („bin derselben Meinung"), ist 20,18 Prozentpunkte niedriger als der Anteil der Zustimmenden bei den Ostdeutschen. Die Einteilung der Bundesländer (*West/Ost*) hat einen Einfluss auf die Zustimmung bzw. Ablehnung zu dieser Aussage. („Hinter" der Einteilung stehen dann soziale Sachverhalte, denen hier nicht nachgegangen wird.)

Man sieht hier, dass die beiden Prozentsatzdifferenzen im Betrag gleich sind. Man benötigt nur die erste Prozentsatzdifferenz, um die Stärke des statistischen Zusammenhangs einer 2 × 2-Felder-Tabelle zu beschreiben: Für die TABELLE 4.5 ist die Prozentsatzdifferenz damit d % = −20,18 PP.

Die Prozentsatzdifferenz ist eine populäre Maßzahl, und sie ist einfach zu interpretieren. d % variiert im Intervall [–100 PP;+100 PP]. d % ist für eine 2 × 2-Felder-Tabelle 0 PP, wenn statistische Unabhängigkeit zwischen den beiden dichotomen Variablen vorliegt. Die beiden Intervallgrenzen werden dann erreicht, wenn ein extremer statistischer Zusammenhang vorliegt. Das Vorzeichen von d % gibt an, in welcher Diagonalen der 2 × 2-Felder-Tabelle die Ausprägungskombinationen überwiegen. Ist d % positiv, so überwiegen f_{11} und f_{22}; ist d % negativ, überwiegen f_{12} und f_{21}. Bei nominalen Variablen gibt es für die Reihenfolge der Ausprägungen keine zwingende Vorgabe. Das Vorzeichen hat bei nominal skalierten Variablen daher keine inhaltliche Bedeutung. Wenn die 2 × 2-Felder-Tabelle den Zusammenhang zwischen ordinalen oder metrischen Variablen darstellt, kann das Vorzeichen inhaltlich als Richtung des Zusammenhangs interpretiert werden.

Interpretation von d %

Odds und Odds Ratio

4.2.4

Eine Maßzahl, die wie die Prozentsatzdifferenz den Zusammenhang zwischen zwei dichotomen Variablen erfasst, ist das Odds Ratio (OR). Das Odds Ration basiert auf dem Konzept der Odds. Die Odds und das Odds Ratio erhalten für die Analyse von Zusammenhängen zwischen kategorialen Variablen (insbesondere Logit-Analyse und logistische Regression, → Kap. 9) eine zunehmend bedeutende Rolle. Die Kenntnis dieser beiden und ihre Interpretation sind insofern auch eine Grundlage für die Aneignung fortgeschrittener Verfahren.

Odds

Der Begriff **Odds** stammt aus dem Englischen und bedeutet so viel wie „Gewinnchancen" oder „Wettchancen". Er stammt aus der Welt des Sports. Dort werden Gewinnchancen nicht als Prozentzahl angegeben, sondern als Verhältnis von Chancen (Chance, dass etwas eintritt, im Verhältnis zu der Chance, dass das Gegenteil eintritt). In der soziologischen Statistik werden die Odds auch mit „Größenverhältnissen" und das Odds Ratio mit „Kreuzproduktverhältnis" übersetzt. Bereits die Odds stellen also ein Verhältnis dar. (Man spricht von den Odds immer im Plural.) Das Odds Ratio OR ist demnach ein Verhältnis von Verhältnissen. Die allgemeine Struktur der 2 × 2-Felder-Tabelle stellt die TABELLE 4.6 dar.

Für die Variable Y lassen sich nun zwei Odds berechnen, einmal die Odds unter der Bedingung, dass x_1 vorliegt, zum anderen die Odds unter der Bedingung, dass x_2 vorliegt. Die Odds werden spaltenweise berechnet:

$$\text{Odds}_{y_1|x_1} = \frac{f_{11}}{f_{21}} \text{ und Odds}_{y_1|x_2} = \frac{f_{12}}{f_{22}}$$

Die Odds haben einen Variationsbereich, der sich unterteilen lässt in die Ausprägung 1 sowie die Bereiche [0;<1] und [>1;+∞].

Asymmetrischer Variationsbereich des OR

(1) Wenn die Häufigkeiten f_{11} und f_{21} bzw. f_{12} und f_{22} gleich groß sind, dann sind die beiden Odds jeweils genau 1, das Größenverhältnis ist jeweils ausgewogen.

(2) Ist die Häufigkeit im Zähler kleiner als die im Nenner des Bruchs, dann sind die Odds kleiner als 1, wobei der minimale Wert für die Odds 0 ist. Das Größenverhältnis ist ungleich, die Ausprägungskombinationen von x_1 bzw. x_2 mit y_2 überwiegen gegenüber denjenigen mit y_1.

(3) Wenn dagegen der Zähler größer ist als der Nenner, also die Ausprägungskombinationen von x_1 bzw. x_2 mit y_1 überwiegen, sind die Odds größer als 1, und sie können sehr große Werte bis gegen Unendlich (+∞) annehmen.

Betrachtet man die beiden letzten Situationen, erkennt man, dass es bei dieser Berechnung von Verhältnissen von der Kodierung abhängt (welche Ausprägung y_1 und welche Ausprägung y_2 ist), ob die Odds kleiner

Tab. 4.6		x_1	x_2	Σ
	y_1	f_{11}	f_{12}	$f_{1.}$
	y_2	f_{21}	f_{22}	$f_{2.}$
	Σ	$f_{.1}$	$f_{.2}$	n

oder größer als 1 sind. Für die Reihenfolge der Kodierung gibt es bei nominal skalierten Variablen keine zwingende Vorgabe. Wenn man nun zwei Odds vorliegen hat, die einmal kleiner und einmal größer als 1 sind, und man den Grad des Überwiegens einer der beiden Häufigkeiten *vergleichbar* machen möchte, kann man die Kehrwertbildung heranziehen:

$$\text{Odds}_{y_1|x_1} = \frac{f_{11}}{f_{21}} = \frac{1}{\text{Odds}_{y_2|x_1}} = \frac{1}{\frac{f_{21}}{f_{11}}}$$

So sind Odds = 0,5 mit Odds = 2 vergleichbar, denn das jeweilige Größenverhältnis ist reziprok (d. h., es entspricht dem Kehrwert). Einmal ist das Größenverhältnis 1:2, das andere Mal 2:1.

Eine bessere Strategie für das Vergleichen von Odds besteht in der Anwendung einer einfachen Transformation. Berechnet man den natürlichen Logarithmus der Odds, so stellt sich für reziproke Größenverhältnisse derselbe Betrag ein. Der Ausdruck ln(Odds) heißt **Logit**. Die Logits unterscheiden sich bei reziproken Größenverhältnissen nur durch das Vorzeichen. Negative Logits erhält man für Odds kleiner als 1, positive Logits erhält man für Odds größer als 1. Sind die Odds = 1, ist ln(Odds) = 0. Damit kann man auch den Grad erkennen, mit dem die Odds von einem ausgeglichenen Größenverhältnis abweichen. Die ln-Transformation hat den Vorteil, dass die Variationsbereiche der Logits gleich groß und symmetrisch zu 0 sind.

In-Transformation der Odds

Für die reziproken Odds von 0,5 und 2 ergibt sich derselbe Betrag für den Logit: ln(0,5) = –0,693 und ln(2) = 0,693.

Odds Ratio

Das Verhältnis der Odds ist das Odds Ratio (OR). Erst das Odds Ratio gibt die Stärke des Zusammenhangs in einer Zahl an. Es wird berechnet mit:

$$\text{OR}_{y_1|x_1,x_2} = \frac{\text{Odds}_{y_1|x_1}}{\text{Odds}_{y_1|x_2}} = \frac{\frac{f_{11}}{f_{21}}}{\frac{f_{12}}{f_{22}}} = \frac{f_{11} \cdot f_{22}}{f_{21} \cdot f_{12}}$$

Die Indizierung des OR zeigt an, welche Kategorie bei der Bildung der Odds im Zähler steht, des Weiteren, welche Odds im Zähler und welche Odds im Nenner des OR stehen.

Beispiel: Für die Daten aus TABELLE 4.5 sind die Odds (der Zustimmung zur Ablehnung der Aussage) in West- und in Ostdeutschland:

$$\text{Odds}_{\text{Zustimmung}|\text{West}} = \frac{715}{1502} = 0{,}476$$

$$\text{Odds}_{\text{Zustimmung}|\text{Ost}} = \frac{270}{245} = 1{,}102$$

Man sieht, dass die Odds in Westdeutschland und in Ostdeutschland unterschiedlich sind. Daraus ist ersichtlich, dass die Einteilung *West/Ost* einen Einfluss auf die Zustimmung bzw. Ablehnung zu der Aussage hat. Man kann die Odds interpretieren: In Westdeutschland gibt es nur 0,476fach so viel Zustimmende wie Ablehnende, also fast nur halb so viel Zustimmende wie Ablehnende. In Ostdeutschland dagegen gibt es 1,102fach so viele Zustimmende wie Ablehnende. Das Verhältnis ist also in Ostdeutschland fast ausgewogen, allerdings überwiegt die Zahl der Zustimmenden leicht. Berechnet man die Logits, erhält man:

$$\ln(0{,}476) = -0{,}742 \text{ und } \ln(1{,}102) = 0{,}097$$

Die Ausgewogenheit des Größenverhältnisses in Ostdeutschland schlägt sich in einem Logit nieder, der relativ nahe bei 0 ausgeprägt ist. Das Odds Ratio, welches nun die Stärke des Zusammenhangs erfasst, berechnet sich mit:

$$\text{OR}_{\text{Zustimmung}|\text{West,Ost}} = \frac{\frac{715}{1502}}{\frac{270}{245}} = \frac{715 \cdot 245}{1502 \cdot 270} = 0{,}432$$

Interpretation des OR   Was sagt der OR-Wert aus? Das Odds Ratio variiert im Bereich $[0;+\infty]$. Dieser Variationsbereich lässt sich (wie der Variationsbereich der Odds) in drei Bestandteile unterteilen: in die Ausprägung 1 sowie die Bereiche $[0;<1]$ und $[>1;+\infty]$.

(1) Sind die Odds gleich groß, ist das OR genau 1. In diesem Fall liegt kein bivariater Zusammenhang vor.

(2) Ist das OR kleiner als 1, dann ist das Größenverhältnis unter der Bedingung x_1 kleiner als unter der Bedingung x_2. Das Größenverhältnis ist unter der Bedingung x_1 ungünstiger für y_1 (zu y_2) als unter der Bedingung x_2.

(3) Ist das OR größer als 1 verhält es sich genau umgekehrt, unter der Bedingung x_1 ist das Größenverhältnis für y_1 (zu y_2) günstiger, als das unter der Bedingung x_2 der Fall ist.

Beispiel: Der erhaltene Wert von $\text{OR}_{\text{Zustimmung}|\text{West,Ost}} = 0{,}432$ gibt an, dass ein Zusammenhang zwischen X und Y vorliegt, da der OR-Wert deutlich von 1 abweicht. Inhaltlich sagt er aus, dass die Odds (das Größenverhältnis) in Westdeutschland nur 0,432fach so groß sind wie die Odds (das Größenverhältnis) in Ostdeutschland.

Erschwert wird der Vergleich und die Bewertung von OR-Werten auch hier durch das ungleich große Variationsspektrum. Um die Stärke des statistischen Zusammenhangs bei Vorliegen verschiedener OR-Werte vergleichbar zu machen, kann man sich daher wieder mit dem Kehrwert behelfen, da gilt:

$$OR_{y_1|x_1,x_2} = \frac{1}{OR_{y_1|x_2,x_1}}$$

Den Kehrwert erhielte man auch, wenn die Kategorien x_1 und x_2 einer 2×2-Tabelle anders herum kodiert worden wären.

Bezogen auf das Beispiel: Wenn also die Kategorie x_1 *Ost* (statt *West*) wäre und die Kategorie x_2 *West* (statt *Ost*) wäre, erhielte man als OR-Wert den Kehrwert zu 0,432:

$$OR_{\text{Zustimmung|Ost,West}} = \frac{\frac{270}{245}}{\frac{715}{1502}} = \frac{270 \cdot 1502}{245 \cdot 715} = 2,315 = \frac{1}{0,432}$$

Die OR-Werte 0,432 und 2,315 drücken daher (bei unterschiedlicher Reihenfolge der Kategorien) dieselbe Stärke des Zusammenhangs aus.

ln(OR) und Yule's Q

Noch besser ist es, auch hier wieder die einfache Transformation heranzuziehen, die in der Logarithmierung besteht. Nun variiert ln(OR) symmetrisch um 0 im Intervall $[-\infty; +\infty]$. ln(OR) ist 0, wenn die beiden Variablen statistisch unabhängig sind, ln(OR) nimmt vom Betrag dann sehr große Werte an, wenn ein starker Zusammenhang vorliegt. Dabei ist der Betrag gleich groß, wenn Kehrwerte für das Odds Ratio vorliegen.

ln-Transformation des OR

Beispiel: Die beiden ln(OR)-Werte sind ln(0,432) = −0,839 und ln(2,315) = 0,839.

Möchte man die OR-Werte auf den Bereich von $[-1; 1]$ normieren, kann man dafür die folgende Transformation verwenden:

Normierung des OR

$$Q = \frac{OR - 1}{OR + 1}$$

Q ist zugleich ein statistisches Zusammenhangsmaß: **Yule's Q**, benannt nach GEORGE U. YULE (1871–1951), der es vorgeschlagen hat. Q-Werte kann man einfach interpretieren: Q = 0 besagt, dass kein Zusammenhang zwischen X und Y vorliegt. Kleinere oder größere Q-Werte zeigen einen Zusammenhang an, der umso stärker ist, je näher die Q-Werte bei den möglichen Extremen −1 und 1 ausgeprägt sind.

4.2.5 | Chi-Quadrat

Eine statistische Maßzahl, die auch für größere als 2×2-Tabellen die Stärke des Zusammenhangs zwischen zwei kategorialen Variablen erfasst, ist χ^2 (Chi-Quadrat). χ^2 erfasst die Stärke eines ungerichteten Zusammenhangs. Diese Maßzahl kann aber auch eingesetzt werden, um die Stärke eines gerichteten Zusammenhangs zu berechnen, wenn man in der Interpretation die Richtung des Zusammenhangs berücksichtigt.

Vergleich der empirischen mit der theoretischen Verteilung

χ^2 beruht dabei auf dem Vergleich der empirischen bivariaten Kontingenztabelle (TABELLE 4.1) mit einer theoretischen Tabelle. Diese theoretische bivariate Häufigkeitstabelle wird **Indifferenztabelle** genannt. Sie hat dieselbe Struktur wie die Kontingenztabelle, das heißt, sie hat (1) dasselbe $r \times s$-Tabellenformat und sie hat (2) für dieselben Kategorien x_j Spalten und y_i Reihen. Darüber hinaus hat sie (3) dieselben Randverteilungen von X und Y, also dieselben Reihen- und Spaltensummen wie die Kontingenztabelle. Die Indifferenztabelle unterscheidet sich von der Kontingenztabelle dadurch, dass sie für die Ausprägungskombinationen $(x_j; y_i)$ nun nicht die beobachteten Häufigkeiten beinhaltet, sondern die **theoretischen Häufigkeiten**, die sich bei perfekter statistischer Unabhängigkeit ergeben würden. Diese sind die **erwarteten Häufigkeiten** e_{ij}.

Kontingenztabelle und Indifferenztabelle haben dieselben Randverteilungen

Bei gegebenen empirischen Randverteilungen von X und Y ist *immer eine* Indifferenztabelle (als theoretische Tabelle) konstruierbar, die solche Häufigkeiten e_{ij} aufweist, die eine perfekte statistische Unabhängigkeit der beiden Variablen X und Y zum Ausdruck bringen und die sich dennoch zu den empirischen Reihen- und Spaltensummen aufaddieren. (Statistische Unabhängigkeit zwischen X und Y setzt also nicht voraus, dass alle Randsummen der Indifferenztabelle gleich sind oder die e_{ij} gleich sein müssen. Dies ist nur ein seltener Sonderfall, der eintritt, wenn die empirischen Randverteilungen Gleichverteilungen sind.)

Indifferenztabelle stellt die theoretische bivariate Häufigkeitsverteilung der Ausprägungskombinationen dar

Die erwarteten Häufigkeiten werden für jede Zelle der Indifferenztabelle einzeln berechnet. Dafür wird die zugehörige Spaltensumme mit der zugehörigen Reihensumme multipliziert und das Produkt dann dividiert durch die Fallzahl n:

$$e_{ij} = \frac{f_{i.} \cdot f_{.j}}{n}$$

Führt man diese Berechnung für jede Zelle durch, ergibt sich folgende Indifferenztabelle:

Nun kann man die Kontingenztabelle (vgl. TABELLE 4.1) und die Indifferenztabelle (TABELLE 4.7) zellenweise vergleichen, denn es gibt für jede Ausprägungskombination $(x_j; y_i)$ jeweils eine Zelle in jeder der beiden Tabellen: einmal die empirische Häufigkeit f_{ij} und zum anderen die

	x_1	x_2	...	x_j	...	x_s	Σ	Tab. 4.7
y_1	e_{11}	e_{12}	...	e_{1j}	...	e_{1s}	$f_{1.}$	
y_2	e_{21}	e_{22}	...	e_{2j}	...	e_{2s}	$f_{2.}$	
...	...	...	...	...	...	...	...	
y_i	e_{i1}	e_{i2}	...	e_{ij}	...	e_{is}	$f_{i.}$	
...	...	...	...	...	...	...	...	
y_r	e_{r1}	e_{r2}	...	e_{rj}	...	e_{rs}	$f_{r.}$	
Σ	$f_{.1}$	$f_{.2}$	...	$f_{.j}$	...	$f_{.s}$	n	

(bei statistischer Unabhängigkeit sich ergebende) erwartete Häufigkeit e_{ij}. Liegt zwischen den beiden Variablen X und Y eine statistische Unabhängigkeit vor, dann sind Kontingenztabelle und Indifferenztabelle identisch und die beiden Häufigkeiten für jede Ausprägungskombination jeweils gleich, d. h., es gilt: $f_{ij} = e_{ij}$ für alle Ausprägungskombinationen. Liegt dagegen ein statistischer Zusammenhang zwischen X und Y vor, dann sind zumindest für einige Ausprägungskombinationen die beobachteten Häufigkeiten ungleich den erwarteten Häufigkeiten, d. h., es gilt: $f_{ij} \neq e_{ij}$ für zumindest einige Ausprägungskombinationen.

Beispiel: Es soll der Zusammenhang zwischen der Konfession und der Einteilung in alte und neue Bundesländer (*West/Ost*, v3) berechnet werden. Hier kann man eine gerichtete Beziehung annehmen. χ^2 ist ein Zusammenhangsmaß, das zwar für ungerichtete Beziehungen konzipiert wurde, aber auch für die Analyse gerichteter Beziehungen eingesetzt werden kann. Die sechs Kategorien der Variablen für die *Religionszugehörigkeit* im ALLBUS (v321) wurden zu vier Kategorien zusammengefasst. Für 2804 Personen ergab sich folgende Kontingenztabelle mit einem 4×2-Format.

Unterscheiden sich Indifferenztabelle und Kontingenztabelle, liegt statistischer Zusammenhang vor

	West	Ost	Σ	Tab. 4.8
evangelisch	914	154	1068	
katholisch	899	35	934	
and. Religion	118	7	125	
keine Konfession	345	332	677	
Σ	2276	528	2804	

Nun müssen für alle acht Zellen die Erwartungswerte berechnet werden, um die Indifferenztabelle zu konstruieren. Der Erwartungswert für die Katholiken in Westdeutschland wird beispielsweise berechnet mit:

$$e_{21} = \frac{f_{2.} \cdot f_{.1}}{n} = \frac{934 \cdot 2276}{2804} = 758{,}13$$

Die übrigen Erwartungswerte werden entsprechend berechnet.

Vergleicht man die Zellen der Kontingenztabelle 4.8 mit denen der Indifferenztabelle 4.9, erkennt man deutliche Abweichungen. Die Ostdeutschen ohne Konfession sind viel stärker repräsentiert, als dies zu erwarten wäre, wenn zwischen der *Religionszugehörigkeit* und der Einteilung der Bundesländer (*West/Ost*) keinerlei statistischer Zusammenhang bestünde. Entsprechend sind die Westdeutschen ohne *Religionszugehörigkeit* deutlich unterrepräsentiert.

χ^2 erfasst alle paarweisen Abweichungen zwischen den f_{ij} und e_{ij} Die Maßzahl χ^2 berechnet sich, indem man zunächst für jede Ausprägungskombination die Differenz zwischen beobachteter und erwarteter Häufigkeit quadriert, das Quadrat dann durch die erwartete Häufigkeit dividiert. Führt man mit Hilfe der TABELLE 4.10 diese Rechnung für alle Ausprägungskombinationen durch und summiert dann die Resultate, erhält man den χ^2-Wert:

$$\chi^2 = \sum_{i=1}^{r} \sum_{j=1}^{s} \frac{(f_{ij} - e_{ij})^2}{e_{ij}} = \sum_{\text{Zellen}} \frac{(f_{ij} - e_{ij})^2}{e_{ij}}$$

Diese Konstruktion für χ^2 ist von dem Statistiker KARL PEARSON (1857–1936) entwickelt worden. Daher heißt sie auch **Pearson-χ^2**.

Es gibt weitere Konstruktionen, die in anderer Weise die Abweichungen der beobachteten Häufigkeiten von den erwarteten Häufigkeiten verrechnen und auch als χ^2-Maßzahlen bezeichnet werden (→ Kap. 9). Wenn hier von χ^2 die Rede ist, ist das Pearson-χ^2 gemeint.

Interpretation von χ^2 χ^2 ist dann 0, wenn die erwarteten und die beobachteten Häufigkeiten für jede Ausprägungskombination jeweils gleich sind, also wenn X

Tab. 4.9		West	Ost	Σ
	evangelisch	866,89	201,11	1068,00
	katholisch	758,13	175,87	934,00
	and. Religion	101,46	23,54	125,00
	keine Konfession	549,52	127,48	677,00
	Σ	2276,00	528,00	2804,00

i	j	f_{ij}	e_{ij}	$(f_{ij} - e_{ij})^2$	$\dfrac{(f_{ij} - e_{ij})^2}{e_{ij}}$	Tab. 4.10
1	1	914	866,89	2219,35	2,56	
1	2	154	201,11	2219,35	11,04	
2	1	899	758,13	19844,36	26,18	
2	2	35	175,87	19844,36	112,84	
3	1	118	101,46	273,57	2,70	
3	2	7	23,54	273,57	11,62	
4	1	345	549,52	41828,43	76,12	
4	2	332	127,48	41828,43	328,12	
	Σ	2804	2804,00		571,18	

und Y statistisch unabhängig sind. χ^2 wird umso größer, je stärker die beiden Variablen miteinander zusammenhängen. Allerdings kann χ^2 sehr große Werte, weit über 1, realisieren.

Beispiel: Für die acht Zellen aus dem obigen Beispiel sollen deren jeweilige Beiträge zu χ^2 berechnet und aufsummiert werden.

Der empirische Wert ist $\chi^2 = 571{,}18$. Er ergibt sich durch die Aufsummierung der letzten Spalte. Damit liegt eine deutliche Abweichung von 0 vor, zwischen den beiden Variablen besteht ein deutlicher Zusammenhang. Inspiziert man die letzte Spalte der TABELLE 4.10, so kann man hier erkennen, welche Ausprägungskombination große Beiträge zu χ^2 liefert, für welche Ausprägungskombination also gilt, dass ihre empirische Häufigkeit stark von der erwarteten Häufigkeit abweicht. Die Größenordnung von χ^2 hängt nicht nur von der Stärke des Zusammenhangs ab, sondern auch vom Tabellenformat und der Fallzahl n. Damit sind die χ^2-Werte nicht gut interpretierbar, sobald sie größer als 0 sind. Will man verschiedene Variablenpaare auf ihren statistischen Zusammenhang hin analysieren, sind die χ^2-Werte nicht mehr vergleichbar, wenn unterschiedliche Tabellenformate oder Fallzahlen vorliegen.

Cramer's V

Eine Maßzahl, die einen χ^2-Wert auf ein Spektrum von 0 bis 1 normiert und zugleich unempfindlich gegen die unterschiedliche Tabellenformate und Fallzahlen ist, ist **Cramer's V**. Statistische Unabhängigkeit liegt vor, wenn V = 0 ist. Ein perfekter statistischer Zusammenhang liegt vor bei V = 1. Cramer's V wird berechnet, nachdem man den χ^2-Wert ermittelt hat. Dann stellt man fest, ob die Anzahl der Reihen r oder die

Normierung von χ^2

Anzahl der Spalten s der Kontingenztabelle die kleinere Zahl ist. (Sind beide Anzahlen gleich groß, kann man r oder s verwenden.) Von der kleineren der beiden Zahlen zieht man 1 ab. Diese Vorgehensweise wird mit „min(r – 1;s – 1)" notiert. Den χ^2-Wert dividiert man dann durch die Fallzahl und durch min(r – 1;s – 1). Aus dem erhaltenen Wert zieht man zuletzt die Quadratwurzel:

$$V = \sqrt{\frac{\chi^2}{n \cdot \min(r-1; s-1)}}$$

Beispiel: Der erhaltene χ^2-Wert von 571,16 soll zu einem V-Wert transformiert werden. Die Kontingenztabelle hat das Format 4 × 2, so dass die Spaltenzahl s die kleinere Zahl von beiden ist. Damit ist min(r – 1;s – 1) = 2–1 = 1. Die Fallzahl ist n = 2804.

$$V = \sqrt{\frac{571,18}{2804 \cdot 1}} = \sqrt{0,2037} \approx 0,45$$

Damit liegt ein Zusammenhang mittlerer Stärke zwischen den beiden Variablen *Religionszugehörigkeit* und der *Einteilung in West-/Ostdeutschland* vor.

4.3 | Korrelation und Regression

Die Analyse des bivariaten Zusammenhangs zwischen metrischen Variablen wird als Korrelationsanalyse bzw. Regressionsanalyse bezeichnet. Die Korrelationsanalyse bezeichnet zunächst allgemeiner die „Zusammenhangsanalyse". Hier werden die Beziehungen zwischen den Variablen als symmetrische Beziehungen betrachtet. In der Regressionsanalyse geht es spezifischer darum, die statistische Analyse gerichteter Beziehungen durchzuführen. Korrelations- und Regressionsanalyse werden zunächst für die Analyse der Beziehungen zwischen zwei Variablen eingeführt. Sie können aber auf die Analyse der Beziehungen zwischen mehr als zwei Variablen ausgeweitet werden (→ Kap. 8). Sowohl Korrelations- als auch Regressionsanalyse setzen voraus, dass lineare Beziehungen zu analysieren sind. Für den bivariaten Fall sind Streudiagramme dafür geeignet, zu untersuchen, ob man von einer linearen Beziehung zwischen zwei Variablen ausgehen kann.

Streudiagramm

4.3.1

Das **Streudiagramm** ist eine einfache grafische Darstellungsform, die dazu dient, n Merkmalsträger in einem X-Y-Koordinatensystem zu verorten (man sagt auch: „zu plotten"). Ein Streudiagramm visualisiert die bivariaten Streuungsinformationen zweier metrischer Variablen. Dann ist es möglich, jeden Merkmalsträger als einen Punkt anhand seiner Ausprägungskombination $(x_i; y_j)$ darzustellen. Merkmalsträger mit ähnlichen Ausprägungskombinationen liegen im Diagramm nah beieinander, während Merkmalsträger mit unähnlichen Ausprägungskombinationen weit auseinander liegen. Die Nähe ist ein Maß für die Ähnlichkeit. Ein Streudiagramm kann visuell eine Korrelations- oder Regressionsanalyse unterstützen, da es Aufschluss geben kann über die Art der Beziehung zwischen zwei metrischen Variablen.

Streudiagramm visualisiert bivariate Verteilung der Ausprägungskombinationen metrischer Variablen

Die ABBILDUNG 4.1 veranschaulicht mit den oberen beiden Streudiagrammen, wie sich positive und negative lineare Zusammenhänge unterscheiden. Für diese Situationen können statistische Maßzahlen berechnet werden, die dann quantifizieren, wie stark X und Y zusammenhängen. Die beiden unteren Streudiagramme stellen Situationen dar, in denen zwei Variablen ebenfalls zusammenhängen, allerdings nicht in linearer Weise. Für solche Situationen sind Maßzahlen dann nicht angemessen, wenn sie für die Erfassung der Stärke eines linearen Zusammenhangs konstruiert wurden. (Werden sie dennoch berechnet, wird die Stärke eines vorhandenen nicht-linearen Zusammenhangs unterschätzt.) Im Folgenden wird also vorausgesetzt, dass lineare Zusammenhänge zu erfassen sind.

Um ein Streudiagramm zu erstellen, darf die Fallzahl nicht zu groß werden, da es bei großer Fallzahl vorkommen kann, dass Punkte übereinander geplottet werden und dann kein zutreffender visueller Eindruck von der Beziehung zwischen den beiden Variablen zustande kommt. Will man dennoch bei großen Fallzahlen nicht auf eine visuelle Inspektion verzichten, kann man auf Darstellungstechniken zurückgreifen, die die Anzahl übereinander liegender (oder eng beieinander liegender) Punkte durch unterschiedliche Farbintensität oder durch unterschiedliche Größen der Punkte im Streudiagramm darstellen (→ Kap. 4.3.3).

Beispiel: Es soll mit Hilfe eines Streudiagramms untersucht werden, wie sich die Bundesländer hinsichtlich zweier kollektiver Wertorientierungen unterscheiden. Dabei wird angenommen, dass es in diesen (immer noch sehr großen) Bundesländern unterschiedliche Akzeptanzen für bestimmte kollektive Wertorientierungen gibt. Die Bundesländer,

Berechnung von Kollektivdaten aus Individualdaten

Abb. 4.1

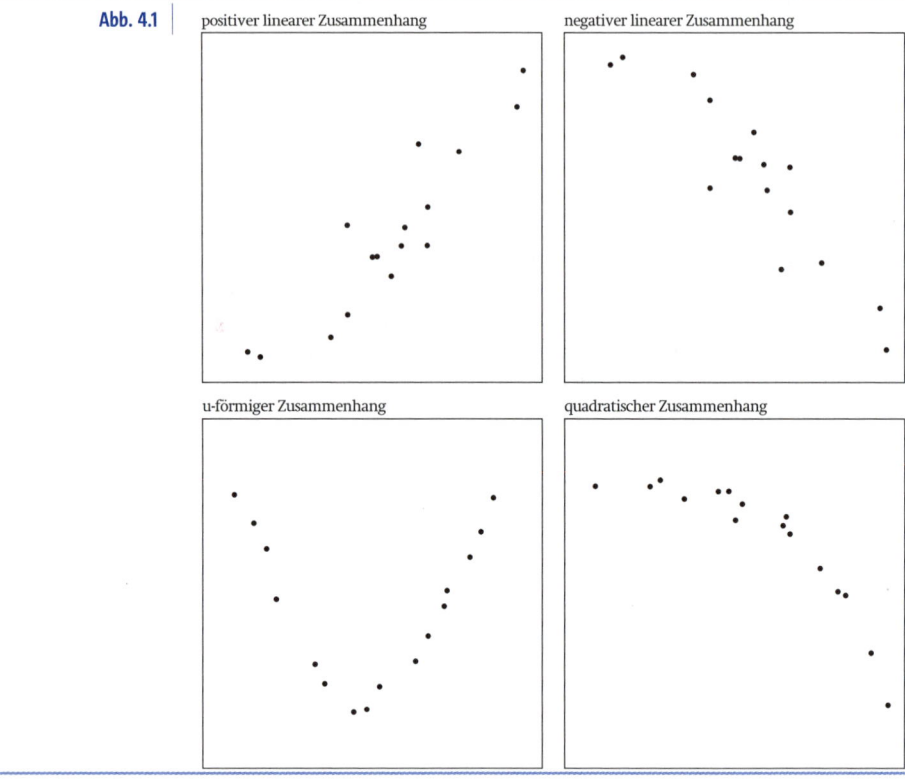

positiver linearer Zusammenhang   negativer linearer Zusammenhang

u-förmiger Zusammenhang   quadratischer Zusammenhang

nicht ihre Bewohner, sind hierbei die Merkmalsträger. Die Ausprägungen für die Länder werden aus Individualdaten errechnet (aggregiert).

(1) Im Rahmen des ALLBUS wurden die Personen befragt, wie gerne sie in einer Gesellschaft leben möchten, „die Wert darauf legt, dass die Menschen tun und lassen können, was sie wollen" (v61). Diese Frage erfasst die Akzeptanz für das *„Laissez-Faire"* als kollektive Wertorientierung.

(2) Außerdem wurden die Personen gefragt, wie gerne sie in einer Gesellschaft leben möchten, „die Wert darauf legt, dass sich die Menschen selbst verwirklichen" (v64). Diese Frage erfasst die Akzeptanz für die *Selbstverwirklichung* als kollektive Wertorientierung.

Die Befragten konnten jeweils anhand einer zehnstufigen metrischen Skala antworten. Dabei bedeutete 1 = „überhaupt nicht gerne" und 10 = „sehr gerne". Mit den Zwischenwerten konnten Abstufungen vorgenommen werden.

Für jedes Bundesland wurde nun für beide Variablen das arithmetische Mittel aus den Angaben der jeweiligen Bewohner berechnet. (Dabei wurden die Befragten herausgefiltert, die zum Zeitpunkt der Befragung 2002 nicht mindestens seit 15 Jahren in dem Bundesland gewohnt haben. So wurde auch berücksichtigt, dass nach dem Fall der Mauer viele Menschen das Bundesland gewechselt haben. Da Bremen mit wenigen Fällen repräsentiert ist, wird Bremen aus der Analyse ausgeschlossen. Ost- und West-Berlin werden getrennt betrachtet, obwohl sie heute in einem Bundesland vereinigt sind.)

Es liegen nun jeweils 16 Ausprägungen für die Akzeptanz der beiden kollektiven Wertorientierungen *Laissez-Faire* (Variable X) und *Selbstverwirklichung* (Variable Y) vor. Die TABELLE 4.11 gibt die Ausprägungskombinationen $(x_i; y_i)$ wieder. In der TABELLE 4.11 sind zwei weitere Spalten enthalten, die der Berechnung der Standardabweichungen dienen. Berechnet werden nun die beiden arithmetischen Mittelwerte und Standardabweichungen. Es ergeben sich die arithmetischen Mittelwerte

$$\bar{x} = \frac{59{,}15}{16} = 3{,}70 \quad \bar{y} = \frac{119{,}53}{16} = 7{,}47$$

i		x_i	y_i	$(x_i - \bar{x})^2$	$(y_i - \bar{y})^2$	Tab. 4.11
1	West-Berlin	3,35	7,91	0,12	0,19	
2	Schleswig-Holstein	4,36	6,96	0,44	0,26	
3	Hamburg	4,00	7,59	0,09	0,01	
4	Niedersachsen	3,92	7,17	0,05	0,09	
5	Nordrhein-Westfalen	3,79	7,27	0,01	0,04	
6	Hessen	3,64	7,13	0,00	0,12	
7	Rheinland-Pfalz	3,77	7,13	0,01	0,12	
8	Baden-Württemberg	3,70	7,16	0,00	0,10	
9	Bayern	3,56	7,15	0,02	0,10	
10	Saarland	4,42	6,84	0,52	0,40	
11	Ost-Berlin	3,51	8,00	0,03	0,28	
12	Mecklenburg-Vorpommern	3,51	7,99	0,03	0,27	
13	Brandenburg	3,63	7,43	0,00	0,00	
14	Sachsen-Anhalt	3,92	7,84	0,05	0,14	
15	Thüringen	3,05	7,97	0,42	0,25	
16	Sachsen	3,02	7,99	0,46	0,27	
	Σ	59,15	119,53	2,26	2,63	

sowie die Standardabweichungen

$$s_x = \sqrt{\frac{1}{16} \cdot 2{,}26} = 0{,}38 \quad s_y = \sqrt{\frac{1}{16} \cdot 2{,}63} = 0{,}41$$

Im arithmetischen Durchschnitt liegen die Ausprägungen für die Akzeptanz der kollektiven Wertorientierung *Laissez-Faire* auf Länder-Ebene bei $\bar{x} = 3{,}70$. Dies ist eine niedrige Ausprägung, wenn man bedenkt, dass die Ausprägungen im Bereich von 1 bis 10 variieren können. Der Durchschnitt für die Akzeptanz der kollektiven Wertorientierung *Selbstverwirklichung* liegt dagegen bei $\bar{y} = 7{,}47$. Für beide Wertorientierungen kann man sagen, dass die Länder-Ausprägungen eine geringe Standardabweichung aufweisen. Diese Betrachtung des Variierens bezieht sich aber nur auf jeweils eine Variable. Von Interesse ist nun, das gemeinsame Variieren (das „Ko-Variieren") beider kollektiver Wertorientierungen gleichzeitig zu betrachten. Mit Hilfe der vorliegenden Ausprägungen kann das Streudiagramm erstellt werden (ABBILDUNG 4.2).

Interpretation des Streudiagramms

(1) Das Streudiagramm gibt Aufschluss darüber, welche Länder sich hinsichtlich der Akzeptanz der beiden kollektiven Wertorientierungen ähnlich sind. Diese liegen eng beieinander. Bundesländer, die sich hinsichtlich der Akzeptanz der beiden Wertorientierungen unähnlich sind, liegen entsprechend weit voneinander entfernt.

Der größte Unterschied liegt zwischen dem Länderpaar Sachsen und Saarland vor. Sehr kleine Unterschiede finden sich beispielsweise zwischen den Länderpaaren Mecklenburg-Vorpommern und Ost-Ber-

Abb. 4.2

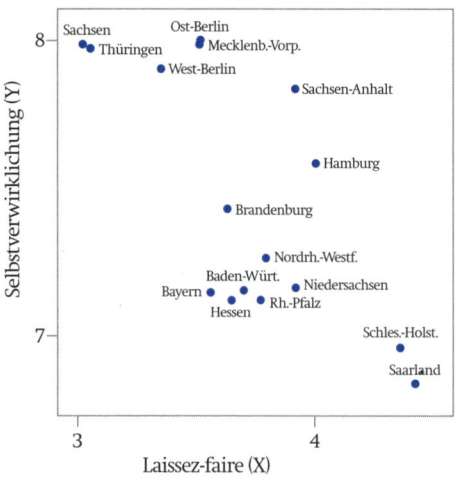

lin, aber auch zwischen Thüringen und Sachsen, sowie zwischen den drei Ländern Bayern, Baden-Württemberg und Hessen.

(2) Das Streudiagramm wird auch dafür eingesetzt, um zu untersuchen, ob die Form der Punktewolke eine lineare Tendenz erkennen lässt. In diesem Fall legt das Streudiagramm nahe, dass es eine lineare Tendenz für die bivariate Verteilung der Ausprägungskombinationen gibt. Hohe Ausprägungen für die Akzeptanz von *Selbstverwirklichung* als kollektiver Wertorientierung gehen tendenziell einher mit niedrigen Ausprägungen für die Akzeptanz von *Laissez-Faire* als Wertorientierung. Man kann eine „Je-desto-Beziehung" formulieren: Je höher in einem Land die Akzeptanz für *Selbstverwirklichung* als Wertorientierung ist, desto niedriger ist tendenziell die Akzeptanz von *Laissez-Faire* als Wertorientierung. (Da hier keine der beiden Variablen als Ursache oder als Wirkung ausgemacht werden kann, kann die Je-desto-Beziehung auch andersherum formuliert werden.) Man findet damit einen negativen linearen Zusammenhang zwischen den beiden Variablen in dem Streudiagramm repräsentiert. Das ist das empirische Muster für das „Ko-Variieren" der Ausprägungskombinationen. Das Streudiagramm gibt aber nicht die Stärke der Beziehung zwischen den beiden Variablen in einer Zahl wieder. Die Beziehung wäre perfekt linear, wenn die Punkte wie auf einer gedachten Linie angeordnet wären, die von oben links nach unten rechts verliefe. Die Stärke der Beziehung zwischen den beiden Variablen wäre dann maximal. Anhand der Punktewolke sieht man zwar, dass es eine deutliche Tendenz zu einer linearen Beziehung gibt, aber die Punkte liegen eben nicht perfekt auf einer Linie, sondern weichen davon ab.

Kovarianz und Korrelationskoeffizient

4.3.2

Um die Stärke einer ungerichteten (symmetrischen) Beziehung zwischen zwei metrischen Variablen X und Y zu erfassen kann man den von KARL PEARSON entwickelten **Korrelationskoeffizienten** r berechnen. Dieser lässt sich herleiten aus einem anderen, zunächst anschaulicheren Koeffizienten, der **Kovarianz** cov(x;y). Beide Maßzahlen nehmen den Wert 0 an, wenn keine lineare Beziehung zwischen X und Y besteht. Mit zunehmender Stärke der Beziehung nimmt der Betrag der Maßzahlen zu. Der Korrelationskoeffizient und die Kovarianz cov(x;y) können negative oder positive Werte realisieren. Das Vorzeichen gibt dabei an, ob eine positive Beziehung oder eine negative Beziehung vorliegt.

Für die Berechnung der Kovarianz ermittelt man für jeden Merkmalsträger die Abweichungen seiner Ausprägungen x_i bzw. y_i zu dem arithmetischen Mittel $\bar{x}$ bzw. $\bar{y}$. Dann wird für jeden Merkmalsträger das

Kovarianz und Korrelation setzen Linearität voraus

Stärke und Richtung des symmetrischen Zusammenhangs

Produkt der beiden Abweichungen $(x_i - \bar{x})$ und $(y_i - \bar{y})$ berechnet. Das arithmetische Mittel dieser Abweichungsprodukte von allen Merkmalsträgern ist dann die Kovarianz. Sie ist sozusagen das „durchschnittliche Abweichungsprodukt".

$$\mathrm{cov}(x;y) = \frac{1}{n}\sum_{i=1}^{n}(x_i - \bar{x}) \cdot (y_i - \bar{y})$$

Beispiel: Der Schwerpunkt der bivariaten Verteilung wird durch den Punkt $(\bar{x}; \bar{y})$ gebildet. Das ist in der ABBILDUNG 4.3 der Punkt (3,70;7,47), der der Schnittpunkt der beiden zusätzlichen Linien ist, die das Streudiagramm in vier Quadranten einteilen.

In der vertikalen bzw. in der horizontalen Dimension kann von jedem Punkt $(x_i; y_i)$ die direkte Verbindung zu den beiden neuen Linien gezogen werden. Diese Verbindungen entsprechen grafisch den Abweichungen $(x_i - \bar{x})$ und $(y_i - \bar{y})$. Die Rechtecke stellen die Produkte dieser Abweichungen dar. Diese Abweichungen von den Mittelwerten und das Produkt der Abweichungen sind beispielhaft für die beiden Bundesländer Hamburg und Niedersachsen eingezeichnet. Für Hamburg ergibt sich als Produkt: 0,30 · 0,12 = 0,036, und für Niedersachsen ergibt sich: (−0,30) · 0,22 = (−0,066). Diese Flächeninhalte werden für alle 16 Länder berechnet (TABELLE 4.12). Im ersten und dritten Quadranten haben die Flächeninhalte ein negatives Vorzeichen, da eine der beiden Abweichungen ein negatives und die andere Abweichung ein positives Vorzei-

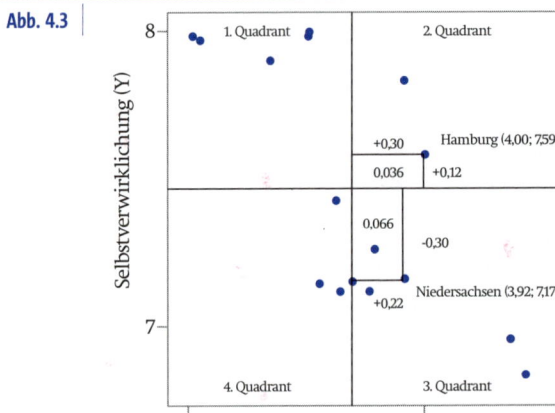

Abb. 4.3

chen hat. Im zweiten und vierten Quadranten haben die Flächeninhalte ein positives Vorzeichen, da die beiden Abweichungen immer dasselbe Vorzeichen haben. Werden alle Flächeninhalte aufsummiert und durch die Fallzahl geteilt, ergibt sich ein positiver Wert für cov(x;y), wenn die positiven Flächeninhalte überwiegen. Ein negativer Wert ergibt sich, wenn die negativen Flächeninhalte überwiegen.

In der TABELLE 4.12 (letzte Spalte) erkennt man, dass nur für die fünf Punkte, die im zweiten und vierten Quadranten liegen, positive Flächeninhalte vorliegen, für zehn Punkte ergeben sich negative Flächeninhalte. In der Summe überwiegen die negativen Flächeninhalte. Für Baden-Württemberg ergibt sich ein Flächeninhalt von 0, da dieses Land hinsichtlich der kollektiven Wertorientierung *Laissez-Faire* genau den Durchschnittswert aufweist.

Die cov(x;y) für den Zusammenhang zwischen den kollektiven Wertorientierungen *Selbstverwirklichung* und *Laissez-Faire* für die 16 Länder beträgt:

Tab. 4.12

i		x_i	y_i	$x_i - \bar{x}$	$y_i - \bar{y}$	$(x_i - \bar{x}) \cdot (y_i - \bar{y})$
1	West-Berlin	3,35	7,91	$-0,3500$	0,4400	$-0,1540$
2	Schles.-Holst.	4,36	6,96	0,6600	$-0,5100$	$-0,3366$
3	Hamburg	4,00	7,59	0,3000	0,1200	0,0360
4	Niedersachsen	3,92	7,17	0,2200	$-0,3000$	$-0,0660$
5	Nordrh.-Westf.	3,79	7,27	0,0900	$-0,2000$	$-0,0180$
6	Hessen	3,64	7,13	$-0,0600$	$-0,3400$	0,0204
7	Rh.-Pfalz	3,77	7,13	0,0700	$-0,3400$	$-0,0238$
8	Baden-Württ.	3,70	7,16	0,0000	$-0,3100$	0,0000
9	Bayern	3,56	7,15	$-0,1400$	$-0,3200$	0,0448
10	Saarland	4,42	6,84	0,7200	$-0,6300$	$-0,4536$
11	Ost-Berlin	3,51	8,00	$-0,1900$	0,5300	$-0,1007$
12	Mecklenb.-Vorp.	3,51	7,99	$-0,1900$	0,5200	$-0,0988$
13	Brandenburg	3,63	7,43	$-0,0700$	$-0,0400$	0,0028
14	Sachsen-Anhalt	3,92	7,84	0,2200	0,3700	0,0814
15	Thüringen	3,05	7,97	$-0,6500$	0,5000	$-0,3250$
16	Sachsen	3,02	7,99	$-0,6800$	0,5200	$-0,3536$
	Σ	59,15	119,53			$-1,7447$

$$\text{cov}(x; y) = \frac{1}{n} \sum_{i=1}^{n} (x_i - \bar{x}) \cdot (y_i - \bar{y}) = \frac{1}{16} \cdot (-1{,}7447) = -0{,}1090$$

Hier liegt also eine negative Beziehung zwischen den beiden kollektiven Wertorientierungen vor. Die Größenordnung der Kovarianz ist aber auch abhängig von der Messdimension der beiden beteiligten Variablen. (Die Kovarianz liegt zudem in Messeinheiten von X · Messeinheiten von Y vor.) Die Stärke der Beziehung zwischen zwei Variablen ist also nicht anhand der Kovarianz einschätzbar Eine Normierung der Kovarianz erfolgt, indem man diese durch die Standardabweichung von X und die Standardabweichung von Y dividiert. Diese Normierung ergibt den Korrelationskoeffizienten r:

Korrelation als Normierung der Kovarianz

$$r = \frac{\text{cov}(x; y)}{s_x \cdot s_y}$$

Der Korrelationskoeffizient r variiert im Bereich von [–1;+1]. (Der Korrelationskoeffizient ist dimensionslos, d. h., er weist keine Messeinheit mehr auf.) Er nimmt (wie die Kovarianz) den Wert 0 an, wenn kein linearer Zusammenhang zwischen X und Y vorliegt. In diesem Fall gleichen sich die negativen und die positiven Flächeninhalte aus. Der Korrelationskoeffizient nimmt den Wert r = 1 an, wenn die beiden Variablen vollständig positiv miteinander korrelieren. Dann ist die Stärke des statistischen Zusammenhangsmaximal. In diesem Fall liegen alle Punkte im zweiten und vierten Quadranten, und zwar auf einer Linie. Umgekehrt nimmt der Korrelationskoeffizient den Wert r = –1 an, wenn die beiden Variablen vollständig negativ miteinander korrelieren. Auch dann liegt eine maximale Stärke des statistischen Zusammenhangs vor. Dann liegen die Punkte im ersten und dritten Quadranten auf einer Linie.

Beispiel: Für die 16 Länder kann man die Korrelation berechnen, indem man den Wert für die Kovarianz durch die oben ermittelten Werte für s_x und s_y dividiert:

$$r = \frac{\text{cov}(x; y)}{s_x \cdot s_y} = \frac{-0{,}1090}{0{,}38 \cdot 0{,}41} = -0{,}70$$

Hier liegt also eine starke negative Korrelation zwischen den beiden kollektiven Wertorientierungen *Laissez-Faire* (X) und *Selbstverwirklichung* (Y) vor.

Beurteilung von Korrelationen

Die Größenordnungen von empirischen Korrelationen – und allgemeiner: von statistischen Zusammenhangsmaßen insgesamt – fallen in der Praxis zumeist deutlich niedriger aus als dies in den Lehrbuchbeispielen

$0,00 \leq r \leq 0,05$	keine Korrelation	**Tab. 4.13**
$0,05 < r < 0,20$	schwache Korrelation	
$0,20 < r < 0,50$	mittlere Korrelation	
$0,50 < r < 0,70$	starke Korrelation	
$0,70 < r < 1,00$	sehr starke Korrelation	

der Fall ist. Aber man fasst in der angewandten Sozialforschung auch niedrigere r-Werte als zahlenmäßigen Ausdruck von starken und mittleren Zusammenhängen auf. Beispielhaft soll hier eine Einteilung für die Beschreibung unterschiedlicher Stärken der Korrelation aus der Literatur angeführt werden (KÜHNEL/KREBS 2004, S. 404 f.).

Man sieht anhand der TABELLE 4.13, dass eine Korrelation von r = 0,25 (oder entsprechend r = –0,25) bereits als Korrelation mittlerer Stärke aufgefasst wird, obwohl sie nicht in der Mitte des Ausprägungsspektrums für den Betrag von r ($|r|$) liegt.

Was sind „starke", „mittlere" oder „schwache" Korrelationen?

Aggregation und ökologischer Fehlschluss

Die für das Länder-Beispiel gewählte Strategie, aus Individualdaten Merkmalsausprägungen für eine „höhere" statistische Ebene zu berechnen, nennt man **Aggregation.** Aggregiert wurden hier Individualdaten zu Kollektivmerkmalen. Hier ist die Aggregation erfolgt, indem für die Länder aus den Individualdaten die arithmetischen Mittelwerte berechnet wurden. Eine weitere Möglichkeit, Individualdaten zu aggregieren, besteht in der Berechnung von Prozentwerten. Die Aggregation findet in der Soziologie häufig Anwendung, beispielsweise in der international vergleichenden Sozialforschung. EMILE DURKHEIM (1983) hat in seiner Selbstmordstudie die Aggregation von Individualdaten zu „Nationendaten" verwendet. Die von ihm berechneten nationalen Selbstmordraten ermöglichten ihm, aufzuzeigen, dass diese auf der Kollektivebene (der Nation) eine gewisse zeitliche Stabilität hatten. Für Durkheim war die Aggregation damit eine soziologische Vorgehensweise, um kollektive Wirklichkeiten zu untersuchen, die ihre Realität nicht in den Individuen, sondern „außerhalb der Individuen" haben.

Aggregation von Individualdaten zu Kollektivdaten

Mit der Aggregation verbunden ist aber die Möglichkeit eines Fehlschlusses. Die in dem Länder-Beispiel ermittelte Korrelation liegt auf der Ebene der Länder vor, diese sind die statistischen Einheiten. Nicht zulässig wäre nun zu schließen, dass auf der Ebene der Individuen ebenfalls dieser statistische Zusammenhang vorliegt. Diese Art der unzulässigen Schlussfolgerung nennt man **ökologischen Fehlschluss.** Er besteht darin, den

Schluss von der Kollektivebene auf die Ebene der Individuen ist unzulässig

auf der Kollektivebene (hier: Länderebene) vorgefundenen statistischen Zusammenhang auf die Individuenebene zu übertragen. Dass auf Länderebene diese starke Korrelation vorliegt, heißt also nicht, dass auf Individuenebene dasselbe Muster des Ko-Variierens vorliegt.

Denkbar ist zum Beispiel, dass es auf Individuenebene keinen statistischen Zusammenhang zwischen den beiden Variablen gibt. Denkbar ist aber auch, dass auf Individuenebene sich der Zusammenhang gegenüber der Aggregatebene umkehrt (und ein negativer Zusammenhang auf der Aggregatebene auf der Individuenebene positiv ist bzw. umgekehrt). Ein multivariates statistisches Verfahren, um verschiedene Ebenen gleichzeitig in eine statistische Analyse einzubeziehen, ist die **Mehrebenenanalyse** (→ Kap. 11.1.6). In dieser wird versucht, in die Analyse von Individualdaten auch Kontextmerkmale einzubeziehen. Diese Kontextmerkmale sind Merkmale der Kollektivebenen. Mit Hilfe der Mehrebenenanalyse kann man ökologische Fehlschlüsse vermeiden.

4.3.3 | Bivariate Regression

Für die Analyse einer gerichteten (asymmetrischen) Beziehung zwischen zwei metrischen Variablen wird das Verfahren der Regressionsanalyse verwendet. Die Regressionsanalyse ist in der einfachsten Form die Regression einer abhängigen Variablen Y auf nur eine unabhängige Variable X. Dabei repräsentiert Y die Wirkung und X die Ursache. Man sagt dann, dass Y auf X regressiert (zurückgeführt) wird. In der **bivariaten Regression** besteht die Ausgangssituation darin, dass für n Merkmalsträger die Wertepaare $(x_i;y_i)$ zweier metrischer Variablen vorliegen. Zudem wird unterstellt, dass Y linear von X abhängt. Nun ist eine Regressionsgerade so in eine Punktewolke einzuzeichnen, dass diese Gerade bestmöglichst den linearen Zusammenhang repräsentiert. Die Regressionsgerade repräsentiert daher ein Modell, das an die Punktewolke „angepasst" wird.

Regressionsanalyse untersucht gerichtete Zusammenhänge zwischen metrischen Variablen

Regressionsgerade als Modell

Beispiel: Es soll für die alten Bundesländer untersucht werden, wie (auf der Ebene der Länder) die *Befürwortung des Heiratens* bei dauerhaftem Zusammenleben (Y) statistisch von der *Religiosität* in diesen Bundesländern (X) abhängt. (Dabei wurden – wie im Beispiel für die Kovarianz und Korrelation – die Befragten herausgefiltert, die zum Zeitpunkt der Befragung 2002 nicht mindestens seit 15 Jahren in dem Bundesland gewohnt haben.)

(1) Im ALLBUS wurde gefragt: „Würden Sie von sich sagen, dass Sie eher religiös oder eher nicht religiös sind?" Die Befragten wurden gebeten, sich auf einer Skala einzuordnen, die als Variable *Religiosität* (v124) die Ausprägungen von 1 = „nicht religiös" bis 10 = „religiös" aufweist. Damit die Variable im Spektrum von 0 bis 9 variiert, wurde von jeder

Ausprägung 1 (Skalenpunkt) subtrahiert. Für die Länder wurde dann das arithmetische Mittel berechnet, das als Länder-Wert für die *Religiosität* metrisch skaliert (verhältnisskaliert) ist und im Bereich von 0 bis 9 variieren kann.

(2) Außerdem wurde gefragt: „Meinen Sie, dass man heiraten sollte, wenn man mit einem Partner auf Dauer zusammenlebt?" (v6). Hier waren die Antwortmöglichkeiten 1 = „ja", 2 = „nein", 3 = „unentschieden". Diese Variable ist nominal skaliert und damit nicht geeignet für die Aufnahme in eine lineare Regressionsanalyse. Wenn man für die Länder den prozentualen Anteil derjenigen berechnet, die die Frage mit „ja" beantworten, hat man mit der Prozentzahl (Anteil der Ausprägung „1 = ja" an allen Ausprägungen × 100 %) für die Länder-Ebene eine metrische Variable *Befürwortung des Heiratens,* die von 0 % bis 100 % variieren kann.

(Bremen wird als Land ausgeschlossen, da für dieses Land nur wenig Fälle vorliegen. West-Berlin ist hier anstelle des Bundeslandes Berlin einbezogen worden.) Die Länder-Werte x_i und y_i für die beiden Variablen sind in der TABELLE 4.14 in der zweiten und dritten Spalte aufgeführt.

Die arithmetischen Mittelwerte sind:

$$\bar{x} = \frac{45,71}{10} = 4,57 \quad \bar{y} = \frac{492}{10} = 49,20$$

die Standardabweichungen:

$$s_x = \sqrt{\frac{1}{10} \cdot 3,1213} = 0,56 \quad s_y = \sqrt{\frac{1}{10} \cdot 339,54} = 5,83$$

i		x_i	y_i	$(x_i - \bar{x})^2$	$(y_i - \bar{y})^2$
1	West-Berlin	4,37	44,20	0,0400	25,0000
2	Schleswig-Holstein	3,53	45,30	1,0816	15,2100
3	Hamburg	4,00	39,40	0,3249	96,0400
4	Niedersachsen	4,37	58,20	0,0400	81,0000
5	Nordrhein-Westfalen	4,94	49,90	0,1369	0,4900
6	Hessen	4,10	45,80	0,2209	11,5600
7	Rheinland-Pfalz	5,03	50,60	0,2116	1,9600
8	Baden-Württemberg	5,15	52,20	0,3364	9,0000
9	Bayern	5,38	59,00	0,6561	96,0400
10	Saarland	4,84	47,40	0,0729	3,2400
	Σ	45,71	492,00	3,1213	339,5400

Tab. 4.14

Die *Religiositäts*-Werte liegen auf Länder-Ebene im arithmetischen Mittel bei 4,57. Der durchschnittliche Prozentsatz der *Befürwortung des Heiratens* liegt bei 49,2 %. Die Unterschiedlichkeit der Länder zeigt sich anhand der Streuungen. Die Standardabweichung bei den *Religiositäts*-Werten beträgt $s_x = 0{,}56$ Skalenpunkte, die Standardabweichung bei der *Befürwortung des Heiratens* liegt bei 5,83 Prozentpunkten. Das Streudiagramm ABBILDUNG 4.4 zeigt die bivariate Verteilung der Ausprägungskombinationen für die zehn Länder.

Mit zunehmendem *Religiositäts*-Wert nimmt die *Befürwortung des Heiratens* tendenziell zu. Die Punktewolke verläuft von links unten nach rechts oben. Das Streudiagramm veranschaulicht, dass man für dieses Beispiel eine lineare Beziehung zwischen den beiden Variablen annehmen kann. Eine Gerade kann also verwendet werden, um die gerichtete Beziehung zwischen X und Y zu repräsentieren.

Allgemein ist nun für Regressionsanalysen das Problem zu lösen, *wie* die Gerade in die Punktewolke einzuzeichnen ist. Man kann die Strate-

 Anpassungsstrategie

gie zur Ermittlung der bestmöglichen Lage einer Geraden auch als Anpassungsstrategie bezeichnen, da die Zielsetzung ist, durch die Gerade den linearen gerichteten Zusammenhang zwischen den beiden Variablen X und Y bestmöglich zu präsentieren, was gleichbedeutend ist mit der besten Anpassung der Geraden an die Punktewolke.

Durch die **Regressionsgerade** wird jedem x_i-Wert ein so genannter **Vorhersagewert** $\hat{y}_i$ zugeordnet. Die Geradengleichung lässt sich formal einfach darstellen:

$$\hat{y}_i = b_0 + b_1 \cdot x_i$$

Abb. 4.4

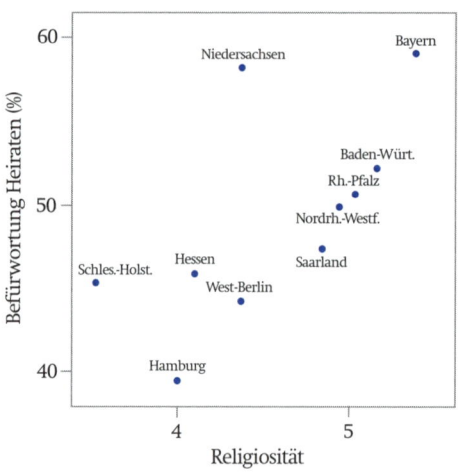

Diese Gleichung beinhaltet die zwei Koeffizienten b_0 und b_1. Diese sind die so genannten **Regressionskoeffizienten.** Die Lage jeder Regressionsgeraden ist durch diese beiden Koeffizienten festgelegt (ABBILDUNG 4.5). b_0 ist der Y-Achsenabschnitt, d. h., er markiert die Höhe, auf der die Regressionsgerade die Y-Achse schneidet. b_1 gibt die Steigung der Geraden an. Die Frage, wie man die beiden Regressionskoeffizienten berechnet, wird erst einmal zurückgestellt. Sind die Regressionskoeffizienten bekannt, kann man die x_i in die obige Gleichung für die Regressionsgerade einsetzen und erhält die Vorhersagewerte $\hat{y}_i$. Diese sind theoretische Werte, die sich für die Merkmalsträger ergeben würden, wenn Y vollständig durch X determiniert wäre. Die empirischen Ausprägungen y_i und die Vorhersagewerte $\hat{y}_i$ weichen in der Regel aber voneinander ab. Die jeweilige Differenz ist die **Residue** e_i, die für jeden Merkmalsträger berechnet werden kann.

Residue e_i

$$e_i = y_i - \hat{y}_i$$

Die ABBILDUNG 4.5 stellt grafisch den Zusammenhang zwischen empirischer Ausprägung (y_i), Vorhersagewert ($\hat{y}_i$), Residue (e_i) und Regressionsgerade beispielhaft für die Ausprägungskombination ($x_i;y_i$) eines einzelnen Merkmalsträgers dar.

Im Unterschied zur Regressionsgerade, die den Vorhersagewert berechnet, gibt die **Regressionsgleichung** für jeden Merkmalsträger an, wie sich der empirische Wert y_i aus dem Vorhersagewert $\hat{y}_i$ und der Residue e_i zusammensetzt:

Empirische Ausprägung setzt sich aus Vorhersagewert und Residue zusammen

$$y_i = \hat{y}_i + e_i = b_0 + b_1 \cdot x_i + e_i$$

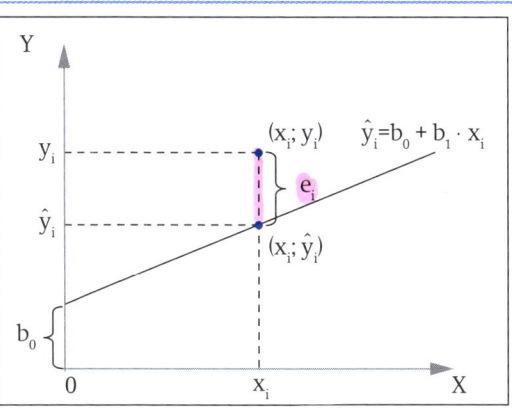

Abb. 4.5

Was heißt nun „bestmöglich anpassen" im Rahmen der Regressionsanalyse? Für die Ermittlung der bestmöglich angepassten Regressionsgerade verwendet man die **Methode der kleinsten Quadrate.** Diese soll anhand des bereits eingeführten Beispiels vorgestellt werden.

Beispiel: Angenommen, man zeichnet eine Gerade in das Streudiagramm für die zehn Länder ein, die den linearen Trend zwischen der *Religiosität* und der *Befürwortung des Heiratens* wiedergeben soll, wie dies in der ABBILDUNG 4.6 erfolgt ist. Dann kann man von jedem Punkt in der vertikalen Dimension das Lot auf die Gerade fällen, also die direkte Verbindungslinie in der vertikalen Dimension ziehen. Für die zehn Länder ist dies in der ABBILDUNG 4.6 erfolgt.

Diese vertikalen Linien stellen für jeden Fall die Residue e_i dar. Grafisch betrachtet stellt sie für jeden Merkmalsträger in der vertikalen Dimension die Abweichung des y_i-Wertes von der Regressionsgeraden dar. Wenn man die Lage der Geraden verändern würde, würden sich auch die in der ABBILDUNG 4.6 eingezeichneten Residuen ändern. Die Methode der kleinsten Quadrate besteht darin, die Gerade so in die Punktewolke einzupassen, dass die Summe der quadrierten Residuen minimal ist: „Minimiere Σe_i^2!"

Die in die ABBILDUNG 4.6 eingezeichnete Gerade ist diejenige, die sich ergibt, wenn man die Methode der kleinsten Quadrate heranzieht. Jede andere Lage für eine Regressionsgerade würde die Summe der quadrierten Residuen erhöhen. Wenn die Lage der Gerade determiniert ist durch die beiden Regressionskoeffizienten b_0 und b_1, dann besteht das Minimierungsproblem darin, diejenigen Regressionskoeffizienten zu er-

Minimiere die Summe der Abweichungsquadrate!

Abb. 4.6

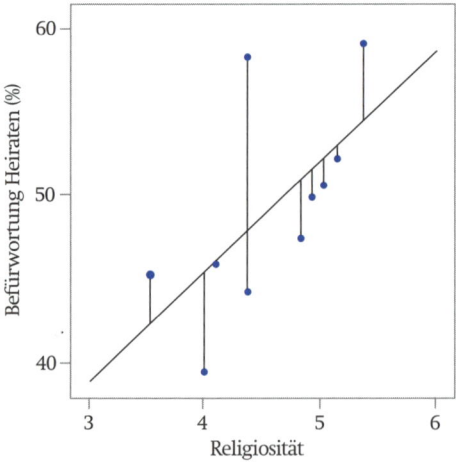

mitteln, die zu der kleinsten Summe der quadrierten Residuen führen. Die Regressionskoeffizienten für die Regressionsgerade nach der Methode der kleinsten Quadrate lassen sich aus den gegebenen Ausprägungskombinationen $(x_i; y_i)$ mit den beiden folgenden Formeln berechnen. Der Regressionskoeffizient b_1 ergibt sich aus dem Verhältnis der $cov(x; y)$ zur $var(x)$:

$$b_1 = \frac{cov(x; y)}{var(x)} = \frac{\frac{1}{n}\sum_i (x_i - \bar{x}) \cdot (y_i - \bar{y})}{\frac{1}{n}\sum_i (x_i - \bar{x})^2} = \frac{\sum_i (x_i - \bar{x}) \cdot (y_i - \bar{y})}{\sum_i (x_i - \bar{x})^2}$$

Ist b_1 berechnet, kann man b_0 ermitteln:

$$b_0 = \bar{y} - b_1 \cdot \bar{x}$$

Die Regressionskoeffizienten sind nicht dimensionslos: b_0 hat die Dimension von Y, b_1 hat die Dimension von Y dividiert durch die Dimension von X.

Die Methode der kleinsten Quadrate hat unter anderem folgende Eigenschaften.

Eigenschaften der Methode der kleinsten Quadrate

(1) Die Summe der Residuen ist immer 0:

$$\sum_i e_i = 0$$

Für das arithmetischen Mittel der Residuen ergibt sich dementsprechend:

$$\frac{1}{n}\sum_i e_i = \bar{e} = 0$$

(Bemerkung: $\sum e_i$ ist nicht zu verwechseln mit der Summe der *quadrierten* Residuen $\sum e_i^2$.)

(2) Durch die Quadrierung tragen große Residuen in besonderem Maße zu $\sum e_i^2$ bei. Da die Anpassungsstrategie lautet: „Minimiere die Summe der quadrierten Residuen!", erhält die Vermeidung großer Residuen ein besonderes Gewicht in der Anpassung der Geraden an die Punktewolke.

(3) Die Methode der kleinsten Quadrate führt immer zu einer eindeutigen Lösung für die Berechnung der Regressionskoeffizienten b_0 und b_1.

(Wenn man statt der quadrierten Abstände $(y_i - \hat{y}_i)^2$ zum Beispiel die einfachen Abstände $(y_i - \hat{y}_i)$ nehmen würde, wäre dies nicht der Fall.)

Die Methode der kleinsten Quadrate heißt auch **OLS-Methode**. OLS ist die Abkürzung für den englischen Ausdruck „ordinary least squares".

Beispiel: Für das Beispiel sollen die Regressionskoeffizienten für die Gleichung der Regressionsgeraden berechnet werden (TABELLE 4.15). Mit Hilfe der Summen 3,12 und 20,535 lässt sich b_1 berechnen:

$$b_1 = \frac{\sum_i (x_i - \bar{x}) \cdot (y_i - \bar{y})}{\sum_i (x_i - \bar{x})^2} = \frac{20,535}{3,12} = 6,58$$

Nun kann b_0 berechnet werden mit:

$$b_0 = \bar{y} - b_1 \cdot \bar{x} = 49,2 - 6,58 \cdot 4,57 = 19,13$$

Damit kann man die Geradengleichung für die Vorhersagewerte aufstellen:

$$\hat{y}_i = 19,13 + 6,58 \cdot x_i$$

Die Regressionsgleichung ist:

$$y_i = 19,13 + 6,58 \cdot x_i + e_i$$

Interpretation der Regressionskoeffizienten

Wie lassen sich nun die erhaltenen Regressionskoeffizienten interpretieren? Der Regressionskoeffizient b_0 gibt den Vorhersagewert $\hat{y}_i$ an, wenn $x_i = 0$ ist. Zumeist ist das Interesse an b_0 nur gering. Häufig kommt es vor, dass der Schnittpunkt der Regressionsgeraden mit der Y-Achse in einem Bereich liegt, in dem empirisch keine Ausprägungen vorliegen, nicht zu erwarten sind oder nicht vorkommen können. Der Regressions-

Tab. 4.15

i		x_i	y_i	$x_i - \bar{x}$	$(x_i - \bar{x})^2$	$y_i - \bar{y}$	$(x_i - \bar{x}) \cdot (y_i - \bar{y})$
1	West-Berlin	4,37	44,20	− 0,20	0,04	− 5,00	1,0000
2	Schles.-Holst.	3,53	45,30	− 1,04	1,08	− 3,90	4,0560
3	Hamburg	4,00	39,40	− 0,57	0,32	− 9,80	5,5860
4	Niedersachsen	4,37	58,20	− 0,20	0,04	9,00	− 1,8000
5	Nordrh.-Westf.	4,94	49,90	0,37	0,14	0,70	0,2590
6	Hessen	4,10	45,80	− 0,47	0,22	− 3,40	1,5980
7	Rh.-Pfalz	5,03	50,60	0,46	0,21	1,40	0,6440
8	Baden-Württ.	5,15	52,20	0,58	0,34	3,00	1,7400
9	Bayern	5,38	59,00	0,81	0,66	9,80	7,9380
10	Saarland	4,84	47,40	0,27	0,07	− 1,80	− 0,4860
	Σ	45,71	492,00		3,12		20,5350

koeffizient b_1 kann grafisch als ein Steigungsfaktor für die Regressionsgerade interpretiert werden, was in dem Steigungsdreieck in der ABBILDUNG 4.7 zum Ausdruck gebracht werden kann.

Er gibt an, wie sich der Vorhersagewert $\hat{y}_i$ verändert, wenn x_i sich verändert. Drückt man eine Veränderung von x_i mit Δx und eine dadurch „bewirkte" Veränderung des Vorhersagewerts $\hat{y}$ mit $\Delta \hat{y}$ aus, kann der Regressionskoeffizient b_1 als Verhältnis formal beschrieben werden:

$$b_1 = \frac{\Delta \hat{y}}{\Delta x}$$

Dieses Verhältnis ist konstant, d. h., unabhängig von der Größe des Ausgangswerts x_i ist die Veränderungsrate immer gleich. Eine vereinfachte Interpretation von b_1 ergibt sich, wenn man sich die Veränderung von x_i um eine Einheit (von X) betrachtet: In dem Fall, in welchem die Veränderung $\Delta x = 1$ ist, gibt der Regressionskoeffizient genau an, wie $\hat{y}$ sich verändert:

$$b_1 = \frac{\Delta \hat{y}}{1} = \Delta \hat{y}$$

Der Regressionskoeffizient b_1 gibt an, mit welchem Faktor oder „Gewicht" im Regressionsmodell X auf $\hat{Y}$ einwirkt. Dieser Regressionskoeffizient wird deshalb auch **Regressionsgewicht** oder **Effekt** von X genannt.

(1) Ist $b_1 = 0$, dann hat X keinen Effekt auf $\hat{Y}$. Dann ist auch $\hat{y}_i$ immer so groß wie b_0. In diesem Fall kann man auch sagen, dass Y statistisch unabhängig ist von X. Es gibt dann keinen linearen Zusammenhang zwischen X und Y.

(2) Wenn $b_1 < 0$ ist, dann hat X einen negativen Effekt auf $\hat{Y}$, eine Erhöhung von X wirkt sich vermindernd auf $\hat{Y}$ aus.

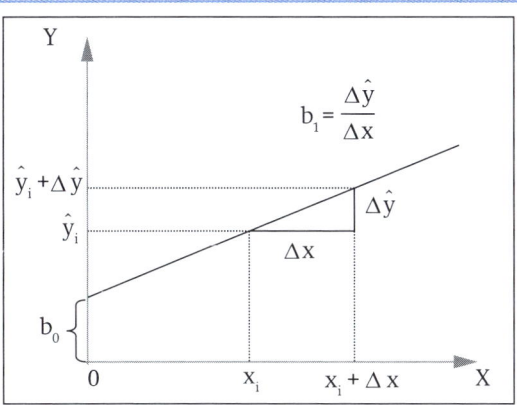

Abb. 4.7

(3) Wenn $b_1 > 0$ ist, dann hat X einen positiven Effekt auf $\hat{Y}$.
Ist $b_1 \neq 0$, dann hängt die Größe des Effekts von der Größe des Betrags von b_1 ab. Man muss aber beachten: b_1 ist kein Maß für die *Stärke* des statistischen Zusammenhangs zwischen X und Y. (Ein solches wird unten eingeführt). Zudem hängt die Größenordnung von b_1 von den Messdimensionen ab, in denen die Variablen Y und X gemessen wurden und b_1 ist nicht dimensionslos.

Beispiel: Der Regressionskoeffizient $b_0 = 19{,}13$ sagt aus, dass für ein Land, in dem der *Religiositäts*-Wert 0 beträgt, sich ein Vorhersagewert von 19,13 % für die *Befürwortung des Heiratens* errechnet. Da die Religiositätsskala von 0 bis 9 variiert, kann ein solcher Wert vorkommen. In diesem Fall ergibt sich der Regressionskoeffizient b_0 rechnerisch als Vorhersagewert, da man in die Geradengleichung für $x_i = 0$ einsetzt:

$$\hat{y}_i = 19{,}13 + 6{,}58 \cdot 0 = 19{,}13$$

Der Regressionskoeffizient $b_1 = 6{,}58$ gibt an, dass mit jeder Zunahme des *Religiositäts*-Wertes um einen Skalenpunkt der Vorhersagewert für die *Befürwortung des Heiratens* um 6,58 Prozentpunkte steigt.

Der Determinationskoeffizient r^2

Die „Erklärungsleistung" eines solchen Regressionsmodells für Y wird durch den **Determinationskoeffizienten r^2** quantifiziert. Der Determinationskoeffizient gibt zugleich die Stärke der gerichteten Beziehung zwischen X und Y an. Er setzt die durch das Regressionsmodell erklärte Varianz der Variablen Y ins Verhältnis zu ihrer Gesamtvarianz. Die Gesamtvarianz von Y ist:

Determinationskoeffizient gibt die Stärke des gerichteten Zusammenhangs an

$$\text{var}(y) = \frac{1}{n} \sum_i (y_i - \bar{y})^2$$

Diese Gesamtvarianz kann zerlegt werden in zwei Bestandteile, was in der ABBILDUNG 4.8 veranschaulicht wird.

Man kann die Abweichung des empirischen Wertes vom arithmetischen Mittel $(y_i - \bar{y})$ zerlegen in die Abweichung des Vorhersagewertes vom arithmetischen Mittel $(\hat{y}_i - \bar{y})$ und die Abweichung des empirischen Wertes vom Vorhersagewert $(y_i - \hat{y}_i)$. Die Abweichung $(y_i - \hat{y}_i)$ entspricht der Residue e_i und ist bereits eingeführt worden. Diese Abweichung ist die durch das Regressionsmodell **nicht erklärte Abweichung**. Die andere Abweichung $(\hat{y}_i - \bar{y})$ wird dagegen als eine **erklärte Abweichung** betrachtet. Denn dass $\hat{y}_i$ von $\bar{y}$ abweicht, wird auf den linearen Einfluss von X zurückgeführt, den die Regressionsgerade repräsentiert. Formal gilt also für jeden Fall die folgende Zerlegung der Abweichung:

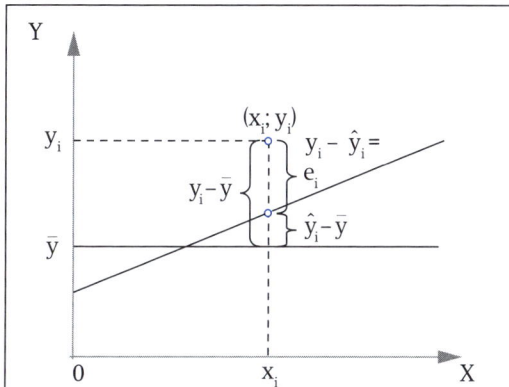

Abb. 4.8

$$(y_i - \bar{y}) = (\hat{y}_i - \bar{y}) + (y_i - \hat{y}_i)$$

Es lässt sich zeigen, dass diese Zerlegung auch gilt, wenn man die einzelnen Klammerausdrücke quadriert und die durchschnittlichen summierten Quadrate über alle Fälle berechnet. Dann erhält man die Zerlegung der Gesamtvarianz:

$$\frac{1}{n}\sum_i (y_i - \bar{y})^2 = \frac{1}{n}\sum_i (\hat{y}_i - \bar{y})^2 + \frac{1}{n}\sum_i (y_i - \hat{y}_i)^2$$

(Gesamtvarianz = erklärte Varianz + nicht erklärte Varianz)

Diese Gleichung zeigt, dass sich die Gesamtvarianz zerlegen lässt in zwei Bestandteile: die **erklärte Varianz** und die **nicht erklärte Varianz**.

Varianzzerlegung

(Die Formel für die nicht erklärte Varianz sieht auf den ersten Blick nicht wie eine Varianz aus, da hier keine mittlere quadrierte Abweichung von einem Mittelwert vorzuliegen scheint, was der Definition der Varianz als Streuungsmaß entsprechen würde (→ Kap. 3.5.3). Wenn man berücksichtigt, dass $\bar{e} = 0$ ist, kann man aber zeigen, dass die nicht erklärte Varianz eine mittlere quadrierte Abweichung von einem Mittelwert ist:

$$\mathrm{var}(e) = \frac{1}{n}\sum_i (e_i - \bar{e})^2 = \frac{1}{n}\sum_i (e_i)^2 = \frac{1}{n}\sum_i (y_i - \hat{y}_i)^2$$

Die **Varianzzerlegung** ist formal also: var(y) = var(ŷ) + var(e).)

Mit Hilfe der Varianzzerlegung lässt sich der Determinationskoeffizient entwickeln, der die Anpassungsleistung des Regressionsmodells insgesamt, die so genannte **Erklärungsleistung**, zum Ausdruck bringt. Ein Regressionsmodell hat eine umso höhere Erklärungsleistung, je höher

Determinationskoeffizient gibt Erklärungsleistung des Regressionsmodells an

der Anteil der erklärten Varianz an der Gesamtvarianz ist. Der Determinationskoeffizient r^2 lässt sich damit als Verhältnis berechnen:

$$r^2 = \frac{\operatorname{var}(\hat{y})}{\operatorname{var}(y)} = \frac{\frac{1}{n}\sum_i (\hat{y}_i - \bar{y})^2}{\frac{1}{n}\sum_i (y_i - \bar{y})^2} = \frac{\sum_i (\hat{y}_i - \bar{y})^2}{\sum_i (y_i - \bar{y})^2}$$

Interpretation des Determinationskoeffizienten

Da es sich hier um einen Anteilswert handelt, kann man $r^2 \cdot 100\,\%$ als Prozentwert interpretieren. Er variiert dann im Bereich von 0 % bis 100 %. Der Determinationskoeffizient hat kein Vorzeichen, so dass sich hieran nicht erkennen lässt, ob ein positiver oder ein negativer Zusammenhang vorliegt. (Dafür kann aber das Vorzeichen des Regressionskoeffizienten b_1 herangezogen werden.)

Keine Erklärungsleistung des Regressionsmodells für Y liegt vor, wenn r^2 = 0 ist. Dann liegt kein statistischer Zusammenhang zwischen X und Y vor. (Dann ist auch b_1 = 0, d. h., die Regressionsgerade läuft parallel zur X-Achse, siehe ABBILDUNG 4.9, oben links.)

Eine *maximale Erklärungsleistung* des Regressionsmodells liegt vor, wenn r^2 = 1 ist. Dann gelingt es für alle Merkmalsträger, anhand der Regressionsgerade den y_i-Wert zu bestimmen, d. h., $y_i = \hat{y}_i$ für alle i, was grafisch bedeutet, dass alle Punkte $(x_i;y_i)$ auf der Regressionsgeraden liegen (in der ABBILDUNG 4.9 entspricht dies dem Streudiagramm unten rechts). In diesem Fall ist der statistische Zusammenhang maximal.

Unterschied zwischen b_j und r^2

Der Determinationskoeffizient r^2 gibt damit für eine gerichtete Beziehung an, wie stark X und Y statistisch zusammenhängen, man sagt auch: wie stark Y durch X „statistisch determiniert ist". Die ABBILDUNG 4.9 stellt zur Veranschaulichung vier (theoretische) bivariate Verteilungen dar. Diese unterscheiden sich hinsichtlich der Stärke des gerichteten Zusammenhangs zwischen X und Y. Für jede der vier Situationen ist eine Regressionsgerade ermittelt worden. Die erste Situation veranschaulicht, dass nur in dem Fall, dass b_1 = 0 ist auch r^2 = 0 ist. Bei den drei anderen Regressionen (oben rechts und unten links/rechts) ist b_1 jeweils konstant, aber r^2 nimmt in dem Ausmaß zu, in dem die Punkte näher an der Regressionsgeraden liegen. Man erkennt hieran gut, was den Unterschied zwischen den beiden Koeffizienten b_1 und r^2 ausmacht, nämlich dass r^2 die Stärke des gerichteten Zusammenhangs zwischen X und Y angibt, während b_1 den Effekt von X auf den Vorhersagewert $\hat{Y}$ angibt.

Beispiel: Für die Regression der *Befürwortung des Heiratens* auf die *Religiosität* soll nun die Stärke des gerichteten linearen Zusammenhangs berechnet werden.

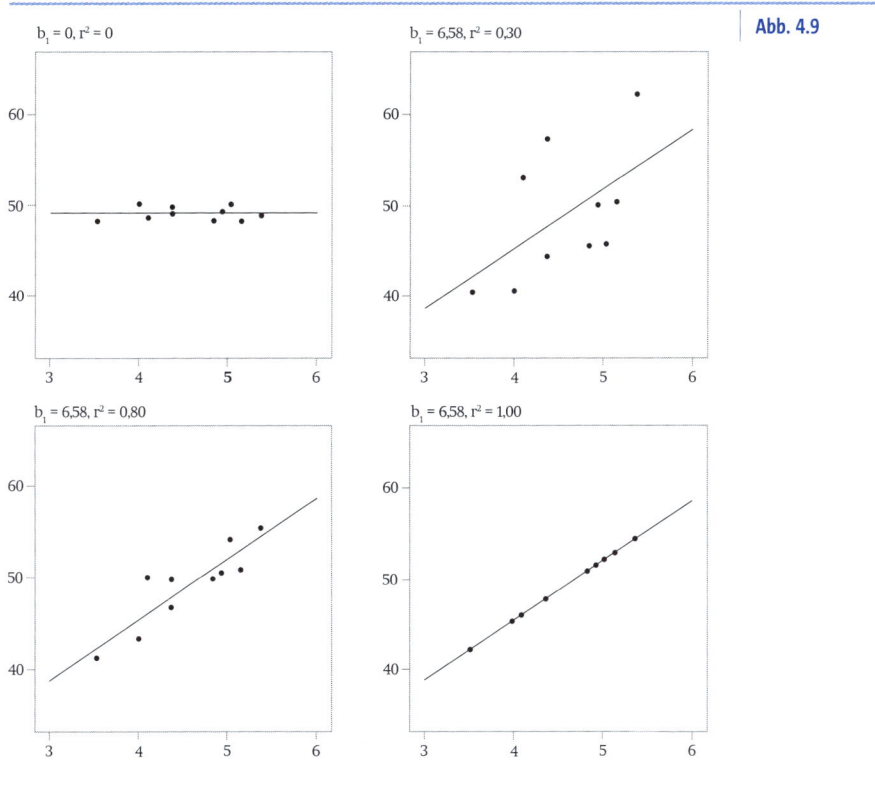

Abb. 4.9

Tab. 4.16

i		x_i	y_i	$\hat{y}_i$	e_i	$(\hat{y}_i - \bar{y})^2$	$(y_i - \bar{y})^2$
1	West-Berlin	4,37	44,20	47,88	− 3,68	1,74	25,00
2	Schleswig-Holstein	3,53	45,30	42,36	2,94	46,88	15,21
3	Hamburg	4,00	39,40	45,45	− 6,05	14,10	96,04
4	Niedersachsen	4,37	58,20	47,88	10,32	1,74	81,00
5	Nordrhein-Westfalen	4,94	49,90	51,64	− 1,74	5,90	0,49
6	Hessen	4,10	45,80	46,11	− 0,31	9,59	11,56
7	Rheinland-Pfalz	5,03	50,60	52,23	− 1,63	9,13	1,96
8	Baden-Württemberg	5,15	52,20	53,02	− 0,82	14,53	9,00
9	Bayern	5,38	59,00	54,53	4,47	28,35	96,04
10	Saarland	4,84	47,40	50,98	− 3,58	3,14	3,24
	Σ	45,71	492,00			135,10	339,54

Die beiden letzten Spaltensummen sind die Werte für var($\hat{y}$) und var(y), die nun ins Verhältnis zu setzen sind:

$$r^2 = \frac{\text{var}(\hat{y})}{\text{var}(y)} = \frac{135,10}{339,54} = 0,40$$

Der Determinationskoeffizient von r^2 = 0,40 besagt, dass die Varianz der *Befürwortung des Heiratens* in einem Land zu 40 % durch die Varianz der *Religiosität* in einem Land statistisch erklärt wird. Die Varianz der abhängigen Variablen wird also zu mehr als zwei Fünfteln erklärt, womit eine mittlere Erklärungsleistung vorliegt. Dies ist ein guter Wert für ein Regressionsmodell mit nur einer unabhängigen Variablen. In der TABELLE 4.16 sind zusätzlich die Residuen für die Länder aufgeführt. Hier erkennt man, für welche Länder das Regressionsmodell gute bzw. schlechte Vorhersagewerte liefert.

0–1-Kodierung (Dummy-Kodierung)

Eingangs wurde die Regressionsrechung als ein Verfahren für die Analyse des gerichteten Zusammenhangs zwischen metrischen Variablen vorgestellt. Es gibt eine wichtige Ausnahme: Das Spektrum der Regressionsrechung erweitert sich für soziologische Anwendungen dadurch, dass als unabhängige Variablen auch dichotome Variablen eingesetzt werden können, wenn sie in bestimmter Weise kodiert sind. Die eine der beiden Kategorien der Variabeln wird in diesem Fall mit „0", die andere der beiden Kategorien wird mit „1" kodiert. Die Kategorie mit der Kodierung „0" ist die so genannte **Referenzkategorie**. Die Gruppe, die so kodiert wurde ist die **Referenzgruppe**. Diese Art der Kodierung nennt man **0–1-Kodierung** oder auch **Dummy-Kodierung**. Wird eine dichotome Variable in 0–1-kodierter Form als unabhängige Variable in eine Regressionsrechnung aufgenommen, liefert die Regressionsrechnung sinnvoll interpretierbare Resultate für die Regressionskoeffizienten sowie für den Determinationskoeffizienten r^2, der auch hier die Erklärungsleistung der 0–1-kodierten unabhängigen Variablen für die abhängige Variable angibt.

Beispiel: Es soll für die ganztägig berufstätigen Hochschulabsolventen und -absolventinnen untersucht werden, wie sich die Zugehörigkeit zu einer der beiden Geschlechtergruppen (X) auf das Einkommen (Y) auswirkt. Das *Geschlecht* (v182) ist im ALLBUS 2002 mit 1 (für „Mann") und 2 (für „Frau") kodiert. Die Variable wird rekodiert, so dass sie anschließend 0–1-kodiert ist. Dabei ist die Kategorie „Mann" die Referenzkategorie und wird mit 0 kodiert. Für die Hochschulabsolventen ist also x_i = 0. Die Kategorie „Frau" wird mit 1 kodiert. Für die Hochschulabsolventinnen ist also x_i = 1. Das Einkommen wird anhand des angegebenen monatlichen *Nettoeinkommens* in € erfasst (v361).

Margin-Notizen:

0–1-kodierte unabhängige Variablen können in ein Regressionsmodell aufgenommen werden

Referenzgruppe wird mit 0 kodiert

Im ALLBUS 2002 sind 121 ganztags berufstätige Hochschulabsolventen und 59 ganztags berufstätige Hochschulabsolventinnen enthalten. Das Streudiagramm stellt die bivariate Verteilung der insgesamt 180 Fälle dar.

In der ABBILDUNG 4.10 zeigt sich, dass sich über den mit $x_i = 0$ (für Mann) und $x_i = 1$ (für Frau) kodierten Ausprägungen der Variable *Geschlecht* die Punkte wie zwei Säulen auftürmen. Da bei dieser Fallzahl sehr viele Punkte dicht beieinander oder sogar übereinander liegen, ist hier auf eine Darstellungstechnik zurückgegriffen worden, die die Konzentration der Punkte in einem Bereich des Streudiagramms durch die Punktgröße darstellt. Dafür wurde die Fläche des Streudiagramms in gleich große Rechtecke eingeteilt und für jedes Rechteck dann ein Punkt eingetragen, dessen Größe proportional zur Fallzahl in dem Rechteck ist **(Cellulation)**. Man erkennt hieran gut, dass innerhalb der beiden Gruppen jeweils eine Streuung vorliegt (Unterschiede in der Y-Dimension) und dass Männer mit Hochschulabschluss im Vergleich zu Frauen mit Hochschulabschluss im Durchschnitt höhere *Nettoeinkommen* aufweisen. Für die beiden Gruppen kann man die arithmetischen Mittelwerte und die Standardabweichungen berechnen. Da hier viele Fälle vorliegen, wird dies einem Statistikprogramm überlassen. Es ergeben sich folgende Werte:

(Randnotiz: Bei vielen Fällen Streudiagramm mit Cellulation)

$$\bar{y}_{\text{Mann}} = 3223{,}07 \quad s_{\text{Mann}} = 2340{,}96$$

$$\bar{y}_{\text{Frau}} = 2248{,}45 \quad s_{\text{Frau}} = 1936{,}87$$

Lässt man nun mit Hilfe einer Statistiksoftware die beiden Variablen in eine Regressionsanalyse eingehen, um die Regressionskoeffizienten b_0

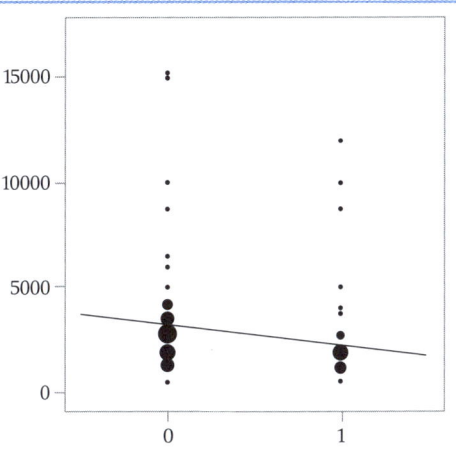

Abb. 4.10

und b_1 nach dem Kriterium der Methode der kleinsten Quadrate zu berechnen, erhält man folgende Resultate:

$$b_0 = 3223{,}07$$
$$b_1 = -974{,}62$$

Die bivariate Regressionsgleichung ist damit:
$$y_i = 3223{,}07 + (-974{,}62) \cdot x_i + e_i$$

Die Vorhersagewerte für das Einkommen der beiden Gruppen lassen sich demnach berechnen mit:

$$\hat{y}_i = 3223{,}07 + (-974{,}62) \cdot x_i$$

Da nur zwei mögliche Ausprägungen für X vorliegen, kann man für die beiden Gruppen die beiden Vorhersagewerte berechnen, indem man in die Gleichung für die Regressionsgerade einmal die 0 und einmal die 1 für X einsetzt. Für Hochschulabsolventen ergibt sich ein vorherzusagendes *Nettoeinkommen* von:

$$\hat{y}_i = 3223{,}07 + (-974{,}62) \cdot 0 = 3223{,}07$$

Für Hochschulabsolventinnen ergibt sich dagegen ein vorherzusagendes *Nettoeinkommen* von:

$$\hat{y}_i = 3223{,}07 + (-974{,}62) \cdot 1 = 3223{,}07 - 974{,}62 = 2248{,}45$$

Man sieht, dass sich als Vorhersagewerte für die beiden Gruppen deren Gruppenmittelwerte einstellen. Für diese gilt, dass die Summe der quadrierten Abweichungen in den Gruppen hierzu minimal ist. Dies ist eine *Eigenschaft* der Gruppenmittelwerte. Inhaltlich heißt dies: Die Summe der quadrierten Abweichungen der Nettoeinkommen in einer Gruppe vom Einkommensdurchschnitt der Gruppe ist kleiner als die Summe der quadrierten Abweichungen der *Nettoeinkommen* von irgendeinem anderen statistischen Kennwert des *Nettoeinkommens*. Die 0-1-Kodierung ermöglicht, dass die beiden Regressionskoeffizienten sich direkt auf die Gruppenmittelwerte beziehen lassen. Der Regressionskoeffizient b_0 ist der Gruppenmittelwert der Referenzgruppe. In diesem Fall ist b_0 damit der Gruppenmittelwert der Hochschulabsolventen. Der Regressionskoeffizient b_1 entspricht der Differenz zwischen den beiden Gruppenmittelwerten. Der Regressionskoeffizient b_1 drückt damit aus, wie sich der Vorhersagewert (der Gruppenmittelwert) verändert, wenn man

b_1 entspricht
Mittelwertdifferenz

von der Gruppe mit der Kodierung $x_i = 0$ zu der Gruppe mit der Kodierung $x_i = 1$ wechselt. In diesem Fall drückt der Regressionskoeffizient b_1 aus, dass die Hochschulabsolventinnen einen vorherzusagenden Einkommenswert haben, der 974,62 € niedriger ist als der der Hochschulabsolventen.

In der ABBILDUNG 4.10 ist die Regressionsgerade eingezeichnet. (Streng genommen ist diese für andere X-Werte als 0 und 1 gar nicht definiert.) Ihr Fallen drückt aus, dass die Mittelwertdifferenz hier negativ ist.

Wenn man nun angeben will, welche Erklärungsleistung die 0–1-kodierte unabhängige Variable für die abhängige metrische Variable hat, kann man auch hier den Determinationskoeffizienten r^2 berechnen. In diesem Beispiel erhält man einen Wert von $r^2 = 0,041$. Das *Geschlecht* hat wider Erwarten nur eine geringe Erklärungsleistung für das *Einkommen*. Nur 4,1 % der Variation des *Einkommens* wird durch das *Geschlecht* erklärt.

Bivariate Zusammenhangsmaße im Überblick | 4.4

Die TABELLE 4.17 stellt verschiedene Zusammenhangsmaße für die Analyse der Stärke der Beziehung zwischen zwei Variablen X und Y zusammen. Die Zusammenhangsmaße sind danach gruppiert, welches Skalenniveau ihre Anwendung (mindestens) voraussetzt.

Die *kursiv* gesetzten Zusammenhangsmaße setzen voraus, dass eine asymmetrische, also eine gerichtete Beziehung (X → Y) vorliegt, für die die Stärke des statistischen Zusammenhangs berechnet werden soll. Die nicht kursiv (gerade) gesetzten Zusammenhangsmaße setzen dies nicht voraus. Sie können aber auch für die Berechnung der Stärke einer gerichteten Beziehung verwendet werden, wenn man dies in der Interpretation berücksichtigt. Die **fett** markierten Zusammenhangsmaße wurden in diesem Kapitel vorgestellt. Die anderen Zusammenhangsmaße finden sich in den folgenden Lehrbüchern:

KÜHNEL / KREBS 2004: Phi, Sommer's d, Lambda, Gamma, Tau-Maße.
KLEMM 2002: Phi, Lambda, Gamma, Tau-Maße.
CHEN / POPOVICH 2002: Phi, Punktbiseriale Korrelation, Eta, Rangkorrelationskoeffizient, Gamma, Tau-Maße.
BORTZ 2004: Phi, punktbiseriale Korrelation, Rangkorrelation.
BENNINGHAUS 2005: Phi, Lambda, Rangkorrelationskoeffizient, Gamma, Tau-Maße, Eta.

Tab. 4.17

Y \ X	nominal		ordinal	metrisch
	dichotom	polytom		
dichotom	**Odds Ratio;** **Yule's Q;** *Prozentsatzdifferenz d %;* Phi (ϕ)			
polytom		**Chi-Quadrat (χ^2);** **Cramer's V;** *Lambda (λ)*		
ordinal			Rangkorrelations-koeffizient (Spearman's rho); Gamma (γ); Tau-Maße (π_a, π_b); *Somers d*	
metrisch	*Punktbiseriale Korrelation*	*Eta (η)*		**Korrelations-koeffizient r;** **Kovarianz cov(x;y);** *Determinations-koeffizient r^2*

Drittvariablenkontrolle | 5

Während die bivariate Analyse den statistischen Zusammenhang zwischen zwei Variablen untersucht, fragt die so genannte **Drittvariablenkontrolle:** „Wie beeinflusst eine dritte Variable Z den bivariaten Zusammenhang zwischen zwei Variablen X und Y?" Die bivariate Analyseperspektive wird also erweitert, wenn der Verdacht besteht, dass ein dritter Sachverhalt in die bivariate Beziehung hineinwirkt. Aus diesem Grund besteht das Interesse einmal darin, zu diagnostizieren, ob eine **Drittvariable** den bivariaten statistischen Zusammenhang beeinflusst, und wenn ja, wie sie das tut. Die ABBILDUNG 5.1 veranschaulicht dieses Analyseinteresse für eine ungerichtete Beziehung zwischen X und Y.

Fragestellung der
Drittvariablenkontrolle

In gleicher Weise gilt die Fragestellung auch für eine gerichtete Beziehung. Weiter möchte man den Einfluss der Drittvariablen Z aus dem bivariaten Zusammenhang zwischen X und Y statistisch herausrechnen oder den Einfluss kontrollieren. Daher heißt dieses Anliegen Drittvariablen*kontrolle*. Die einfachen Grundformen der Drittvariablenkontrolle

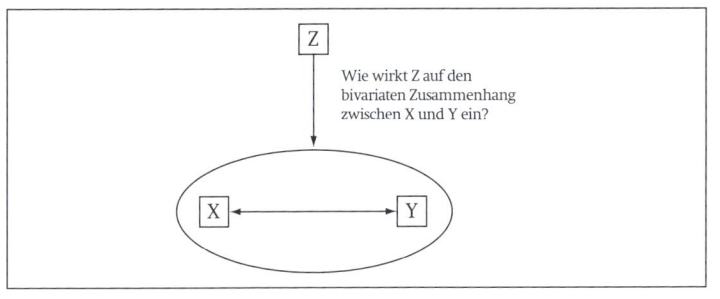

Abb. 5.1

sollen hier vorgestellt werden. Sie stoßen schnell an ihre Grenzen, wenn man nicht nur *eine* Drittvariable, sondern den simultanen Einfluss *mehrerer* Drittvariablen auf eine Beziehung zwischen zwei Variablen untersuchen und kontrollieren will. Dann kann man multivariate statistische Verfahren heranziehen, die die statistischen Beziehungen zwischen vielen Variablen analysieren. Die im Rahmen der einfachen Grundformen der Drittvariablenkontrolle eingeführten Begriffe und Analysestrategien sind aber Voraussetzungen für das Verständnis der multivariaten Analyse, die Drittvariablenkontrolle ist ein Zwischenschritt von der bivariaten Analyse zur multivariaten Analyse.

Die Grundidee der Drittvariablenkontrolle findet sich bereits in den Arbeiten von EMILE DURKHEIM (1858–1917). Zur systematischen Ausarbeitung der Drittvariablenkontrolle hat PAUL F. LAZARSFELD (1901–1976) beigetragen. Von ihm stammt das anschauliche Beispiel des statistischen Zusammenhangs zwischen der Storchenzahl in einem Gebiet und der dortigen Geburtenrate, welcher eine Scheinkausalität darstellt:

„Es ist z. B. bekannt, daß es in den Gebieten, in denen *mehr Störche* anzutreffen sind, auch *mehr Kinder* gibt. Dieses etwas erstaunliche Resultat wird eher akzeptierbar, wenn man die Unterscheidung zwischen *ländlichen* und *urbanisierten* Gebieten als Testfaktor [= Drittvariable, RDB] einführt. Es stellt sich dann heraus, dass innerhalb der beiden Klassen von Gebieten die Beziehung zwischen der Zahl der Störche und der Kinder verschwindet […]. Die ursprüngliche Beziehung entstand durch die Tatsache, daß es in ländlichen Gebieten mehr Störche gibt und daß in den gleichen Gebieten die Geburtenrate höher ist." (Lazarsfeld 1976, S. 6, Herv. i. O.)

Pfaddiagramm

Man kann Variablenkonstellationen mitsamt den zugehörigen Beziehungen zwischen den Variablen anhand eines Pfaddiagramms darstellen. Ein **Pfaddiagramm** ist eine alternative Darstellungsweise für statistische Modelle. Anstatt mathematische Gleichungen anzuführen, um die Beziehungen zwischen Variablen darzustellen, kann man die Beziehungsstruktur zwischen Variablen als Netzwerk aus Buchstaben und Pfeilen in einem Pfaddiagramm grafisch darstellen. Die Variablen werden als Buchstaben, die gerichteten *kausalen* Einflüsse zwischen zwei Variablen mit einem *geraden* Pfeil dargestellt. Vorhandene statistische Zusammenhänge zwischen zwei Variablen, die *keine kausalen* Beziehungen sind (d. h., die nicht als kausale Beziehungen interpretierbar sind), werden als *gebogener* Doppelpfeil dargestellt, um sie von kausalen (d. h. kausal interpretierten) Beziehungen zu unterscheiden. Die ABBILDUNG 5.2 veranschaulicht die Situation der Scheinkausalität anhand eines Pfaddiagramms.

Pfaddiagramm: grafische Visualisierung der Beziehungsstruktur

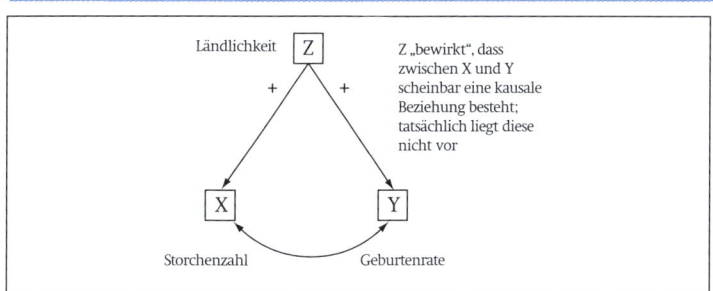

Abb. 5.2

Idealtypisch ist dieses Beispiel einer Scheinkausalität deshalb, weil in der sozialen Realität nicht zu erwarten ist, dass nach Kontrolle einer Drittvariablen die statistische Beziehung zwischen X und Y vollkommen verschwindet. Dennoch kann man auch dann von einer Scheinkausalität sprechen, wenn vor Kontrolle der Drittvariablen Z die bivariate statistische Beziehung zwischen X und Y vorhanden ist und sie nach Kontrolle der Drittvariablen nahezu verschwunden ist.

Die Drittvariablenkontrolle ist als ein Instrument der Kausalanalyse entwickelt worden. Aber auch die Drittvariablenkontrolle ist zunächst nur eine statistische Strategie, um dem Verdacht nachzugehen, dass eine bivariate Beziehung zwischen zwei Variablen durch eine dritte Variable beeinflusst wird. Die Begründung des Verdachts (dass die bivariate Beziehung beeinflusst wird), die Auswahl der in Frage kommenden Drittvariablen sowie die Diagnose, wie die Drittvariable den bivariaten Zusammenhang beeinflusst, sind Interpretationsleistungen, für die die Anwendung der Statistik angewiesen ist auf datenanalytische Erfahrung, soziologische Theoriekenntnisse und lebensweltliches Wissen.

Drittvariablenkontrolle in der Tabellenanalyse | 5.1

PAUL F. LAZARSFELD hat die Drittvariablenkontrolle im Bereich der Tabellenanalyse eingeführt. Die Tabellenanalyse kann für die Drittvariablenkontrolle herangezogen werden, wenn nicht nur X und Y, sondern auch die Drittvariable Z kategorial sind. Die elementare Strategie der Drittvariablenkontrolle im Rahmen der Tabellenanalyse ist die Konstanthaltung der Drittvariablen Z. Praktisch heißt dies, dass man zunächst den bivariaten Zusammenhang zwischen X und Y untersucht. Die Tabelle, die die bivariate Häufigkeitsverteilung darstellt, heißt im Rahmen der Drittvariablenkontrolle **Marginaltabelle**. Nachdem die Marginaltabelle er-

Strategie:
Konstanthaltung

stellt wurde, konstruiert man für jede Ausprägung der Drittvariablen Z eine eigene Tabelle. Diese Tabellen heißen **Partialtabellen**. Sie stellen nun für die (durch Z eingerichteten) Gruppen die bedingten bivariaten Häufigkeitsverteilungen von X und Y dar. Die Partialtabellen haben das gleiche Tabellenformat wie die Marginaltabelle. In den Partialtabellen wirkt sich nun der Einfluss der Drittvariablen nicht mehr aus, denn hier ist Z jeweils konstant. Ob die Drittvariable Z einen Einfluss auf den bivariaten Zusammenhang zwischen X und Y ausübt, zeigt sich nun im Vergleich: Unterscheidet sich die Stärke des Zusammenhangs zwischen X und Y in der Marginaltabelle von der Stärke des Zusammenhangs dieser beiden Variablen in den Partialtabellen, so liegt ein Einfluss der Drittvariablen vor. Weisen die Partialtabellen dagegen (nahezu) die gleiche Stärke des Zusammenhangs zwischen X und Y auf, wie dies in der Marginaltabelle der Fall ist, so hat die Drittvariable Z keinen Einfluss auf den Zusammen-

hang zwischen X und Y. Im Rahmen der Tabellenanalyse kann man vier Grundformen unterscheiden, wie die Drittvariable auf eine bivariate Beziehung einwirkt: kein Einfluss, Scheinkausalität, Interaktion und Suppression. Die letzten drei Drittvariablenkonstellationen und die Weise ihrer Diagnose sollen anhand von Beispielen vorgestellt werden.

Scheinkausalität

Um die **Scheinkausalität** vorzustellen, wird das Storchenbeispiel mit fiktiven Daten herangezogen (TABELLE 5.1).

Beispiel: Die Variablen *Storchenzahl* (wenig/viele Störche) und *Geburtenrate* (niedrige/hohe Geburtenrate) wurden hierfür dichotomisiert. Man erhält dann eine 2 × 2-Felder-Tabelle, in deren Zellen insgesamt 1000 Gebiete nach den entsprechenden Ausprägungskombinationen unterschieden werden. Zusätzlich wurde eine Spaltenprozentuierung durchgeführt.

Die Spaltenprozente unterscheiden sich, so dass man sagen kann, dass zwischen der *Storchenzahl* und der *Geburtenrate* ein statistischer Zusammenhang vorliegt. Das Odds Ratio für diese Marginaltabelle ergibt:

Tab. 5.1		wenig Störche (x_1)	viele Störche (x_2)	Σ
niedrige Geburtenrate (y_1)		310 (68,9 %)	240 (43,6 %)	550
hohe Geburtenrate (y_2)		140 (31,1 %)	310 (56,4 %)	450
Σ		450 (100,0 %)	550 (100,0 %)	1000

$$OR_{niedrig|wenig,viele} = \frac{310 \cdot 310}{140 \cdot 240} = 2,86$$

Der Wert OR = 2,86 bedeutet, dass in den Gebieten mit wenigen Störchen das Größenverhältnis (niedrige/hohe Geburtenrate) das 2,86fache von dem Größenverhältnis beträgt, welches in Gebieten mit vielen Störchen vorliegt. (Dieser Wert ergibt für Yule's Q = 0,48). Damit liegt ein starker statistischer Zusammenhang vor. Wenig Störche gehen in den Gebieten mit niedrigen Geburtenraten und viele Störche entsprechend mit hohen Geburtenraten einher. Anhand der dichotomisierten Drittvariablen *Ländlichkeit* (ländliche/urbane Gebiete) sind die 1000 Gebiete nun in zwei Gruppen eingeteilt worden. Für jede der beiden Gruppen kann man die Partialtabelle erstellen.

Für die beiden TABELLEN 5.2 und 5.3 gilt nun, dass die Spaltenprozentuierung die statistische Unabhängigkeit der *Geburtenrate* von der *Storchenzahl* hervortreten lässt. Dies zeigt sich auch, wenn man für beide Partialtabellen jeweils das OR berechnet. Für die ländlichen Gebiete (z_1) ergibt sich:

$$OR_{niedrig|wenig,viele} = \frac{30 \cdot 280}{70 \cdot 120} = 1$$

ländliche Gebiete (z_1)	wenig Störche (x_1)	viele Störche (x_2)	Σ	
niedrige Geburtenrate (y_1)	30 (30,0 %)	120 (30,0 %)	150	**Tab. 5.2**
hohe Geburtenrate (y_2)	70 (70,0 %)	280 (70,0 %)	350	
Σ	100 (100,0 %)	400 (100,0 %)	500	

urbane Gebiete (z_2)	wenig Störche (x_1)	viele Störche (x_2)	Σ	
niedrige Geburtenrate (y_1)	280 (80,0 %)	120 (80,0 %)	400	**Tab. 5.3**
hohe Geburtenrate (y_2)	70 (20,0 %)	30 (20,0 %)	100	
Σ	350 (100,0 %)	150 (100,0 %)	500	

Für die urbanen Gebiete (z_2) ergibt sich:

$$OR_{niedrig|wenig,viele} = \frac{280 \cdot 30}{70 \cdot 120} = 1$$

Die Odds Ratios sind in beiden Fällen OR = 1 (entsprechend ist Yule's Q jeweils 0.) Es zeigt sich auch damit, dass weder in den ländlichen noch in den urbanen Gebieten die *Storchenzahl* einen Einfluss auf die *Geburtenrate* ausübt.

Diagnose: Nach Konstanthaltung der Drittvariablen Z (*Ländlichkeit*) verschwindet der bivariat vorhandene statistische Zusammenhang zwischen X (*Storchenzahl*) und Y (*Geburtenrate*). Der Vergleich der Marginaltabelle mit den beiden Partialtabellen ergibt, dass hier die Drittvariablenkonstellation diejenige einer Scheinkausalität ist (ABBILDUNG 5.2). Der bivariat vorhandene statistische Zusammenhang kann zurückgeführt werden auf den Einfluss der *Ländlichkeit* auf die beiden Variablen *Storchenzahl* und *Geburtenrate* und ist somit kein kausaler Zusammenhang zwischen ihnen.

Scheinkausalität: *(Marginalie)* bivariater statistischer Zusammenhang ist keine kausale Beziehung

Interaktion

Eine **Interaktion** liegt vor, wenn je nach Ausprägung der Drittvariablen Z der statistische Zusammenhang in den Partialtabellen jeweils verschieden ausfällt. Zum Beispiel kann der Zusammenhang in den Partialtabellen einmal stärker und einmal schwächer vorliegen, als dies in der Marginaltabelle der Fall ist.

Beispiel: Anhand der ALLBUS-Daten soll untersucht werden, ob ein bivariater Zusammenhang besteht zwischen dem *Alter* und der *Zustimmung* zu der Aussage „Die Aufgabe des Mannes ist es, Geld zu verdienen, die der Frau, sich um Haushalt und Familie zu kümmern" (v638). Die Annahme ist, dass ältere Menschen eher eine traditionelle Rollenteilung befürworten als jüngere Menschen. Danach soll die Einteilung in West- und Ostdeutschland als Drittvariable *West/Ost* (v3) hinzugezogen und deren Einfluss auf den bivariaten Zusammenhang untersucht werden. Die Annahme ist hierbei, dass in Ostdeutschland nicht nur bei den jüngeren, sondern auch bei den älteren Menschen die Zustimmung zu der obigen Aussage geringer als in Westdeutschland sein dürfte. Für Ostdeutschland wäre dann die Stärke des Zusammenhangs zwischen den beiden Variablen geringer als in Westdeutschland. Die Variable *Alter* (v185) wurde dichotomisiert (unter 40/40 und älter). Die *Zustimmung* zu der Aussage wurde ebenfalls dichotomisiert (stimme zu/stimme nicht zu; dabei wurden diejenigen, die „weder noch" geantwortet hatten, ausgeschlossen.) Die Marginaltabelle ist eine 2×2-Felder-Tabelle (TABELLE 5.4).

	< 40 (x₁)	40 + (x₂)	Σ	Tab. 5.4
stimme zu (y₁)	65 (14,4 %)	221 (32,8 %)	286	
stimme nicht zu (y₂)	386 (85,6 %)	452 (67,2 %)	838	
Σ	451 (100,0 %)	673 (100,0 %)	1124	

Bereits anhand der Spaltenprozentuierung erkennt man, dass ein statistischer Zusammenhang besteht. Fast ein Drittel der Älteren (32,8 %) stimmt der Aussage zu, während dies nur bei 14,4 % der Jüngeren der Fall ist. Das Odds Ratio für die Marginaltabelle ist:

$$OR_{stimmezu|<40,40+} = \frac{65 \cdot 452}{386 \cdot 221} = 0,34$$

Mit OR = 0,34 liegt ein starker statistischer Zusammenhang zwischen diesen beiden Variablen vor (Yule's Q = –0,49). Wie ändert sich nun die Situation, wenn man die gerade durchgeführte Analyse getrennt für West- und Ostdeutschland durchführt (siehe TABELLEN 5.5 und 5.6)?

Für Westdeutschland ergibt sich:

$$OR_{stimmezu|<40,40+} = \frac{57 \cdot 338}{316 \cdot 192} = 0,32$$

West (z₁)	< 40 (x₁)	40 + (x₂)	Σ	Tab. 5.5
stimme zu (y₁)	57 (15,3 %)	192 (36,2 %)	249	
stimme nicht zu (y₂)	316 (84,7 %)	338 (63,8 %)	654	
Σ	373 (100,0 %)	530 (100,0 %)	903	

Tab. 5.6

Ost (z_2)	< 40 (x_1)	40 + (x_2)	Σ
stimme zu (y_1)	8 (10,3 %)	29 (20,1 %)	37
stimme nicht zu (y_2)	70 (89,7 %)	115 (79,9 %)	185
Σ	78 (100,0 %)	144 (100,0 %)	222

Dagegen ergibt sich für Ostdeutschland:

$$OR_{\text{stimmezu}|<40,40+} = \frac{8 \cdot 115}{70 \cdot 29} = 0,45$$

Hier zeigt sich, dass die beiden Partialtabellen im Vergleich zur Marginaltabelle einmal einen etwas stärkeren (West) und einmal einen schwächeren statistischen Zusammenhang (Ost) aufweisen. (Yule's Q ist für Westdeutschland Q = –0,52 und für Ostdeutschland Q = –0,38.)

Diagnose: In Ostdeutschland hat das *Alter* einen geringeren Einfluss auf die *Zustimmung* zu der Aussage. Der Zusammenhang ist hier schwächer als in Westdeutschland. Anders als im Falle einer Scheinkausalität verschwindet hier der statistische Zusammenhang nicht bei Kontrolle der Drittvariablen, sondern er fällt je nach Ausprägung der Drittvariablen unterschiedlich stark aus. Man sagt, dass die Drittvariable die Stärke des statistischen Zusammenhangs zwischen X und Y „moduliert". Die ABBILDUNG 5.3 zeigt das Pfaddiagramm für eine Interaktion.

Interaktion: Drittvariable „moduliert" die Stärke der kausalen Beziehung

Abb. 5.3

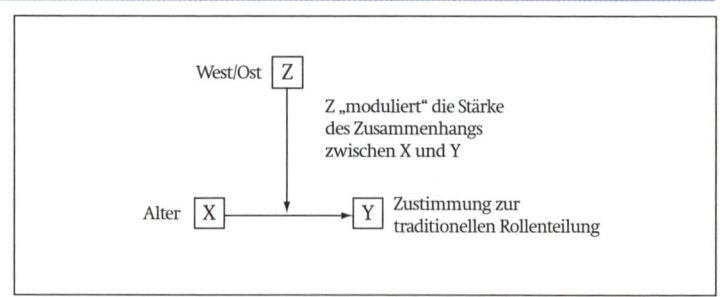

West/Ost Z
Z „moduliert" die Stärke
des Zusammenhangs
zwischen X und Y

Alter X → Y Zustimmung zur
traditionellen Rollenteilung

Der Interaktionseffekt liegt nicht nur dann vor, wenn die Partialtabellen einmal einen stärkeren und dann einen schwächeren Zusammenhang als die Marginaltabelle aufweisen. Er kann auch in der Form auftreten, dass beide Partialtabellen einen statistischen Zusammenhang aufweisen, der in beiden Fällen höher oder in beiden Fällen niedriger als der Zusammenhang in der Marginaltabelle ist. Worauf es ankommt, ist, dass die Stärke des Zusammenhangs in den Partialtabellen deutlich unterschiedlich ausfällt. Dann wird von einem Interaktionseffekt gesprochen.

Suppression

Eine dritte elementare Form, wie eine Drittvariable auf einen bivariaten Zusammenhang einwirken kann, ist die **Suppression**. Diese besteht darin, dass eine Drittvariable Z den vorliegenden kausalen Zusammenhang zwischen zwei Variablen durch ihren Einfluss verdeckt. In der bivariaten Analyse scheint kein kausaler Zusammenhang vorzuliegen. Erst nach Kontrolle des Drittvariableneinflusses von Z tritt der kausale Zusammenhang zwischen X und Y hervor.

Beispiel: In einem (fiktiven) Unternehmen wurden die Beschäftigten nach ihrem *Interesse an Bildungsurlaub* sowie nach ihrer *beruflichen Qualifikation* befragt. Beide Variablen wurden dichotomisiert (niedrige/hohe Qualifikation; niedriges/hohes Interesse an Bildungsurlaub). Angenommen wird, dass ein Zusammenhang besteht zwischen der *beruflichen Qualifikation* (X) und dem *Interesse am Bildungsurlaub* (Y). Angenommen wird weiter, dass das *Geschlecht* (Z) einen Einfluss auf den Zusammenhang zwischen der *beruflichen Qualifikation* und dem *Interesse am Bildungsurlaub* ausübt. Zunächst wird die Marginaltabelle konstruiert (TABELLE 5.7).

Bereits anhand der Spaltenprozente erkennt man, dass kein statistischer Zusammenhang zwischen der *beruflichen Qualifikation* und dem *Interesse am Bildungsurlaub* vorliegt. Das OR ergibt:

$$\text{OR}_{\text{niedrig}|\text{niedrig,hoch}} = \frac{32 \cdot 42}{30 \cdot 45} = 0{,}995 \approx 1$$

	Qualifikation niedrig (x_1)	Qualifikation hoch (x_2)	Σ
Interesse niedrig (y_1)	32 (51,6 %)	45 (51,7 %)	77
Interesse hoch (y_2)	30 (48,4 %)	42 (48,3 %)	72
Σ	62 (100,0 %)	87 (100,0 %)	149

Tab. 5.7

Das OR ist fast 1, bivariat liegt kein statistischer Zusammenhang vor (Yule's Q = 0). Nun werden die Partialtabellen für die beiden Geschlechtergruppen erstellt.

Wenn man nun für die Partialtabellen (TABELLEN 5.8 und 5.9) die Stärke des Zusammenhangs ermittelt, ergibt sich für die weiblichen Beschäftigten:

$$OR_{niedrig|niedrig,hoch} = \frac{22 \cdot 29}{11 \cdot 18} = 3{,}22$$

Für die männlichen Beschäftigten ergibt sich:

$$OR_{niedrig|niedrig,hoch} = \frac{10 \cdot 13}{19 \cdot 27} = 0{,}25$$

Beide OR-Werte weichen deutlich von 1 ab und zeigen damit einen Zusammenhang zwischen *beruflicher Qualifikation* und dem *Interesse an Bildungsurlaub* in den Partialtabellen an. (Yule's Q ist für die Frauen Q = 0,53 und für die Männer Q = –0,60.)

Diagnose: In der bivariaten Betrachtung findet sich kein Zusammenhang zwischen der *beruflichen Qualifikation* und dem *Interesse am Bildungsurlaub*. Erst wenn man die Geschlechtergruppen getrennt betrachtet, stellt sich der Zusammenhang ein. Denn sowohl bei den Frauen als auch

Tab. 5.8

Frauen (z_1)	Qualifikation niedrig (x_1)	Qualifikation hoch (x_2)	Σ
Interesse niedrig (y_1)	22 (66,7 %)	18 (38,3 %)	40
Interesse hoch (y_2)	11 (33,3 %)	29 (61,7 %)	40
Σ	33 (100,0 %)	47 (100,0 %)	80

Tab. 5.9

Männer (z_2)	Qualifikation niedrig (x_1)	Qualifikation hoch (x_2)	Σ
Interesse niedrig (y_1)	10 (34,5 %)	27 (67,5 %)	37
Interesse hoch (y_2)	19 (65,5 %)	13 (32,5 %)	32
Σ	29 (100,0 %)	40 (100,0 %)	69

bei den Männern ergibt sich jeweils ein starker statistischer Zusammenhang. Allerdings ist dieser in den Gruppen *entgegengesetzt:* Frauen, die eine hohe Qualifikation haben, wollen sich eher weiterbilden (und Frauen mit niedriger Qualifikation wollen sich eher nicht weiterbilden), während Männer mit hoher Qualifikation sich eher nicht weiterbilden wollen (und Männer mit niedriger Qualifikation sich eher weiterbilden wollen.) Das Pfaddiagramm in ABBILDUNG 5.4 veranschaulicht die Logik der Suppression, wie sie sich anhand des Beispiels zeigt.

Suppression: Einfluss der Drittvariablen „verdeckt" vorhandene kausale Beziehung

Die elementaren Formen des Drittvariableneinflusses sind hier anhand von drei einfachen Beispielen vorgestellt worden. Dabei wurden bewusst einige Vereinfachungen vorgenommen und auf weitere Differenzierungen verzichtet.

(1) Eine Vereinfachung bestand darin, dass nur dichotome Drittvariablen herangezogen wurden. Man muss aber im Blick behalten, dass die Anzahl der Partialtabellen festgelegt wird durch die Anzahl der Ausprägungen der Drittvariablen. Wenn die Drittvariable Z beispielsweise vier Ausprägungen hat (z_1, z_2, z_3, z_4), muss man entsprechend vier Partialtabellen konstruieren. Mit zunehmender Anzahl der Ausprägungen von Z wird die Tabellenanalyse damit zunehmend unübersichtlicher.

Grenzen der Tabellenanalyse

(2) Es wurde hier nicht systematisch zwischen gerichteten und ungerichteten Beziehungen zwischen X und Y unterschieden. Unbeachtet blieb, ob die Drittvariable Z zeitlich den beiden Variablen X und Y vorangeht oder ob sie zeitlich zwischen X und Y steht. Unterscheidet man Drittvariablenkonstellationen nach der zeitlichen Stellung von Z, kann man weitere Drittvariablenkonstellationen differenzieren (siehe KÜHNEL/ KREBS 2004).

Die elementaren Formen der Drittvariablenkonstellation stellen die Grundkonzepte dar. In der Praxis wird sich aber selten eine klare Scheinkausalität oder eine klare Suppression finden lassen. Vielmehr muss man in der Analyse entscheiden, welcher elementaren Form eine vorlie-

Elementare Drittvariablenkonstellationen sind nur Idealtypen

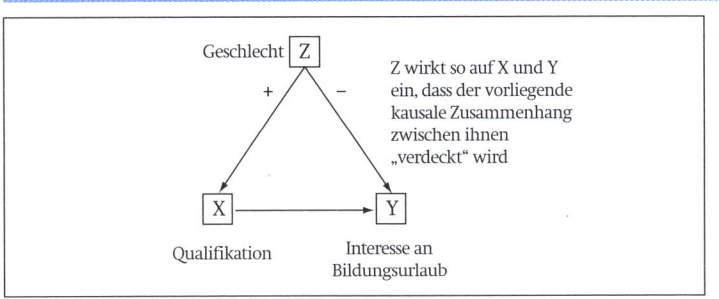

| Abb. 5.4

gende Drittvariablenkonstellation am ehesten entspricht. Dabei kann es sich erweisen, dass Mischformen auftreten. In aller Regel wird sich zudem schnell zeigen, dass mehr als nur eine Drittvariable kontrolliert werden muss, da soziologische Überlegungen zumeist mehrere Einflüsse auf einen bivariaten Zusammenhang nahe legen. Hier stößt die einfache Tabellenanalyse an ihre Grenzen. Dann empfiehlt es sich, gleich auf ein multivariates Verfahren zurückzugreifen, das die Analyse der Kausalstruktur zwischen vielen kategorialen Variablen ermöglicht. Hier bieten sich dann die log-lineare Analyse (→ Kap. 11.1.5), die Logit-Analyse oder die logistische Regression (→ Kap. 9) als Verfahren an.

5.2 | Drittvariablenkontrolle in der Regressions- und Korrelationsrechnung

Wenn man den Einfluss einer Drittvariablen Z auf die Beziehung zwischen zwei metrischen Variablen X und Y untersuchen will, könnte man versuchen, die Strategie der Konstanthaltung von Z auch hier wieder einzusetzen. Diese Vorgehensweise ist dann wenig praktikabel, wenn Z nicht kategorial ist. Sind sowohl die beiden Variablen X und Y als auch die Drittvariable Z metrisch, wendet man eine andere Strategie **Strategie:** für die Drittvariablenkontrolle an. Diese wird **Auspartialisierung** von Z ge-**Auspartialisierung** nannt. Hierbei rechnet man separat, zunächst aus der Variablen X und dann aus der Variablen Y, jeweils den linearen Einfluss von Z heraus. Praktisch erfolgt die Auspartialisierung von Z, indem man zwei separate **Rechnerische** Regressionen von X bzw. Y auf Z durchführt. Danach kann man mit den **Bereinigung mit zwei** vom Drittvariableneinfluss „bereinigten" Variablen erneut eine Regressi-**separaten Regressionen** ons- oder Korrelationsanalyse durchführen.

Drittvariablenkontrolle in drei Schritten

(1) Zunächst wird eine Regressionsgleichung ermittelt, in der Z die unabhängige Variable und X die abhängige Variable ist:

$$x_i = b_{0_{Z \to X}} + b_{1_{Z \to X}} \cdot z_i + e_{i_{Z \to X}}$$

Damit lassen sich Vorhersagewerte für X errechnen:

$$\hat{x}_i = b_{0_{Z \to X}} + b_{1_{Z \to X}} \cdot z_i$$

Die Residuen von X sind die Differenzen aus den Vorhersagewerten und den beobachteten Werten von X:

$$e_{i_{Z \to X}} = x_i - \hat{x}_i = x_i - (b_{0_{Z \to X}} + b_{1_{Z \to X}} \cdot z_i)$$

Die Residuen von X aus dieser Regression von X auf Z ($E_{Z \to X}$) sind frei vom linearen Einfluss von Z.

(2) Dann wird auch für Y eine Regression berechnet, in der Y auf Z linear zurückgeführt wird:

$$y_i = b_{0_{Z \to Y}} + b_{1_{Z \to Y}} \cdot z_i + e_{i_{Z \to Y}}$$

Damit lassen sich Vorhersagewerte für Y errechnen:

$$\hat{y}_i = b_{0_{Z \to Y}} + b_{1_{Z \to Y}} \cdot z_i$$

Auch hier sind die Residuen von Y aus der Regression von Y auf Z ($E \to Y$) nun frei vom linearen Einfluss von Z:

$$e_{i_{Z \to Y}} = y_i - \hat{y}_i = y_i - (b_{0_{Z \to Y}} + b_{1_{Z \to Y}} \cdot z_i)$$

Man muss beachten, dass in den beiden Regressionsgleichungen die Regressionskoeffizienten b_0 und b_1 jeweils andere sind, was durch die Indizierungen $Z \to X$ und $Z \to Y$ zum Ausdruck gebracht werden soll. Auch sind die Residuen aus der ersten Regression nicht die gleichen Residuen, wie aus der zweiten Regression. Die Residuen $e_{i_{Z \to X}}$ und $e_{i_{Z \to Y}}$ liegen für jeden Merkmalsträger vor und stellen damit zwei Variablen dar: $E_{Z \to X}$ und $E_{Z \to Y}$. Diese beiden Variablen treten nun an die Stelle der X und Y, nachdem der lineare Einfluss von Z aus X und Y herausgerechnet wurde.

Residuen von X und Y sind vom Einfluss der Drittvariablen Z „bereinigt"

(3a) Wenn man den gerichteten, d. h. den asymmetrischen Zusammenhang zwischen X und Y nach rechnerischer Bereinigung des Einflusses (Auspartialisierung) von Z untersuchen will, kann man nun eine Regression berechnen, in der $E_{Z \to Y}$ als abhängige Variable eingesetzt und $E_{Z \to X}$ als unabhängige Variable verwendet wird. Der hierfür berechnete Regressionskoeffizient $b_{1_{X \to Y|Z}}$ wird dann **partieller Regressionskoeffizient** genannt. Er gibt die Effektstärke von X auf Y nach Kontrolle von Z an. Die Stärke des gerichteten Zusammenhangs zwischen X und Y nach Auspartialisierung von Z gibt der Determinationskoeffizient $r_{XY|Z}{}^2$ an.

entweder: Berechnung des Determinationskoeffizienten

(3b) Wenn man den ungerichteten, d. h. den symmetrischen Zusammenhang zwischen X und Y nach rechnerischer Bereinigung des Einflusses (Auspartialisierung) von Z berechnen will, kann man nun die Korrelation zwischen $E_{Z \to X}$ und $E_{Z \to Y}$ ermitteln. Die Korrelation $r_{XY|Z}$

oder: Berechnung der Partialkorrelation

heißt **Partialkorrelation** (oder auch partielle Korrelation) zwischen X und Y:

$$r_{XY|Z} = r_{(e_{i_{Z \to X}}; e_{i_{Z \to Y}})} = \frac{\mathrm{cov}(e_{i_{Z \to X}}; e_{i_{Z \to Y}})}{s_{e_{i_{Z \to X}}} \cdot s_{e_{i_{Z \to Y}}}}$$

Für die Berechnung der Partialkorrelation gibt es eine einfache Formel, die man anwenden kann, wenn die drei bivariaten Korrelationen r_{XY}, r_{XZ} und r_{YZ} zwischen den drei Variablen X, Y und Z vorliegen. Dann kann die Partialkorrelation zwischen X und Y unter Kontrolle (Auspartialisierung) von Z berechnet werden mit:

$$r_{XY|Z} = \frac{r_{XY} - r_{XZ} \cdot r_{YZ}}{\sqrt{1 - r_{XZ}^2} \cdot \sqrt{1 - r_{YZ}^2}}$$

Die ABBILDUNG 5.5 veranschaulicht die drei Schritte der Drittvariablenkontrolle mit Hilfe der Auspartialisierung von Z.

Vergleich der Koeffizienten vor und nach der Auspartialisierung

Die Diagnose, welchen Einfluss die Drittvariable Z auf die bivariate Beziehung zwischen X und Y ausübt, wird wieder durchgeführt, indem man die Situation vor der Auspartialisierung mit der Situation nach der Auspartialisierung vergleicht. Das heißt, man vergleicht bei gerichteten Beziehungen den Determinationskoeffizienten vor Auspartialisierung

Abb. 5.5

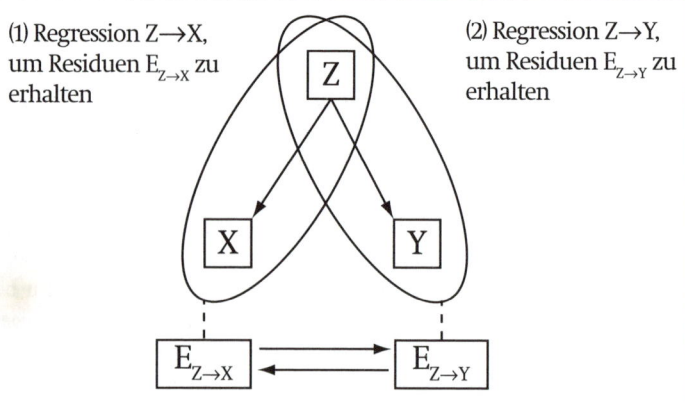

(1) Regression Z→X, um Residuen $E_{Z \to X}$ zu erhalten

(2) Regression Z→Y, um Residuen $E_{Z \to Y}$ zu erhalten

(3a) Regression der Residuen von Y ($E_{Z \to Y}$) auf die Residuen von X ($E_{Z \to X}$), Berechnung des Determinationskoeffizienten $r_{XY|Z}^2$ bzw.
(3b) Korrelation der Residuen von Y ($E_{Z \to Y}$) und der Residuen von X ($E_{Z \to X}$), Berechnung der Partialkorrelation $r_{XY|Z}$

mit den neu berechneten Determinationskoeffizienten nach Auspartialisierung von Z. Bei ungerichteten Beziehungen vergleicht man entsprechend die bivariate Korrelation mit der Partialkorrelation. Wie in der Tabellenanalyse können mit der Auspartialisierung Suppression und Scheinkausalität aufgedeckt werden, das Vorliegen einer Interaktion zwischen metrischen Variablen wird jedoch nicht mit Hilfe der Auspartialisierung diagnostiziert. Das Vorliegen einer Interaktion wird in der linearen Regression durch Aufnahme eines Interaktionsterms in die Regressionsgleichung diagnostiziert bzw. berücksichtigt (→ Kap. 8.4).

Suppression und Scheinkausalität können mit Auspartialisierung aufgedeckt werden

Anhand eines fiktiven Beispiels soll die Auspartialisierung einer Drittvariablen aus einer bivariaten Regressionsgleichung erfolgen.

Beispiel: Ein Unternehmen verschickt jährlich den gleichen Fragebogen an seine Kunden, um deren Zufriedenheit mit den Produkten des Unternehmens regelmäßig zu erfassen. Es soll nun untersucht werden, wie sich der Zeitaufwand für die Beantwortung des Fragebogens auf die Bereitschaft zur Teilnahme an der nächsten Befragung auswirkt. Die Annahme ist, dass sich mit höherem Zeitaufwand die Bereitschaft, den Fragebogen auch im nächsten Jahr auszufüllen, reduziert. Die Kunden werden gebeten, am Ende des Fragebogens den *Zeitaufwand* für dessen Beantwortung (in Minuten) einzutragen (X). Außerdem sollen sie eine Prozentzahl angeben, die den Grad ihrer *Bereitschaft* zur weiteren Teilnahme quantifiziert (Y). Zuletzt wird die *Anzahl* der bisherigen Teilnahmen an der Befragung erfragt (Z). Die Drittvariable wird erhoben, weil der Verdacht besteht, dass der statistische Zusammenhang zwischen *Zeitaufwand* (X) und der *Bereitschaft* zur weiteren Teilnahme (Y) beeinflusst sein kann durch die *Anzahl* der bisherigen Teilnahmen (Z). Für fünf Kunden liegen die Daten vor (TABELLE 5.10).

Für die nun folgenden Schritte werden die Regressionsgleichungen angegeben, ohne ihre Berechnung vorzuführen. (Diese erfolgt wie in Kap. 4.3.3 dargestellt und kann einfach nachvollzogen werden.)

i	Zeitaufwand (Min.) (x_i)	Bereitschaft (%) (y_i)	Anzahl Teilnahmen (z_i)	Tab. 5.10
1	21	45	3	
2	28	95	1	
3	15	10	5	
4	19	25	4	
5	18	30	4	

Vor der Auspartialisierung von Z ergeben sich die beiden Regressionskoeffizienten b_0 = −93,027 und b_1 = 6,635. Die Regressionsgleichung ist damit:

$$y_i = b_0 + b_1 \cdot x_i + e_i = -93{,}027 + 6{,}635 \cdot x_i + e_i$$

Der Regressionskoeffizient b_1 = 6,635 gibt an, dass ein positiver Effekt des *Zeitaufwandes* auf die weitere *Bereitschaft* zur weiteren Teilnahme vorliegt. Mit jeder zusätzlich benötigten Minute *Zeitaufwand* erhöht sich der Vorhersagewert für die *Bereitschaft* zur weiteren Teilnahme um 6,635 Prozentpunkte. Mit Hilfe der zu berechnenden Vorhersagewerte $\hat{y}_i$ kann die erklärte Varianz $var(\hat{y}_i)$ ermittelt werden. Es ergibt sich ein Determinationskoeffizient von $r_{XY}^2 = 0{,}9773$. Die Variation der Variablen *Bereitschaft* zur weiteren Teilnahme (Y) lässt sich demnach zu 97,73 % durch die Variable *Zeitaufwand* für die Beantwortung des Fragebogens (X) statistisch erklären. Die Varianzaufklärung ist fast vollständig, der bivariate statistische Zusammenhang ist fast perfekt.

Dieser sehr starke statistische Zusammenhang ist auf den ersten Blick wenig plausibel. Wie kann es sein, dass diejenigen, die mehr Zeit für die Beantwortung investieren, auch eher motiviert sind, weiterhin den Fragebogen zu beantworten? Und warum sind diejenigen, die den Fragebogen in kürzerer Zeit ausfüllen, eher nicht motiviert, weiterhin an der Befragung teilzunehmen?

Nun soll in drei Schritten der Einfluss der Drittvariablen Z auf die Regression von Y auf X durch die Auspartialisierung von Z kontrolliert werden. Der Vergleich der Situation nach Auspartialisierung von Z mit der gerade untersuchten bivariaten Situation (vor Auspartialisierung von Z) soll den Befund erklären helfen.

(1) Regression von X auf Z

Für die Regression von X auf Z ergibt sich als Regressionsgleichung:

$$x_i = b_{0_{Z \to X}} + b_{1_{Z \to X}} \cdot z_i + e_{i_{Z \to X}} = 31{,}0664 + (-3{,}196) \cdot z_i + e_{i_{Z \to X}}$$

Die Berechnung der Residuen von X ($E_{Z \to X}$), die nun frei vom linearen Einfluss von Z sind, erfolgt mit:

$$e_{i_{Z \to X}} = x_i - \hat{x}_i = x_i - (31{,}0664 + (-3{,}196) \cdot z_i)$$

(2) Regression von Y auf Z

Für die Regression Y auf Z ergibt sich als Regressionsgleichung:

$$y_i = b_{0_{Z \to Y}} + b_{1_{Z \to Y}} \cdot z_i + e_{i_{Z \to Y}} = 113{,}803 + (-21{,}413) \cdot z_i + e_{i_{Z \to Y}}$$

Die Berechnung der Residuen von Y ($E_{Z \to Y}$), die nun frei vom linearen Einfluss von Z sind, erfolgt mit:

$$e_{i_{Z \to Y}} = y_i - \hat{y}_i = y_i - (113{,}803 + (-21{,}413) \cdot z_i)$$

(3) Regression von Y auf X nach Auspartialisierung von Z

Die TABELLE 5.11 enthält für die fünf Kunden die um den linearen Einfluss von Z bereinigten Residuen von X ($E_{Z \to X}$) und Residuen von Y ($E_{Z \to Y}$). Nun kann man $E_{Z \to Y}$ auf $E_{Z \to X}$ regressieren. Das ist die Regression von Y auf X nach Auspartialisierung von Z.

Die neuen Regressionskoeffizienten nach Auspartialisierung von Z sind $b_{1_{X \to Y|Z}} = -0{,}6409$ und $b_{0_{X \to Y|Z}} = 0$. Der partielle Regressionskoeffizient $b_{1_{X \to Y|Z}}$ gibt nun den Effekt von X auf Y nach Auspartialisierung von Z an. Man sieht, dass der Effekt des Zeitaufwandes auf die Bereitschaft zur weiteren Teilnahme kaum noch vorhanden ist. Um den Determinationskoeffizienten $r_{XY|Z}^2$ zu berechnen, der sich nach Auspartialisierung von Z ergibt, ermittelt man die Varianz der Vorhersagewerte $\hat{E}_{Z \to Y}$ var($\hat{e}_{i_{Z \to Y}}$) und die Varianz von $E_{Z \to Y}$ var($e_{i_{Z \to Y}}$). Deren Verhältnis ergibt $r_{XY|Z}^2 = 0{,}0067$.

Diagnose: Vor der Auspartialisierung lag eine starke bivariate Beziehung vor. Der Determinationskoeffizient $r_{XY}^2 = 0{,}97$ wies einen fast perfekten gerichteten bivariaten Zusammenhang aus. Nach Kontrolle der Drittvariablen *Anzahl der Teilnahmen* an der Befragung (Z) zeigt sich anhand des nun berechneten Determinationskoeffizienten $r_{XY|Z}^2$, dass der *Zeitaufwand* (fast) keinen Einfluss auf die *Bereitschaft* zur weiteren Teilnahme ausübt. Der statistische Zusammenhang ist verschwunden. Nur noch 0,67 % der Variation der Teilnahmebereitschaft an weiteren Befragungen (Y) kann durch den Zeitaufwand erklärt werden.

Durch die Einbeziehung des Einflusses der Drittvariablen kann der anfangs wenig plausibel erscheinende gerichtete Zusammenhang zwischen X und Y nun interpretiert werden. Hat ein Kunde an vielen Befragungen teilgenommen, so hat er mit der Beantwortung der Fragen be-

i	$e_{i_{Z \to X}}$	$e_{i_{Z \to Y}}$
1	$-0{,}4784$	$-4{,}5652$
2	$0{,}1296$	$2{,}6087$
3	$-0{,}0864$	$3{,}2609$
4	$0{,}7176$	$-3{,}1522$
5	$-0{,}2824$	$1{,}8478$

Tab. 5.11

Abb. 5.6

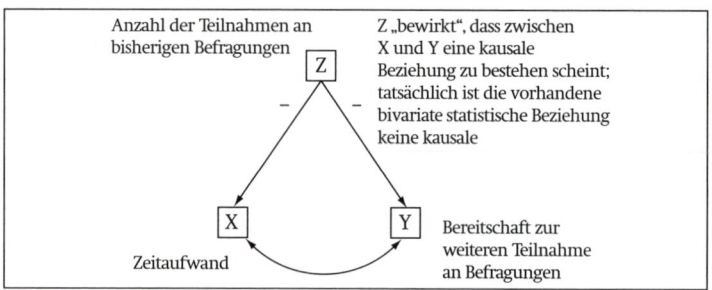

reits Erfahrung, und der *Zeitaufwand* ist umso geringer, je häufiger er die Befragung mitgemacht hat. Gleichzeitig führt die wiederholte Teilnahme zu einer Verminderung der *Bereitschaft* zur weiteren Teilnahme an weiteren Befragungen. Die Drittvariable Z steht also in einem negativen Zusammenhang sowohl zu X als auch zu Y und bewirkt so, dass X und Y gemeinsam variieren, ohne dass zwischen X und Y eine kausale Beziehung besteht (ABBILDUNG 5.6). Damit liegt in diesem Beispiel eine Scheinkausalität vor.

Ausblick: Die multiple Regressionsanalyse (→ Kap. 8) ermöglicht, die Drittvariablenkontrolle für die Analyse gerichteter Beziehungen einfacher zu handhaben. Hier kann die Drittvariablenkontrolle für die Konstellationen Suppression und Scheinkausalität auch für mehrere Drittvariablen simultan erfolgen.

INFERENZSTATISTIK

Zufallsstichproben und Schätzen | 6

In diesem Kapitel werden die Grundlagen der Inferenzstatistik eingeführt. Inferenzstatistische Überlegungen werden erforderlich, wenn
man nur für eine Stichprobe aus einer Gesamtheit Daten zur Verfügung
hat und dennoch anhand dieser verringerten Informationsbasis Schlussfolgerungen auf die Gesamtheit erfolgen sollen.

Definition Inferenzstatistik

Die Inferenzstatistik oder schließende Statistik prüft bzw. formuliert
Aussagen über Gesamtheiten auf der Basis von Stichproben. Formen des
statistischen Schließens sind das Schätzen (→ Kap. 6.5) und das Testen
(→ Kap. 7).

Nachdem einführend dargelegt wird, was Zufallsstichproben sind, werden verschiedene statistische Verteilungen und Stichprobenverteilungen vorgestellt. Daran schließen die Abschnitte zur Wahrscheinlichkeit

und zum Schätzen an. Abschließend werden Gewichtungen und praktische Probleme erläutert.

6.1 | Zufallsstichproben

Die Gesamtheit aller Fälle (Merkmalsträger) auf die sich eine Forschungsfrage bezieht und über die Erkenntnisse gewonnen werden sollen, nennt man die **Grundgesamtheit** oder Population. Grundgesamtheiten können je nach Forschungsfrage aus Personen, Haushalten oder Organisationen, aber auch aus Ereignissen, Aussagen oder anderen Sachverhalten bestehen. Grundgesamtheiten können also je nach Forschungsfrage unterschiedlich sein und sie sind für jede Untersuchung vorab zu definieren. In soziologischen Untersuchungen hat man es zumeist mit Personen als Fällen zu tun. Viele soziologische Forschungsfragen beziehen sich dabei auf große Grundgesamtheiten. Häufig bestehen diese Grundgesamtheiten aus allen Personen, die einer administrativen oder organisatorischen Einheit (wie Stadt, Bundesland, Nation, Verband) zugehören und die sich zusätzlich durch ein (oder mehrere) untersuchungsrelevantes Kriterium abgrenzen lassen. Beispiele können Gesamtheiten sein wie: die Studierenden in einem Bundesland, die abhängig Beschäftigten in einer Stadt, die Nutzer einer bestimmen Technik in Deutschland, die Wahlberechtigten für die nächste Bundestagswahl oder alle erwachsenen Personen in Deutschland. Solche Grundgesamtheiten bestehen aus vielen Tausenden oder sogar Millionen von Personen.

Forschungsfrage bestimmt, was Grundgesamtheit ist

Werden alle Fälle aus einer Grundgesamtheit erhoben, so führt man eine **Totalerhebung** (Vollerhebung) durch. Eine Totalerhebung ist bei großen Grundgesamtheiten zumeist nicht möglich. Sie wäre zu teuer und würde zu viel Zeit beanspruchen. Aus diesem Grund zieht man eine **Stichprobe** aus der Grundgesamtheit (Teilerhebung). Die Verwendung von Stichproben als Datengrundlage stellt den Normalfall der empirischen Sozialforschung dar. Die meisten Datensätze gehen dabei aus Befragungen von Personenstichproben hervor.

Totalerhebung versus Teilerhebung

Stichprobengrößen

Stichprobengröße n

Die Stichprobengröße ist die Zahl der Fälle in der Stichprobe. Im inferenzstatistischen Kontext wird diese mit n bezeichnet. Die in der Sozialforschung (d. h. auch Markt- und Meinungsforschung) üblichen **Stichprobengrößen** liegen bei bevölkerungsweiten Umfragen im Bereich zwischen 1000 und 3000 Fällen. Beispiele für bevölkerungsweite Umfragen sind allgemeine Bevölkerungsumfragen (wie der ALLBUS, bei dem die Grundgesamtheit aus der erwachsenen deutschen Bevölkerung in Pri-

Stichprobengrößen bei Bevölkerungsumfragen

vathaushalten besteht) oder Wahlumfragen für Bundestagswahlen (bei denen die Grundgesamtheit aus der wahlberechtigten Bevölkerung besteht). Solche Stichprobengrößen sind auch in der kommerziellen Markt- und Meinungsforschung, die über nationale Märkte oder Einstellungen in der Bevölkerung Aussagen machen möchte, üblich. Für spezifischere und kleinere Grundgesamtheiten wie die Mitlieder einer großen Organisation (Studierende einer Universität, Mitglieder eines großen Verbandes) reichen zumeist Stichprobenumfänge im Bereich zwischen 300 und 1000 Fällen. Sollen Stichproben die Datengrundlage für statistische Analysen liefern, liegt die zu empfehlende Mindestgröße bei 300 Fällen. Stichproben machen zumeist nur einen sehr kleinen Teil der Grundgesamtheit aus. Bei bevölkerungsweiten Umfragen umfasst die Stichprobe normalerweise weniger als 0,01 % der Grundgesamtheit. Eine wichtige Ausnahme stellt der Mikrozensus dar, der für die amtliche Statistik jährlich eine 1 %ige Stichprobe der Bevölkerung erhebt.

Stichprobengröße sollte ca. 300 Fälle betragen

Kontrollierte Zufallsziehung

Obwohl eine Stichprobe nur eine Auswahl der Fälle (Merkmalsträger) aus einer Grundgesamtheit darstellt, soll sie dennoch Aussagen über diese möglich machen. Damit anhand der Stichprobe wissenschaftliche Aussagen über die Grundgesamtheit gewonnnen werden können, muss die Stichprobe systematisch, d. h. unter Anwendung von Regeln gezogen werden. Um inferenzstatistische Aussagen zu gewinnen, sind nur Stichproben geeignet, bei denen das Zufallsprinzip zugrunde gelegt wurde. Eine solche Stichprobe heißt daher **Zufallsstichprobe**. Für jeden Fall, der Element der Grundgesamtheit ist, soll dabei vor der Stichprobenziehung angegeben werden können, wie groß dessen Chance (Auswahlchance oder Auswahlwahrscheinlichkeit) ist, in die Stichprobe zu gelangen. Die konkrete Ziehung der Stichprobe erfolgt dann unter Anwendung eines kontrollierten Zufallsmechanismus und unter systematischer Ausschaltung anderer Einflüsse auf die Stichprobenziehung. Allein der Zufall entscheidet dann, welche Fälle in die Stichprobe gelangen und welche nicht. Der Zufall ist hierbei berechenbar und die Bedeutung des Begriffs „Zufall" unterscheidet sich in der Statistik deshalb von Bedeutungen, die er im Alltag haben kann, wo er das unerklärliche (und damit unberechenbare) Zustandekommen von Ereignissen oder Zuständen zum Ausdruck bringen soll.

Auswahlchance muss berechenbar sein

Wissenschaftlicher Stand für die Ziehung von Zufallsstichproben ist, dass die Regeln der Ziehung vorab in einem so genannten **Stichprobenplan** (Auswahlplan) formuliert werden. Dazu gehört die Definition der Grundgesamtheit, die Festlegung der Stichprobengröße, die Angabe der Schritte für die Stichprobenziehung und die Angabe, wie (und gegebe-

Regeln der Stichprobenziehung

nenfalls wie oft) der kontrollierte Zufallsmechanismus zur Anwendung kommt. So kann die Stichprobenziehung (Stichprobenkonstruktion) nachvollzogen und nach denselben Regeln wiederholt werden. Die Art und Weise, wie die Stichprobe vor ihrer Ziehung konzipiert wird, nennt man das **Stichprobendesign.**

„Repräsentativität"

Werden Zufallsstichproben unter idealen Bedingungen erhoben, tendieren diese dazu, eine „verkleinerte Abbildung" der Grundgesamtheit darzustellen. Man erwartet dann, dass in der Stichprobe die Gestalt der Verteilungen und die statistischen Beziehungen zwischen den Variablen so geartet sind wie in der Grundgesamtheit. Zumeist wird diese Eigenschaft von Zufallsstichproben in der angewandten Sozialforschung (wie Markt- und Meinungsforschung) als **„Repräsentativität"** bezeichnet. Wenn man beispielsweise eine Zufallsstichprobe der Wahlberechtigten erhebt und den Prozentsatz der SPD-Wähler ermittelt, dann kann man erwarten, dass der Prozentsatz der SPD-Wähler, der in der Grundgesamtheit vorliegt, sich auch in der Stichprobe einstellen wird. Die Umschreibung „ist zu erwarten" soll zum Ausdruck bringen, dass Abweichungen zwischen einer statistischen Maßzahl in der Grundgesamtheit (Prozentsatz der SPD-Wähler in der gesamten Wählerschaft) und der entsprechenden Maßzahl in der Zufallsstichprobe (Stichprobenprozentsatz der SPD-Wähler) vorkommen. Diese entstehen bei Zufallsstichproben allein aus Zufallsgründen. Der Vorteil bei der Verwendung von Zufallsstichproben ist, dass man das erwartbare Ausmaß dieser Abweichungen quantifizieren kann, da man ein Maß für die Streuung von solchen (aus Zufallsstichproben berechneten) Maßzahlen ermitteln kann (→ Kap. 7). Man kann anhand von Zufallsstichproben statistische Aussagen über die Grundgesamtheit machen und die Sicherheit solcher Aussagen statistisch quantifizieren.

Zufallsbedingte Abweichungen erwartbar

Der Begriff „Repräsentativität" ist allerdings kein statistischer Fachbegriff. Er stellt in der Sozialforschung kein klar definiertes Gütekriterium dar und wird von vielen Sozialforschern sogar vermieden. Denn die in der Öffentlichkeit mit dem Begriff assoziierte Vorstellung, dass eine Stichprobe hinsichtlich aller untersuchungsrelevanter Merkmale sowie der statistischen Zusammenhänge zwischen ihnen ein *exaktes* Abbild sein könnte, ist falsch. Betrachtet man z. B. fünf kategoriale Variablen mit jeweils vier Kategorien, dann liegen $5^4 = 625$ Ausprägungskombinationen vor. In einer (fünfdimensionalen) Häufigkeitstable müssten sich die Fälle in den 625 Zellen proportional zur Häufigkeitsverteilung in der Grundgesamtheit verteilen. Man sieht schnell, dass eine Stichprobe selbst bei einer Stichprobengröße von mehreren Tausend Fällen

„Repräsentativität" ist kein statistischer Fachbegriff

allein aufgrund der verhältnismäßig deutlich kleineren Fallzahl die mehrdimensionale (multivariate) Verteilung der Ausprägungskombinationen der Grundgesamtheit nicht exakt repräsentieren kann. Zufallsstichproben weichen zudem (s. o.) zufallsbedingt in einem erwartbaren Ausmaß von der Grundgesamtheit ab. Worauf es bei Zufallsstichproben ankommt, ist, dass sie einen statistisch abgesicherten Schluss auf die Grundgesamtheit zulassen.

Der Begriff „repräsentativ" sollte, wenn er für Zufallsstichproben verwendet wird, in dem eingeschränkten Sinn verwendet werden, dass mit diesen statistisch begründete Schlussfolgerungen auf die Grundgesamtheit möglich sind. Qualitätsurteile beziehen sich bei Zufallsstichproben auf den Ziehungsprozess, nicht auf das Resultat. Wenn die Stichprobenziehung ideal (dem Stichprobenplan folgend) umgesetzt werden konnte, ohne dass es zu systematischen Ausfällen oder nichtzufälligen Beeinflussungen gekommen ist, ist die Qualität der erhaltenen Zufallsstichprobe hoch.

Eingeschränkte Bedeutung von Repräsentativität

Formen von Zufallsstichproben

Von einer **einfachen Zufallsstichprobe** oder uneingeschränkten Zufallsstichprobe spricht man, wenn die Ziehung der Stichprobe in einem Auswahlschritt (einer Auswahlstufe) erfolgt und jeder Fall aus der Grundgesamtheit die gleiche Chance hat, in die Stichprobe zu gelangen.

Beispiel: Die Grundgesamtheit besteht aus allen zum Untersuchungszeitpunkt an einer Universität eingeschriebenen 30 000 Studierenden. und man möchte eine Zufallsstichprobe vom Umfang n = 300 ziehen. Die Studierenden werden vollständig in einer elektronischen Datei erfasst und mit 1 beginnend durchnummeriert. Mit Hilfe eines Zufallsgenerators (wie er in elektronischen Taschenrechnern oder PCs enthalten ist) lässt man sich dann 300 verschiedene Nummern im Spektrum von 1 bis 30 000 ausgeben. Die so zufällig ausgewählten Studierenden bilden eine einfache Zufallsstichprobe.

Gleiche Auswahlchancen bei einfachen Zufallsstichproben

Zufallsstichproben, die ein aufwändigeres Konstruktionsprinzip als die einfache Zufallsstichprobe haben, werden **komplexe Zufallsstichproben** genannt.

Einfache versus komplexe Zufallsstichproben

Die **mehrstufige Zufallsstichprobe** findet in der Praxis häufige Anwendung, da sie in der Regel kostengünstiger zu erheben ist als die einfache Zufallsstichprobe. Ihr Auswahlprinzip besteht darin, dass die Stichprobe in mehreren Schritten über so genannte Stufen gezogen wird. Ermittelt man beispielsweise für eine Bevölkerungsumfrage zunächst eine Zufallsauswahl der Gemeinden (1. Stufe), um dann aus den ausgewählten Gemeinden eine Zufallsauswahl der Haushalte (2. Stufe) zu ziehen, aus welchen dann eine zu befragenden Person (3. Stufe) zufällig ermittelt wird, so hat man eine dreistufige Auswahl. Mehrstufige Auswahlen können mehr oder weniger Auswahlschritte aufweisen. Kennzeichnend für mehrstufige Auswahlverfahren ist, dass die zufällig ausgewählten Einheiten auf den vorangehenden Stufen jeweils umfassendere Einheiten sind, sich damit von Stufe zu Stufe unterscheiden (in dem Beispiel zunächst Gemeinden, dann Haushalte, zuletzt Personen) und erst auf der letzten Stufe die Fälle ausgewählt werden, an denen die untersuchungsrelevanten Ausprägungen erhoben werden. Die **Klumpenstichprobe** oder Clusterstichprobe ist eine besondere Form der mehrstufigen Auswahl, die dadurch gekennzeichnet ist, dass auf der letzten Stufe alle Elemente der auf der vorletzten Stufe ausgewählten Einheiten aufgenommen werden. Eine Klumpenstichprobe von deutschen Schülern kann so erfolgen, dass man zunächst eine Zufallsauswahl aus allen deutschen Gemeinden durchführt (1. Stufe), dann wird aus den Schulklassen in den ausgewählten Gemeinden eine Zufallsauswahl getroffen (2. Stufe), von den ausgewählten Schulklassen gelangen dann *alle* Schüler (3. Stufe) in die Stichprobe. Die Schüler in einer gezogenen Klasse bilden dann einen Klumpen oder einen Cluster.

Die **geschichtete Zufallsstichprobe** wird gezogen, indem man die Grundgesamtheit vor der Stichprobenziehung unter Heranziehung einzelner Merkmale in möglichst homogene Teilgesamtheiten unterteilt („schichtet"), um dann aus jeder Teilgesamtheit je eine Teilstichprobe zu ziehen, die zusammen die geschichtete Zufallsstichprobe ergeben. Ein Vorteil der geschichteten Zufallsstichprobe gegenüber der einfachen Zufallsstichprobe liegt darin, dass die Abbildung der Grundgesamtheit (bei gegebener Stichprobengröße) in der Regel präziser gelingt. (Die erwartbaren Abweichungen der statistischen Maßzahlen aus Stichprobe und Grundgesamtheit reduzieren sich.) Für die Schichtung müssen dafür aber Vorinformationen über die Grundgesamtheit zur Verfügung stehen, mit denen begründet werden kann, warum welche Merkmale zur Schichtung herangezogen werden können.

Ein Beispiel für eine geschichtete Stichprobe ist die **disproportionale Stichprobe des ALLBUS**. Im ALLBUS von 2002 z. B. sind die Ostdeutschen bewusst überrepräsentiert, d. h., sie sind mit einem höheren Prozentsatz im ALLBUS vertreten, als es ihrem Anteil an der gesamtdeutschen Bevölkerung entspricht. Entsprechend sind die Westdeutschen mit einem niedrigeren Prozentsatz vertreten, als es ihrem Bevölkerungsanteil entspricht. Ein Grund für die disproportionale Schichtung besteht darin, dass einzelne Teilgesamtheiten einen kleinen Anteil an der Grundgesamtheit haben können. Will man auch für diese differenzierte Analysen durchführen können, muss man ihren Anteil in der Stichprobe erhöhen. Wenn man also die Ostdeutschen und die Westdeutschen getrennt untersucht und hier jeweils Untergruppen bilden möchte, kommt es auch bei der kleineren Gruppe der Ostdeutschen darauf an, dass genügend Fälle im Datensatz sind, um für die Ostdeutschen genauso Untergruppen bilden zu können wie für die Westdeutschen.

Für komplexe Zufallsstichproben ist kennzeichnend, dass die Auswahlchancen der Fälle der Grundgesamtheit, in die Stichprobe zu gelangen, unterschiedlich groß sind. Aber auch hier wird eine kontrollierte Zufallsauswahl angewandt, und auch hier lassen sich – zumindest prinzipiell – die Chancen für die Auswahl eines Falles für die Stichprobe berechnen. Die Unterschiedlichkeit der Auswahlchancen hat zur Folge, dass man für statistische Analysen **Gewichtungen** einsetzen muss ($\rightarrow$ Kap. 6.6).

Für die Einführung der Stichprobenverteilungen wird hier im Folgenden von einfachen Zufallsstichproben, die weniger als 5 % der Grundgesamtheit ausmachen, ausgegangen. Für diese vereinfachen sich die Formeln und deren Interpretation.

Schreibweisen: Eine Konvention ist, dass man statistische Maßzahlen für die Stichprobe mit lateinischen Buchstaben kennzeichnet (wie dies im deskriptivstatistischen Kontext erfolgt ist). Sollen Maßzahlen für die Grundgesamtheit dargestellt werden, verwendet man nun griechische Buchstaben.

Unterschiedliche Auswahlchancen bei komplexen Zufallsstichproben

Statistische Verteilungen | 6.2

Um darlegen zu können, wie Maßzahlen aus Zufallsstichproben verteilt sind und wie man aus Zufallsstichproben Schlussfolgerungen ziehen kann, müssen die dafür notwendigen theoretischen Verteilungsfunktionen eingeführt werden. In diesem Kapitel werden die Normalverteilung und die t-Verteilung vorgestellt. Die χ^2-Verteilung wird im Zusammenhang mit dem χ^2-Unabhängigkeitstest eingeführt ($\rightarrow$ Kap. 7.4). Alle drei sind Verteilungen stetiger Variablen. Es sind die Werte dieser stetigen Verteilungen, die sich in der empirischen Praxis immer wieder finden. Auf die Darstellung der theoretischen Verteilungen diskreter Variablen wird hier verzichtet.

(Die Begründung dafür ist, dass die statistischen Verteilungen diskreter Variablen bedeutsam sind für das Schätzen und Testen mit kleinen Stichproben. In der soziologischen Praxis hat man aber zumeist mit größeren Stichprobenumfängen zu tun.)

6.2.1 | Die Normalverteilung

Eine bedeutende statistische Verteilung in der angewandten Inferenzstatistik ist die **Normalverteilung**. Sie ist eine theoretische Verteilung einer stetigen Variablen und wurde von ABRAHAM DE MOIVRE (1667–1754), PIERRE-SIMON LAPLACE (1749–1827) und CARL FRIEDRICH GAUSS (1777–1855) entwickelt.

Es gibt nur wenige empirische (und zumeist soziologisch wenig bedeutsame) Sachverhalte, die in Grundgesamtheiten annähernd normalverteilt sind. Die Bedeutung der Normalverteilung hat andere Gründe: Zum einen lassen sich andere statistische Verteilungen aus einer Normalverteilung herleiten oder gehen bei großen Fallzahlen in diese über. Zum anderen sind wichtige statistische Maßzahlen, die man aus Stichproben berechnen kann, unter bestimmten Bedingungen normalverteilt. Anhand eines Beispiels soll die Normalverteilung vorgestellt werden.

Beispiel: In einer Grundgesamtheit mit 50 000 Personen seien die *Körpergrößen* in Zentimeter erhoben worden. Die *Körpergröße* sei in dieser Gesamtheit eine normalverteilte Variable. Das arithmetische Mittel beträgt μ = 175 cm, die Standardabweichung beträgt σ = 5 cm. Da nun einige Zehntausend *Körpergrößen* vorliegen, werden diese in viele gleich breite Klassen klassiert und in einem Histogramm dargestellt (ABBILDUNG 6.1). Die Höhe der Flächen gibt jeweils die Häufigkeitsdichte in einer Klasse an. Die Flächeninhalte repräsentieren die Fallzahlen in den Klassen. Als durchgezogene Linie ist zusätzlich die Normalverteilungskurve eingezeichnet. Sie gibt die Häufigkeitsdichten für die verschiedenen *Körpergrö-*

Abb. 6.1 |

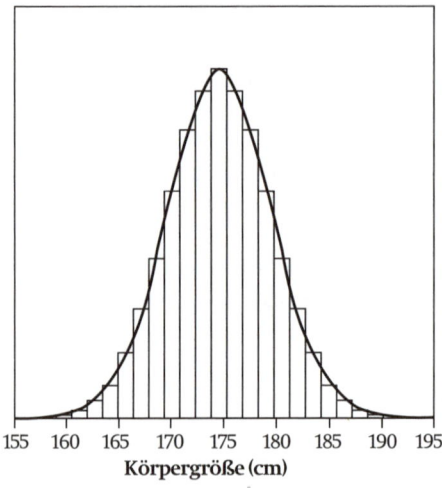

Körpergröße (cm)

ßen an, wenn man die Klassenbreiten immer weiter verringern würde, so dass diese zuletzt 0 sind.

Im Bereich um den Mittelwert von 175 cm gruppieren sich die meisten *Körpergrößen*. Kleinere und größere *Körpergrößen* sind anteilig weniger häufig vertreten. Je mehr eine *Körpergröße* von der durchschnittlichen *Körpergröße* abweicht, desto kleiner werden die zugehörigen Häufigkeitsdichten.

Die Verteilung der *Körpergröße* ist nur ein Beispiel für eine Normalverteilung. Es gibt unendliche viele (theoretisch mögliche) Normalverteilungen. Mit dem Begriff Normalverteilung wird eine ganze „Familie" von Verteilungen bezeichnet. Unterschieden werden die Normalverteilungen durch die horizontale Lage, spezifiziert durch den arithmetischen Mittelwert μ und durch die Standardabweichung σ. Da mit der Angabe dieser beiden Parameter eine Normalverteilung vollständig definiert ist, nennt man diese **explizite Parameter**. Man kann damit eine Normalverteilung in Kurzform notieren: $N(\mu;\sigma)$. **Explizite Parameter spezifizieren die Normalverteilung**

Die ABBBILDUNG 6.2 zeigt vier beispielhaft ausgewählte Normalverteilungen, die durch die Kombination von μ und σ unterscheidbar sind.

Charakteristisch für *alle* Normalverteilungen ist die zu ihrem Mittelwert symmetrische und eingipfelige Glockenform. Über dem Mittelwert μ hat eine Normalverteilung ihr Maximum (die größte Dichte). Mit zunehmendem Abstand zum Mittelwert fällt die Normalverteilungskurve kontinuierlich ab und strebt (asymptotisch) gegen die X-Achse (die Kurven laufen bis $-\infty$ und $+\infty$ aus).

Für alle Häufigkeitsverteilungen von stetigen Variablen gilt, dass die Häufigkeiten durch Flächen repräsentiert werden. Unterhalb der Häufigkeitsdichtekurve liegen dann immer 100 % der Fälle. Entsprechend gilt auch für alle Normalverteilungen, dass die gesamte Fläche unter der

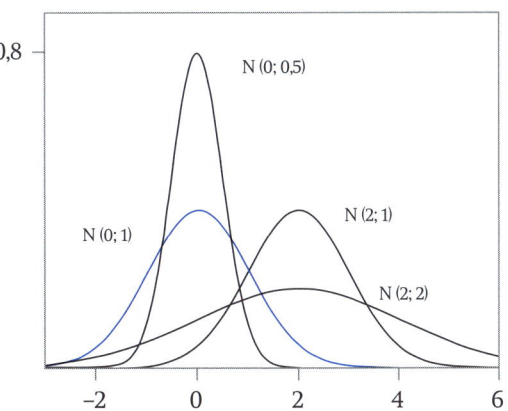

Abb. 6.2

Eigenschaften der Normalverteilung

Normalverteilungskurve immer 100 % der Fälle repräsentiert. Kennzeichnend für alle Normalverteilungen ist weiter, dass sich die Flächenanteile bei allen Normalverteilungen immer in gleicher Weise verteilen. Aufgrund der Symmetrie der Verteilung gilt zunächst, dass 50 % der Fläche links und 50 % der Fläche rechts vom Mittelwert μ liegen. Bildet man um μ symmetrische Intervalle, so liegen bei *jeder* Normalverteilung über bestimmten Intervallen immer die gleichen Flächenanteile, gleich um welche Normalverteilung es sich handelt. Die TABELLE 6.1 stellt fünf häufig verwendete Intervalle vor.

Setzt man also für irgendeine konkret gegebene Normalverteilung den Mittelwert μ und die Standardabweichung σ für die Berechnung der Intervallgrenzen ein, liegen immer die in der rechten Spalte der TABELLE 6.1 angegebenen Flächenanteile über diesen Intervallen.

Beispiel: Die *Körpergrößen* der 50000 Personen folgen der Normalverteilung N(175;5). Die TABELLE 6.2 gibt die Intervalle an, in denen bestimmte Anteile von Personen nach *Körpergrößen* liegen.

Für diese 50 000 Personen kann man damit Aussagen wie die folgende formulieren: „95 % aller Personen haben eine Körpergröße zwischen 165,2 cm und 184,8 cm." Oder: „Fast 100 %, genauer: 99,7 %, der Personen haben eine Körpergröße zwischen 160 cm und 190 cm."

Mit Hilfe einer Statistiksoftware kann man auch für andere Intervalle die Flächen bestimmen, die über ihnen liegen. Man kann zudem daran interessiert sein, die Intervalle nicht symmetrisch um den Mittelwert μ zu konstruieren. Flächenanteile lassen sich aber auch ohne eine Soft-

Tab. 6.1	Intervall	Flächenanteil
	$[\mu - 1{,}00 \cdot \sigma; \mu + 1{,}00 \cdot \sigma]$	68,3 %
	$[\mu - 1{,}96 \cdot \sigma; \mu + 1{,}96 \cdot \sigma]$	95,0 %
	$[\mu - 2{,}00 \cdot \sigma; \mu + 2{,}00 \cdot \sigma]$	95,4 %
	$[\mu - 2{,}58 \cdot \sigma; \mu + 2{,}58 \cdot \sigma]$	99,0 %
	$[\mu - 3{,}00 \cdot \sigma; \mu + 3{,}00 \cdot \sigma]$	99,7 %

Tab. 6.2	Intervall	Flächenanteil
	$[175 - 1{,}00 \cdot 5; 175 + 1{,}00 \cdot 5] = [170{,}0;180{,}0]$	68,3 %
	$[175 - 1{,}96 \cdot 5; 175 + 1{,}96 \cdot 5] = [165{,}2;184{,}8]$	95,0 %
	$[175 - 2{,}00 \cdot 5; 175 + 2{,}00 \cdot 5] = [165{,}0;185{,}0]$	95,4 %
	$[175 - 2{,}58 \cdot 5; 175 + 2{,}58 \cdot 5] = [162{,}1;187{,}9]$	99,0 %
	$[175 - 3{,}00 \cdot 5; 175 + 3{,}00 \cdot 5] = [160{,}0;190{,}0]$	99,7 %

ware ermitteln, indem man Tabellierungen heranzieht, die für die Standardnormalverteilung vorliegen.

Die Standardnormalverteilung

Eine besondere Normalverteilung ist die **Standardnormalverteilung**. Diese hat den Mittelwert $\mu = 0$ und die Standardabweichung $\sigma = 1$. Die Standardnormalverteilung ist die Normalverteilung N(0;1) in ABBILDUNG 6.2. Die Standardnormalverteilung ergibt sich, wenn man die Ausprägungen einer normalverteilten Variablen X mit bekannter Formel z-standardisiert ($\rightarrow$ Kap. 3.9):

$$z = \frac{x - \mu}{\sigma}$$

Durch die **z-Standardisierung** wird jede Normalverteilung N(μ;σ) zu einer Standardnormalverteilung N(0;1). Daher spricht man bei den Werten einer Standardnormalverteilung auch von **z-Werten**. Die Standardnormalverteilung ist die Normalverteilung, die für die mathematische Definition anderer statistischer Verteilungen herangezogen wird. In den meisten Statistikbüchern liegen für die Standardnormalverteilung Tabellierungen vor, die für die **Quantile** der Standardnormalverteilung die zugehörigen Flächenanteile angeben, die links vom Quantil liegen. Ein Quantil ist der Wert einer Verteilung, für den gilt, dass ein bestimmter Anteil der Werte der Verteilung vor ihm liegt ($\rightarrow$ Kap. 3.4). Da man für jeden Wert einer Verteilung angeben kann, welcher Anteil der übrigen Werte vor ihm liegt, stellt jeder Wert aus einer Verteilung ein Quantil dar.

Mit Hilfe der TABELLE 11.1 (Anhang) kann man ermitteln, um welches Quantil es sich bei einem x-Wert einer Normalverteilung N(μ;σ) handelt, wenn man diesen z-standardisiert.

Quantile von normalverteilten x- und z-Werten

Beispiel: Wenn man wissen möchte, wie viele Personen eine *Körpergröße* bis 180 cm haben, wenn die *Körpergröße* nach N(175;5) verteilt ist, ermittelt man den z-Wert:

$$z = \frac{180 - 175}{5} = 1$$

Für diesen muss man nun in der TABELLE 11.1 (Anhang) den entsprechenden Anteilswert p nachsehen. Da für den Wert z = 1 der p-Wert nicht tabelliert ist, mittelt man die beiden p-Werte für z = 0,994 und z = 1,015. Der p-Wert für z = 1 ist damit p $\approx$ 0,8425.

Normalverteilungen können anhand der z-Standardisierung auf die Standardnormalverteilung bezogen werden

Nun weiß man, dass z = 1 das 84,25 %-Quantil der Standardnormalverteilung ($z_{0.8425}$) ist. Damit ist der Wert x = 180 ebenfalls das 84,25 %-Quantil der Normalverteilung N(175;5) ($x_{0.8425}$). Das bedeutet für die Verteilung der Personen, dass 84,25 % eine *Körpergröße* bis 180 cm haben.

Abb. 6.3

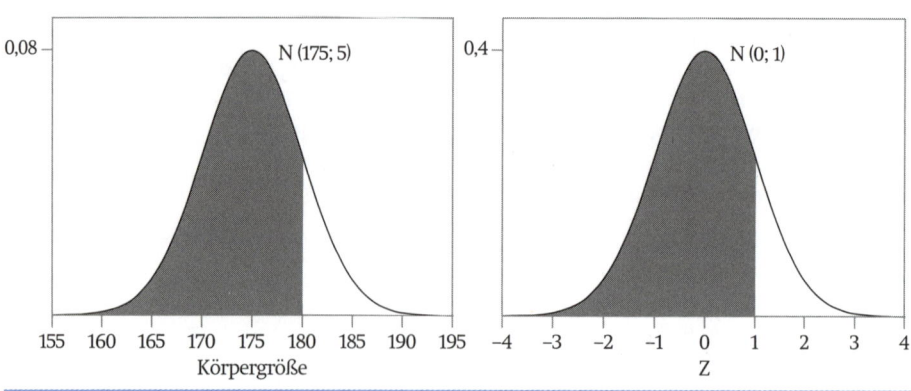

In der ABBILDUNG 6.3 wird grafisch veranschaulicht, dass sich ein Quantil x_p der Normalverteilungen N(175;5) in das zugehörige Quantil z_p der Standardnormalverteilung N(1;0) durch die z-Standardisierung „übersetzen" lässt. Die dunkel markierte Fläche beträgt jeweils 84,25 % der Gesamtfläche unter der Kurve.

6.2.2 | Die t-Verteilung

Die t-Verteilung und ihre einzelnen Werte, die t-Werte, sind noch allgegenwärtiger in der statistischen Praxis als die z-Werte oder die Werte von anderen Normalverteilungen. Die t-Verteilung ist von WILLIAM S. GOSSET (1876–1937) unter dem Pseudonym Student eingeführt worden, weshalb sie auch Student-Verteilung genannt wird. Es gibt viele (theoretisch) mögliche t-Verteilungen. Bei den t-Verteilungen handelt es sich also wieder um eine „Familie" von Verteilungen. Der einzige explizite Parameter der t-Verteilung ist der so genannte **Freiheitsgrad,** der mit df (für engl. „degrees of freedom") abgekürzt wird.

Freiheitsgrad spezifiziert t-Verteilung

Alle t-Verteilungen sind symmetrisch zum Mittelwert μ = 0. Die Standardabweichung hängt nur von den Freiheitsgraden df ab und wird (für df > 2) berechnet mit:

$$\sigma = \sqrt{\frac{df}{df - 2}}$$

Standardabweichung

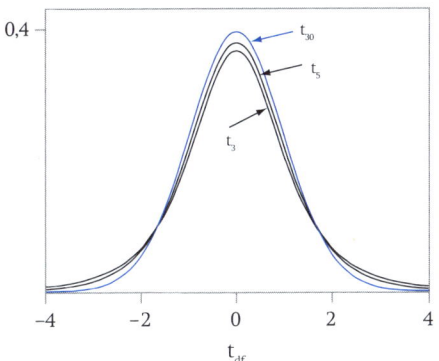

Abb. 6.4

Schreibweise: Die t-Verteilung wird mit dem Freiheitsgrad df indiziert, in Kurzform: t_{df} (die Angabe von Quantilen kann dann nach der Angabe der Freiheitsgrade durch ein Semikolon getrennt werden).

Die ABBILDUNG 6.4 zeigt drei verschiedene t-Verteilungen mit den Freiheitsgraden df = 30, df = 5 und df = 3. Mit größer werdender Zahl der Freiheitsgrade df geht die t-Verteilung in die Standardnormalverteilung über. Ab df = 30 ist die grafische Gestalt der t-Verteilung fast nicht mehr von der grafischen Gestalt der Standardnormalverteilung zu unterscheiden. In der TABELLE 11.2 (Anhang) sind die 97,5 %-Quantile der t-Verteilung tabelliert. Ein Vergleich mit dem 97,5 %-Quantil der Standardnormalverteilung zeigt beispielhaft, dass sich die t-Werte ab df = 250 ($t_{250;0.975}$ = 1,969) nur noch in der dritten Nachkommastelle von $z_{0.975}$ = 1,96 unterscheiden. Ab df = 250 sind t-Werte und z-Werte damit praktisch identisch. In der angewandten Statistik gelten t-Verteilungen bereits ab df = 30 als annähernd standardnormalverteilt.

t-Verteilung geht in Standardnormalverteilung über

Stichprobenverteilungen

6.3

Anhand eines Gedankenexperimentes soll das Konzept von **Stichprobenverteilungen** eingeführt werden. In einer großen Grundgesamtheit liegt eine Variable X vor, die in der Grundgesamtheit nicht normalverteilt zu sein braucht. Eine solche Grundgesamtheit kann beispielsweise aus allen abhängig Beschäftigten eines Landes bestehen, und als interessierende Variable kann man das durch die abhängige Beschäftigung erzielte *Einkommen* nehmen. In der Grundgesamtheit aller Beschäftigten liegt ein Durchschnittseinkommen μ und eine Standardabweichung σ des *Einkom-*

Gedankenexperiment zur Einführung der Stichprobenverteilung

mens vor. Das *Einkommen* ist typischerweise nicht normalverteilt. In dem Gedankenexperiment kann man nun aus dieser Grundgesamtheit eine sehr große Anzahl m von Zufallsstichproben mit einem einheitlichen Stichprobenumfang n ziehen. Berechnet man in einem nächsten Schritt für jede dieser Stichproben das Durchschnittseinkommen der n Beschäftigten in den m Stichproben, so erhält man m verschiedene arithmetische Mittelwerte. Da der Zufall im Spiel ist, werden sich die erhaltenen Durchschnittswerte $\bar{x}$ aus Zufallsgründen unterscheiden. Die Konsequenz ist, dass die Stichprobenmittelwerte nun eine Variable darstellen, genauer: eine **Zufallsvariable**, da die Variation der Stichprobenmittelwerte nur aus Zufallsgründen entsteht. Statistisch lässt sich nun zeigen, dass die Zufallsvariable $\bar{X}$ (annähernd und ab einem gewissen Stichprobenumfang) einer Normalverteilung folgt. Bezogen auf das *Einkommen* der Beschäftigten in den Stichproben heißt dies, dass das Stichprobendurchschnittseinkommen eine Variable ist und einer Normalverteilung folgt.

Stichprobenkennwerte aus Zufallsstichproben sind Zufallsvariablen

Das Gedankenexperiment, welches soeben für die Stichprobenverteilung des arithmetischen Mittels durchgeführt wurde, kann man genauso für die Stichprobenverteilung des Anteilswertes durchführen. Dafür kann man ein dichotomes Merkmal in der Grundgesamtheit betrachten, wie das *Geschlecht* der abhängig Beschäftigten. Bei dichotomen Merkmalen ist die Verteilung durch die Angabe des Anteilswertes einer der beiden Kategorien beschrieben. Stellt π den Anteilswert der weiblichen Beschäftigten in der Grundgesamtheit aller Beschäftigten dar, so ist der dortige Anteilswert der männlichen Beschäftigten $(1 - \pi)$. Ermittelt man für die m verschiedenen Zufallsstichproben den Anteil der Frauen, kann man für jede Stichprobe den Anteilswert p berechnen. Auch die Stichprobenanteile aus allen m Stichproben stellen eine Zufallsvariable P dar und folgen (annähernd) einer Normalverteilung, wenn die Stichprobe ausreichend groß ist und gleichzeitig der Anteilswert in der Grundgesamtheit π nicht zu nahe an 0 oder 1 ausgeprägt ist. Die statistischen Maßzahlen, die man für einzelne Stichproben berechnet, heißen **Stichprobenkennwerte**. Die Verteilung der Stichprobenkennwerte aus Stichproben heißt Stichprobenkennwerteverteilung oder kurz **Stichprobenverteilung**.

Stichprobenkennwerte folgen einer Stichprobenverteilung

Viele Stichprobenkennwerte folgen einer Normalverteilung, allerdings nicht alle. Dass sich eine Normalverteilung der Stichprobenkennwerte einstellt ist also nicht Voraussetzung dafür, dass man von einer Stichprobenverteilung sprechen kann. Untersucht man beispielsweise für Stichproben den Zusammenhang zwischen zwei kategorialen Variablen mit dem Zusammenhangsmaß χ^2 (→ Kap. 4.2.5), dann folgen die χ^2-Werte (aus vielen Stichproben) einer χ^2-Verteilung (→ Kap. 7.4).

Die ABBILDUNG 6.5 veranschaulicht das Zustandekommen der Stichprobenverteilung der Stichprobenmittelwerte oder der Stichprobenanteilswerte. Sie hilft, ein häufiges Missverständnis zu vermeiden: Die Stichprobenverteilung ist nicht die Verteilung einer Variablen X in einer Stichprobe, sondern die Verteilung von vielen statistischen Kennwerten, die aus je einer Stichproben berechnet werden können.

Stichprobenverteilungen sind nicht Verteilungen in Stichproben

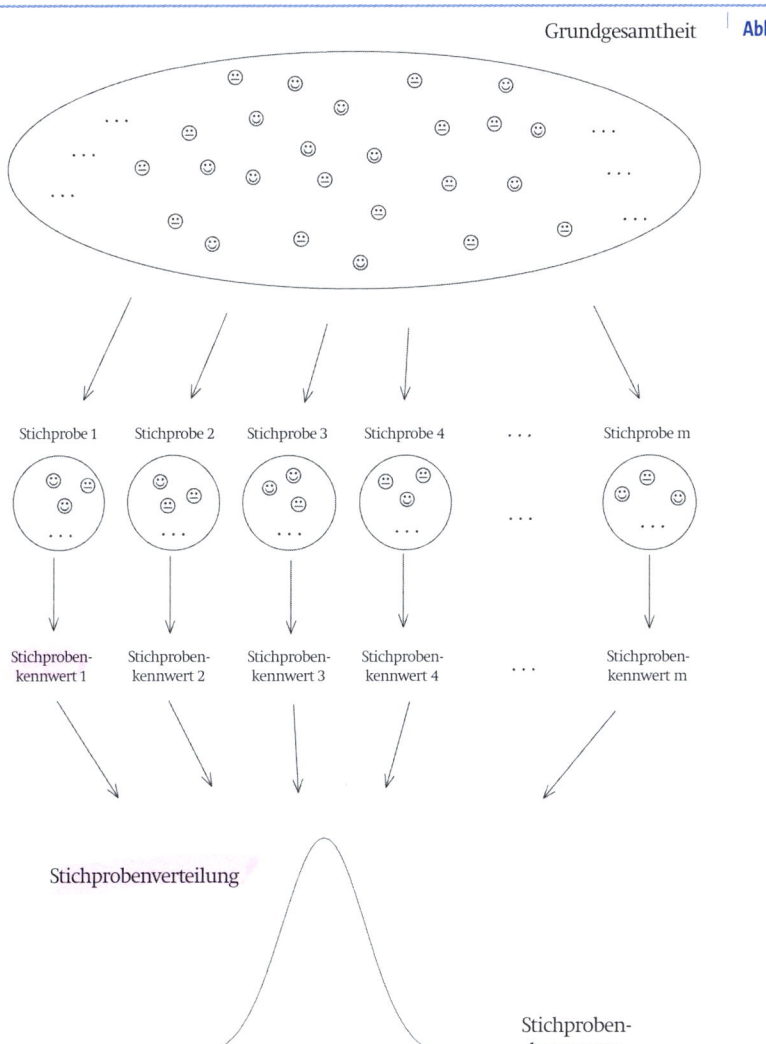

Abb. 6.5

Zentraler Grenzwertsatz

Die statistische Begründung dafür, dass die Stichprobenkennwerte x̄ und p annähernd einer Normalverteilung folgen, liefert der **zentrale Grenzwertsatz**, der auch zentrales Grenzwerttheorem genannt wird. Dieser Satz sagt aus, dass die Summen voneinander unabhängiger Zufallsvariablen annähernd normalverteilt sind, gleich wie die Zufallsvariablen selber verteilt sind. Auf den ersten Blick ist nicht erkennbar, warum der zentrale Grenzwertsatz in dieser Formulierung für die Verteilung der Stichprobenkennwerte herangezogen werden kann. Man kann aber für jede Stichprobe die n voneinander unabhängigen Ausprägungen x_i einer Variablen X als je eine Ausprägung von n verschiedenen Variablen (mit der gleichen Verteilung) auffassen. Praktisch heißt dies: Summiert man die n Ausprägungen x_i in jeder Stichprobe auf, so sind die Stichprobensummen annähernd normalverteilt. Gilt der Satz für Summen, so kann man zeigen, dass der zentrale Grenzwertsatz ebenso für arithmetische Mittelwerte und für Anteilswerte dichotomer Variablen gültig ist. Seine Bedeutung ergibt sich aus zwei Aspekten:

(1) Die Stichprobenverteilungen von X̄ und P sind annähernd normalverteilt, unabhängig davon, wie das Merkmal X in der Grundgesamtheit verteilt ist.

(2) „Annähernd normalverteilt" heißt, dass sich die Verteilung der Stichprobenkennwerte bereits bei kleinen Stichprobenumfängen einer Normalverteilung ausreichend gut annähert. Bei größer werdendem Stichprobenumfang (n → ∞) gehen die Stichprobenverteilungen dann in eine exakte Normalverteilung über.

Explizite Parameter der beiden Stichprobenverteilungen

Für die Stichprobenkennwerte x̄ und p kann nun angegeben werden, unter welchen Bedingungen diese annähernd normalverteilt sind und wie sich die expliziten Parameter der beiden Stichprobenverteilungen ermitteln lassen.

Schreibweisen: Auch die expliziten Parameter der Stichprobenverteilungen werden mit griechischen Buchstaben notiert.

Die Stichprobenmittelwerte x̄ aus Zufallsstichproben mit einem einheitlichen Umfang von n ≥ 30 folgen annähernd der Normalverteilung $N(\mu_{\bar{X}}; \sigma_{\bar{X}})$. Dabei ist $\mu_{\bar{X}}$ der arithmetische Mittelwert der Stichprobenmittelwerte. Dieser Wert entspricht dem arithmetischen Mittelwert des metrischen Merkmals X in der Grundgesamtheit:

Mittelwert der Stichprobenmittelwerte

$$\mu_{\bar{X}} = \mu$$

Im Durchschnitt sind also die Stichprobenmittelwerte so groß wie der Durchschnitt der Grundgesamtheit. Die Standardabweichung σ_X gibt das Ausmaß der Streuung der Stichprobenmittelwerte um den Mittelwert $\mu_{\bar{X}}$ an. Die Berechnung erfolgt mit:

$$\sigma_{\bar{X}} = \frac{\sigma}{\sqrt{n}}$$

σ ist die Standardabweichung des metrischen Merkmals in der Grundgesamtheit und stellt eine konstante Größe dar. Die Standardabweichung $\sigma_{\bar{X}}$ heißt **Stichprobenfehler des arithmetischen Mittels**, sie wird auch Standardfehler des arithmetischen Mittels genannt. Der Stichprobenfehler $\sigma_{\bar{X}}$ gibt das erwartbare Ausmaß an, in dem die Stichprobenmittelwerte von dem Grundgesamtheitsmittelwert μ aus Zufallsgründen abweichen. Die Stichprobenmittelwerte streuen umso geringer um den Mittelwert der Stichprobenverteilung $\mu_{\bar{X}}$, je größer der Umfang der Stichprobe ist.

Streuung der Stichprobenmittelwerte

Stichprobenfehler gibt Streuung der Stichprobenkennwerte an

(Bei Stichprobenumfängen kleiner als n = 30 gilt der zentrale Grenzwertsatz für den arithmetischen Mittelwert nicht. Hier ist die t-Verteilung mit df = n – 1 die exakte Stichprobenverteilung des Stichprobenmittelwertes. Diesen muss man vorab z-standardisieren, und es muss dann vorausgesetzt werden, dass das Merkmal X in der Grundgesamtheit normalverteilt ist.)

Die Stichprobenanteilswerte p aus Zufallsstichproben folgen annähernd der Normalverteilung $N(\mu_P; \sigma_P)$. Die dafür ausreichende Stichprobengröße liegt vor, wenn folgende zweiteilige Faustregel eingehalten ist:

$$\frac{n \cdot (1 - \pi)}{\pi} > 9 \text{ und } \frac{n \cdot \pi}{(1 - \pi)} > 9$$

Für einen Anteilswert in der Grundgesamtheit im Intervall [0,24;0,76] genügen damit bereits Stichproben vom Umfang n = 30, damit die Stichprobenverteilung von P als normalverteilt angesehen werden kann. Bereits ab einem Stichprobenumfang von n = 100 folgen die Stichproben aus Grundgesamtheiten mit einem Anteilswert im Intervall [0,09;0,91] ausreichend genau einer Normalverteilung.

Der arithmetische Mittelwert der Stichprobenanteilswerte ist gleich dem Anteilswert in der Grundgesamtheit:

$$\mu_P = \pi$$

Auch hier gilt, dass im Durchschnitt die Anteilswerte in Stichproben so groß sind wie der Anteilswert in der Grundgesamtheit. Die Streuung der Stichprobenanteilswerte σ_P wird berechnet mit:

Mittelwerte der Stichprobenanteilswerte

$$\sigma_P = \sqrt{\frac{\pi \cdot (1 - \pi)}{n}}$$

σ_P ist der **Stichprobenfehler des Anteilswertes** oder Standardfehler des Anteilswertes. Er quantifiziert das erwartbare Ausmaß, in dem die Stichprobenanteilswerte p aus Zufallsgründen von dem entsprechenden Anteilswert π der Grundgesamtheit abweichen. Betrachtet man π als eine gegebene Größe in der Grundgesamtheit, so variiert die Streuung der Stichprobenanteile mit der Stichprobengröße n. Mit zunehmender Stichprobengröße verringert sich der Stichprobenfehler.

Streuung der
Stichprobenanteilswerte

Beispiel: In der Gesamtheit der abhängig Beschäftigten sei der Anteil der Frauen π = 42 %. Für Stichproben vom Umfang n = 1000 ergibt sich ein Stichprobenfehler von:

$$\sigma_P = \sqrt{\frac{0,42 \cdot (1 - 0,42)}{1000}} = 0,0156$$

Die ABBILDUNG 6.6 (links) stellt die Verteilung N(0,42;0,01560) grafisch dar. Berechnet man die Intervallgrenzen, in denen 95 % aller Stichprobenanteilswerte liegen, ergibt sich:

0,42 – 1,96 · 0,0156 = 0,3894 und
0,42 + 1,96 · 0,0156 = 0,4506

Man kann also sagen, dass 95 % aller Stichproben vom Umfang n = 1000 aus der Gesamtheit der abhängig Beschäftigten einen Frauenanteil zwischen 38,94 % und 45,06 % aufweisen werden.

In der ABBILDUNG 6.6 (rechts) sind die Stichprobenverteilungen des Anteilswertes für Frauen geplottet, die sich nur darin unterscheiden, dass sie sich auf Zufallsstichproben mit unterschiedlichem Stichprobenumfang beziehen. Man erkennt gut, dass die Streuung des Stichproben-

Abb. 6.6

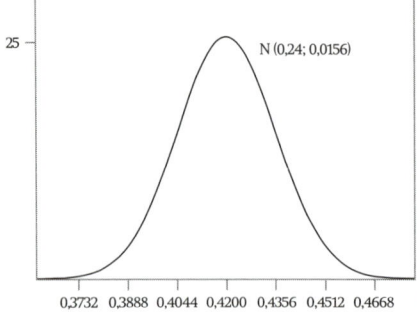

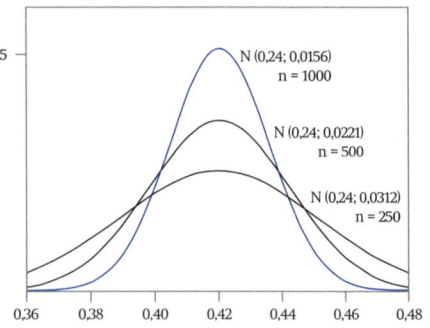

betrachtet wird:	metrische Variable X	dichotome Variable X	Tab. 6.3
Grundgesamtheit			
Wert der Grundgesamtheit	arithmetisches Mittel μ	Anteilswert (einer Kategorie) π	
Standardabweichung in der Grundgesamtheit	σ	–	
Stichprobe			
Stichprobenkennwert in der Stichprobe	$\bar{x}$	p	
Standardabweichung in der Stichprobe	s	–	
Stichprobenverteilung			
Stichprobenverteilungen	Stichprobenmittelwert $N(\mu_{\bar{X}}; \sigma_{\bar{X}})$	Stichprobenanteilswert $N(\mu_P; \sigma_P)$	
Mittelwert der Stichprobenverteilung	$\mu_{\bar{X}} = \mu$	$\mu_P = \pi$	
Stichprobenfehler (Standardabweichung der Stichprobenkennwerte)	$\sigma_{\bar{X}} = \frac{\sigma}{\sqrt{n}}$	$\sigma_P = \sqrt{\frac{\pi \cdot (1-\pi)}{n}}$	

anteils zunimmt, wenn der Stichprobenumfang reduziert wird. Eine Reduzierung des Stichprobenumfangs auf ein Viertel (n = 250) führt zu einer Verdoppelung des Stichprobenfehlers (σ_P = 0,0312). Das bedeutet entsprechend: Will man den Stichprobenfehler halbieren, muss man die Stichprobengröße vervierfachen. Dieser Befund lässt sich auch auf den Stichprobenfehler des arithmetischen Mittels übertragen.

Stichprobenfehler wird kleiner, wenn Stichprobengröße zunimmt

Die TABELLE 6.3 stellt noch einmal die verwendeten Schreibweisen und Formeln für die Grundgesamtheit, die Stichprobe und die Stichprobenverteilungen zusammen.

Wahrscheinlichkeit | 6.4

Der Begriff der Wahrscheinlichkeit spielt in der Inferenzstatistik eine wichtige Rolle.

Definition Wahrscheinlichkeit

Wahrscheinlichkeiten quantifizieren in einer Zahl zwischen 0 und 1 die Chance, dass ein bestimmtes Ereignis eintritt.

Unter einem solchen mit einer Wahrscheinlichkeit zu bewertenden Ereignis kann man eine oder mehrere Ausprägungen von Zufallsvariablen verstehen. Kann ein Ereignis nicht eintreten, dann ist die Wahrscheinlichkeit 0. Ist dagegen sicher, dass ein Ereignis eintreten muss, ist die Wahrscheinlichkeit 1. Die möglichen Zwischenwerte werden als Dezimalzahlen angegeben. Man kann Wahrscheinlichkeiten aber auch als Prozentzahl zum Ausdruck bringen.

Schreibweise: Die Wahrscheinlichkeit kürzt man mit P ab (für engl. „probability"), nicht zu verwechseln mit der Schreibweise P für den Anteilswert als Variable. Der Sachverhalt, für den eine Wahrscheinlichkeit angegeben wird, wird hinter dem P in Klammern angeführt. Kurz: Die Wahrscheinlichkeit von … ist P(…).

Was heißt P(…)?

Ein einfaches Beispiel, für das man Ereignisse unterscheiden kann, ist der Würfelwurf. Ein Vorgang wie das Würfeln wird als **Zufallsexperiment** bezeichnet. Dieses zeichnet sich durch folgende Eigenschaften aus: Die möglichen Ereignisse sind vorab bekannt. Welches Ereignis sich als Resultat einstellt, ist nur vom Zufall abhängig. Alle möglichen Ereignisse sind gleich wahrscheinlich. Das Zufallsexperiment muss prinzipiell unter den gleichen Bedingungen wiederholbar sein.

Eigenschaften des Zufallsexperiments

Die möglichen Ereignisse des Würfelwurfs sind die nach dem Wurf oben liegenden Augenzahlen 1, 2, 3, 4, 5, 6. Diese möglichen Ereignisse bilden den **Ereignisraum**. Man kann die *Augenzahlen,* die man dem Würfelwurf zuordnet, als eine diskrete Zufallsvariable auffassen und dann den sechs verschiedenen Ausprägungen Wahrscheinlichkeiten zuordnen. Da bei einem handelsüblichen Würfel davon auszugehen ist, dass die Wahrscheinlichkeiten für die sechs Ausprägungen der Zufallsvariable *Augenzahl* gleich sind, kann man schreiben:

Ereignisraum des einfachen Würfelwurfs

$$P(1) = P(2) = P(3) = P(4) = P(5) = P(6) = \frac{1}{6} = 0{,}1667$$

In vielen Würfelspielen spielt die Augenzahl 6 eine besondere Rolle. Diese ist dann das interessierende Ereignis. Die Wahrscheinlichkeit, beispielsweise eine 6 zu würfeln, beträgt also 0,1667 oder 16,67 %.

Eine andere und empirische Strategie, die Wahrscheinlichkeit für die Augenzahl 6 beim Würfelwurf zu ermitteln, wäre, vielfach zu würfeln und dann den Quotienten zu bilden, der die Würfe, die eine 6 ergeben haben, ins Verhältnis setzt zur Gesamtzahl aller Würfe. Hier kann sich zeigen, dass die Wahrscheinlichkeit dann von 0,1667 zunächst abweicht. Mit größer werdender Zahl der Würfe sollte der Quotient gegen 0,1667 streben, d. h., 0,1667 müsste sich als Grenzwert ergeben.

Nun kann man die Wahrscheinlichkeit formal definieren. Das interessierende Ereignis, für das man die Wahrscheinlichkeit bestimmen will, nennt man A. Dann ist Häufigkeit, mit der das Ereignis A bei einer Vielzahl von unter gleichen Bedingungen durchgeführten Zufallsvorgängen aufgetreten ist f(A). Die Zahl der Wiederholungen dieses Zufallsexperiments ist W. Die Wahrscheinlichkeit kann man dann so bestimmen, dass man gedanklich die Gesamtzahl der Wiederholungen W sehr groß werden lässt (W → ∞) und dann f(A) ins Verhältnis zu W setzt:

$$P(A) = \lim_{W \to \infty} \frac{f(A)}{W}$$

Wenn man wissen will, wie groß die Wahrscheinlichkeit ist, eine Augenzahl von mindestens 4 zu würfeln, dann besteht das interessierende Ereignis nicht mehr aus einer einzigen Augenzahl, sondern setzt sich aus mehreren Ereignissen zusammen. Man hat sozusagen ein zusammengesetztes Ereignis. Das zusammengesetzte Ereignis tritt ein, wenn die Augenzahl 4 *oder* die Augenzahl 5 *oder* die Augenzahl 6 gewürfelt wird. Hierfür kann man die Wahrscheinlichkeit einfach ermitteln:

P(Augenzahl ≥ 4) = P(4) + P(5) + P(6) = 0,1667 + 0,1667 +0,1667 = 0,5

Die Wahrscheinlichkeit für das zusammengesetzte Ereignis „Augenzahl mindestens 4" ist also so groß wie die Wahrscheinlichkeit für die Augenzahl 4 *und* die Wahrscheinlichkeit für die Augenzahl 5 *und* die Wahrscheinlichkeit für die Augenzahl 6.

Nun soll ein anderes Zufallsexperiment vorgeführt werden, das darin besteht, dass zwei Würfel geworfen werden. Dabei ist wichtig, die beiden Würfel zu unterscheiden, z. B., indem man einen roten und einen grünen Würfel verwendet. Die möglichen Ereignisse des doppelten Würfelwurfs bestehen nun aus Augenpaaren. Die TABELLE 6.4 stellt alle möglichen Ereignisse zusammen, die den Ereignisraum des doppelten Würfelwurfs bilden.

Ereignisraum des doppelten Würfelwurfs

Der Ereignisraum wird aus 36 Ereignissen gebildet. Dabei muss man beachten, dass Augenpaare, die sich durch die Reihenfolge der Augenzahlen unterscheiden, je ein eigenes Ereignis bilden, dass also z. B. das Ereignis (2;3) zu unterscheiden ist von dem Ereignis (3;2). Wenn man nun die Wahrscheinlichkeit dafür bestimmen will, dass der erste Würfel die Augenzahl 2 und der zweite Würfel die Augenzahl 3 aufweist, so ist das

Tab. 6.4	zweiter Würfel					
erster Würfel	(1;1)	(1;2)	(1;3)	(1;4)	(1;5)	(1;6)
	(2;1)	(2;2)	(2;3)	(2;4)	(2;5)	(2;6)
	(3;1)	(3;2)	(3;3)	(3;4)	(3;5)	(3;6)
	(4;1)	(4;2)	(4;3)	(4;4)	(4;5)	(4;6)
	(5;1)	(5;2)	(5;3)	(5;4)	(5;5)	(5;6)
	(6;1)	(6;2)	(6;3)	(6;4)	(6;5)	(6;6)

interessierende Ereignis das Augenpaar (2;3), welches nur einmal vorkommt. Die Wahrscheinlichkeit ist damit:

$$P(2;3) = \frac{1}{36} = 0{,}0278$$

Die Wahrscheinlichkeit für das Ereignis (2;3) beträgt also nur 0,0278 oder knapp 3 %. Diese Wahrscheinlichkeit ergibt sich für alle 36 Ereignisse des doppelten Würfelwurfs. Summiert man alle 36 Wahrscheinlichkeiten für die möglichen Ereignisse des doppelten Würfelwurfs auf, so erhält man die Summe 1.

Wahrscheinlichkeit für unabhängige Ereignisse Da die beiden Würfel zwar gleichzeitig geworfen werden, aber die *Augenzahl* jedes Würfels sich unabhängig realisiert, kann man die Wahrscheinlichkeit auch auf anderem Wege ermitteln. Die Wahrscheinlichkeit dafür, dass der erste Würfel die Augenzahl 2 aufweist *und* (nicht: oder) der zweite Würfel die Augenzahl 3 aufweist ist:

$$P(2;3) = \frac{1}{6} \cdot \frac{1}{6} = \frac{1}{36} = 0{,}0278$$

Die Wahrscheinlichkeit für das Ereignis (2;3) ist so groß wie das Produkt aus der Wahrscheinlichkeit P(Augenzahl des ersten Würfels ist 2) und der Wahrscheinlichkeit P(Augenzahl des zweiten Würfels ist 3). Im Kap. 9.3 wird diese Berechnungsweise im Rahmen der Maximum-Likelihood-Schätzung verwendet.

In den soziologischen Anwendungen spielen diskrete Zufallsvariablen eine untergeordnete Rolle. Meist hat man es mit stetigen Zufallsvariablen zu tun. Hier ergibt sich ein wichtiger Unterschied, denn bei stetigen Zufallsvariablen erfolgt die Zuordnung von Wahrscheinlichkeiten nicht für einzelne Ausprägungen. Man kann sich das grafisch veranschaulichen, indem man als Beispiel für eine stetige Zufallsvariable den Stichprobenanteil P nimmt. Diese ist in ABBILDUNG 6.6 (links) dargestellt. Die Wahrscheinlichkeit für einen Anteilswert in einem Intervall entspricht der Fläche über diesem Intervall und unter der Kurve.

Beispiel: Wenn die Stichprobenverteilung des Anteilswertes P nach N(0,42;0,0156) verteilt ist, dann ist die Wahrscheinlichkeit für einen Stichprobenanteilswert im Intervall 0,4044 bis 0,4356:

$$P(0,4044 \leq P \leq 0,4356) = 0,683$$

Bei stetigen Zufallsvariablen werden Wahrscheinlichkeiten durch Flächen repräsentiert

Dieser Wert für die Wahrscheinlichkeit ist schnell ermittelt, da es sich hier um das Intervall $[\mu_P - 1,00 \cdot \sigma_P; \mu_P + 1,00 \cdot \sigma_P]$ handelt (→ TABELLE 6.1). Die Wahrscheinlichkeit dafür, dass eine Zufallsstichprobe einen Stichprobenanteil zwischen 0,4044 und 0,4356 aufweist, beträgt 68,3 %.

Die Wahrscheinlichkeit für eine einzelne Ausprägung des Stichprobenanteils ist so groß wie die Fläche über einem Intervall, das nur aus einem Wert besteht und damit keine Ausdehnung hat. Diese Fläche ist 0, und damit ist die Wahrscheinlichkeit für das Eintreten eines einzigen bestimmten Stichprobenanteils 0. Die Y-Achse stellt bei stetigen Zufallsvariablen also nicht die Wahrscheinlichkeiten, sondern die Wahrscheinlichkeitsdichten dar.

Einzelnen Ausprägungen werden Wahrscheinlichkeitsdichten zugeordnet

Schätzen

| 6.5

In der Regel ist die Ausprägung von interessierenden Maßzahlen wie Anteilswert oder arithmetisches Mittel in der Grundgesamtheit unbekannt. Dann kann man eine Schätzung durchführen. Das **Schätzen** ist neben dem Testen von Hypothesen (→ Kap. 7) eine von zwei Formen des statistischen Schließens (der Inferenz). Praktisch hat man dabei nur eine Stichprobe zur Verfügung. Das Schätzen besteht in der statistischen Schlussfolgerung von Erkenntnissen, die man aus der Stichprobe gewonnen hat, auf Zustände in der Grundgesamtheit. Diese Schlussrichtung heißt **Repräsentationsschluss** oder Induktionsschluss. Man kann zwei Formen des Schätzens unterscheiden: die Punktschätzung und die Intervallschätzung.

Schluss von Stichprobe auf Grundgesamtheit

Punktschätzung

| 6.5.1

Bei der **Punktschätzung** errechnet man aus der Stichprobe einen Stichprobenkennwert und schätzt damit die entsprechende Maßzahl in der Grundgesamtheit. Der Stichprobenkennwert, mit dem die Schätzung erfolgt, heißt auch **Schätzer**.

Schreibweise: Um Schätzungen als solche zu kennzeichnen, werden sie mit einem Dach „ˆ" gekennzeichnet.

Beispiel: Wenn man mit dem ALLBUS 2002 schätzen will, wie groß das durchschnittliche *Nettoeinkommen* (v361) in dieser Grundgesamtheit ist, dann ist der Stichprobenmittelwert des *Nettoeinkommens* eine Punktschätzung für das durchschnittliche *Nettoeinkommen* der Grundgesamtheit. Für die Stichprobe ergibt sich ein arithmetisches Mittel von 1437,04 €. Dieser Wert wird als Punktschätzung für den arithmetischen Mittelwert in der Grundgesamtheit verwendet:

$$\bar{x} = 1437{,}04 = \hat{\mu}$$

Für Punktschätzungen gibt es verschiedene **Gütekriterien**. Die beiden wichtigsten sind Erwartungstreue und Effizienz. Eine Schätzung ist **erwartungstreu**, wenn sie im Durchschnitt (bei wiederholter Durchführung mit verschiedenen Zufallsstichproben) den zu schätzenden Grund-

Gütekriterien der Punktschätzung

gesamtheitswert richtig schätzt. Der Stichprobenmittelwert oder der Stichprobenanteilswert sind erwartungstreue Schätzer. Die Standardabweichung eines metrischen Merkmals in der Stichprobe s ist dagegen keine erwartungstreue Schätzung für die Standardabweichung des metrischen Merkmals in der Grundgesamtheit σ. Aus einer Stichprobe kann man aber mit folgender Formel σ erwartungstreu schätzen:

$$\hat{\sigma} = \sqrt{\frac{1}{n-1} \sum_{i} (x_i - \bar{x})^2}$$

Ist ein Schätzer nicht erwartungstreu, führt die Punktschätzung zu **verzerrten** Schätzungen. Man spricht bei Verzerrung auch von „Bias" (engl., „Verzerrung"). Ein Schätzer ist **effizient**, wenn die Schätzungen (bei wiederholter Schätzung mit verschiedenen Zufallsstichproben) um den arithmetischen Mittelwert so gering streuen, dass kein anderer Schätzer eine geringere Streuung aufweist. Die Effizienz eines Schätzers ist damit nur im Vergleich (und bei konstanten Stichprobenumfängen) zu beurteilen. Ein Schätzer ist **ineffizient**, wenn seine Streuung größer ist als die eines anderen Schätzers. Punktschätzungen haben den Nachteil, dass sie keine Information zur Verfügung stellen können, mit welcher Verlässlichkeit geschätzt wird. Und bei einer Punktschätzung ist aus Zufallsgründen immer damit zu rechnen, dass der Schätzer von dem wahren Grundgesamtheitswert abweicht.

Intervallschätzung

Bei einer **Intervallschätzung** wird ein Bereich angegeben, in dem mit einem bestimmten Vertrauen oder einer bestimmten Sicherheit der Grundgesamtheitswert liegt. Diese Intervalle nennt man **Konfidenzintervalle**. Das Konzept der Konfidenzintervalle sowie deren statistische Interpretation ist von JERZY NEYMAN (1894–1981) und EGON S. PEARSON (1895–1980, Sohn von KARL PEARSON) in den 1930er Jahren ausgearbeitet worden. Konfidenzintervalle geben einen Bereich an, in dem mit einem bestimmten Vertrauen – man sagt auch: in dem mit einer bestimmten Sicherheit – eine Maßzahl in der Grundgesamtheit ausgeprägt ist.

Das **Vertrauensniveau** ist ein Anteilswert $(1 - \alpha)$ bzw. ein Prozentsatz $100 \cdot (1 - \alpha)\,\%$, der den „Grad des Vertrauens" oder den Grad der Sicherheit angibt. Das üblicherweise verwendete Vertrauensniveau beträgt $(1 - \alpha) = 0,95$ oder $95\,\%$.

Die Grundidee von Konfidenzintervallen kann man einfach einführen, wobei zur Vereinfachung davon ausgegangen wird, dass die Stichproben ausreichend groß sind. Wenn man einen unbekannten Anteilswert π mit einer Sicherheit von $95\,\%$ schätzen möchte, kann man hierfür an das oben verwendete Gedankenexperiment für die Einführung der Stichprobenverteilung (→ Kap. 6.3) anschließen: Wenn man sehr viele Stichproben aus der Grundgesamtheit zieht und jeweils den Stichprobenanteil ermittelt, dann weiß man, dass diese normalverteilt sind und dass $95\,\%$ der Stichprobenanteile im Intervall $[\mu_P - 1{,}96 \cdot \sigma_P \,;\, \mu_P + 1{,}96 \cdot \sigma_P]$ liegen. Konstruiert man nun um jeden Stichprobenanteilswert p ein symmetrisches Intervall $[p - 1{,}96 \cdot \sigma_P \,;\, p + 1{,}96 \cdot \sigma_P]$, so kann man dann er-

Gedankenexperiment zur Einführung der Konfidenzintervalle

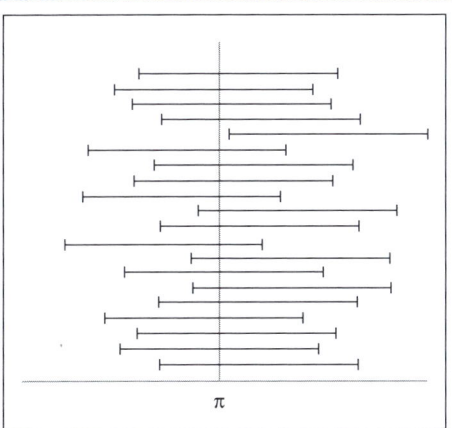

Abb. 6.7

warten, dass 95 % der so konstruierten Konfidenzintervalle den Grund-gesamtheitswert π beinhalten und 5 % der Konfidenzintervalle π nicht beinhalten. Die ABBILDUNG 6.7 zeigt 20 solcher Konfidenzintervalle als horizontale Linien. Die vertikale Linie kennzeichnet die Lage des unbe-kannten Anteilswertes in der Grundgesamtheit. 19 Konfidenzintervalle (95 % von 20) beinhalten π, ein Konfidenzintervall (5 % von 20) beinhaltet π nicht.

Da praktisch *nur eine* Stichprobe vorliegt, die man zur Konstruktion ei-nes Konfidenzintervalls heranziehen kann, sagt man, dass mit „einer Si-cherheit von 95 %" der Grundgesamtheitswert π in dem Konfidenzinter-vall $[p - 1{,}96 \cdot \sigma_P \,; p + 1{,}96 \cdot \sigma_P]$ enthalten ist. In Kurzschreibweise:

$$\text{KONF[untere Grenze;obere Grenze]} = 0{,}95$$

TABELLE 6.5 stellt die Formeln für die Berechnung der Grenzen der 95 %-Konfidenzintervalle für $\hat{\mu}$ bzw. $\hat{\pi}$ zusammen.

Will man ein anderes Konfidenzniveau als 95 % verwenden, dann be-nötigt man entsprechend ein anderes z-Quantil. Das z-Quantil für die Be-rechnung von Konfidenzintervallen ist: $z_{1-(\alpha/2)}$. Für ein Konfidenzniveau von 99 % ist $\alpha = 0{,}01$, und man verwendet $z_{1-0{,}005} = z_{0{,}995} = 2{,}58$.

Berechnung der Konfidenzintervalle

Für die Intervallschätzung des arithmetischen Mittels fehlt im Nor-malfall die Kenntnis der Standardabweichung σ, die für die Berechnung des Stichprobenfehlers $\sigma_{\bar{X}}$ benötigt wird. Dann erfolgt vor Berechnung des Konfidenzintervalls mit Hilfe der Stichprobendaten die Punktschät-zung von σ, so dass damit dann $\hat{\sigma}_{\bar{X}}$ berechnet werden kann. Die Breite von Konfidenzintervallen hängt von der Stichprobengröße ab. Da man mit einer größeren Stichprobe eine größere Informationsmenge hat, fal-len die Konfidenzintervalle schmaler aus und sind daher informativer. Sie grenzen den zu schätzenden Grundgesamtheitswert besser ein.

Beispiel: Anhand des ALLBUS soll der Anteil der erwerbstätigen Frauen (an allen Erwerbstätigen) in der deutschen Bevölkerung ge-schätzt werden. Der ALLBUS enthält 1624 erwerbstätige Personen, davon sind 726 erwerbstätige Frauen. In dieser Stichprobe ergibt sich damit ein Anteilswert von $p = 726{:}1624 = 0{,}45$. Der Stichprobenfehler σ_P wird mit

Tab. 6.5 Konfidenzintervall für:	$\hat{\mu}$	$\hat{\pi}$
untere Grenze	$\bar{x} - z_{0{,}975} \cdot \sigma_{\bar{X}}$	$p - z_{0{,}975} \cdot \sigma_P$
obere Grenze	$\bar{x} + z_{0{,}975} \cdot \sigma_{\bar{X}}$	$p + z_{0{,}975} \cdot \sigma_P$

Hilfe des Stichprobenkennwertes p geschätzt:

$$\widehat{\sigma}_P = \sqrt{\frac{0{,}45 \cdot (1 - 0{,}45)}{1624}} = 0{,}0123$$

Für das 95 %-Konfidenzintervall ergeben sich folgende Intervallgrenzen:

$$\text{untere Grenze} = 0{,}45 - 1{,}96 \cdot 0{,}0123 = 0{,}4259$$
$$\text{obere Grenze} = 0{,}45 + 1{,}96 \cdot 0{,}0123 = 0{,}4741$$

Man kann damit sagen, dass mit einer 95 %igen Sicherheit der Anteilswert der erwerbstätigen Frauen an allen Erwerbstätigen zwischen 42,59 % und 47,41 % liegt. In Kurzschreibweise:

$$\text{KONF}[0{,}4259; 0{,}4741] = 0{,}95$$

Die für die Punktschätzung angeführten **Gütekriterien** lassen sich auch auf die Intervallschätzung beziehen. Konfidenzintervalle sind exakt, wenn (bei wiederholter Berechnung mit verschiedenen Zufallsstichproben) $100 \cdot (1 - \alpha)\%$ von ihnen den zu schätzenden Grundgesamtheitswert tatsächlich beinhalten. Exakte Konfidenzintervalle sind **unverzerrt** (engl. „unbiased"). Kann man Konfidenzintervalle auf verschiedene Weise konstruieren, so ist – bei gegebenem Konfidenzniveau und gegebener Stichprobengröße – die **Schmalheit** (engl. „narrowness") ein Gütekriterium, das für den Vergleich herangezogen werden kann. Schmalere Konfidenzintervalle sind informativer. Bei kleinen Stichprobenumfängen und wenn man σ für die Berechnung des Stichprobenfehlers $\sigma_{\bar{X}}$ punktschätzen muss, sind Konfidenzintervalle, die mit t-Quantilen anstatt z-Quantilen konstruiert werden, die exakteren Konfidenzintervalle. Aber auch hier sind ab n = 100 die Unterschiede praktisch zu vernachlässigen.

Gütekriterien der Intervallschätzung

Gewichtungen und praktische Probleme | 6.6

In der Statistikliteratur werden zumeist einfache Zufallsstichproben angenommen bzw. herangezogen, sie sind in der Sozialforschung aber die Ausnahme. Hier sind komplexe Zufallsstichproben der Normalfall. Dies hat Konsequenzen für Punktschätzungen und die Berechnung von Stichprobenfehlern. Für die statistische Praxis in der Sozialforschung (Datenanalyse) können sich zudem Probleme stellen, die mit der Befragung als dem wichtigsten Datenerhebungsverfahren und Personen als den typischen Merkmalsträgern sozialwissenschaftlicher Untersuchungen zusammenhängen: zufällig ausgewählte Personen sind nicht immer bereit, einzelne Fragen zu beantworten oder überhaupt an einer Befragung teilzunehmen.

Design-Gewichtungen

Bei komplexen Zufallsstichproben werden Gewichtungen eingesetzt, die berücksichtigen sollen, dass die gezogenen Fälle unterschiedliche Auswahlchancen hatten, in die Stichprobe zu gelangen. Für disproportionale Stichproben sind die Gewichtungen einfach durchzuführen, indem man die Fälle mit einem zur Auswahlchance reziproken Gewicht in die statistischen Berechnungen eingehen lässt. Da bei komplexen Zufallsstichproben diese Unterschiedlichkeit der Auswahlchance auf das Stichprobendesign zurückzuführen ist, heißen die Gewichtungen, die dieses Stichprobendesign „korrigieren" sollen, **Design-Gewichtungen**. Sie können – zumindest prinzipiell – im Voraus ermittelt werden, wenn die Auswahlchancen für die einzelnen Fälle auf den jeweiligen Stufen bzw. in den jeweiligen Schichten vorab bekannt sind.

Design-Gewichtung soll unterschiedliche Auswahlchancen ausgleichen

Beispiel: Im ALLBUS 2002 sind die Westdeutschen und die Ostdeutschen disproportional enthalten. Wenn Auswertungen der ALLBUS-Daten bevölkerungsweit aussagekräftig sein sollen, müssen die Ost- und Westdeutschen mit unterschiedlicher Gewichtung in die Auswertung eingehen. Man muss also die Überrepräsentation der Ostdeutschen und die Unterrepräsentation der Westdeutschen durch einen personenbezogenen Gewichtungsfaktor rechnerisch korrigieren. Diesen Gewichtungsfaktor kann man als Variable (*Personenbezogenes Ost-West-Gewicht*, v719) im Datensatz ALLBUS 2002 finden. Dann „schaltet" man die Gewichtung vor der Durchführung von statistischen Berechnungen durch die Statistiksoftware ein, so dass die einzelnen Fälle ihrem Gewicht entsprechend in die Berechnungen eingehen. Die Gewichtung lässt die einzelnen Befragten also nicht mit einem Gewicht von 1 in Rechnungen eingehen. Da die Ostdeutschen überrepräsentiert sind, gehen sie mit einem kleineren Gewicht ein (der Gewichtungsfaktor ist ca. 0,60), während die Westdeutschen, die unterrepräsentiert sind, mit einem größeren Gewicht eingehen (der Gewichtungsfaktor ist ca. 1,18).

Mit Hilfe solcher Design-Gewichte kann man (wenn keine anderen verzerrenden Einflüsse vorliegen) erwartungstreue Punktschätzungen für metrische Maßzahlen in der Grundgesamtheit erreichen. Zudem sind die kategorialen Variablen in der Stichprobe univariat proportional verteilt zu der entsprechenden Verteilung in der Grundgesamtheit.

Bei komplexen Zufallsstichproben sind die Stichprobenfehler (Standardfehler) anders als bei einfachen Zufallsstichproben zu berechnen. Damit liegt ein zweites Problem vor, das durch solche fallbezogenen Gewichte nicht korrigiert werden kann. Viele Statistik-Softwareprogramme ermöglichen zwar die Verwendung von fallbezogenen Design-Gewichten und damit erwartungstreue Punktschätzungen. Sie ermöglichen aber nicht, dass die Stichprobenfehler richtig ermittelt werden. Mit Stata ist die Berechnung der validen Stichprobenfehler möglich (KOHLER/ KREUTER 2005), mit SPSS erst seit Ende 2005 (ab Version 14). (Dafür müssen im Datensatz Variablen enthalten sein, die für jeden Fall die Information abbilden, welchen Stufen bzw. Schichten die Fälle im Auswahlvorgang zugehört haben und welche Auswahlchancen jeweils vorlagen. Dies ist bislang aber die Ausnahme für die Datensätze, die der Sozialforschung zur Verfügung stehen. Mittlerweile ermöglichen die Mikrozensus-Datensätze – die Scientific Use-Files – die Berechnung der Stichprobenfehler. Im ALLBUS fehlen die Informationen dafür.)

Probleme
der Gewichtung
bei komplexen
Zufallsstichproben

Eine Design-Gewichtung, die nur fallbezogen gewichtet, reicht also bei komplexen Zufallsstichproben nicht aus. Die Folge ist, dass die Stichprobenfehler unterschätzt werden, d. h., sie fallen in den Berechnungen tendenziell zu klein aus. Damit geraten Konfidenzintervalle bei komplexen Zufallsstichproben ebenfalls tendenziell zu klein. In der Praxis werden überwiegend kombinierte Formen komplexer Zufallsstichproben verwendet, was die Berechnung der Auswahlchancen und die für deren Angleichung verwendeten Design-Gewichtungen kompliziert werden lässt. Zudem kann es vorkommen, dass die Auswahlchancen sich im Nachhinein nicht mehr berechnen lassen oder dass sie von vornherein nicht ermittelbar waren. (Zum Beispiel, weil keine Auflistung der Personen einer Grundgesamtheit zur Verfügung stand und die Grundgesamtheit damit vorab zwar definierbar war, ihre exakte Größe aber nicht bekannt war.)

Redressment

Eine Gewichtung, die im Nachhinein die Verteilungen in Stichproben an die Grundgesamtheit anzupassen versucht, heißt **Redressment** oder auch Randanpassung. Für das Redressment werden mehrere soziodemografische Merkmale herangezogen, für die die Verteilung in der Grundgesamtheit bekannt sein muss. Als Referenzstatistik dient dabei in der Regel der Mikrozensus. Mit den Mikrozensus-Daten lassen sich die Häufigkeiten der Merkmalskombinationen der herangezogenen soziodemografischen Variablen errechnen. Für diese (mehrdimensionale) Verteilung wird dann eine Gewichtung erstellt, mit der die Verteilungen in der zu gewichtenden Stichprobe an den Mikrozensus angepasst werden.

Redressment
versucht Anpassung
im Nachhinein

Das Redressment ist eine häufige Anpassungsstrategie. Die Grundüberlegung ist, dass eine Anpassung einer Stichprobe an ausgesuchte soziodemografische Merkmale der Grundgesamtheit auch dazu führt, dass untersuchungsrelevante Merkmale in der Stichprobe nun ebenfalls „repräsentativ" verteilt sind. Für die untersuchungsrelevanten Variablen hat man ja zumeist die Information nicht, wie diese in der Grundgesamtheit verteilt sind (was eben der Grund der Stichprobenziehung ist). Diese Überlegung muss voraussetzen, dass es einen engen statistischen Zusammenhang zwischen den für das Redressment herangezogenen Variablen und den anderen untersuchungsrelevanten Variablen gibt. In Simulationen hat sich jedoch gezeigt, dass die Annahme eines solchen Zusammenhangs nicht zutreffen muss.

Voraussetzung für Redressment (Randnotiz)

Nonresponse

Unter realen Bedingungen können Probleme auftreten, die zu einer kontroversen Diskussion geführt haben, ob überhaupt Gewichtungen verwendet werden sollen bzw. können. Dazu zählt das Problem der Befragungsausfälle. Diese Ausfälle heißen **Nonresponse**. Der Anteil der nicht realisierten Befragungen an den vorgesehen Befragungen heißt Nonresponsequote oder Ausfallquote. (Der Anteil der zustande gekommenen Befragungen an den vorgesehenen Befragungen ist die Ausschöpfungsquote.) Ausfälle haben verschiedene Ursachen. Die meisten Ausfälle kommen dadurch zustande, dass Personen, die Teil der Zufallsstichprobe sind, die Teilnahme an der Befragung verweigern. Weitere Ausfallgründe sind Krankheit oder die Nichterreichbarkeit von zu befragenden Personen. Dabei wird unterschieden zwischen vollständigen Ausfällen (Unit-Nonresponse) und dem selektiven Fehlen (Ausfall) von Antworten zu einzelnen Fragen (Item-Nonresponse). Nonresponse führt zunächst einmal zur Reduzierung der Fallzahlen. Problematisch an Nonresponse ist dabei nicht unbedingt die Höhe der Nonresponse-Quote, sondern die Frage, ob die Ausfälle systematisch erfolgen oder ob sie zufällig sind. Zufällig sind Ausfälle, wenn die Chancen für Ausfälle nicht mit bestimmten Merkmalen zusammenhängen. Systematisch erfolgen Ausfälle dann, wenn das Gegenteil der Fall ist. So kann es sein, dass die Ausfälle aufgrund von Nichterreichbarkeit bei berufstätigen Personen höher ausfallen als bei nicht berufstätigen Personen. Ist dieses Merkmal untersuchungsrelevant oder korreliert es mit untersuchungsrelevanten Merkmalen, ist die Folge eine systematische Verzerrung („Bias"). Die Verzerrungen, die aufgrund von Nonresponse zustande kommen, können gravierend sein, und sie stellen wohl die größte Fehlerquelle bei der Inferenz von Stichproben auf Grundgesamtheiten dar. Nonresponse sollte nicht ignoriert werden, wenn nicht begründet werden kann, dass die Ausfälle zufällig sind. Denn dann liegen systematische Einflüsse für das Ausfallen vor. Eine einfache Maßnahme, festzustellen, ob gravierende Verzerrungen durch Nonresponse vorliegen, ist der Abgleich soziode-

Gründe für Nonresponse (Randnotiz)

Folgen von Nonresponse (Randnotiz)

mografischer Verteilungen in der Stichprobe mit den entsprechenden Verteilungen eines Referenzdatensatzes (wie dem Mikrozensus). Diese Strategie heißt **Nettovalidierung**. Diese einfache Strategie kann aber nur dazu dienen, grobe Abweichungen der Stichprobenverteilungen von denen der abzubildenden Grundgesamtheit zu identifizieren, und sie ist keine Versicherung gegen vorliegende Verzerrungen. Mit ihr ist aber feststellbar, für welche Gruppen die Abweichungen gravierend sind, und man kann Hinweise über die Mechanismen erhalten, die für Ausfälle verantwortlich sind.

Vergleich mit Referenzstatistik

Um fehlende Daten zu schätzen und zu ersetzen, können Korrekturverfahren angewandt werden, die Informationen über Ausfallgründe heranziehen. Dieses Verfahren nennt man **Imputation**. Die Verwendung von Redressments zur Korrektur von Nonresponse-Problemen wird von vielen Sozialforschern kritisch beurteilt, wenn die Mechanismen, die zu den Ausfällen geführt haben, nicht bekannt sind und wenn keine theoretische Fundierung vorliegt, die begründen kann, warum die Anpassung an einige (soziodemografische) Merkmale den Datensatz auch hinsichtlich anderer untersuchungsrelevanter Merkmale „verbessern" kann.

Grundlegender ist, sich um die Verbesserung des Datenerhebungsprozesses zu bemühen, was nicht nur bedeutet, die Ausschöpfungsquote zu erhöhen, sondern auch während der Datenerhebung Informationen über verbleibende Systematiken des Ausfalls zu sammeln. Für die statistische Auswertung von Daten ist die Kenntnis der konkreten vorangehenden Forschungsphasen eine wichtige Voraussetzung. Dies nicht nur, um mit den Operationalisierungen der Merkmale zu Variablen und dem Stichprobendesign vertraut zu sein, sondern auch um die in der Datenerhebungsphase aufgetretenen Probleme und ihre Folgen für die Datenqualität (bei den Befragungen: Ausfallquoten, Systematiken dafür etc.) einschätzen zu können. Insgesamt muss man einschätzen können, welche Aussagen mit welcher Genauigkeit der statistischen Analyse die vorlaufende Datenerhebungsphase ermöglichen kann.

Kenntnis der vorangehenden Forschungsphasen ist Voraussetzung für Datenanalyse

7 | Testen

In diesem Kapitel wird die Grundlogik der **klassischen Testtheorie** einge-führt. Diese wurde in den 1930er Jahren von Jerzy Neyman und Egon S. Pearson entwickelt und bildet das erste vollständige Prozedere für das statistische Prüfen von Hypothesen. Sie ist bis heute dafür das Grund-modell geblieben und heißt auch **Neyman-Pearson-Ansatz**. Das Anliegen von Neyman und Pearson war, eine Entscheidungsregel für oder gegen eine Hypothese über die Grundgesamtheit zu entwickeln. Eine Hypothese über die Grundgesamtheit soll anhand eines Tests entweder verworfen oder beibehalten werden. Die Datengrundlage, um die Entscheidung über eine Hypothese zu fällen, ist wieder eine einzige Zufallsstichprobe. In diesem Kapitel werden vier Tests vorgestellt, zwei z-Tests (für den An-teilswert und das arithmetische Mittel) und zwei Tests für bivariate Zu-sammenhänge (zwischen kategorialen bzw. metrischen Variablen). Da-nach wird die allgemeine Vorgehensweise des Testens vorgestellt, und abschließend werden das Schätzen (→ Kap. 7.7) und das Testen miteinan-der verglichen.

Neyman-Pearson-Ansatz als Entscheidungsregel

z-Test des Anteilswertes | 7.1

Der **z-Test des Anteilswertes** prüft eine Hypothese über einen Anteilswert in der Grundgesamtheit. Vorausgesetzt wird, dass die Prüfung der Hypothese anhand einer Stichprobe erfolgt, die ausreichend groß ist, so dass die Stichprobenverteilung von P einer Normalverteilung $N(\mu_P; \sigma_P)$ folgt (→ Kap. 6.3). Das folgende Beispiel veranschaulicht die vier Schritte des z-Tests.

(1) Hypothesen

Beispiel: Es wird behauptet, dass 60 % aller Schüler ein Mobiltelefon besitzen, d. h., behauptet wird ein Anteilswert in der Grundgesamtheit von π = 0,6. Diese Hypothese wird im Folgenden die **Nullhypothese,** kurz: H_0, genannt. Die **Gegenhypothese** dazu ist die Alternativhypothese, kurz: H_1. Man sagt, dass der Anteilswert in der Grundgesamtheit sich von 0,6 unterscheidet. Formal:

Nullhypothese und Alternativhypothese

$$H_0: \pi = 0{,}6 \text{ und } H_1: \pi \neq 0{,}6.$$

Nun wird vorläufig unterstellt, dass die Nullhypothese die Grundgesamtheit (das sind alle Schüler) richtig beschreibt, dass also der Prozentsatz von 60 % in der Grundgesamtheit zutrifft. Zu einem späteren Zeitpunkt soll eine Zufallsstichprobe aus der Gesamtheit aller Schüler gezogen werden. Vorab weiß man aber bereits, wie groß die Stichprobe sein soll. In diesem Beispiel sollen 100 Schüler zufällig ausgewählt werden.

(2) Stichprobenverteilung

Aufgrund des zentralen Grenzwertsatzes kann man sagen, dass sich die Anteilswerte aus Zufallsstichproben normalverteilen. Da der Stichprobenumfang von n = 100 bekannt ist und man vorläufig davon ausgeht, dass die H_0 zutrifft, hat man nun alle notwendigen Informationen zur Verfügung, um die expliziten Parameter der Stichprobenverteilung zu bestimmen:

$$\mu_p = 0{,}6 \text{ und } \sigma_P = \sqrt{\frac{0{,}6 \cdot (1-0{,}6)}{100}} = 0{,}0490$$

Die Verteilung des Stichprobenanteilswertes P folgt N(0,6;0,0490). Wichtig ist, sich (noch einmal) zwei Aspekte bewusst zu machen: (1) Da aus Zufallsgründen Stichprobenanteilswerte möglich sind, die von 0,6 abweichen, liegt eine Streuung der Stichprobenanteilswerte vor, auch dann, wenn die H_0 als Beschreibung der unbekannten Grundgesamtheit tatsächlich zutrifft. Eben deswegen spricht man von dem Stichprobenkennwert als einer Zufallsvariablen und deswegen leitet man die zugehörige Stichprobenverteilung her. (2) Die Stichprobenverteilung kann man herleiten, ohne bereits eine Stichprobe gezogen zu haben. Denn für die Ermittlung der expliziten Parameter fließen nur theoretische bzw. hypothetische Überlegungen ein.

(3) Annahme- und Rückweisungsbereich

Stichprobenanteilswerte, die nur **moderat** von dem behaupteten Grundgesamtheitswert $\pi = 0{,}6$ abweichen, werden als gut vereinbar mit der H_0 angesehen. Sollte sich also ein Stichprobenanteil „in der Nähe" von 0,6 einstellen, so wird entschieden, dass dann die H_0 beibehalten wird. Was könnte nun Anlass dafür geben, dass man die H_0 verwirft und stattdessen die Alternativhypothese H_1 annimmt? Man sagt, dass gegen die H_0 solche Stichprobenanteilswerte sprechen, die so stark von 0,6 abweichen, dass sie unter der vorläufigen Annahme der H_0 nur eine sehr kleine Auftrittschance haben. Diese – aus Sicht der H_0 – **extremen** Stichprobenanteile liegen sehr weit links und sehr weit rechts von 0,6 entfernt. Was ist nun „moderat" und was „extrem"? Für die Festlegung zieht man eine Wahrscheinlichkeit heran. Denn mit Hilfe der Stichprobenverteilung kann man Auftrittschancen berechnen, d. h. Wahrscheinlichkeiten angeben. Diese werden durch die Flächen unter der Kurve für die Stichprobenverteilung repräsentiert. Nun muss noch festgelegt werden, was genau eine kleine Auftrittschance für die extremen Stichprobenanteile ist. Diese Festlegung erfolgt konventionell, indem man ein bestimmtes Wahrscheinlichkeitsniveau – üblicherweise 5 % – verwendet. Dieses Niveau heißt **Signifikanzniveau**, es wird mit SN oder α abgekürzt. Man kann nun mit diesem Signifikanzniveau die Stichprobenverteilung in zwei Bereiche einteilen: den Annahmebereich und den Rückweisungsbereich. Der **Annahmebereich**, kurz: A_0, umfasst die möglichen Stichprobenkennwerte, die mit der H_0 vereinbar sind, während der **Rückweisungsbereich**, kurz: R_0, diejenigen Stichprobenkennwerte umfasst, die gegen die H_0 sprechen. Die Einrichtung dieser beiden Bereiche erfolgt vor der Stichprobenziehung (zumindest vor ihrer Auswertung), und sie entspricht auch einer Festlegung, wie man sich in zwei sich ausschließenden Situationen entscheiden wird: Wenn der Stichprobenkennwert in den A_0 fällt, dann wird die H_0 beibehalten, wenn der Stichprobenkennwert dagegen in den R_0 fällt, dann wird die H_0 verworfen. Die Dichotomisierung der möglichen Realisationen des Stichprobenkennwertes ermöglicht die Entscheidung für oder gegen die H_0. Die ABBILDUNG 7.1 veranschaulicht die Entscheidungsregel anhand der Einrichtung von Annahme- und Rückweisungsbereich.

Gegen die H_0 sprechen „extreme" Stichprobenkennwerte

Größe des Signifikanzniveaus wird durch Konvention festgelegt

Dichotomisierung in A_0 und R_0

Da sowohl extrem kleine als auch extrem große Stichprobenkennwerte gegen die H_0 sprechen, ist der Rückweisungsbereich R_0 zweigeteilt. Man spricht in diesem Fall von einem **zweiseitigen** z-Test. Über jedem der beiden Teile von R_0 liegen 2,5 % der Fläche unter der Kurve für die Verteilung von P. Über dem Annahmebereich liegen 95 % der Fläche. Die beiden p-Werte, die den Annahmebereich vom Rückweisungsbereich trennen, sind die **Rückweisungswerte** p_{r1} und p_{r2}. (Sie gehören beide noch zum R_0).

zweiseitiger Test

In der ABBILDUNG 7.1 ist auch eine Z-Achse eingetragen. Hier sind sozusagen zwei Normalverteilungen für N(0,6;0,0490) und für N(0;1) „übereinander geplottet" (indem ihre Größen grafisch etwas gestaucht bzw. gestreckt wurden). Auf der Z-Achse liegen die z-Werte, die den p-Werten korrespondieren. Man erkennt, dass p_{r1} dem z-Wert $z_{r1} = -1{,}96$ und dass p_{r2} dem z-Wert $z_{r2} = +1{,}96$ entspricht. Diese beiden z-Werte sind ebenfalls Rückweisungswerte, da sie genauso den Rückweisungsbereich kennzeichnen wie p_{r1} und p_{r2}. Die Berechnung der Rückweisungswerte p_{r1} und p_{r2} erfolgt bei einem Signifikanzniveau von 5 % allgemein nach den Formeln:

$$p_{r1} = \pi - z_{0.975} \cdot \sigma_P \text{ und } p_{r2} = \pi + z_{0.975} \cdot \sigma_P$$

(Diese Formeln ergeben sich, wenn man die Formel für die z-Standardisierung nach p umstellt.) In diesem Fall ergeben sich die Werte:

$$p_{r1} = 0{,}6 - 1{,}96 \cdot 0{,}0490 = 0{,}504$$

und

$$p_{r2} = 0{,}6 + 1{,}96 \cdot 0{,}0490 = 0{,}696$$

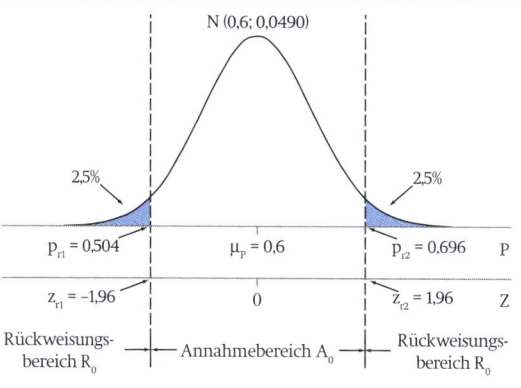

Abb. 7.1

Man kann mit diesen Rückweisungswerten die Wahrscheinlichkeit zum Ausdruck bringen, dass ein Stichprobenanteilswert in den Rückweisungsbereich fällt. Die Wahrscheinlichkeit, dass eine Stichprobe aus der (durch die H_0 zutreffend beschriebenen) Grundgesamtheit einen Anteilswert aufweist, der kleiner/gleich 0,504 oder größer/gleich 0,696 ist, ist jeweils 2,5 %:

$$P(P \leq 0{,}504) = 0{,}025 \text{ und } P(P \geq 0{,}696) = 0{,}025.$$

Die Wahrscheinlichkeit, dass eine Stichprobe aus der (durch die H_0 zutreffend beschriebenen) Grundgesamtheit einen Anteilswert aufweist, der in den Annahmebereich A_0 fällt, ist entsprechend:

$$P(0{,}504 < P < 0{,}696) = 0{,}95$$

(4) Auswertung der Stichprobe und Testentscheidung

Nachdem Annahme- und Rückweisungsbereich eingerichtet wurden, kann man die Stichprobe ziehen und auswerten, d. h. den Anteilswert in der Stichprobe berechnen und feststellen, in welchen der beiden Bereiche dieser fällt. Damit ist die Entscheidung verbunden für die Rückweisung der H_0 (wenn p in den R_0 fällt) bzw. die Beibehaltung der H_0 (wenn p in den A_0 fällt).

In diesem Beispiel möge sich ergeben, dass von den 100 Schülern 52 ein Mobiltelefon besitzen. Es liegt somit ein Anteilswert in der Stichprobe von p = 0,52 vor. Damit ist die Entscheidung verbunden, die H_0 *nicht* zu verwerfen und diese weiterhin als zutreffende Beschreibung für die Grundgesamtheit anzusehen. Man sagt nun: „Der Stichprobenbefund ist nicht signifikant", die Nullhypothese kann nicht verworfen werden. Man geht nun bis auf weiteres davon aus, dass 60 % der Schüler in der Grundgesamtheit ein Mobiltelefon besitzen.

Stichprobenbefund „nicht signifikant"

Man hätte diese Testentscheidung auch erhalten, wenn man den Stichprobenbefund p = 0,52 z-standardisiert hätte und den erhaltenen z-Wert mit z_{r1} und z_{r2} verglichen hätte. Als z-Wert ergibt sich:

$$z = \frac{p - \mu_P}{\sigma_P} = \frac{0{,}52 - 0{,}6}{0{,}0490} = -1{,}63$$

Dieser z-Wert liegt im Annahmebereich, da –1,96 < –1,63 < +1,96 ist. Man kann also den Test „auf zwei Achsen" durchführen: Entweder man berechnet die Rückweisungswerte p_{r1} und p_{r2} auf der P-Achse und vergleicht dann den Stichprobenanteilswert p damit oder man z-standardisiert den Stichprobenanteilswert und vergleicht ihn mit z_{r1} und z_{r2}.

z-Test des arithmetischen Mittels | 7.2

Der **z-Test des arithmetischen Mittels** prüft eine Hypothese über das arithmetische Mittel eines metrischen Merkmals in der Grundgesamtheit. Um die Prüfung dieser Hypothese mit einem z-Test durchzuführen, wird vorausgesetzt, dass der Stichprobenumfang mindestens n = 30 beträgt, so dass nach dem zentralen Grenzwertsatz die Stichprobenverteilung von $\bar{X}$ der Normalverteilung $N(\mu_{\bar{X}}; \sigma_{\bar{X}})$ folgt.

(1) Hypothesen

Beispiel: Es wird behauptet, dass Schüler im Durchschnitt 60 Minuten täglich für ihre Schulaufgaben verwenden. Diese Hypothese soll geprüft werden. Anhand eines z-Tests für das arithmetische Mittel ist eine Entscheidung zwischen der Nullhypothese und der Alternativhypothese zu treffen. Letztere besagt, dass in der Grundgesamtheit der Schüler die durchschnittliche *Zeit für die Hausaufgaben* sich von 60 Minuten unterscheidet. Formal:

$$H_0: \mu = 60 \text{ und } H_1: \mu \neq 60$$

Gezogen werden soll eine Stichprobe vom Umfang n = 100.

(2) Stichprobenverteilung

Vorläufig wird unterstellt, dass die H_0 in der Grundgesamtheit zutrifft, so dass die Stichprobenverteilung ermittelt werden kann. Hier ist das Problem zu lösen, dass für den Stichprobenfehler des Stichprobenmittelwertes $\sigma_{\bar{X}}$ die Standardabweichung σ des Merkmals X in der Grundgesamtheit bekannt sein muss. Da σ zumeist nicht bekannt ist, wird diese Maßzahl kurzerhand aus der Stichprobe mit s geschätzt. Der Stichprobenfehler ist damit:

$$\hat{\sigma}_{\bar{X}} = \frac{\hat{\sigma}}{\sqrt{n}} \text{ wobei } \hat{\sigma} = s = \sqrt{\frac{1}{n-1} \sum_i (x_i - \bar{x})^2}$$

Diese Schätzung ist zulässig, weil sie nicht den zu testenden Wert μ schätzt. Die aus der Stichprobe vorab ermittelte Standardabweichung möge s = 40 Minuten ergeben haben, und so ist $\hat{\sigma} = 40$. Damit liegen alle Informationen für die Ermittlung der expliziten Parameter vor:

$$\mu_{\bar{X}} = 60 \text{ und } \hat{\sigma}_{\bar{X}} = \frac{40}{\sqrt{100}} = 4$$

Unter der Annahme, dass die H_0 in der Grundgesamtheit zutrifft, folgen die Stichprobenmittelwerte N(60; 4).

(3) Annahme- und Rückweisungsbereich

Aus Zufallsgründen können die Stichprobenanteilswerte von dem behaupteten Grundgesamtheitswert $\mu = 60$ abweichen, selbst dann, wenn die H_0 zutrifft. Wenn die Stichprobenmittelwerte nur moderat abweichen, wird die H_0 beibehalten. Wenn die Abweichungen aber groß sind, dann soll die H_0 verworfen werden. Bei einem Signifikanzniveau von SN = 5 % bilden die 5 % der möglichen Stichprobenmittelwerte, die extrem größer oder extrem kleiner als $\bar{x} = 60$ sind, den zweigeteilten Rückweisungsbereich R_0. In der ABBILDUNG 7.2 sind diese links und rechts gekennzeichnet. In der Mitte liegt der Annahmebereich A_0 mit den möglichen Stichprobemittelwerten, die als mit der H_0 vereinbar angesehen werden.

Die Rückweisungswerte $\bar{x}_{r1}$ und $\bar{x}_{r2}$ werden berechnet mit den Formeln:

$$\bar{x}_{r1} = \mu - z_{0.975} \cdot \sigma_{\bar{X}} \text{ und } \bar{x}_{r2} = \mu + z_{0.975} \cdot \sigma_{\bar{X}}$$

In diesem Fall sind die Rückweisungswerte damit:

$$\bar{x}_{r1} = 60 - 1,96 \cdot 4 = 52{,}16$$

und

$$\bar{x}_{r2} = 60 + 1,96 \cdot 4 = 67{,}84$$

Trifft die H_0 in der Grundgesamtheit zu, dann sind die Wahrscheinlichkeiten für Stichprobenmittelwerte im Rückweisungsbereich:

Abb. 7.2

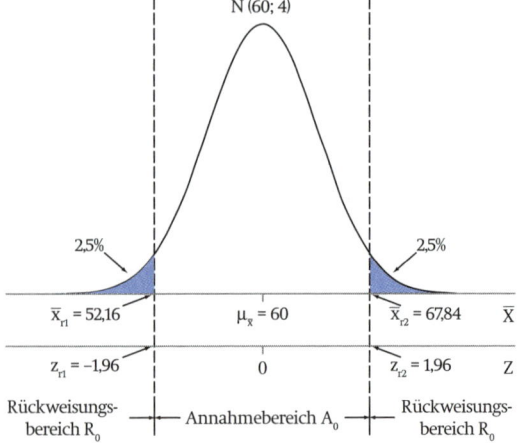

$$P(\bar{X} \leq 52{,}16) = 0{,}025 \text{ und } P(\bar{X} \geq 67{,}84) = 0{,}025$$

Die Wahrscheinlichkeit dafür, dass ein Stichprobenmittelwert in den Annahmebereich fällt, ist:

$$P(52{,}16 < \bar{X} < 67{,}84) = 0{,}95$$

(4) Auswertung der Stichprobe und Testentscheidung

In der Stichprobe von 100 Schülern möge sich eine durchschnittliche *Zeit für die Hausaufgaben* von 70 Minuten ergeben haben. Dieser Wert fällt in den Rückweisungsbereich, da $70 \geq 67{,}84$ ist. Die Testentscheidung ist, dass die H_0 verworfen wird. Man sagt: „Der Stichprobenbefund ist signifikant". Man nimmt daher nun an, dass die Alternativhypothese in der Grundgesamtheit zutrifft. Man kann also davon ausgehen, dass die Zeit für die Hausaufgeben in der Grundgesamtheit aller Schüler nicht 60 Minuten beträgt, sondern davon abweicht.

Stichprobenbefund
„signifikant"

Auch hier hätte man den gleichen Testbefund erhalten, indem man den Stichprobenbefund z-standardisiert hätte:

$$z = \frac{x - \mu_{\bar{X}}}{\sigma_{\bar{X}}} = \frac{70 - 60}{4} = 2{,}5$$

Da $z \geq z_{r2}$ ist, liegt der z-Wert im Rückweisungsbereich.

Bemerkung: die beiden z-Tests sind hier als zweiseitige Tests eingeführt worden. Ein Test ist immer dann ein zweiseitiger Test, wenn sowohl sehr große als auch sehr kleine Stichprobenkennwerte inhaltlich gegen die H_0 sprechen und zu ihrer Verwerfung führen können. Ein z-Test wird dagegen als ein einseitiger Test durchgeführt, wenn eine H_0 zu testen ist, die behauptet, dass in der Grundgesamtheit eine statistische Maßzahl kleiner oder größer ausgeprägt ist als ein bestimmter Wert. Wenn die Nullhypothese in dem Beispiel zum z-Test des arithmetischen Mittels anders formuliert wäre, nämlich: „In der Grundgesamtheit der Schüler beträgt die durchschnittliche täglich für Hausaufgaben verwendete Zeit *weniger* als 60 Minuten!", dann würden nur sehr große Stichprobenkennwerte gegen die H_0 sprechen. Formal: H_0: $\mu < 60$. Die H_1 würde entsprechend lauten H_1: $\mu \geq 60$. In diesem Fall wäre ein Rückweisungsbereich nur auf der rechten Seite der Stichprobenverteilung einzurichten. In der soziologischen Praxis finden sich fast ausschließlich zweiseitige z-Tests. Auch die noch einzuführenden t-Tests für den Korrelationskoeffizienten (→ Kap. 7.5) und für die Regressionskoeffizienten (→ Kap. 8.5.4) sind in der Praxis zweiseitige Tests. Es gibt aber Tests, die *nur* einseitige Tests sein können, wie der χ^2-Test (→ Kap. 7.4) und der F-Test des Determinationskoeffi-

einseitige und
zweiseitige Tests

zienten (→ Kap. 8.5.2), da hier jeweils nur sehr große Stichprobenkennwerte (für χ^2 bzw. für F) gegen die H_0 sprechen.

t-Test und z-Test

Wenn der Stichprobenumfang n < 30 ist, ist statt des z-Tests der t-Test zu verwenden. Dann muss vorausgesetzt werden, dass das metrische Merkmal X in der Grundgesamtheit normalverteilt ist. Der t-Test ist bei größeren Stichprobenumfängen mit dem z-Test praktisch identisch. Dann geht die t-Verteilung in die Standardnormalverteilung über (→ Kap. 6.2.2). Wer einen z-Test des arithmetischen Mittels mit Hilfe einer Statistik-Software durchführen will, findet diesen dann häufig nur in Form des t-Tests.

t-Werte und z-Werte (margin)

7.3 | Fehler erster und zweiter Art

Die Zielsetzung von NEYMAN und PEARSON bei der Entwicklung dieser Vorgehensweise des Testens war, jeden möglichen Stichprobenkennwert einer von zwei Testentscheidungen zuzuordnen und so über eine Hypothese aufgrund eines Stichprobenkennwertes statistisch zu entscheiden. Diese Strategie, Testentscheidungen zu treffen, ist jedoch nicht ohne Risiko. Man kann Fehler machen, wenn man im Rahmen des Testens die Nullhypothese verwirft, aber auch, wenn man sie beibehält. Jedes der beiden Testresultate ist mit dem Risiko für einen Fehler verknüpft. Die zwei möglichen Fehler nennt man **Fehler erster Art**, der auch α-Fehler genannt wird, und **Fehler zweiter Art**, der auch β-Fehler genannt wird. Man kann jeweils nur einen dieser beiden Fehler machen, je nachdem, welche Testentscheidung getroffen wurde.

Testentscheidungen und Fehler (margin)

Fehler erster Art (α-Fehler)

Der Fehler erster Art besteht darin, irrtümlich die H_0 zu verwerfen, obwohl sie die Grundgesamtheit richtig beschreibt. Wie ist das möglich? Die eine Entscheidungsregel war: Die H_0 wird verworfen, wenn ein Stichprobenbefund in den R_0 fällt. Begründung: Dann wird es nicht als plausibel angesehen, dass die Stichprobe aus einer Grundgesamtheit stammt, die durch die H_0 richtig beschrieben wird. Aber selbst wenn die H_0 in der Grundgesamtheit zutrifft, ist es möglich, dass in wenigen und daher wenig wahrscheinlichen Fällen die Stichprobenkennwerte extrem von dem in der H_0 behaupteten Wert abweichen.

Fehler erster Art kann man nur begehen, wenn H_0 zutrifft (margin)

Beispiel: Im z-Test des arithmetischen Mittels wurde die H_0 verworfen, wonach Schüler im Durchschnitt 60 Minuten täglich für ihre Schulaufgaben verwenden. Sollte der Durchschnittswert in der Grundgesamtheit tatsächlich $\mu = 60$ betragen, so gibt es dennoch eine kleine Wahrschein-

lichkeit dafür, dass deutlich davon abweichende Stichprobenanteilswerte auftreten, die kleiner/gleich 52,16 oder größer/gleich 67,84 sind
und damit im R_0 liegen. Diese Auftrittswahrscheinlichkeit ist genauso
groß wie das Signifikanzniveau, also 5 %. Das ist nicht zufällig so, denn
die „signifikant" vom H_0-Wert ($\mu = 60$) abweichenden Stichprobenanteile
sprechen zwar intuitiv gegen die H_0, sie sind aber mit eben dieser Wahrscheinlichkeit von genau 5 % möglich, wenn die H_0 in der Grundgesamtheit zutrifft. Das Signifikanzniveau wird aus diesem Grund auch **Irrtums-
wahrscheinlichkeit** genannt. Denn wenn die H_0 zutrifft, wird man in 5 %
aller Hypothesentests den Irrtum begehen, diese zu verwerfen.

Fehler zweiter Art (β-Fehler)

Den Fehler zweiter Art begeht man, wenn man irrtümlich die H_0 beibehält, obwohl sie in der Grundgesamtheit *nicht* zutrifft. Wie ist das möglich? Die andere Festlegung für eine Testentscheidung war: Wenn der
Stichprobenbefund in den Annahmebereich fällt, wird die H_0 beibehalten.

Fehler zweiter Art kann man nur begehen, wenn die H_0 falsch ist

　　Beispiel: Man stelle sich vor, in Wirklichkeit sei der Anteil der Schüler,
die ein Mobiltelefon besitzen, in der Grundgesamtheit von 0,6 verschieden. Damit wäre die H_0 in Wirklichkeit eine falsche Hypothese, und die
H_1 wäre die zutreffende Hypothese. Nun ist es aus Zufallsgründen dennoch möglich, dass selbst wenn die H_1 ($\pi \neq 0{,}6$) die Grundgesamtheit zutreffend beschreibt, ein Stichprobenanteilswert eintritt, der in den Annahmebereich für die H_0 (zwischen 50,4 % und 69,6 %) fällt. Dies hätte zur
Folge, dass die H_0 nicht verworfen, sondern irrtümlich beibehalten würde. Der Fehler zweiter Art besteht also in dem Irrtum, die zutreffende H_1
nicht durch den Test zu erkennen und die H_0 beizubehalten.

Vergleich der beiden Fehler

Die beiden Fehler liegen in den zwei zu unterscheidenden Situationen
vor, wenn man sich irrtümlich für eine falsche Hypothese entschieden
hat. Ob man dies getan hat, kann man allerdings nicht wissen, da die
Grundgesamtheit unbekannt ist (man hat ja nur Hypothesen über die
Grundgesamtheit). Wissen kann man nach Durchführung des Tests nur,
welchen der beiden Fehler man prinzipiell begangen haben kann: Bei
Verwerfung der H_0, kann man nur den Fehler erster Art, nicht aber den
Fehler zweiter Art begangen haben. Und entsprechend kann man bei Beibehaltung der H_0 nur den Fehler zweiter Art, nicht aber den Fehler erster
Art begangen haben. Die TABELLE 7.1 stellt die verschiedenen Situationen
zusammen. Die Spalten unterscheiden sich danach, welche unbekannte
Grundgesamtheit vorliegt. Die Reihen unterscheiden sich danach, was
das Testergebnis und die damit verbundene Testentscheidung war.

Man kann nur einen der beiden Fehler begehen

Tab. 7.1		Was trifft in der unbekannten Grundgesamtheit zu?	
		H_0 trifft zu	H_1 trifft zu
Was ist das Testergebnis?	H_0 wird beibehalten	richtige Entscheidung	Fehler zweiter Art (β-Fehler)
	H_0 wird verworfen	Fehler erster Art (α-Fehler)	richtige Entscheidung

Da man die Grundgesamtheit nicht kennt, weiß man im Grunde nicht, in welcher Spalte der TABELLE 7.1 man sich befindet. Nachdem die Testentscheidung getroffen wurde, weiß man aber, in welcher Reihe der TABELLE 7.1 man sich befindet.

Berechnung des Fehlers zweiter Art

Berechnung des Fehlers zweiter Art für einen beispielhaften H_1-Wert

Wie groß ist nun der Fehler zweiter Art? Man kann diesen anhand des Beispiels einmal berechnen. Da die Alternativhypothese in dem Beispiel für den z-Test des Anteilswertes eine globale Aussage über den Anteilswert in der Grundgesamtheit macht („der Anteilswert ist in der Grundgesamtheit ungleich 0,6!") muss man zur Veranschaulichung *willkürlich* einen einzelnen Anteilswert für die Grundgesamtheit herausgreifen, um den Fehler zweiter Art für einen Wert berechnen und grafisch darstellen zu können. Angenommen, in Wirklichkeit wäre der Anteilswert in der Schülerschaft $\pi = 0{,}45$. Dieser Wert widerspräche der H_0 und wäre in Übereinstimmung mit der H_1. Man hat es nun mit einer anderen Stichprobenverteilung zu tun, wenn die H_1 zutrifft (für die hier der Wert $\pi = 0{,}45$ stellvertretend herausgegriffen wurde), denn aus dieser Grundgesamtheit verteilen sich die Stichprobenanteile anders. Wie groß wäre nun die Wahrscheinlichkeit dafür, dass man aus dieser Grundgesamtheit eine Zufallsstichprobe ziehen würde, die einen Anteilswert im Annahmebereich hätte? Die ABBILDUNG 7.3 stellt die Wahrscheinlichkeit für den Fehler zweiter Art dar. Dieser entspricht der Fläche, die über dem Annahmebereich für die H_0 und unter der Kurve der Stichprobenverteilung für die H_1 (hier durch einen Wert beispielhaft repräsentiert) liegt.

Um den Flächeninhalt zu berechnen, muss man die gegebenen Rückweisungswerte p_{r1} und p_{r2} z-standardisieren, um dann die Wahrscheinlichkeit für den Fehler zweiter Art zu ermitteln. Zu beachten ist dabei, dass die beiden Stichprobenverteilungen unterschiedliche Mittelwerte μ_p und unterschiedliche Stichprobenfehler σ_p haben. Annahme- und Rückweisungsbereiche sind zwar unter Verwendung der rechten Vertei-

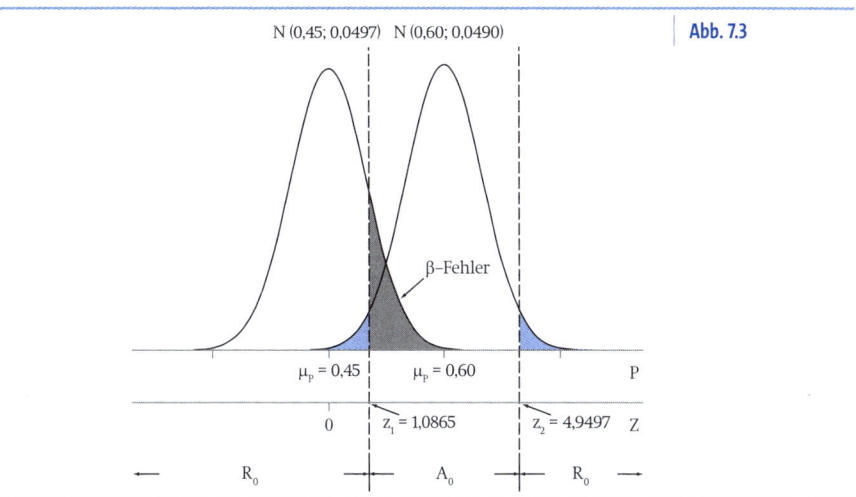

Abb. 7.3

lung in ABBILDUNG 7.3 eingerichtet worden. Jetzt ist über dem Annahmebereich aber eine Fläche zu berechnen, die unter der linken Verteilung liegt. Die Werte für p_{r1} sowie p_{r2} werden also nicht verändert, aber eine andere Verteilung wird herangezogen. Es ergeben sich für die linke Verteilung als explizite Parameter:

$$\mu_p = 0,45 \text{ und } \sigma_p = \sqrt{\frac{0,45 \cdot (1-0,45)}{100}} = 0,0497$$

Für die z-Standardisierung bedeutet das, dass der Wert 0,45 anstelle von 0,6 als Mittelwert μ_p und für den Stichprobenfehler σ_p der Wert 0,0497 anstelle von 0,0490 herangezogen werden müssen. Die Z-Achse bildet also die z-Werte ab, die mit den p-Werten der linken Normalverteilung N(0,45;0,0497) korrespondieren. Jetzt kann man die neuen z-Werte, die auf die alternative Stichprobenverteilung bezogen sind, ausrechnen:

z-Standardisierung mit anderen expliziten Parametern

$$z_1 = \frac{0,504 - 0,45}{0,0497} = 1,0865 \text{ und } z_2 = \frac{0,696 - 0,45}{0,0497} = 4,9497$$

Nun muss man die Wahrscheinlichkeit für die z-Werte ermitteln, die zwischen $z_1 = 1,0865$ und $z_2 = 4,9497$ liegen. Dies ist zugleich die Wahrscheinlichkeit für den Fehler zweiter Art. Gesucht ist also:

$$P(\text{Fehler zweiter Art})$$
$$= P(z_1 < Z < z_2)$$
$$= P(1,0865 < Z < 4,9497)$$

Die Wahrscheinlichkeit kann man mit Hilfe der TABELLE 11.1 (Anhang) ermitteln. Dafür muss man die Fläche links von 4,497 und die Fläche links von 1,0865 ermitteln. Die Differenz dieser beiden Flächen ist die gesuchte Fläche, die der gesuchten Wahrscheinlichkeit entspricht. Der Fläche links von $z = 4{,}9497$ ist näherungsweise 100 % also 1. Die Fläche links von $z = 1{,}0865$ ist ca. 0,86.

$$P(z_1 < Z < z_2)$$
$$= P(Z < 4{,}9497) - P(Z < 1{,}0865)$$
$$\approx P(Z < 4{,}9497) - P(Z < 1{,}08)$$
$$\approx 1 - 0{,}86 = 0{,}14$$

Unter der Bedingung, dass in Wirklichkeit der Anteilswert von Mobiltelefonbesitzern in der Grundgesamtheit der Schülerschaft 0,45 beträgt, ist die Wahrscheinlichkeit, die H_0 irrtümlich beizubehalten, 14 %. Die Veranschaulichung für den Fehler zweiter Art ist damit für einen einzelnen Wert durchgeführt worden. Man kann diese Veranschaulichung aber mit dem gleichen Recht für alle anderen Werte durchführen, die durch die H_1 abgedeckt werden und erhielte damit jeweils verschiedene Resultate für den Fehler zweiter Art. Denn die Lage der alternativen Stichprobenverteilung würde sich jeweils ändern (ändern würde sich auch jeweils der Stichprobenfehler) und damit die Größe der Fläche unter der alternativen Stichprobenverteilung, die über dem Annahmebereich der H_0 liegt. Der Fehler zweiter Art wird umso kleiner sein, je weiter die beiden Verteilungen für H_0 und H_1 voneinander entfernt sind. Praktisch heißt dies, dass das Risiko, eine zutreffende Alternativhypothese nicht durch den Test zu erkennen, umso kleiner ist, je weiter der tatsächliche Grundgesamtheitswert von dem durch die H_0 behaupteten Wert entfernt ist. Der Fehler zweiter Art variiert also, während der Fehler erster Art immer konstant ist, da er durch Konvention festgelegt wurde.

Fehler zweiter Art variiert *(Marginalie)*

Testgüte

Die Wahrscheinlichkeit, eine zutreffende Alternativhypothese zu erkennen, nennt man die **Testgüte** (engl. „power"). Ein guter Test soll bei einem möglichst niedrigen Signifikanzniveau eine möglichst hohe Testgüte aufweisen. Die Wahrscheinlichkeit, eine zutreffende H_0 zu verwerfen, soll möglichst gering sein, gleichzeitig soll die Wahrscheinlichkeit, eine zutreffende H_1 anzunehmen, möglichst hoch sein. Diese beiden Ziele sind allerdings gegenläufig: Eine Reduzierung des Signifikanzniveaus führt zu einer Reduzierung der Testgüte und umgekehrt. Man versucht also, eine Balance zu finden. Daher erklärt sich, dass man zumeist ein SN

Wahrscheinlichkeit, sich für eine zutreffende Alternativhypothese zu entscheiden *(Marginalie)*

von 5 %, seltener ein SN von 1 % verwendet. Die Testgüte kann man einfach berechnen, wenn man die Wahrscheinlichkeit für den Fehler zweiter Art bereits berechnet hat. Dann ist die Differenz zu 1 die Testgüte.

Beispiel: In der ABBILDUNG 7.3 entspricht die Testgüte der Fläche unter der linken Kurve, die nicht schraffiert ist: $1 - P(\beta\text{-Fehler})$. Da die Wahrscheinlichkeit für den Fehler zweiter Art ca. 14 % beträgt, ist die Testgüte hier ca. 86 %.

Die Testgüte wurde beispielhaft für den Wert $\pi = 0{,}45$ berechnet. Ordnet man allen durch die Alternativhypothese abgedeckten Werten für π die Testgüte zu, erhält man die **Testgütefunktion**. Die Testgüte variiert mit dem H_1-Wert.

χ^2-Unabhängigkeitstest $\qquad$ | 7.4

Der χ^2-**Unabhängigkeitstest** prüft die Nullhypothese, dass zwei kategoriale Variablen in der Grundgesamtheit statistisch voneinander unabhängig sind. Die Alternativhypothese lautet entsprechend, dass in der Grundgesamtheit die beiden Variablen statistisch zusammenhängen.

Als Prüfgröße wird das Maß χ^2 von KARL PEARSON herangezogen ($\rightarrow$ Kap. 4.2.5). Trifft die H_0 in der Grundgesamtheit zu, dann ist in der Grundgesamtheit $\chi^2 = 0$. Berechnet man dieses χ^2-Maß für Zufallsstichproben aus dieser (durch die H_0 beschriebenen) Grundgesamtheit, dann folgen die χ^2-Werte (näherungsweise) der mathematischen χ^2-Verteilung. Für diese Verteilung sind ausgewählte 95 %-Quantile in der TABELLE 11.3 (Anhang) tabelliert.

χ^2-Verteilung als Stichprobenverteilung

Auf die Unterscheidung zwischen der mathematischen χ^2-Verteilung und der Maßzahl χ^2 von Pearson hinzuweisen, ist deshalb wichtig, weil es neben dem Pearson-χ^2 noch weitere χ^2-Maße gibt, die ebenfalls (näherungsweise) der mathematischen χ^2-Verteilung folgen. Dazu zählt das Likelihood-χ^2 (L^2) ($\rightarrow$ Kap. 9.5.1).

χ^2-Verteilung

Die mathematische χ^2-Verteilung ist (wie die Normalverteilung oder die t-Verteilung) die Verteilung einer stetigen Variablen. Auch für die mathematische χ^2-Verteilung gilt, dass mit dem Begriff eine ganze „Familie" von Verteilungen bezeichnet wird. Der einzige explizite Parameter ist die Zahl der Freiheitsgrade df. Es gibt damit viele χ^2-Verteilungen. Die ABBILDUNG 7.4 stellt drei verschiedene χ^2-Verteilungen dar. Der Mittelwert der χ^2-Verteilung ist $\mu = df$. Die χ^2-Verteilung geht mit wachsenden Freiheitsgraden in eine Normalverteilung über. Die möglichen χ^2-Werte variieren im Spektrum von 0 bis ∞.

Schreibweise: Um zu spezifizieren, welche χ^2-Verteilung vorliegt, wird die Zahl der Freiheitsgrade tiefer gesetzt angefügt: χ^2_{df}.

Zu klären ist nun, welche mathematische χ^2-Verteilung für den χ^2-Unabhängigkeitstest herangezogen wird. Diese wird anhand der Zahl der Freiheitsgrade bestimmt. Die Zahl der Freiheitsgrade hängt von der Größe der Kontingenztabelle ab und wird berechnet mit:

$$df = (\text{Zahl der Reihen} - 1) \cdot (\text{Zahl der Spalten} - 1)$$

Ergibt sich in der Stichprobe ein χ^2-Wert in der Nähe von 0, spricht dieser inhaltlich für die Beibehaltung der H_0. Moderate Abweichungen von 0 werden als zufallsbedingte Abweichungen betrachtet. Ergibt sich in der Stichprobe dagegen ein sehr großer χ^2-Wert, dann spricht dies inhaltlich eher dagegen, dass die H_0 in der Grundgesamtheit zutrifft. Verwendet man ein Signifikanzniveau von 5 %, dann legt man sich darauf fest, dass man sagt: Wenn ein so großer χ^2-Wert in der Stichprobe vorkommt, dass er nur in 5 % (oder weniger) der Zufallsstichproben vorkommt, dann wird die H_0 verworfen. Der χ^2-Unabhängigkeitstest ist immer ein **einseitiger Test**, d. h., der Rückweisungsbereich ist nicht zweigeteilt. Denn nur sehr große χ^2-Werte sprechen inhaltlich gegen die H_0. Der Rückweisungsbereich liegt rechts von dem Rückweisungswert $\chi^2_{df;\ 0.95}$. Der Annahmebereich liegt links davon. Die Rückweisungswerte können aus der TABELLE 11.3 (Anhang) ermittelt werden.

Ein Rückweisungsbereich rechts vom Rückweisungswert

Beispiel: Das ALLBUS-Beispiel aus Kap. 4.2.5 soll hier nun inferenzstatistisch aufgegriffen werden. Die Fragestellung ist: Besteht in der Grundgesamtheit der erwachsenen deutschen Bevölkerung ein Zusammenhang zwischen der *Religionszugehörigkeit* (v321, reklassifiziert in vier

---

Abb. 7.4

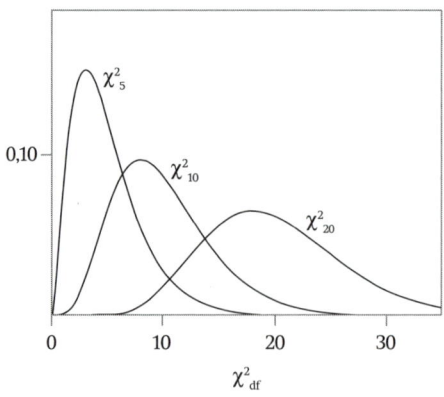

Kategorien: kath., evang., andere Religion, keine Religion) und der Einteilung in *West-/Ostdeutschland* (v3)? Der ALLBUS wird als einfache Zufallsstichprobe aus dieser Grundgesamtheit betrachtet.

(1) Hypothesen

H_0: „Die Religionszugehörigkeit hängt in der Grundgesamtheit nicht mit der Einteilung in West- und Ostdeutschland zusammen!"
H_1: „Es besteht in der Grundgesamtheit ein Zusammenhang zwischen der Religionszugehörigkeit und der Einteilung in West- und Ostdeutschland!"

(2) Stichprobenverteilung

Da vier Kategorien für die *Religionszugehörigkeit* und zwei Kategorien für die Einteilung *West-/Ostdeutschland* bestehen, folgen die χ^2-Werte einer χ^2-Verteilung mit:

$$df = (4-1) \cdot (2-1) = 3$$

Die Stichprobenverteilung ist damit χ^2_3.

(3) Annahme- und Rückweisungsbereich

Der Test soll mit einem Signifikanzniveau von 5 % durchgeführt werden. Das 95 %-Quantil der χ^2_3-Verteilung kann man der TABELLE 11.3 (Anhang) entnehmen: $\chi^2_{3r} = 7,815$.

(4) Auswertung der Stichprobe und Testentscheidung

Der Stichprobenkennwert ist $\chi^2_3 = 571,18$. Damit fällt der Stichprobenkennwert in den Rückweisungsbereich, der Stichprobenbefund ist signifikant. Die H_0 muss verworfen werden. Man kann nun behaupten, dass in der Grundgesamtheit ein Zusammenhang zwischen *Religionszugehörigkeit* und der Einteilung in *West-/Ostdeutschland* existiert.

Die Stärke des Zusammenhangs in der Grundgesamtheit ist nicht Gegenstand des χ^2-Unabhängigkeitstests. Wenn also die H_1 statt der H_0 (vorläufig) angenommen wird, dann ist damit keine Aussage über die Stärke des Zusammenhangs in der Grundgesamtheit möglich.

Voraussetzung für die Anwendung des χ^2-Unabhängigkeitstests ist, dass in der Indifferenztabelle der prozentuale Anteil der Erwartungswerte e_{ij}, die kleiner als 5 sind, nicht mehr als 20 % ausmacht.

χ^2-Unabhängigkeitstest
prüft keine Aussage
über die Stärke
des Zusammenhangs

7.5 | t-Test des Korrelationskoeffizienten

Der **t-Test des Korrelationskoeffizienten** r prüft die Nullhypothese, dass in der Grundgesamtheit zwei metrisch skalierte Merkmale voneinander statistisch unabhängig sind. Praktisch geprüft wird die Nullhypothese, dass der Korrelationskoeffizient in der Grundgesamtheit gleich 0 ist.

Der Korrelationskoeffizient in der Grundgesamtheit wird mit dem griechischen Kleinbuchstaben ρ (gr., kleines Rho) notiert. Die Hypothesen sind damit formal:

$$H_0: \rho = 0 \text{ und } H_1: \rho \neq 0$$

Zweigeteilter Rückweisungsbereich

Der t-Test für den Korrelationskoeffizienten ist ein zweiseitiger Test, da sowohl kleinere als auch größere Werte als 0 inhaltlich gegen die H_0 sprechen. Es handelt sich deshalb um einen t-Test, da die Stichprobenkorrelationen einer t-Verteilung folgen, wenn die H_0 in der Grundgesamtheit zutrifft. Die Stichprobenkorrelationen werden dafür nach folgender Gleichung in t-Werte umgerechnet:

t-Verteilung als Stichprobenverteilung

$$t_{df} = r \cdot \sqrt{\frac{n-2}{1-r^2}}$$

Die Zahl der Freiheitsgrade hängt von der Stichprobengröße ab und ermittelt sich mit df = n − 2. Damit folgen die Stichprobenkorrelationen der Verteilung t_{n-2}. Die t-Verteilung ist die exakte Verteilung, bei größeren Stichprobenumfängen entsprechen die t-Werte den Werten einer Standardnormalverteilung, also z-Werten.

Voraussetzung für den t-Test

Die Voraussetzung für die Anwendung des t-Tests ist, dass die beiden metrischen Merkmale bivariat normalverteilt sind. Die beiden metrischen Variablen sollen also nicht je für sich in der Grundgesamtheit normalverteilt sein, sondern ihre Merkmalskombinationen sollen in den zwei Dimensionen simultan normalverteilt sein. Diese Voraussetzung lässt sich nicht einfach prüfen. Die (schlechte) statistische Praxis ist, dass diese Voraussetzung zumeist auch gar nicht geprüft wird.

Beispiel: Im ALLBUS ist nach der *Oben-Unten-Selbsteinstufung* gefragt worden (v969). Die Skala ist metrisch erhoben worden und variiert im Bereich von 1 = „Oben" bis 10 = „Unten". Zudem ist erfragt worden, welche Bedeutung ein *hoher Lebensstandard* für den Befragten als anzustrebender Wert hat (v9). Die Bedeutung, die der Befragte diesem Wert beimisst, ist mit einer metrischen Skala, die im Bereich von 1 = „unwichtig" bis 7 = „sehr wichtig" variiert, erfragt worden. Der ALLBUS wird als eine Zufallsstichprobe aus der deutschen Bevölkerung betrachtet. Zudem wird hier vorausgesetzt, dass die bivariate Verteilung in der

Grundgesamtheit ausreichend einer bivariaten Normalverteilung entspricht.

(1) Hypothesen

Es soll nun die Nullhypothese geprüft werden, dass in der Grundgesamtheit kein statistischer Zusammenhang zwischen den beiden Skalen vorliegt. Die Alternativhypothese besagt, dass doch ein statistischer Zusammenhang vorliegt. Formal:

$$H_0: \rho = 0 \text{ und } H_1: \rho \neq 0$$

(2) Stichprobenverteilung

Für 1350 Personen im Datensatz liegen die Ausprägungen bei beiden Skalen vor. Trifft die H_0 in der Gesamtheit der Deutschen zu, dann folgen die Stichprobenkorrelationen einer t-Verteilung mit df = 1350−2 = 1348. Bei diesen Freiheitsgraden entsprechen die Quantile der t-Verteilung ausreichend genau den Quantilen der z-Verteilung.

(3) Annahme- und Rückweisungsbereich

Der Test soll wieder mit einem Signifikanzniveau von 5 % durchgeführt werden. Die Rückweisungswerte sind also t_{r1} = −1,96 und t_{r2} = +1,96. Der Bereich zwischen diesen Werten ist der Annahmebereich. Ein t-Wert in diesem A_0 führt zur Beibehaltung der H_0. Ein t-Wert, der kleiner/gleich −1,96 oder größer/gleich +1,96 ist, führt zur Verwerfung der H_0 und der Annahme der H_1.

(4) Auswertung der Stichprobe und Testentscheidung

In der Stichprobe liegt eine Korrelation von r = −0,127 vor. Damit kann nun der korrespondierende t-Wert berechnet werden:

$$t_{1348} = (-0{,}127) \cdot \sqrt{\frac{1350 - 2}{1 - (-0{,}127)^2}} = (-0{,}127) \cdot 37{,}01 = -4{,}7$$

Der Stichprobenbefund fällt in den Rückweisungsbereich und ist daher signifikant. Die H_0 muss verworfen werden. In der Grundgesamtheit liegt ein statistischer Zusammenhang zwischen der *Oben-Unten-Selbsteinstufung* und einem *hohen Lebensstandard* als Wert vor, d. h. $\rho \neq 0$.

Auch der t-Test des Korrelationskoeffizienten prüft keine Aussage über die Größe der Korrelation in der Grundgesamtheit. Ist der Stichprobenbefund signifikant, ist damit nicht belegt, dass die Korrelation in der Grundgesamtheit groß ist.

t-Test prüft keine Aussage über die Stärke des Zusammenhangs

7.6 | Allgemeine Vorgehensweise

Die von JERZY NEYMAN und EGON S. PEARSON entwickelte Vorgehensweise lässt sich auf die verschiedensten Sachverhalte anwenden. Es gibt weit über 100 verschiedene Tests, die sich schnell nachschlagen und anwenden lassen, wenn das Grundprinzip der Durchführung von Hypothesentests verstanden ist.

Schrittfolge für das Testen von Hypothesen

Zunächst ist zu klären, über welchen Sachverhalt in der Grundgesamtheit eine Hypothese geprüft werden soll. Dann kann eine geeignete statistische Maßzahl gewählt werden, die den zu prüfenden Sachverhalt zahlenmäßig abbildet und die in einer Zufallsstichprobe dann als Stichprobenkennwert betrachtet wird. Es erfolgt vorab die Festlegung des Signifikanzniveaus. In aller Regel ist dies der Wert 5 %.

(1) *Hypothesen:* Nun werden zwei sich ausschließende Hypothesen H_0 und H_1 formuliert, die die möglichen Ausprägungen der Stichprobenkennwerte abdecken, so dass jede mögliche Ausprägung des Stichprobenkennwertes einer der beiden Hypothesen zugeordnet ist. So kann die Entscheidung für oder gegen die H_0 immer klar getroffen werden.

(2) *Stichprobenverteilung:* Damit sollte nun die Stichprobenverteilung unter der vorläufigen Annahme der H_0 ermittelbar sein. (Gegebenenfalls muss noch ein expliziter Parameter aus der Stichprobe geschätzt werden. Auf diesen darf sich die Prüfung allerdings nicht beziehen.)

(3) *Annahme- und Rückweisungsbereich:* Mit dem Signifikanzniveau steht vorab eine konventionell festgelegte Wahrscheinlichkeit fest, die den Bereich der Stichprobenverteilung abgrenzbar macht, der die Stichprobenkennwerte beinhaltet, die inhaltlich gegen die H_0 sprechen. Dieser Bereich ist der Rückweisungsbereich. Die Stichprobenkennwerte, die inhaltlich für die Beibehaltung der H_0 sprechen, bilden den Annahmebereich.

Diese drei Schritte sollen erfolgt sein, bevor die Stichprobe herangezogen wird, um die Ausprägung des zu prüfenden Stichprobenkennwertes auszurechnen.

(4) *Auswertung der Stichprobe und Testentscheidung:* Nun wird der Stichprobenkennwert für die Stichprobe ermittelt und festgestellt, ob dieser in den Annahmebereich oder in den Rückweisungsbereich fällt. Mit der Zuordnung zu einem der beiden Bereiche wird zwangsläufig die zugehörige Testentscheidung getroffen.

Was wird berichtet?

Allein die Angabe, dass ein Stichprobenbefund signifikant ist, ist wenig informativ. Berichtet werden sollten neben dem geprüften Hypothesenpaar (H_0 und H_1) die Ausprägung des Stichprobenkennwertes, dessen Stichprobenfehler und die Stichprobengröße. So kann jeder Leser selbst einschätzen, welche Situation vorliegt und wie sie zu beurteilen ist. Zudem ist dann auch jedem möglich, ein Konfidenzintervall zu konstruieren (wenn dieses nicht gleich mit angegeben wird). In vielen Publikationen findet sich häufig die Angabe des Stichprobenkennwertes, ohne dass die Hypothese angegeben wird. (Diese kann dann aus dem Kontext erschlossen werden, wenn es sich um multivariate Verfahren handelt, bei denen standardmäßig die Hypothese geprüft wird, dass ein Koeffizient in der Grundgesamtheit gleich 0 ist.) Die Stichprobenkennwerte werden in den Publikationen häufig mit einem Asterix (*) versehen, wenn unter der H_0 die Auftrittwahrscheinlichkeit für diesen Wert oder einen (aus Sicht der H_0) noch extremeren kleiner/gleich 0,05 ist. Die herkömmliche Statistiksoftware gibt Testbefunde auf eine ganz andere Weise an. Der Stichprobenkennwert wird ausgegeben und zusätzlich die Auftrittswahrscheinlichkeit für den vorliegenden oder einen extremeren Stichprobenkennwert unter der Voraussetzung, dass die H_0 in der Grundgesamtheit zutrifft. Irritierenderweise werden diese angegebenen Auftrittswahrscheinlichkeiten häufig mit „Signifikanz" überschrieben, was zu Verwechslungen mit dem Signifikanzniveau führen kann. Letzteres ist konventionell und vorher festzulegen. Ein Testbefund ist nur dann auf dem 5 %-Niveau „signifikant", wenn der Wert in einem Software-Output kleiner/gleich 0,05 ist.

Probleme statistischer Tests

(1) Häufig wird die Bedeutung von statistischen Tests überbewertet. Das beginnt bei der Überbewertung des statistischen Begriffs „signifikant". Dieser sagt nur aus, dass ein Stichprobenkennwert gegen eine H_0 spricht. Er besagt nicht, dass ein Grundgesamtheitswert auch bedeutsam von dem in der H_0 behaupteten Wert abweicht oder in der Grundgesamtheit eine bedeutsame Größe hat.

„signifikant" heißt nicht „bedeutsame Größe"

Beispiel: Führt der Test der Hypothese, dass 60 % der Schüler ein Mobiltelefon besitzen, zu einem signifikanten Ergebnis, bedeutet das nicht, dass in der Grundgesamtheit aller Schüler der Anteil deutlich davon abweichen muss. Es heißt nur, dass eine statistische Evidenz vorliegt, dass sich der Anteil in der Grundgesamtheit von 0,6 unterscheidet.

Werden sehr große Zufallsstichproben verwendet, neigen bereits kleine Differenzen zwischen dem wahren Grundgesamtheitswert und dem H_0-Wert dazu, signifikante Testergebnisse hervorzubringen. Gerade hier sollte man Konfidenzintervalle hinzuziehen, anstatt sich allein auf Testergebnisse zu verlassen. In vielen Fällen werden Null-hypothesen verwendet, die postulieren, dass ein Koeffizient in der Grundgesamtheit = 0 ist. Bei großen Stichproben werden dann bereits kleine Abweichungen der Stichprobenkennwerte von 0 tendenziell signifikant, ohne dass dies bedeuten muss, dass dieser Koeffizient in der Grundgesamtheit groß ist.

(2) Werden viele Hypothesentests durchgeführt, so ist allein aufgrund der Anzahl der Tests damit zu rechnen, dass signifikante Testresultate auftreten, die zu einer irrtümlichen Ablehnung der H_0 führen.

Beispiel: Bei Durchführung von 20 Tests und einem Signifikanzniveau von 5 % ist bei zutreffenden Nullhypothesen damit zu rechnen, dass sich ein signifikantes Testresultat einstellt, das zu einer irrtümlichen Verwerfung der betreffenden H_0 führt.

7.7 | Unterschied zwischen Schätzen und Testen

Die Logik des Testens und des Schätzens (→ Kap. 6) weisen einige Ähnlichkeiten auf. Beide erfolgen mit nur einer Stichprobe. Die Konstruktion des Konfidenzintervalls beim Schätzen ist vergleichbar mit der Konstruktion des Annahmebereichs beim Testen. Vordergründig gleichen

Testen und Schätzen schließen in entgegengesetzter Richtung

sich diese beiden Verfahren. Tatsächlich unterliegt ihnen eine unterschiedliche Richtung der Inferenz. Die Richtung des statistischen Schließens ist genau entgegengesetzt: Beim Schätzen schließt man von einer Maßzahl in der Stichprobe auf eine Maßzahl in der Grundgesamtheit. Man schließt also von der Kenntnis über wenige Fälle (die Stichprobe) auf alle Fälle (die Grundgesamtheit). Dies ist ein **induktiver Schluss.**

Beim Testen hat man dagegen bereits eine hypothetische Kenntnis über eine interessierende Maßzahl in der Grundgesamtheit. Von dieser hypothetischen Kenntnis ausgehend wird dann auf die Auftrittswahrscheinlichkeit des Stichprobenkennwertes in der Stichprobe geschlossen. Aus Sicht der hypothetischen bekannten Grundgesamtheit kann

Induktiver versus deduktiver Schluss

dann festgestellt werden, ob der Stichprobenkennwert eher in den Bereich der wahrscheinlichen oder in den Bereich der eher unwahrscheinlichen Stichprobenkennwerte fällt, ob also die Stichprobe eher vereinbar oder eher unvereinbar mit der hypothetisch bekannten Grundgesamtheit ist. Man schließt damit beim Testen von der hypothetischen Kenntnis über eine Grundgesamtheit auf wenige Fälle (die Stichprobe). Dies ist ein **deduktiver Schluss.** Die induktive Schließweise des Schätzens ist schnell plausibel: Man hat keine Kenntnis über die Ausprägung einer statistischen Maßzahl in der Grundgesamtheit und versucht diese mit Hilfe der Daten über einen Teil der Grundgesamtheit zu schätzen. Die Schließweise des Testens erscheint nicht sofort verständlich. Warum soll man die Auftrittswahrscheinlichkeit eines Stichprobenkennwertes beurteilen? Der Sinn, auf eine Stichprobe zu schließen, erschließt sich erst, wenn man sieht, dass mit Hilfe der Beurteilung einer Stichprobe eine Entscheidung über eine Hypothese gefällt werden kann. Und diese Hypothese beinhaltet nun eine Aussage über die Grundgesamtheit. Über diesen Umweg führt also auch das Testen von Hypothesen zu Erkenntnissen über die Grundgesamtheit.

Testen und Schätzen führen zu Erkenntnissen über die Grundgesamtheit

MULTIVARIATE VERFAHREN

Multiple lineare Regression | 8

In der **multiplen Regressionsanalyse** wird der gerichtete Einfluss *mehrerer* unabhängiger Variablen auf eine abhängige Variable untersucht. Um diese Form der Regression begrifflich gegenüber der bivariaten Regression mit nur *einer* unabhängigen Variablen abzusetzen, heißt sie „multipel".

Die multiple Regression kann als eine Erweiterung der bivariaten Regression angesehen werden. Dieses Kapitel schließt insofern an die im Kap. 4.3.3 zur bivariaten Regression eingeführten Grundbegriffe und Denkweisen an. Für die allermeisten soziologischen Anwendungen sind multiple Regressionen realitätsnäher als bivariate Regressionen. Denn zumeist liegen viele Einflüsse auf einen interessierenden Sachverhalt vor, die nun mit Hilfe eines multiplen Regressionsmodells *gleichzeitig* als erklärende Sachverhalte einbezogen werden können.

Definition Multiple Regression

Die multiple Regression ist ein multivariates Verfahren. „Multivariat" ist der Oberbegriff für statistische Analyseverfahren, die die statistischen Beziehungen zwischen vielen Variablen analysieren. „Multiple" bezeichnet hierbei den Spezialfall eines multivariaten Verfahrens, bei dem der gerichtete Einfluss mehrerer Variablen auf nur eine abhängige Variable analysiert wird.

Eine Fragestellung, die vorgibt, was als abhängige Variable zu untersuchen ist, und eine Theorieperspektive stehen am Anfang der angewandten Regressionsanalyse. Die Auswahl der unabhängigen Variablen erfolgt ebenso theoriegeleitet. Wie im Fall der bivariaten Regressionsgleichung, so stellt auch die multiple Regressionsgleichung ein Modell dar. Unterstellt wird, dass ein gerichteter kausaler Zusammenhang vorliegt, der sich mit Hilfe der multiplen Regression modellieren lässt. Die abhängige Variable muss metrisches Skalenniveau aufweisen. Als unabhängige Variablen können sowohl metrisch skalierte als auch 0–1-kodierte dichotome Variablen in ein Regressionsmodell aufgenommen werden.

Theoriegeleitete Auswahl der Variablen

Zielsetzungen der multiplen Regressionsanalyse

Nun liegen mehrere Zielsetzungen vor. Einmal ist man daran interessiert, den zu erklärenden Sachverhalt („die Wirkung") in einem hohen Ausmaß statistisch durch eine theoretisch begründete Auswahl mehrerer unabhängiger Variablen („die Ursachen") zu erklären. Zum anderen ist man daran interessiert, die einzelnen unabhängigen Variablen je für sich daraufhin zu betrachten, ob und wie stark sie jeweils auf die abhängige Variable einwirken. Zudem kann man daran interessiert sein, die Einflüsse und Erklärungsbeiträge der einzelnen Variablen im Modell untereinander zu vergleichen.

Im Folgenden wird die multiple Regressionsanalyse zunächst deskriptivstatistisch eingeführt. Hierbei werden die vorliegenden Daten als Daten einer durch ein Forschungsinteresse eingegrenzten Grundgesamtheit betrachtet. Daran anschließend werden inferenzstatistische

Gesichtspunkte besprochen. Diese kommen hinzu, wenn man die Daten als eine Stichprobe aus einer Grundgesamtheit ansieht. Auch hier wird vorausgesetzt, dass es sich um eine Zufallsstichprobe handelt. Dann kann man einmal Hypothesen über das Regressionsmodell insgesamt sowie über den Einfluss einzelner Variablen in der Grundgesamtheit prüfen („Testen"). Zum anderen kann man – ausgehend von der Stichprobe – Schätzungen über die Einflussstärken einzelner Variablen in der Grundgesamtheit durchführen („Schätzen").

Logik und Grundmodell 8.1

Anhand eines einfachen multiplen Regressionsmodells mit zunächst nur zwei unabhängigen Variablen soll die Logik der multiplen Regressionsanalyse vorgestellt werden, die auch für Modelle mit mehr als zwei unabhängigen Variablen gilt.

Schreibweisen: Da nun mehrere unabhängige Variablen X in die Analyse einbezogen werden, werden diese mit einem Index j, mit $j = 1, \ldots J$ indiziert. Dabei gibt J die Anzahl der unabhängigen Variablen an. Die Ausprägung der abhängigen Variablen für einen Merkmalsträger i wird mit y_i notiert. Die Ausprägung der unabhängigen Variablen X_j des Merkmalsträgers i wird mit x_{ji} notiert.

Beispiel: Neun Absolventen verschiedener Soziologie-Studiengänge seien danach befragt worden, wie viele *Semester* (Y) sie studiert haben, um den Abschluss (Master oder Diplom) zu erwerben. (Diese neun Studierenden werden als eine kleine Gesamtheit, nicht als eine Stichprobe betrachtet.)

Die Variable *Semesterzahl* (Y) soll als abhängige metrische Variable auf zwei andere metrische Variablen zurückgeführt werden. Zum einen wurden die Absolventen gebeten anzugeben, wie viele *Wochenstunden* (X_1) sie durchschnittlich für das Studium verwendet haben. Zum anderen wurden sie aufgefordert, die *Studienbedingungen* (X_2) in ihrem Studiengang auf einer Skala von 1 = „sehr schlecht" bis 10 = „sehr gut" einzustufen, wobei sie mit den Werten dazwischen eine Abstufung vornehmen

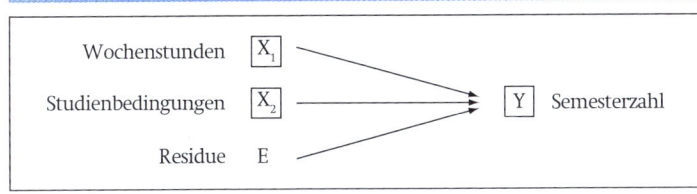

Abb. 8.1

Tab. 8.1	i	Semesterzahl (Y)	Wochenstunden (X_1)	Studienbedingungen (X_2)
	1	15	20	3
	2	14	25	2
	3	13	25	5
	4	11	25	8
	5	13	30	2
	6	12	35	3
	7	10	40	6
	8	10	35	9
	9	9	45	10

konnten. Es wird angenommen, dass beide unabhängigen Variablen negativ und linear auf die abhängige Variable einwirken: Eine höhere Zahl in das Studium investierter Wochenstunden und bessere Studienbedingungen müssten sich reduzierend auf die Semesterzahl auswirken.

Das Pfadmodell für das Beispiel ist in ABBILDUNG 8.1 dargestellt. Die TABELLE 8.1 beinhaltet die Ausprägungskombinationen (y_i;x_{1i};x_{2i}) für die neun Absolventen.

Damit kann man ein dreidimensionales Streudiagramm erstellen. Die Ausprägungskombinationen (y_i;x_{1i};x_{2i}) geben dann für jeden Fall die Koordinaten in dem durch die drei Variablen aufgespannten Raum an.

Abb. 8.2

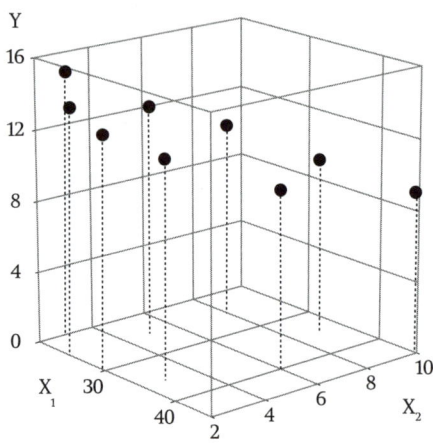

Der Würfel in ABBILDUNG 8.2 stellt den Ausschnitt aus dem Raum dar, in dem die empirischen Wertekombinationen liegen. Um die räumliche Position der neun schwarzen Punkte besser erkennen zu können, ist von jedem Punkt das senkrechte Lot auf den Boden des Würfels (bei y = 0) eingezeichnet. Man erkennt, dass hohe *Semesterzahlen* sowohl von den *Wochenstunden* als auch von den *Studienbedingungen* abhängen. Wer viel Zeit in das Studium investiert hat, hat tendenziell kürzer studiert. Wer an einem Institut mit besseren Studienbedingungen studiert hat, hat ebenfalls tendenziell sein Studium in kürzerer Zeit absolviert. Jede Variable hat also einen negativen Einfluss auf die Semesterzahl.

Wie im bivariaten Fall soll nun versucht werden, eine grafische Repräsentation für den linearen Einfluss von X_1 und X_2 auf die abhängige Variable einzuführen. Die Punktewolke ist in diesem Fall nun nicht durch eine Gerade, sondern durch eine Ebene bestmöglich zu repräsentieren. Dafür wird wieder als Anpassungskriterium die Methode der kleinsten Quadrate herangezogen.

Regressionsebene als grafische Repräsentation des Regressionsmodells

In der ABBILDUNG 8.3 ist diejenige **Regressionsebene** (als engmaschiges Gitter) in die Punktewolke eingezeichnet, die sich unter Anwendung der Methode der kleinsten Quadrate ergibt (→ Kap. 4.3.3). Für die neun Absolventen liegt jeweils eine empirische Ausprägungskombination hinsichtlich *Wochenstundenzahl* (X_1) und *Studienbedingungen* (X_2) vor, so dass dadurch jeweils ein Punkt $(0;x_{1i};x_{2i})$ auf dem Würfelboden bestimmbar ist.

Die Höhe der Ebene über jedem der neun Punkte auf dem Würfelboden gibt den zugehörigen Vorhersagewert $\hat{y}_i$ für die *Semesterzahl* an. Die Punkte $(\hat{y}_i;x_{1i};x_{2i})$ sind als graue Punkte auf der Ebene markiert. Man er-

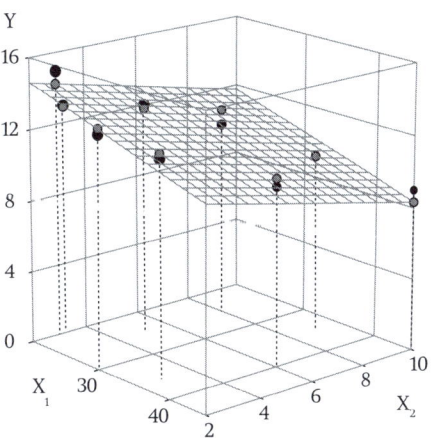

Abb. 8.3

kennt, dass die schwarzen Punkte (empirische Werte) in den meisten Fällen nur wenig von der Ebene abweichen, so dass die Regressionsebene ein gutes Modell für die empirischen Daten zu sein scheint. (Die jeweilige Abweichung eines Punktes von der Regressionsebene als Distanz in der vertikalen Dimension ist wie im bivariaten Fall die Residue $e_i = y_i - \hat{y}_i$ für den zugehörigen Fall i).

Die Ebene ist in zwei Dimensionen geneigt, d. h., sie weist nun in den beiden Dimensionen X_1 und X_2 jeweils eine Steigung auf. Wichtig ist hierbei, dass diese Steigungen in den beiden X-Dimensionen der Ebene konstant sind.

(Voraussetzung dafür ist allerdings, dass die Regressionsgleichung keinen Interaktionsterm beinhaltet (→ Kap. 8.4).)

Gedankenexperiment zur Interpretation der beiden Steigungen

Geometrisch kann man sich das anhand eines Gedankenexperiments folgendermaßen vor Augen führen: Angenommen man könnte auf der Ebene laufen. Dann könnte man sich entschließen, von irgendeinem Punkt auf der Ebene aus in Richtung einer der beiden X-Dimensionen zu gehen. Wenn man in Richtung der X_1-Dimension auf der Ebene laufen will, dann ist die Steigung, die man bergauf oder bergab laufen muss immer dieselbe, unabhängig davon, bei welcher X_2-Koordinate man losläuft. Die gleiche Überlegung gilt natürlich auch, wenn man in Richtung der X_2-Dimension auf der Ebene laufen möchte. Hier wird nun geometrisch anschaulich, was es bedeutet, wenn man im Rahmen der multiplen Regressionsanalyse aussagt, dass eine Variation einer der beiden unabhängigen Variablen isoliert für sich daraufhin betrachtet werden kann, wie sie sich auf $\hat{Y}$ auswirkt. Geometrisch heißt dies: Eine Ortsveränderung auf der Ebene in einer der beiden X-Dimensionen geht jeweils in konstanter Weise mit einer Höhenveränderung auf der Ebene einher.

Eine solche geometrische Darstellung des multiplen Regressionsmodells ist nur möglich, wenn lediglich zwei unabhängige Variablen vorliegen. Weist ein multiples Regressionsmodell mehr als zwei unabhängige Variablen auf, muss man auf eine geometrische Veranschaulichung verzichten. Die Grundlogik bleibt aber dieselbe.

8.1.1 | Multiple Regressionsgleichung

Wie im bivariaten Fall kann man eine multiple lineare Regression in Gleichungsform darstellen. Allgemein wird eine **multiple Regressionsgleichung** mit J verschiedenen unabhängigen Variablen dargestellt mit:

$$y_i = b_0 + b_1 \cdot x_{1i} + \ldots + b_j \cdot x_{ji} + \ldots + b_J \cdot x_{Ji} + e_i$$

Die Vorhersagewerte lassen sich (bei gegebenen Werten für b_0 und die b_j) für die einzelnen Merkmalsträger errechnen, wenn man die zugehörigen x_{ji} in die folgende Gleichung einsetzt:

$$\hat{y}_i = b_0 + b_1 \cdot x_{1i} + \ldots + b_j \cdot x_{ji} + \ldots + b_J \cdot x_{Ji}$$

Die Koeffizienten b_j heißen in der multiplen Regressionsanalyse **partielle Regressionskoeffizienten**. Sie geben die Effektstärke der zugehörigen Variablen X_j auf $\hat{Y}$ an. Partielle Regressionskoeffizienten heißen diese Regressionskoeffizienten deshalb, weil sie den Effekt einer unabhängigen Variablen X_j auf $\hat{Y}$ unter rechnerischer Kontrolle (Auspartialisierung) der übrigen unabhängigen Variablen angeben ($\rightarrow$ Kap. 5.2).

So ergibt sich eine wichtige Strategie der **Drittvariablenkontrolle** im Rahmen der Regressionsanalyse: Um Drittvariableneinflüsse zu kontrollieren, nimmt man diese Drittvariablen in die Regressionsgleichung mit auf. Dann werden die Regressionskoeffizienten der anderen Variablen so berechnet, dass sie um den Einfluss der Drittvariablen rechnerisch bereinigt sind. Eine vorherige Auspartialisierung von Drittvariablen ist damit nicht notwendig. (Diese regressionsanalytische Strategie kontrolliert allerdings nur die linearen Drittvariableneinflüsse. Eine Interaktion kann so nicht kontrolliert werden ($\rightarrow$ Kap. 8.4).)

Drittvariablenkontrolle durch Aufnahme ins Regressionsmodell

Die Berechnung der partiellen Regressionskoeffizienten ist in der multiplen Regressionsanalyse aufwändiger als im bivariaten Fall. In der Praxis wird ihre Berechnung der Statistiksoftware überlassen. Die auch im multiplen Fall zur Anwendung kommende Methode der kleinsten Quadrate hat wieder die wichtigen Eigenschaften, dass die Koeffizienten eindeutig bestimmbar sind und dass die Summe der Residuen 0 ist ($\rightarrow$ Kap. 4.3.3).

Beispiel: In der TABELLE 8.2 sind die Regressionskoeffizienten b_0 und die b_j für das oben genannte Beispiel dargestellt.

Für dieses Beispiel ergibt sich dann die Regressionsgleichung:

$$y_i = 18{,}062 + (-0{,}137) \cdot x_{1i} + (-0{,}361) \cdot x_{2i} + e_i$$

j	Variable X_j	b_j	Tab. 8.2
1	Wochenstunden	–0,137	
2	Studienbedingungen	–0,361	
	Konstante $b_0 = 18{,}062$		
	$r^2 = 0{,}941$		

Die Vorhersagewerte auf der Regressionsebene lassen sich errechnen mit:

$$\hat{y}_i = 18{,}062 + (-0{,}137) \cdot x_{1i} + (-0{,}361) \cdot x_{2i}$$

Das Regressionsmodell unterstellt eine bestimmte Form des kausalen Zusammenhangs. Anhand der Gleichung für die Vorhersagewerte kann man sehen, dass sich ein Vorhersagewert *additiv* aus den Beiträgen der unabhängigen Variablen zusammensetzt. Die Interpretation von b_0 sowie der einzelnen partiellen Regressionskoeffizienten b_j soll anhand des Beispiels erfolgen:

(1) Die Konstante $b_0 = 18{,}062$ wäre der Vorhersagewert für Y (*Semesterzahl*) für einen Absolventen, wenn dessen Ausprägungen für die unabhängigen Variablen $x_{1i} = 0$ und $x_{2i} = 0$ wären. Da die Variable X_2 (*Studienbedingungen*) im Bereich von 1 bis 10 variiert, kann ein solcher Fall nicht vorliegen. Die Konstante hat hier (wie in vielen empirischen Anwendungen) keine inhaltliche Bedeutung.

Interpretation der partiellen Regressionskoeffizienten

(2) Der Regressionskoeffizient $b_1 = -0{,}137$ für die Variable X_1 (*Wochenstunden*) gibt an, dass der Vorhersagewert $\hat{y}_i$ sich um 0,137 verringert, wenn die Variable X_1 um eine Einheit zunimmt. Inhaltlich heißt dies: Mit jeder zusätzlichen Stunde, die man während des Studiums für die Studienarbeiten und Seminare investiert, verkürzt sich das Studium im Durchschnitt um 0,137 Semester. Wenn eine Person acht *Wochenstunden* mehr in das Studium investiert, verkürzt sich die *Semesterzahl* für das Studium im Schnitt um ca. ein Semester (da $-0{,}137 \cdot 8 = -1{,}096$).

(3) Und entsprechend: Der Regressionskoeffizient für die Variable X_2 (*Studienbedingungen*) $b_2 = -0{,}361$ gibt an, dass sich der Vorhersagewert $\hat{y}_i$ um 0,361 verringert, wenn die zugehörige Variable X_2 um eine Einheit zunimmt. Inhaltlich heißt dies: Mit jeder Verbesserung der *Studienbedingungen* um einen Skalenpunkt verringert sich die Studiendauer im Schnitt um 0,361 Semester. An Instituten, an denen die *Studienbedingungen* um drei Skalenpunkte besser sind, ist damit zu rechnen, dass die *Semesterzahl* im Durchschnitt um ca. ein Semester verkürzt wird (da $-0{,}361 \cdot 3 = -1{,}083$).

Wichtig: Die durch die Variation von X_1 (*Wochenstunden*) bewirkte Veränderung des Vorhersagewertes für Y (*Semesterzahl*) ist unabhängig von der vorliegenden Ausprägung für die andere Variable X_2 (*Studienbedingungen*) und umgekehrt. (Diese unabhängige Interpretation einzelner Regressionskoeffizienten ist nicht mehr möglich, wenn zwischen den zugehörigen Variablen Interaktionen vorliegen (→ Kap 8.4.).)

Standardisierter Regressionskoeffizient

Betrachtet man in diesem Beispiel die Größe der beiden Regressionskoeffizienten b_1 und b_2, so könnte man meinen, dass die Variable X_2 (*Studienbedingungen*) stärker auf Y (*Semesterzahl*) einwirkt, als die Variable X_1 (*Wochenstunden*). Denn der Betrag von b_2 ist größer als der Betrag von b_1. Die Regressionskoeffizienten b_j sind jedoch nicht dimensionslos. Ihre Messeinheit ist:

Die b_j werden von Messdimensionen beeinflusst

$$\text{Messeinheit von } b_j = \frac{\text{Messeinheit von Y}}{\text{Messeinheit von } X_j}$$

Damit sind die b_j auch in ihrer Größe abhängig von der Messeinheit von Y und X_j. Hätte man beispielsweise die für das Studium aufgewendete Zeit nicht in Wochenstunden, sondern in Stunden pro Tag erfragt, wäre die Größenordnung des zugehörigen Koeffizienten deutlich größer ausgefallen.

Für die Regressionskoeffizienten gibt es eine Standardisierung. Der **standardisierte Regressionskoeffizient** ist b_j^* und wird berechnet mit:

$$b_j^* = b_j \cdot \frac{s_{x_j}}{s_y}$$

b_1^* ist dimensionslos und ermöglicht den Vergleich der Effektstärken der unabhängigen Variablen eines Regressionsmodells untereinander. Die standardisierten Regressionskoeffizienten haben dann aber keine anschauliche Interpretation mehr.

Innerhalb eines Modells können die b_j^* verglichen werden

Beispiel: Für die drei Variablen *Semesterzahl, Wochenstunden* und *Studienbedingungen* ergeben sich die Standardabweichungen:

$$s_y = 2{,}028 \qquad s_{x_1} = 8{,}207 \qquad s_{x_2} = 3{,}082$$

Wenn man mit diesen Werten nun die Standardisierung der Regressionskoeffizienten durchführt, erhält man:

$$b_1^* = -0{,}137 \cdot \frac{8{,}207}{2{,}028} = -0{,}554$$

und

$$b_2^* = -0{,}361 \cdot \frac{3{,}082}{2{,}028} = -0{,}549$$

Diese standardisierten Regressionskoeffizienten sind nun geeignet, die Effektstärken der unabhängigen Variablen miteinander zu vergleichen. Man sieht hier in diesem Beispiel, dass die beiden unabhängigen Variablen tatsächlich einen nahezu gleich starken Effekt auf $\hat{Y}$ ausüben.

Bemerkungen: (1) Dieser standardisierte Regressionskoeffizient wird auch „Beta-Koeffizient" genannt. Dies ist insofern eine irritierende Bezeichnung, als dies zu Verwechslungen mit den unten noch einzuführenden β-Koeffizienten führen kann. (2) Sind die Variablen eines (bivariaten oder multiplen) Regressionsmodells z-standardisiert, so sind die (bivariaten oder partiellen) Regressionskoeffizienten zugleich standardisierte Regressionskoeffizienten. (3) Die Standardisierung ist nicht sinnvoll anzuwenden auf die Regressionskoeffizienten von 0–1-kodierten Variablen. Denn dafür müsste eine Standardabweichung s_x für die 0–1-kodierte Variable berechnet werden, was wenig sinnvoll ist (diese hängt von dem Verhältnis der Gruppengrößen und damit vom Mittelwert der dichotomen Variablen ab). (4) Standardisierte Regressionskoeffizienten dienen dem Vergleich der Effektstärken. Für sich betrachtet haben sie keine anschauliche Interpretation mehr. Insofern können sie in der Analyse die Regressionskoeffizienten b_j ergänzen, aber nicht ersetzen. (5) Zu beachten ist, dass man (weder unstandardisierte noch standardisierte) Regressionskoeffizienten aus verschiedenen Regressionsmodellen, die unterschiedliche Variablen beinhalten, nicht miteinander vergleichen kann.

8.1.3 | Multipler Determinationskoeffizient

Der Determinationskoeffizient r^2 ist im Kapitel 4.3.3 zur bivariaten Regression als Maßzahl für die Erklärungsleistung des Modells eingeführt worden. Im bivariaten Fall war damit die Erklärungsleistung einer unabhängigen Variablen quantifizierbar: r^2 gibt im bivariaten Fall an, zu welchem Anteil die Variation von Y durch die Variation von X erklärt werden kann. In der multiplen Regression liegen mehrere unabhängige Variabeln vor. Der hier nun verwendete Koeffizient wird deshalb **multipler Determinationskoeffizient** r^2 genannt. Er gibt den Anteil der Variation von Y an, der durch alle im multiplen Regressionsmodell enthalten Variablen *gemeinsam* erklärt wird.

r^2 gibt Erklärungsleistung des Modells an

Beispiel: Für das multiple Regressionsmodell mit den beiden unabhängigen Variablen *Wochenstunden* und *Studienbedingungen* wird ein multipler Determinationskoeffizient von $r^2 = 0{,}941$ errechnet. Man kann damit sagen, dass die Varianz der Variablen *Semesterzahl* zu 94,1 % durch die beiden unabhängigen Variablen erklärt werden kann oder auch: dass die *Semesterzahl* zu 94,1 % durch die beiden unabhängigen Variablen statistisch determiniert ist. Die Erklärungsleistung dieses Regressionsmodells (mit fiktiven Daten) ist damit sehr hoch.

Erklärungsbeiträge einzelner Variablen im Modell | 8.1.4

Man kann für jede unabhängige Variable ermitteln, welcher Teil der Erklärungsleistung des Regressionsmodells ihr allein zuzurechnen ist. Eine
einfache Berechnungsstrategie im Rahmen der multiplen Regressionsanalyse besteht darin, dass man das *vollständige* multiple Regressionsmodell mit allen unabhängigen Variablen mit einem *reduzierten* Regressionsmodell vergleicht, in dem eine vorher bestimmte unabhängige
Variable nicht enthalten ist. Für beide Regressionsmodelle kann man
dann die Erklärungsleistung ermitteln. Die Differenz der Erklärungsleistungen stellt dann den Teil der Erklärungsleistung dar, der ausschließlich dieser vorher bestimmten Variablen zuzurechnen ist. Wenn r^2 die
Erklärungsleistung des vollständigen Modells darstellt und wenn man
den r^2-Wert für das reduzierte Modell, in dem eine bestimmte Variable
X_j fehlt, mit $r^2_{(j)}$ kennzeichnet, dann ist die Differenz

*Wie berechnet
man den Beitrag
einzelner Variablen
zur Erklärungsleistung
des Modells?*

$$\Delta r^2 = r^2 - r^2_{(j)}$$

der Teil der Erklärungsleistung des vollständigen Modells, der ausschließlich der Variablen X_j zuzurechnen ist. (Achtung: Der Index $_{(j)}$
drückt nun das *Fehlen* von X_j und $r^2_{(j)}$ eine Erklärungsleistung *ohne* den
Beitrag von X_j aus!)

Beispiel: Wenn man nun für die beiden unabhängigen Variablen *Wochenstunden* und *Studienbedingungen* die Frage stellt, welcher Teil der Erklärungsleistung des vollständigen Modells ihnen jeweils allein zugerechnet werden kann, so muss die gerade eingeführte Überlegung zweimal
angewandt werden.

(1) Der Teil der Erklärungsleistung des vollständigen Regressionsmodells, der ausschließlich der unabhängigen Variable X_1 (*Wochenstunden*) zuzurechnen ist, errechnet sich, wenn man den r^2-Wert des vollständigen Regressionsmodells (mit X_1 und X_2 als unabhängigen
Variablen) vergleicht mit dem $r^2_{(1)}$-Wert des um die Variable X_1 reduzierten Regressionsmodells. r^2 ist bereits bekannt. Führt man anhand
des reduzierten Regressionsmodells Y auf X_2 zurück, erhält man eine
Erklärungsleistung von $r^2_{(1)} = 0,728$. Damit ergibt sich:

$$\Delta r^2 = r^2 - r^2_{(1)} = 0,941 - 0,728 = 0,213$$

Man kann sagen, dass die 21,3 % der Erklärungsleistung des vollständigen Modells ausschließlich auf die unabhängige Variable X_1 (*Wochenstunden*) zurückzuführen sind.

(2) Der Teil der Erklärungsleistung des vollständigen Modells, der ausschließlich der unabhängigen Variable X_2 (*Studienbedingungen*) zuzurechnen ist, errechnet sich entsprechend, wenn man den r^2-Wert des vollständigen Regressionsmodells vergleicht mit dem $r^2_{(2)}$-Wert des um die Variable X_2 reduzierten Regressionsmodells. Man erhält für das reduzierte Regressionsmodell eine Erklärungsleistung von $r^2_{(2)} = 0{,}732$. Damit ergibt sich:

$$\Delta r^2 = r^2 - r^2_{(2)} = 0{,}941 - 0{,}732 = 0{,}209$$

Hier kann man nun sagen, dass 20,9 % der Erklärungsleistung des vollständigen Modells ausschließlich der Variablen X_2 (*Studienbedingungen*) zuzurechnen sind.

Vergleicht man die Resultate, fällt auf, dass die beiden Werte von 21,3 % und 20,9 %, die Erklärungsbestandteile darstellen, die *ausschließlich* einer der beiden Variablen zuzurechnen sind, sich nicht zur Erklärungsleistung des vollständigen Modells von 94,1 % aufsummieren. Das liegt daran, dass es noch einen Teil der Erklärungsleistung gibt, der *nicht* ausschließlich einer unabhängigen Variablen zuzurechnen ist, sondern der in der „Überlappung" (engl. „overlap") der Erklärungsleistungen von X_1 und X_2 besteht.

Ausschließlicher Beitrag zur Erklärungsleistung versus „überlappende" Erklärungsleistung

Grafisch kann man dies für den allgemeinen Fall anhand der ABBILDUNG 8.4 (nach Cohen et al. 2003) veranschaulichen. Die Grafik stellt die Variationen der drei beteiligten Variablen Y, X_1 und X_2 als drei Kreise dar. Für die Variation einer Variablen ist jeweils ein eigener Kreis vorhanden. Schnittmengen stellen gemeinsame Variationen und damit im Falle gerichteter Beziehungen Erklärungsleistungen dar. Zunächst sollen zwei Schnittmengen betrachtet werden:

(1) die Schnittmenge der Kreise von X_1 und Y (a + c) stellt die Erklärungsleistung von X_1 für die Variation Y dar, wenn man in einem reduzierten Modell Y auf X_1 regressiert;

(2) die Schnittmenge der Kreise von X_2 und Y (b + c) stellt die Erklärungsleistung von X_2 für die Variation von Y dar, wenn man in einem reduzierten Modell Y auf X_2 regressiert.

Fragt man nun für ein vollständiges Modell (Y wird gleichzeitig auf X_1 *und* X_2 regressiert) danach, wie groß die Erklärungsleistungen sind, die den Variablen X_1 und X_2 jeweils *allein* zuzurechnen sind, so erkennt man anhand der Grafik, dass die Erklärungsleistung, die X_1 allein zuzurechnen ist, nur aus der Fläche a besteht und dass die Erklärungsleistung, die X_2 allein zuzurechnen ist, nur aus der Fläche b besteht. Denn die Fläche c erfasst die Erklärungsleistung, die keiner der beiden Variablen allein zuzurechnen ist. (Die Größe der Fläche c ist nur dann 0, wenn die beiden

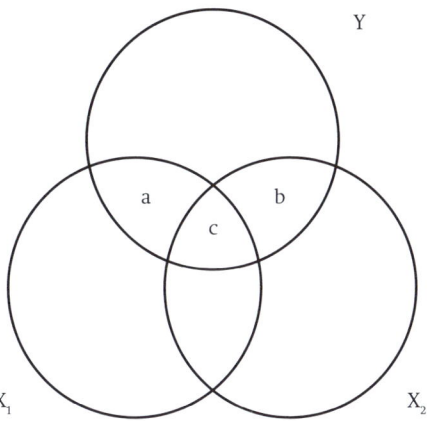

Abb. 8.4

unabhängigen Variablen X_1 und X_2 statistisch auch voneinander unabhängig sind, dann überschneiden sich die Kreise der beiden Variablen nicht.)

Beispiel: Nun kann man erkennen, warum die reduzierten Modelle, in denen nur jeweils eine unabhängige Variable (*Wochenstunden* bzw. *Studienbedingungen*) enthalten war, dennoch mit $r^2_{(1)} = 0{,}732$ bzw. $r^2_{(2)} = 0{,}728$ so hohe Erklärungsleistungen aufweisen konnten. Die TABELLE 8.3 schlüsselt die Zurechnung von Erklärungsleistungen für das Beispiel auf. Verantwortlich für die Überlappung ist dabei die Korrelation zwischen den unabhängigen Variablen X_1 und X_2.

Wichtig: Die in einem Regressionsmodell ausschließlich einer einzelnen Variablen zurechenbare Erklärungsleistung ist nicht einfach eine Eigenschaft der Variablen, sondern hängt davon ab, welche weiteren unabhängigen Variablen im Regressionsmodell enthalten sind.

Ob einer Variablen *allein* ein großer Teil der Erklärungsleistung (für Y) zurechenbar ist, hängt davon ab, ob die übrigen unabhängigen Varia-

Zurechnung der Erklärungsleistung für Y		um X_2 reduziertes Modell	um X_1 reduziertes Modell	vollständiges Modell
a	ausschließlich X_1	0,213	–	0,213
b	ausschließlich X_2	–	0,209	0,209
c	Überlappung	0,519	0,519	0,519
	Σ	0,732	0,728	0,941

Tab. 8.3

blen mit ihr gering oder sogar überhaupt nicht korrelieren. Daher begründet sich auch die Strategie, jeweils das vollständige Modell mit einem reduzierten Modell zu vergleichen.

Der durch den Vergleich von vollständigem und reduziertem Regressionsmodell errechenbare ausschließliche Beitrag einer Variablen zur Erklärungsleistung des Modells lässt sich auch errechnen, indem man aus dieser einen Variablen die übrigen unabhängigen Variablen auspartialisiert und dann die Residuen der Variablen mit Y korreliert. Diese Korrelation heißt **Semipartialkorrelation**, abgekürzt: sr (für engl. „semipartial correlation"). In der englischsprachigen Literatur findet sich für die Semipartialkorrelation auch die Bezeichnung „part correlation", weshalb die Semipartialkorrelation auch als Teilkorrelation übersetzt wird. Der Wortbestandteil „Semi-" kommt daher, dass nur aus einer von zwei korrelierten Variablen die übrigen (Dritt-)Variablen auspartialisiert wurden, hier also nur aus X_j auspartialisiert wurde und nicht auch noch aus Y die übrigen unabhängigen Variablen. Wären diese auch noch aus Y auspartialisiert worden, dann läge eine Partialkorrelation vor (→ Kap. 5.2). Das **Quadrat der Semipartialkorrelation** (sr^2) entspricht dem ausschließlich dieser einen unabhängigen Variablen zurechenbaren Beitrag an der Erklärungsleistung des vollständigen Modells.

(Marginalie:) Semipartialkorrelation versus Partialkorrelation

8.2 | Anwendungsvoraussetzungen

Unter **Anwendungsvoraussetzungen** für die multiple lineare Regression sind die Bedingungen zu verstehen, die (in ausreichender Weise) erfüllt sein sollen, damit die Regressionsanalyse valide Resultate liefern kann. Die Anwendungsvoraussetzungen werden hier eingangs kurz angeführt. Sie werden erst voll verständlich werden, wenn sie anhand von Beispielen untersucht werden und ihre Analyse weiter erläutert wird. Die Voraussetzungen für Regressionsanalysen sind:

(1) Linearität: Der Einfluss der einzelnen unabhängigen Variablen auf die abhängige Variable soll *jeweils linear* sein.

(2) Keine hohe Multikollinearität: Die unabhängigen Variablen sollen untereinander nicht stark korrelieren. Wenn die unabhängigen Variablen untereinander korrelieren, spricht man von Multikollinearität. Idealerweise soll nur geringe oder gar keine Multikollinearität vorliegen.

(3) Varianzhomogenität der Residuen: Das Regressionsmodell soll für die abhängige Variable Y eine einheitliche gute Vorhersageleistung erbringen. Regressionstechnisch bedeutet dies, dass die Residuen e_i für alle Größenordnungen von $\hat{Y}$ eine einheitliche (homogene) Varianz

aufweisen sollen. Varianzhomogenität wird auch als „Homoskedasti-zität" bezeichnet.

(4) Normalverteilung der Residuen: Die Residuen e_i sollen normalverteilt sein. Diese Anwendungsvoraussetzung ist nur im inferenzstatisti-schen Kontext bedeutsam.

(5) Unkorreliertheit der Residuen: Die Residuen sollen untereinander nicht korrelieren. Eine Korrelation zwischen den Residuen ist dann zu erwarten, wenn man Zeitreihendaten als Variablen in eine Regres-sionsanalyse einbezieht. Zeitreihendaten sind Serien von Messungen, die zu unterschiedlichen Zeitpunkten an denselben Merkmalsträgern erhoben wurden. Beispiele für Zeitreihen sind die Umsätze von Unternehmen in aufeinander folgenden Jahren oder die Arbeits-losenquoten von Regionen in aufeinander folgenden Monaten. Zeit-reihendaten sind in soziologischen Anwendungen selten. (Allerdings können Korrelationen unter den Residuen auch auftreten bei Ver-wendung komplexer Stichprobenverfahren wie Klumpenstichpro-ben.) Hier wird die Untersuchung dieser Anwendungsvoraussetzung im Folgenden vernachlässigt.

Residuenanalyse (Diagnostik)

Die Analyse der Anwendungsvoraussetzungen wird **Residuenanalyse** ge-nannt. Verstöße gegen die Anwendungsvoraussetzungen lassen sich durch die Untersuchung der Residuen diagnostizieren. Daher spricht man bei der Residuenanalyse auch von **Regressionsdiagnostik**, kurz: Diag-nostik. Die regressionsanalytische Prüfung der Anwendungsvorausset-zungen weist folgende Eigenheiten auf.

(1) Das Vorliegen der Anwendungsvoraussetzungen kann erst diagnosti-ziert werden, nachdem eine erste Berechnung einer Regressionsglei-chung (mit deren Hilfe man dann Residuen ermitteln kann) erfolgt ist.

(2) Die Regressionsdiagnostik erfolgt stark grafisch gestützt. Dafür wer-den spezifische Datenanalyseplots eingesetzt. Für diese ist kennzeich-nend, dass sie nur für Zwecke der Analyse und nicht im Bericht der regressionsanalytischen Befunde Verwendung finden.

(3) Die Analytikerin bzw. der Analytiker befindet sich in der Situation, zwischen verschiedenen Graden der Erfülltheit von Anwendungs-voraussetzungen unterscheiden zu müssen. Hierbei muss entschie-den werden, wann die Anwendungsvoraussetzungen noch ausrei-chend gegeben sind und ab wann dies nicht mehr der Fall ist.

(4) Verstöße gegen einzelne Anwendungsvoraussetzungen können an-dere Anwendungsvoraussetzungen beeinträchtigen. Ein Verstoß ge-gen die Linearitätsannahme kann beispielsweise die angestrebte Va-rianzhomogenität beeinträchtigen.

(5) In sehr vielen Fällen sind die Anwendungsvoraussetzungen ausreichend gegeben. Die Untersuchung der Anwendungsvoraussetzungen kann aber ergeben, dass diese nicht ausreichend erfüllt sind. Die Regressionsdiagnostik soll dann auch Aufschlüsse darüber geben, welche Maßnahmen man zur Verbesserung des Ausgangsmodells ergreifen kann, damit dieses anschließend die Anwendungsvoraussetzung ausreichend erfüllt.

(6) Werden Maßnahmen zur Verbesserung des Ausgangsmodells durchgeführt, dann sind alle Anwendungsvoraussetzungen erneut zu untersuchen, da eine Anpassung des Ausgangsmodells hinsichtlich einer Anwendungsvoraussetzung sich auch auf andere Anwendungsvoraussetzungen auswirken kann.

Die (unten vorgestellten) einfachen Strategien der Residuenanalyse sollten standardmäßig immer durchgeführt werden. Im günstigsten Fall erweist sich, dass man keine Hinweise auf unzureichende Anwendungsvoraussetzungen diagnostiziert und man daher (vorläufig) davon ausgehen kann, dass die regressionsanalytischen Befunde valide interpretierbar sind.

Eine Untersuchung der Anwendungsvoraussetzungen soll für das bereits eingeführte deskriptivstatistische Beispiel erfolgen. Ein gravierender Verstoß gegen einige Anwendungsvoraussetzungen kann dabei im deskriptivstatistischen Kontext weniger problematisch sein als im inferenzstatistischen Kontext. Dies gilt für Verstöße gegen die Varianzhomogenität. Da im inferenzstatistischen Kontext *zusätzliche* Problematiken entstehen können, sollen die Anwendungsvoraussetzungen auch anhand eines zweiten Beispiels mit Stichprobendaten untersucht werden.

8.3 | Untersuchung der Anwendungsvoraussetzungen (deskriptivstatistisches Beispiel)

Prüfung der Linearitätsannahme

Die Linearitätsannahme besagt, dass jede der unabhängigen Variablen für sich linear mit der abhängigen Variablen zusammenhängen soll. Wenn man also jeweils eine paarweise Kombination von Y mit einer der unabhängigen Variablen in einem Streudiagramm darstellt, sollte sich jeweils eine lineare Beziehung zwischen Y und X_j anhand der Form der Verteilung der Punkte im Streudiagramm zu erkennen geben. Im Fall der multiplen Regression besteht aber das Problem, dass einfache Streudiagramme bei vorhandener Multikollinearität die Einflüsse der übrigen unabhängigen Variablen nicht kontrollieren. Diese Einflüsse können sich verzerrend auf die Form der Beziehung zwischen Y und einer der unabhängigen Variablen auswirken. Denn für die paarweise Betrachtung stellen die übrigen unabhängigen Variablen im Regressionsmodell nun Drittvariablen dar. Um die Einflüsse der übrigen unabhängigen Variablen zu kontrollieren, werden diese jeweils aus Y und X_j auspartialisiert und dann die Residuen von Y gegen die Residuen von X_j in einem Streudiagramm aufgetragen. Die so konstruierten Streudiagramme heißen **partielle Regressionsdiagramme**. Sie stellen den partiellen Zusammenhang zwischen einer paarweisen Kombination von Y und einer Variablen X_j nach Auspartialisierung aller übrigen unabhängigen Variablen in grafischer Form dar. Man kann so viele partielle Regressionsdiagramme erstellen, wie es unabhängige Variablen im Regressionsmodell gibt.

Partielle
Regressionsdiagramme
zur Diagnose
von Linearität

Beispiel: Zu untersuchen ist einmal, ob die Beziehung zwischen der *Semesterzahl* (Y) und der *Wochenstundenzahl* (X_1) ausreichend linear ist, wenn man aus beiden Variablen vorher den linearen (und möglicherweise verzerrenden Einfluss) der Variablen *Studienbedingungen* (X_2) auspartialisiert hat. Zum anderen ist die Form des Zusammenhangs zwischen *Semesterzahl* (Y) und *Studienbedingungen* (X_2) nach Auspartialisierung der *Wochenstunden* (X_1) auf ausreichende Linearität zu untersuchen. Die ABBILDUNG 8.5 stellt die beiden partiellen Regressionsdiagramme dar.

Der partielle Zusammenhang in dem linken Diagramm zwischen *Semesterzahl* und *Wochenstundenzahl* ist erkennbar linear. In dem anderen Diagramm rechts ist eine leichte Abweichung hin zu einer (negativen) quadratischen Beziehungsform zwischen *Semesterzahl* und *Studienbedingungen*

Abb. 8.5

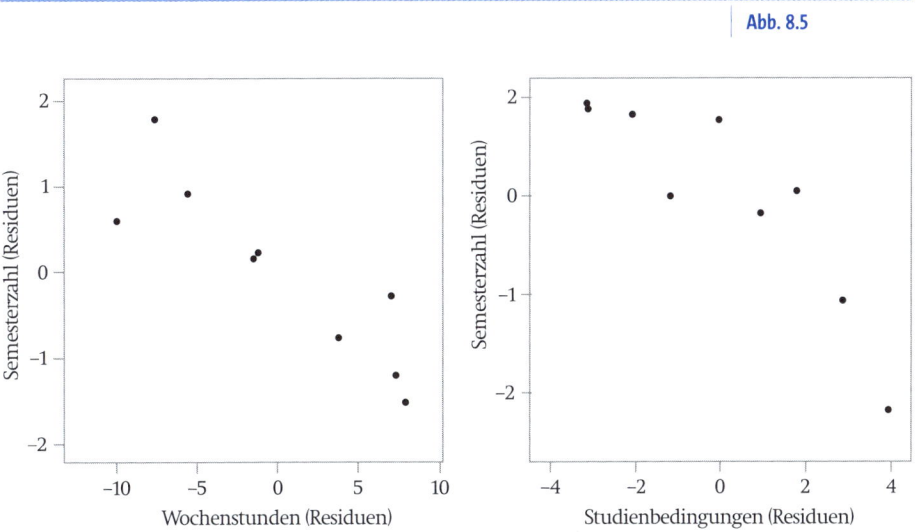

zu erkennen. In solchen Fällen muss man entscheiden, ob eine lineare Beziehung ein dennoch vertretbares Modell ist. Dies ist hier der Fall.

Maßnahme bei Verstoß gegen Linearitätsvoraussetzung

Liegen im partiellen Regressionsdiagramm starke Abweichungen von der Linearität vor, so kann man versuchen, diese Beziehung zu linearisieren. Dies erfolgt, indem man eine der beiden Variablen transformiert (→ Kap. 8.7). Starke Abweichungen von der Linearität haben zur Folge, dass die regressionstechnische Berechnung der partiellen Regressionskoeffizienten verzerrte Resultate liefert.

Bemerkung: Bei SPSS ist es üblich, die Achsen der partiellen Regressionsdiagramme mit den Namen der herangezogenen Variablen zu beschriften. Verwendet werden aber für diese Diagramme die Residuen der Variablen. (Daher erklären sich auch die Zahlenwerte an den Achsen.) Partielle Regressionsdiagramme werden durch die Statistikprogramme SPSS und Stata (wo sie „added variable plot" heißen) standardmäßig zur Verfügung gestellt.

Prüfung auf geringe Multikollinearität

Um das Ausmaß der Multikollinearität zwischen den unabhängigen Variablen zu quantifizieren, könnte man die bivariaten Korrelationen zwischen je zwei unabhängigen Variablen (in einer Korrelationsmatrix) angeben. Hierbei werden allerdings die Drittvariableneinflüsse der übrigen unabhängigen Variablen (auf die paarweise berechneten bivariaten Korrelationen) nicht kontrolliert. Aus diesem Grund hat sich eine andere

Toleranz als Maßzahl zur Diagnose von Multikollinearität

Maßzahl etabliert. Für jede Variable X_j kann die so genannte **Toleranz** (T_j) berechnet werden, die angibt, wie groß der Anteil ihrer Variation ist, der nicht durch die übrigen unabhängigen Variablen im Modell erklärt wird. Man berechnet die Toleranz für eine unabhängige Variable X_j, indem man diese als abhängige Variable auf die übrigen unabhängigen Variablen regressiert. (Bei der Prüfung der Multikollinearität und der Ermittlung der Toleranz bleibt also die abhängige Variable Y außen vor.) Man erhält in dieser Regression einen Determinationskoeffizienten r_j^2, der angibt, zu wie viel Prozent X_j durch die übrigen unabhängigen Variablen erklärt werden kann. Die Differenz $(1 - r_j^2)$ ist dann der Anteil an der Variation von X_j, der *nicht* durch die übrigen Variablen erklärt werden kann:

$$T_j = (1 - r_j^2)$$

Für jede unabhängige Variable kann eine solche Regression auf die übrigen unabhängigen Variablen durchgeführt werden, daher ist die Toleranz mit j indiziert.

Beispiel: Die Toleranz der unabhängigen Variablen *Wochenstunden* (X_1) ist der Anteil ihrer Variation, der nicht durch die Variable *Studienbedingun-*

gen (X_2) erklärt werden kann. Führt man eine Regression durch, in welcher die Variable *Wochenstunden* als abhängige Variable regressiert wird auf die Variable *Studienbedingungen,* erhält man einen r_1^2-Wert von 0,304. Die Toleranz ist damit:

$$T_1 = 1 - 0,304 = 0,696$$

Man kann sagen, dass fast 70 % der Variation der *Wochenstunden* nicht durch die Variation der *Studienbedingungen* erklärt werden kann. Wenn man nun die Toleranz für die Variable *Studienbedingungen* T_2 berechnen will, führt man erneut eine Regression durch, in der die Variable *Studienbedingungen* nun die abhängige und die Variable *Wochenstunden* die unabhängige ist. Da hier nur zwei unabhängige Variablen vorliegen, handelt es sich um das gleiche Variablenpaar wie für die Berechnung von T_1, nur „mit vertauschten Rollen", konkret: Es wird umgekehrt regressiert. Die Erklärungsleistung ist in diesem Fall dieselbe, $r_2^2 = 0,304$. Die Toleranz T_2 ist:

$$T_2 = 1 - 0,304 = 0,696$$

Nur in dem Fall zweier unabhängiger Variablen wäre die bivariate Korrelation ein anwendbares Maß für die Erfassung der Multikollinearität. In diesem Fall gelten bivariate Korrelationen zwischen den unabhängigen Variablen kleiner als –0,9 bzw. größer als +0,9 als problematisch (KÜHNEL/KREBS 2004).

Allgemein gilt: Die Toleranz variiert im Bereich zwischen 0 und 1. Ist die Toleranz für alle J unabhängigen Variablen $T_j = 1$, bedeutet dies, dass keine Multikollinearität zwischen ihnen vorliegt. Beträgt die Toleranz für eine unabhängige Variable X_j dagegen $T_j = 0$, dann kann diese unabhängige Variable durch die übrigen unabhängigen Variablen im Regressionsmodell vollständig erklärt werden. Sie hat dann keinen eigenen Informationsgehalt, der nicht auch durch die übrigen unabhängigen Variablen im Regressionsmodell „abgedeckt" wäre. Die Regressionsrechnung ist gegen vorliegende Multikollinearität allerdings robust. Damit ist gemeint, dass man trotz hoher Multikollinearität die partiellen Regressionskoeffizienten ermitteln kann. Für die angewandte multiple Regressionsanalyse gelten auch niedrige Toleranzwerte als unproblematisch. Eine Faustregel ist, dass die Toleranzen nicht kleiner als 0,1 sein dürfen (COHEN et al. 2003, S. 424). Aber solche Faustregeln sind mit Vorsicht zu verwenden. Verallgemeinert man obige Aussage aus KÜHNEL/KREBS, müsste man Toleranzwerte kleiner als ca. 0,2 bereits als problematisch beurteilen (da $1 - 0,9^2 = 0,19$). Um vorliegende hohe Multikollinearität zu „beheben", kann man verschiedene Strategien anwenden. Zum einen kann

Eigenschaften der Toleranz

„Faustregel" für Toleranzen

Maßnahmen bei sehr hoher Multikollinearität

man aus einer unabhängigen Variablen mit niedrigem Toleranzwert die übrigen unabhängigen Variablen auspartialisieren (um dann mit den Residuen die Regressionsanalyse weiterzurechnen). Ist die Multikollinearität für eine Variable X_j extrem, ist zum zweiten ein Verzicht auf diese Variable zu empfehlen. In diesem Fall können sonst die partiellen Regressionskoeffizienten nicht mehr ermittelt werden.

Bemerkung: Anstelle der Toleranz findet sich in der Statistikliteratur auch dessen Kehrwert, das ist der **VIF-Wert** (für engl. „variance inflation factor").

Prüfung auf Varianzhomogenität

Leistet ein Regressionsmodell eine einheitliche Vorhersageleistung über alle Größenordnungen von $\hat{Y}$ hinweg, so ergibt sich eine einheitliche Streuung der Residuen, wenn man diese gegen die Vorhersagewerte $\hat{Y}$ in einem Streudiagramm aufträgt. In ABBILDUNG 8.6 ist mit dem Streudiagramm oben links eine idealtypische Situation (für 150 Fälle) wiedergegeben, in der **Varianzhomogenität** (Homoskedastizität) vorliegt. Hierbei formt sich die Punktewolke wie ein horizontal verlaufendes Band mit einheitlicher Breite. Die Residuen e_i streuen in der Vertikalen einheitlich um den Wert $e_i = 0$. In den verschiedenen horizontalen Abschnitten ist die Varianz der Residuen gleich groß.

Plot der Residuen gegen die Vorhersagewerte für Diagnose von Varianzhomogenität

Das Streudiagramm oben rechts zeigt eine typische Situation (für 150 Fälle), in der **Varianzheterogenität** (Heteroskedastizität) vorliegt. Hier weist das Regressionsmodell eine uneinheitliche Vorhersageleistung auf. Die Punktewolke hat die Form eines sich nach rechts öffnenden Trichters. Hier ändert sich das Ausmaß, in dem die Residuen streuen, in Abhängigkeit von $\hat{Y}$. Das heißt, für kleine y_i-Werte leistet das Modell im Vergleich zu großen y_i-Werten bessere Vorhersagen, was sich an der kleinen Varianz (um $e_i = 0$) der Residuen in diesem Bereich zeigt. Je größer die Vorhersagewerte werden, desto schlechter ist die Vorhersageleistung. Varianzheterogenität liegt auch vor, wenn der Trichter sich zur anderen Seite öffnet oder wenn sich die Varianz der Residuen in den mittleren Regionen eines Streudiagramms von den Regionen links und rechts deutlich unterscheidet.

Boxplots für Diagnose

Um die Varianzhomogenität bzw. die Varianzheterogenität visuell noch deutlicher hervorzuheben, kann man die Vorhersagewerte gruppieren und dann für diese Gruppen die Verteilung der Residuen anhand von **Boxplots** (→ Kap. 3.8) vergleichen. Für die beiden gerade besprochenen Streudiagramme werden die Vorhersagewerte in je drei gleich große Gruppen (mit je 50 Fällen) eingeteilt.

Für die Situation der Varianzhomogenität erkennt man in ABBILDUNG 8.6 unten links, dass die Residuen sich sehr ähnlich in den drei

Abb. 8.6

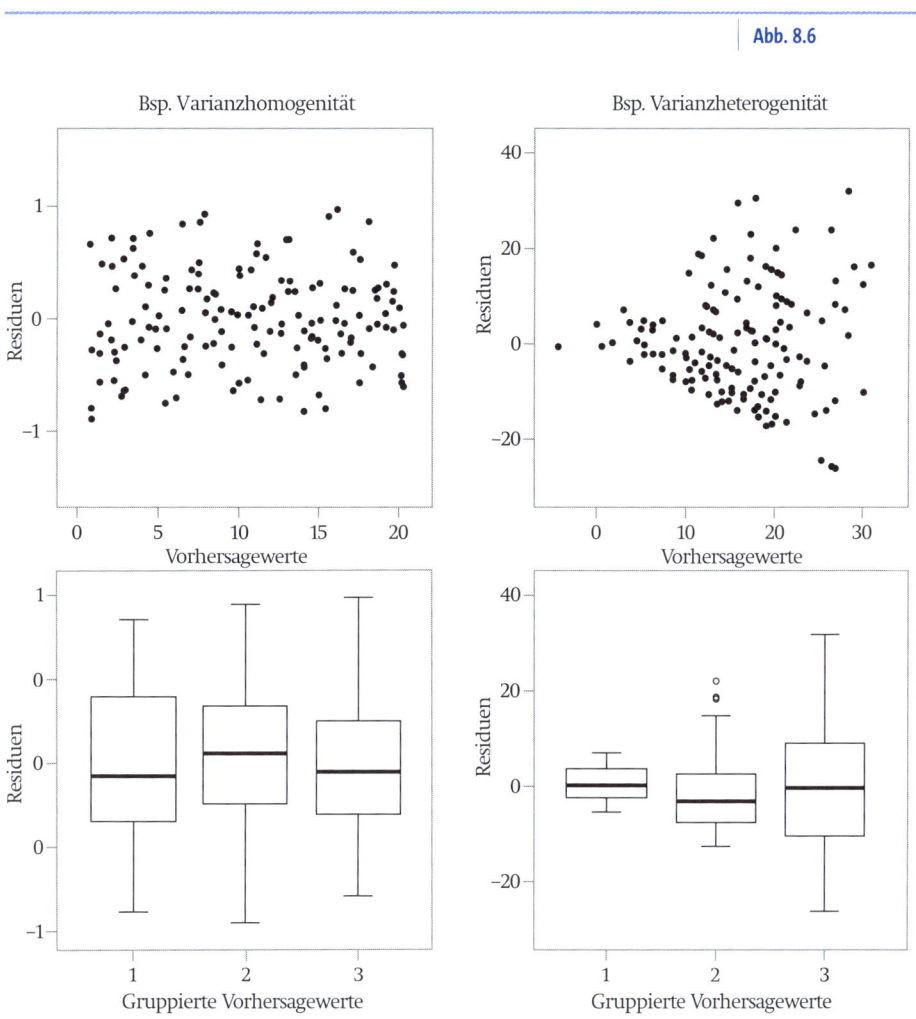

Gruppen verteilen. Die drei Boxen (Kästen) sind jeweils ähnlich hoch (ihre Höhe entspricht dem Quartilsabstand). Im Fall der Varianzheterogenität in der ABBILDUNG 8.6 unten rechts erkennt man, dass die Boxen von links nach rechts in der Höhe zunehmen. Eine alternative Strategie zur Visualisierung der Varianzheterogenität mit Hilfe der Boxplots ist die Berechnung der Varianzen für die Residuen in den drei Gruppen. Diese können dann verglichen werden, ob sie ähnlich groß sind.

Berechnung von Varianzen für Diagnose

Beispiel: Plottet man für das Beispiel die Residuen der *Semesterzahl* gegen die Vorhersagewerte (durch das Regressionsmodell vorhergesagte Semesterzahl für jeden Fall), ergibt sich das Streudiagramm in ABBILDUNG 8.7.

Ob Varianzhomogenität vorliegt, kann man hier am besten untersuchen, wenn man die Vorhersagewerte gruppiert und für die Gruppen die Streuung der Residuen vergleicht. Da die Fallzahl sehr klein ist, ist es unpraktikabel, mehr als zwei Gruppen zu bilden. In die erste Gruppe werden die fünf Fälle mit den fünf kleinsten Vorhersagewerten gruppiert, die zweite Gruppe besteht aus den Fällen mit den vier übrigen (den vier größten) Vorhersagewerten. Die Fallzahl in den Gruppen ist gering, hier bietet sich an, für die Gruppen die Varianzen zu berechnen. Die Varianz der ersten Gruppe beträgt v = 0,30, die Varianz der zweiten Gruppe beträgt v = 0,17. Die Varianzen unterscheiden sich um den Faktor 1,8. In diesem Fall liegt Varianzheterogenität vor, die aber ausreichend klein ist (Faustregel dazu → Kap. 8.6).

Das Streudiagramm kann nicht nur der Untersuchung auf Homoskedastizität dienen. Man kann die Verteilung der Punkte im Streudiagramm interpretieren. Kleine und große Vorhersagewerte gehen mit positiven Residuen einher, hier tendiert das Modell dazu, die *Semesterzahl* jeweils zu unterschätzen. Mittlere Vorhersagewerte gehen mit negativen Residuen einher, hier gibt es die Tendenz des Modells, die *Semesterzahl* zu überschätzen. Die Punkte verteilen sich V-förmig. Das Muster ist auf die vorher diagnostizierte leichte Nichtlinearität zurückzuführen.

Abb. 8.7

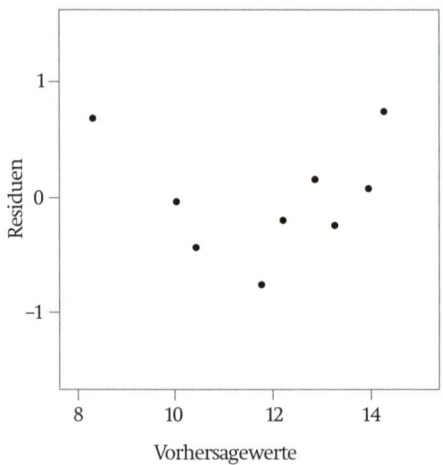

Man kann bei deutlicher Varianzheterogenität schließen, dass noch (mindestens) ein systematischer Effekt vorliegt, der nicht im Regressionsmodell berücksichtigt wurde. Dieser Effekt kann im Fehlen einer Variablen bestehen, die für die Varianzheterogenität der Residuen verantwortlich ist und deren Aufnahme in das Modell diese reduzieren würde. Die Heteroskedastizität kann aber auch andere Ursachen haben, wie eine nichtlineare Beziehung zwischen Y und den erklärenden X_j. Eine andere Erklärung kann eine nicht berücksichtigte Interaktion zwischen den beiden unabhängigen Variablen sein (→ Kap. 8.4). Maßnahmen zur Reduzierung der Varianzheterogenität sind die Aufnahme fehlender relevanter Variablen, gegebenenfalls die Bildung und Aufnahme von Interaktionen. In der Literatur findet sich die Empfehlung, Y zu transformieren. Häufig lässt sich die Varianzheterogenität reduzieren, wenn die abhängige Variable sehr schief verteilt ist und diese mit Hilfe einer Transformation symmetrisiert werden kann. Eine weitere Maßnahme ist die Verwendung der Methode der gewichteten kleinsten Quadrate, abgekürzt: WLS (für engl. „weighted least squares") als Schätzverfahren. Dies wird aber nur erfahrenen Anwendern empfohlen.

Ursachen von Varianzheterogenität

Maßnahmen bei starker Varianzheterogenität

Exkurs: Interaktion | 8.4

Von einer **Interaktion** spricht man im Rahmen von Regressionsanalysen, wenn der Effekt einer unabhängigen Variablen X_j auf Y durch eine andere Variable moduliert wird („moderator approach").

Beispiel: Angenommen, der Effekt, mit der die *Wochenstunden* (X_1) sich auf die *Semesterzahl* (Y) auswirken, ist nicht konstant, sondern hängt davon ab, wie die *Studienbedingungen* (X_2) an einem Institut ausgeprägt sind. Eine Erhöhung der *Wochenstunden* wirkt sich dann nicht einheitlich auf die *Semesterzahl* aus. In Studiengängen mit guten *Studienbedingungen* wirkt sich die zusätzlich investierte Zeit anders aus als in Studiengängen mit schlechten *Studienbedingungen*. In dem Pfaddiagramm in ABBILDUNG 8.8 ist durch einen Pfeil verdeutlicht, dass der Effekt der Wochenstunden (X_1) auf die *Semesterzahl* (Y) durch die *Studienbedingungen* (X_2) moduliert

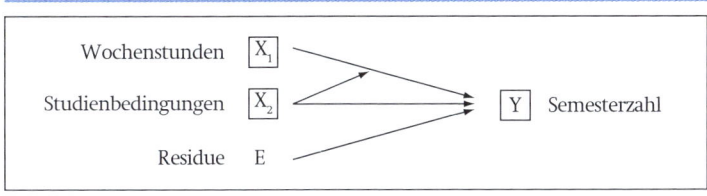

Abb. 8.8

wird. Die Effektstärke variiert nun in Abhängigkeit der Studienbedingungen.

Man berechnet eine Interaktion, indem man die Variablen, zwischen denen eine Interaktion vorliegt, miteinander multipliziert. Für jeden Merkmalsträger i werden also die Ausprägungen x_{1i} und x_{2i} miteinander multipliziert. Für jeden Merkmalsträger liegt danach eine zusätzliche Ausprägung $(x_{1i} \cdot x_{2i})$ vor, und das Produkt kann wie eine neue Variable behandelt werden. Die Regressionsgleichung für das erweiterte Regressionsmodell ist damit:

$$y_i = b_0 + b_1 \cdot x_{1i} + b_2 \cdot x_{2i} + b_3 \cdot (x_{1i} \cdot x_{2i}) + e_i$$

Man kann an dieser Gleichung sehen, dass die unabhängigen Variablen X_1 und X_2 nicht mehr allein additiv auf Y einwirken, sondern dass es einen zusätzlichen kombinierten Effekt auf Y gibt. Die Produktvariable $X_1 \cdot X_2$ wird als **Interaktionsterm** bezeichnet. Sie erhält einen eigenen Regressionskoeffizienten b_3. Durch Ausklammerung von X_1 kann man die **Modulierung** des Effekts von X_1 auf Y durch X_2 veranschaulichen:

$$y_i = b_0 + \underbrace{(b_1 + b_3 \cdot x_{2i})}_{\text{modulierter Effekt von } X_1} \cdot x_{1i} + b_2 \cdot x_{2i} + e_i$$

Effektstärke wird moduliert

Der Effekt von X_1 auf Y wird durch den eingeklammerten Ausdruck quantifizierbar. Dieser besteht nun nicht mehr allein aus dem Regressionskoeffizienten b_1, sondern zusätzlich aus einem veränderlichem Bestandteil, dessen Größe von X_2 abhängt.

Beispiel: Durch die Aufnahme des Interaktionsterms lässt sich die Erklärungsleistung des Regressionsmodells auf $r^2 = 0{,}989$ steigern. Die quadrierte Semipartialkorrelation $sr^2 = 0{,}048$ gibt den Zuwachs an Erklärungsleistung gegenüber dem Anfangsmodell ($r^2 = 0{,}941$) an. Die TABELLE 8.4 beinhaltet auch die Regressionskoeffizienten für das erweitere Regressionsmodell b_0 und b_j.

Tab. 8.4

j	Variable	b_j	$b_j{}^*$	sr^2	T_j
1	Wochenstunden	– 0,268	– 1,083	0,162	0,138
2	Studienbedingungen	– 1,033	– 1,571	0,107	0,043
3	Interaktionsterm	0,021	1,404	0,048	0,025
	Konstante $b_0 = 22{,}008$				
	$r^2 = 0{,}989$				

Die erweiterte Regressionsgleichung lautet damit:

$$y_i = 22{,}008 + (-0{,}268) \cdot x_{1i} + (-1{,}033) \cdot x_{2i} + 0{,}021 \cdot (x_{1i} \cdot x_{2i}) + e_i$$

Klammert man X_1 aus, erhält man:

$$y_i = 22{,}008 + \underbrace{(-0{,}268 + 0{,}021 \cdot x_{2i})}_{\text{modulierter Effekt der Wochenstunden}} \cdot x_{1i} + (-1{,}033) \cdot x_{2i} + e_i$$

Der Klammerausdruck gibt an, dass um eine Skaleneinheit besser bewertete *Studienbedingungen* den Effekt der *Wochenstunden* auf die *Semesterzahl* um +0,021 verändern. Werden die *Studienbedingungen* als sehr schlecht ($x_{2i} = 1$) beurteilt, so ist der modulierte Effekt $(-0{,}268 + 0{,}021) = -0{,}247$. Werden die *Studienbedingungen* dagegen als sehr gut ($x_{2i} = 10$) beurteilt, so ist der modulierte Effekt $(-0{,}268 + 0{,}021 \cdot 10) = -0{,}058$. Je besser die *Studienbedingungen* sind, desto weniger wirkt sich eine Erhöhung der *Wochenstunden* auf die Reduzierung der *Semesterzahl* aus.

Wenn Interaktionen zwischen Variablen vorliegen, so sind diese für das Modell relevante Sachverhalte und sollten in das Regressionsmodell aufgenommen werden. Fehlende Interaktionen können dann zu Varianzheterogenität (Heteroskedastizität) eines Modells führen. Die Aufnahme von Interaktionen kann Probleme lösen, sie bringt aber andere Probleme ein.

(1) Sind Interaktionsterme in einem Regressionsmodell aufgenommen worden, so hat dies Folgen für die Interpretation der Regressionskoeffizienten b_j derjenigen Variablen, die miteinander interagieren. Diese geben nur unter der Bedingung den Effekt von X_j auf Y an, dass die mit ihr interagierende Variable die Ausprägung 0 hat. Daher sind die Regressionskoeffizienten von Variablen, zwischen denen eine Interaktion vorliegt, keine partiellen Regressionskoeffizienten, sondern **konditionale Regressionskoeffizienten** (engl. „conditional effects"). Kann die Ausprägung 0 bei einer Variablen nicht vorkommen, so hat dies weitere Folgen für die Interpretierbarkeit des konditionalen Regressionskoeffizienten der mit ihr interagierenden Variablen. So auch in dem Beispiel: Da die Variable Studienbedingungen im Spektrum von 1 bis 10 variiert und damit die Ausprägung 0 nicht aufweisen kann, ist der konditionale Regressionskoeffizient für die Variable Wochenstunden b_1 nicht sinnvoll interpretierbar.

(2) Werden Interaktionsterme aufgenommen, so ist erwartbar, dass die Multikollinearität im Modell zunimmt und die Toleranzen der erklärenden Variablen abnehmen. In dem erweiterten Regressionsmodell des Beispiels sind die Toleranz-Werte T_j (in TABELLE 8.4) kritisch.

Folgen der Aufnahme von Interaktionstermen

Abhilfe für die beiden Probleme kann eine **Mittelwertzentrierung** der interagierenden Variablen schaffen, die durchgeführt wird, *bevor* der Interaktionsterm berechnet wird.

Mittelwertzentrierung bedeutet: Von jeder Ausprägung einer Variablen x_{ji} wird das arithmetische Mittel der Variablen $\bar{x}_j$ subtrahiert. Der neue Mittelwert ist $\bar{x}_{j\text{zentriert}} = 0$.

Die Regressionskoeffizienten b_j von zentrierten Variablen geben dann den Effekt von $X_{j\text{ zentriert}}$ auf Y an, wenn die mit ihr interagierende (mittelwertzentrierte) Variable durchschnittlich ausgeprägt ist. Durch die vorherige Mittelwertzentrierung wird auch erreicht, dass die Zunahme der Multikollinearität durch die Aufnahme des Interaktionsterms nicht problematisch ist.

Beispiel: Führt man die Mittelwertzentrierung für die Variablen *Wochenstundenzahl* und *Studienbedingungen* durch und berechnet danach den Interaktionsterm, verändern sich die Regressionskoeffizienten b_0, b_1 und b_2.

Das Ausmaß der Modulation (das durch $b_3 = 0{,}021$ quantifiziert wird), die Steigerung der Erklärungsleistung durch die Aufnahme des Interaktionsterms ($sr^2 = 0{,}048$) sowie die Erklärungsleistung des erweiterten Modells insgesamt ($r^2 = 0{,}989$) ändern sich nicht. Dagegen verschwinden die problematischen Aspekte des Modells.

(1) Die Interpretierbarkeit der beiden konditionalen Regressionskoeffizienten b_1 und b_2 hat sich verbessert: Sie geben nun den Effekt der zugehörigen Variablen auf die *Semesterzahl* an, wenn die andere Variable durchschnittlich ausgeprägt ist.

(2) Die TABELLE 8.5 gibt die Toleranzwerte für die drei unabhängigen Variablen an. Die Multikollinearität ist hier deutlich niedriger, die Toleranzwerte fallen gut aus (alle T_j sind größer als 0,6).

(3) Anhand des Streudiagramms in ABBILDUNG 8.9 kann man erkennen, dass die Heteroskedastizität immer noch niedrig ist. (Die Varianz für die fünf Fälle mit den fünf kleinsten Vorhersagewerten ist $v = 0{,}04$ und für die anderen vier Fälle $v = 0{,}07$.) Man erkennt nun aber, dass nach Aufnahme des Interaktionsterms in das Regressionsmodell

Tab. 8.5

j	Variable	b_j	b_j^*	sr^2	T_j
1	Wochenstunden (zentriert)	$-0{,}156$	$-0{,}633$	0,255	0,637
2	Studienbedingungen (zentriert)	$-0{,}385$	$-0{,}585$	0,224	0,682
3	Interaktionsterm	0,021	0,244	0,048	0,814
	Konstante $b_0 = 11{,}630$				
	$r^2 = 0{,}989$				

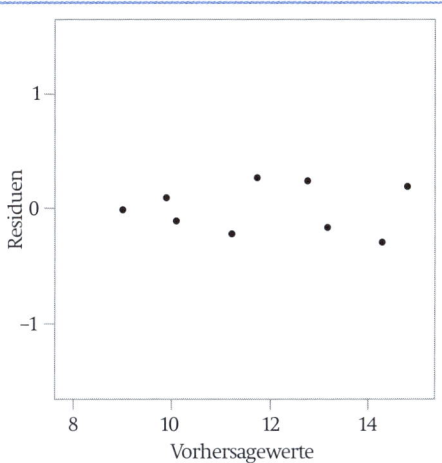

Abb. 8.9

das V-förmige Muster verschwunden ist. Es liegt keine Systematik mehr vor.

Bemerkung: Die Unterscheidung, welche der beiden interagierenden Variablen die modulierende und welche die modulierte ist, ist eine soziologische. Regressionstechnisch kann man die Ausklammerung genauso mit der anderen Variablen durchführen.

Multiple Regression mit Stichprobendaten | 8.5

In dem oben angeführten Beispiel war die Fallzahl mit n = 9 sehr klein. Diese Fälle wurden als eine kleine Gesamtheit angesehen und daher deskriptivstatistisch analysiert. Zudem war die Erklärungsleistung (es handelte sich um fiktive Daten) für soziologische Anwendungen untypisch hoch. Typisch sind Situationen, in denen viele Einflüsse vorliegen und die Erklärungsleistung weitaus geringer ausfällt.

Anhand eines zweiten Beispiels sollen verschiedene Aspekte berücksichtigt werden: (1) Zunächst soll ein Regressionsmodell erstellt werden, das deutlich mehr Fälle einbezieht. (2) Zudem werden die einbezogenen Fälle als eine Zufallsstichprobe aus einer sehr viel größeren Grundgesamtheit betrachtet, so dass hier nun inferenzstatistische Überlegungen hinzukommen. (3) Im inferenzstatistischen Kontext ergibt sich für die Anwendungsvoraussetzungen eine zusätzliche Perspektive: die Folgen extremer Verstöße für das Testen und Schätzen im Rahmen der Regressionsrechnung.

Beispiel: Anstatt zu fragen, welche Partei eine Person zuletzt gewählt hat oder bei der nächsten Wahl zu wählen beabsichtigt, kann man erfragen, wie hoch eine Person ihre eigene Bereitschaft einschätzt, überhaupt einmal diese oder jene Partei zu wählen. Damit kann man sowohl klare Parteipräferenzen bzw. klare Ablehnungen von Parteien als auch die graduellen Abstufungen dazwischen erfassen. Im Rahmen des ALLBUS 2002 wurden die Befragten vom Interviewer um folgende Auskunft gebeten: „Es gibt eine ganze Reihe von politischen Parteien in Deutschland. Jede davon würde bei Wahlen gerne Ihre Stimme bekommen. Sagen Sie mir bitte für jede der folgenden Parteien, wie wahrscheinlich es ist, dass Sie diese Partei jemals wählen werden." Die Befragten konnten für jede Partei diese Wahlwahrscheinlichkeit auf einer Skala von 1 (= „sehr unwahrscheinlich") bis 10 (= „sehr wahrscheinlich") zum Ausdruck bringen. Das Ausmaß für die Bereitschaft der (wahlberechtigten) Deutschen, die CDU/CSU zu wählen, soll mit Hilfe einer multiplen Regressionsanalyse erklärt werden. Dieses Untersuchungsinteresse zielt damit auf die Grundgesamtheit der (erwachsenen) deutschen Bevölkerung ab. Im Jahr 2002 war die CDU/CSU nicht an der Bundesregierung, aber an verschiedenen Länderregierungen beteiligt. Die *Wahlwahrscheinlichkeit für die CDU/ CSU* repräsentiert die abhängige Variable und wird als metrisch skaliert betrachtet. Sie soll regressiert werden auf fünf Variablen:

(1) die angegebene *Religiosität* (v124 mit den Ausprägungen 1 = „nicht religiös" bis 10 = „religiös");

(2) die *Links-Rechts-Selbsteinstufung* (v106 mit den Ausprägungen 1 = „links" bis 10 = „rechts");

(3) die *Oben-Unten-Selbsteinstufung* (v696, mit den Ausprägungen 1 = „oben" bis 10 = „unten");

(4) das *Vertrauen in die Bundesregierung* (v38, mit den Ausprägungen 1 = „gar kein Vertrauen" bis 7 = „großes Vertrauen");

(5) das *Vertrauen in die politischen Parteien* (v40, mit den Ausprägungen 1 = „gar kein Vertrauen" bis 7 = „großes Vertrauen").

Zusätzlich werden drei soziodemografische Variablen einbezogen: das *Alter* (v185) in Jahren sowie zwei dichotome 0–1-kodierte Variablen: das Vorliegen des *Abiturs* (Referenzkategorie „kein Abitur") und das *Geschlecht* (Referenzkategorie „männlich"). Damit soll ihr möglicher Drittvariableneinfluss auf den Zusammenhang zwischen der abhängigen und den unabhängigen Variablen X_1 bis X_5 kontrolliert werden. Regressionstechnisch erfolgt dies, indem die Regressionskoeffizienten b_1 bis b_5 so berechnet werden, dass sie von den (möglicherweise verzerrenden) Einflüssen der aufgenommenen Drittvariablen X_6 bis X_8 bereinigt sind.

Das Pfadmodell in ABBILDUNG 8.10 veranschaulicht das Regressionsmodell grafisch. Für 1249 der Befragten in der ALLBUS-Stichprobe liegen

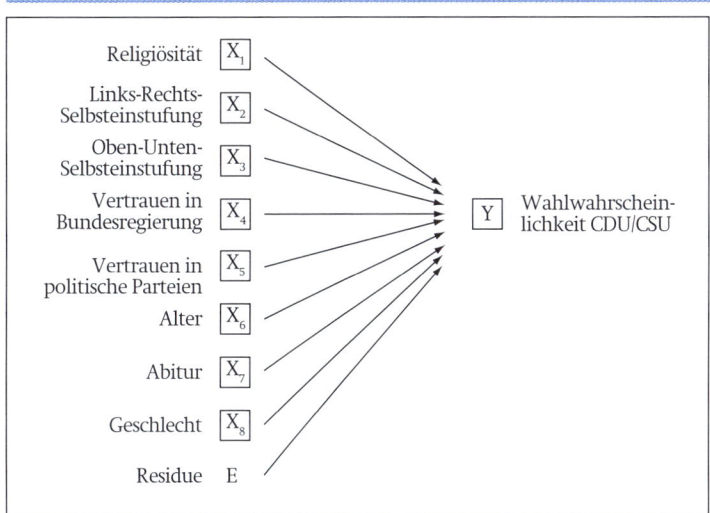

Abb. 8.10

die Ausprägungen der abhängigen und unabhängigen Variablen vor. Für die Stichprobe kann man die multiple Regressionsgleichung und die Erklärungsleistung des Modells – unter Verwendung einer Statistiksoftware – schnell ermitteln. In der TABELLE 8.6 sind (neben einigen inferenzstatistischen Informationen) die Regressionskoeffizienten b_0 und b_j aufgeführt.

Für die Stichprobe kann man sagen: Alle acht unabhängigen Variablen haben eine gemeinsame Erklärungsleistung von $r^2 = 0{,}223$. Für die 1249 Befragten erklärt das Regressionsmodell also 22,3 % der Unterschiede der *Wahlwahrscheinlichkeit für die CDU/CSU*. Das ist ein niedriger Wert, das Modell hat für die *Wahlwahrscheinlichkeiten für die CDU/CSU* der 1249 Befragten eine schwache Erklärungsleistung. In der empirischen Sozialforschung sind die r^2-Werte aber häufig niedrig ausgeprägt, r^2-Werte über 0,5 werden selten erreicht.

Die Ausprägungen der b_j lassen sich für die Stichprobe inhaltlich interpretieren. Sie geben jeweils die Effektstärke einer unabhängigen Variablen auf die vorherzusagende *Wahlwahrscheinlichkeit für die CDU/CSU* an. Mit Zunahme der *Religiosität* um einen Skalenpunkt, nimmt die vorherzusagende *Wahlwahrscheinlichkeit für die CDU/CSU* um 0,180 Einheiten zu. Wer angibt, eher religiös zu sein, gibt durchschnittlich eine höhere *Wahlwahrscheinlichkeit für die CDU/CSU* an. Mit Zunahme der *Links-Rechts-Selbsteinstufung* um einen Skalenpunkt nimmt die vorherzusagende *Wahlwahrscheinlichkeit für die CDU/CSU* um 0,539 Einheiten zu. Wer sich eher rechts einordnet,

Tab. 8.6

j	Variable	b_j	σ_{b_j}	t
1	Religiosität	0,180	0,028	6,429
2	Links-Rechts-Selbsteinstufung	0,539	0,046	11,717
3	Oben-Unten-Selbsteinstufung	– 0,222	0,058	– 3,828
4	Vertrauen in Bundesregierung	– 0,385	0,072	– 5,347
5	Vertrauen in politische Parteien	0,670	0,079	8,481
6	Alter	– 0,007	0,005	– 1,400
7	Abitur (kein Abitur = 0)	– 0,148	0,204	– 0,725
8	Geschlecht (männlich = 0)	– 0,579	0,166	– 3,488
	Konstante $b_0 = 2,534$			
	n = 1249			
	$r^2 = 0,223$			
	$r^2_{korr} = 0,218$			

gibt ebenfalls im Durchschnitt eine höhere *Wahlwahrscheinlichkeit für die CDU/CSU* an. Entsprechend ist die Interpretation der b_3 bis b_6.

Die Regressionskoeffizienten für die beiden dichotomen Variablen geben an, wie sich die vorherzusagende *Wahlwahrscheinlichkeit für die CDU/ CSU* ändert, wenn man von der mit 0 kodierten Referenzgruppe zu der mit 1 kodierten Gruppe wechselt. Diese b_j geben zugleich die Mittelwertdifferenz zwischen den beiden Gruppen an. Wechselt man von der Gruppe ohne Abitur zu der Gruppe mit Abitur, so reduziert sich die durchschnittliche *Wahlwahrscheinlichkeit für die CDU/CSU* um 0,148 Einheiten. Wer eine höhere Schulbildung hat, gibt durchschnittlich eine geringe *Wahlwahrscheinlichkeit für die CDU/CSU* an. Vergleicht man die Gruppe der Männer mit der Gruppe der Frauen, so geben die Frauen im Durchschnitt eine um 0,579 Einheiten geringere *Wahlwahrscheinlichkeit für die CDU/ CSU* an. (Die Drittvariablen stehen aber zumeist nicht im Fokus des Untersuchungsinteresses, weshalb ihr Effekt auf die abhängige Variable zumeist nicht betrachtet wird.)

Will man die Effektstärken der verschiedenen X_j auf Y vergleichen, kann man die Regressionskoeffizienten der metrisch skalierten X_j standardisieren. In der TABELLE 8.7 sind die standardisierten Regressionskoeffizienten b_j^* aufgeführt. Man erkennt hier im Vergleich, welche der X_j einen stärkeren oder schwächeren Einfluss auf den Vorhersagewert hat, was anhand der nicht standardisierten Regressionskoeffizienten (aufgrund ihrer Abhängigkeit von den Messeinheiten) nicht zu erkennen ist.

j	Variable	b_j	b_j*	sr^2	T_j	
1	Religiosität	0,180	0,168	0,025	0,890	**Tab. 8.7**
2	Links-Rechts-Selbsteinstufung	0,539	0,306	0,086	0,919	
3	Oben-Unten-Selbsteinstufung	– 0,222	– 0,099	0,009	0,948	
4	Vertrauen in Bundesregierung	– 0,385	– 0,175	0,018	0,577	
5	Vertrauen in politische Parteien	0,670	0,279	0,046	0,587	
6	Alter	– 0,007	– 0,038	0,001	0,925	
7	Abitur (kein Abitur = 0)	– 0,148	–	0,000	0,912	
8	Geschlecht (männlich = 0)	– 0,579	–	0,008	0,965	

In der TABELLE 8.7 sind in der vorletzten Spalte die **quadrierten Semipartialkorrelationen** sr^2 (quadrierte Teilkorrelationen) aufgeführt. Diese geben für jede Variable X_j an, welchen Beitrag zur Erklärungsleistung des Modells für Y ausschließlich dieser einen Variablen zugerechnet werden kann. Würde man das Regressionsmodell um eine Variable X_j reduzieren, so würde die Erklärungsleistung des Modells (von $r^2 = 0,223$) um den zugehörigen sr^2-Wert sinken. Wieder hängt die Größe sr^2 für eine Variable auch davon ab, mit welchen anderen unabhängigen Variablen sie im Regressionsmodell enthalten ist. Variablen, die einen niedrigen sr^2-Wert aufweisen, bringen – über die durch die anderen Variablen erbrachte Erklärungsleistung hinaus – kaum zusätzliche Erklärungsleistung in das Regressionsmodell ein. Man sieht in dem Beispiel, dass die Drittvariablen sowie die *Unten-Oben-Selbsteinstufung* keine oder nur geringe zusätzliche Beiträge zur Erklärungsleistung der angegebenen *Wahlwahrscheinlichkeit für die CDU/CSU* leisten.

Inferenzstatistische Überlegungen

8.5.1

Das inferenzstatistische Interesse besteht darin, anhand der Stichprobendaten Erkenntnisse über die Grundgesamtheit zu gewinnen. Bezogen auf das Beispiel heißt dies, dass man Erkenntnisse über alle wahlberechtigten Deutschen gewinnen will. Die beiden wichtigen Formen des Schließens (der Inferenz) sind auch in der Regressionsanalyse das Testen (von Hypothesen über die Grundgesamtheit) und das Schätzen. Man geht zunächst davon aus, dass in der Grundgesamtheit ein gerichteter Zusammenhang zwischen der abhängigen und den unabhängigen Variablen vorliegt. Will man das Regressionsmodell für die Grundgesamtheit in Gleichungsform darstellen, so werden die Regressionskoeffizienten in der Grundgesamtheit mit β_j notiert (gr., kleines Beta). Die Regressionsgleichung für die Grundgesamtheit ist damit:

$$y_i = \beta_0 + \beta_1 \cdot x_{1i} + \ldots + \beta_j \cdot x_{ji} + \ldots + \beta_J \cdot x_{Ji} + e_i$$

Für das Beispiel mit insgesamt acht unabhängigen Variablen ($J = 8$) ergibt sich damit für die Grundgesamtheit die Regressionsgleichung:

$$y_i = \beta_0 + \beta_1 \cdot x_{1i} + \beta_2 \cdot x_{2i} + \ldots + \beta_8 \cdot x_{8i} + e_i$$

Der multiple Determinationskoeffizient in der (unbekannten) Grundgesamtheit, der für die Regression in der Grundgesamtheit die Erklärungsleistung quantifiziert, wird mit ρ^2 (ρ für gr., kleines Rho) notiert.

Hier wird das bereits vorgestellte Gedankenexperiment (→ Kap. 6.3) erneut herangezogen: Wenn man aus dieser Grundgesamtheit, für die ein Regressionsmodell (mit unbekannten Werten für β_0 und β_j) vorliegt, eine sehr große Zahl von Zufallsstichproben zieht, so kann man für jede Stichprobe die Regressionskoeffizienten berechnen. Die für jede Stichprobe ermittelbaren Werte für die b_0 und die b_j können aus Zufallsgründen von den entsprechenden Werten für β_0 und die β_j in der Grundgesamtheit abweichen. Damit kann man die Stichprobenwerte von b_0 und den b_j als Zufallsvariablen auffassen: Sie variieren aus Zufallsgründen von Stichprobe zu Stichprobe. Die Verteilungen dieser Zufallsvariablen sind Stichprobenverteilungen. Sie können für Hypothesentests oder für die Konstruktion von Konfidenzintervallen herangezogen werden. (In der Regel sind Tests von Hypothesen über β_0 bzw. Konfidenzintervalle für β_0 nicht von Interesse, da β_0 keinen Effekt einer unabhängigen Variablen auf Y angibt. Hier wird das statistische Schließen auf β_0 daher vernachlässigt.)

Regressionskoeffizienten sind Zufallsvariablen

Die Variablen B_j folgen jeweils einer eigenen Stichprobenverteilung, d. h. auf das Beispiel bezogen: Es gibt für die Regressionskoeffizienten der acht unabhängigen Variablen jeweils eine eigene Stichprobenverteilung, da sie unabhängig voneinander variieren können. Mit Hilfe von Tests der Hypothesen über die β_j kann man prüfen, ob die einzelnen unabhängigen Variablen jeweils auch in der Grundgesamtheit einen Einfluss ausüben. Für die Stichprobe werden die Regressionskoeffizienten b_0 und die b_j wieder mit der Methode der kleinsten Quadrate berechnet. Diese Methode ist im inferenzstatistischen Kontext zugleich das Schätzverfahren für die Regressionskoeffizienten in der Grundgesamtheit. Man erhält mit den durch diese Methode ermittelten Regressionskoeffizienten für die Stichprobe zugleich erwartungstreue Punktschätzungen für die entsprechenden Regressionskoeffizienten in der Grundgesamtheit:

Für jeden Regressionskoeffizienten eine Stichprobenverteilung

$$b_j = \hat{\beta}_j$$

Mit Hilfe von Konfidenzintervallen kann man zudem die Frage beantworten, in welchem Ausprägungsbereich die interessierenden Effektstärken mit einem bestimmten Vertrauen in der Grundgesamtheit liegen. Teststatistiken und Konfidenzintervalle für die β_j werden von den meisten Statistik-Softwareprogrammen standardmäßig zur Verfügung gestellt.

Das Gedankenexperiment kann man auch auf den multiplen Determinationskoeffizienten anwenden. In der (unbekannten) Grundgesamtheit ist ρ^2 der Determinationskoeffizient, der die Erklärungsleistung des Regressionsmodells in der Grundgesamtheit quantifiziert. Zieht man aus dieser Grundgesamtheit eine große Zahl von Stichproben und ermittelt für jede Stichprobe die Erklärungsleistung r^2 mit Hilfe des multiplen Regressionsmodells in der Stichprobe, so können die r^2-Werte aus Zufallsgründen von ρ^2 abweichen und daher variieren. Damit ist auch R^2 eine Zufallsvariable mit einer Stichprobenverteilung. Auch hier gilt, dass man mit Hilfe der Stichprobenverteilung Hypothesen über ρ^2 testen kann. Man kann auch für ρ^2 Konfidenzintervalle berechnen. Zumeist reicht hier aber eine Punktschätzung. (Die Konfidenzintervalle für ρ^2 sind etwas aufwändiger zu berechnen. Sie werden durch die übliche Statistik-Software auch nicht ausgegeben.)

Determinationskoeffizienten als Zufallsvariablen

Solche Gedankenexperimente, in denen man überlegt, wie die Stichprobenwerte vieler Zufallsstichproben verteilt wären, dienen dazu, nachzuvollziehen, was die Stichprobenverteilungen der B_j und R^2 bedeuten. Praktisch führt man die Inferenz (das Testen oder das Schätzen) immer nur mit einer Stichprobe durch.

F-Test des multiplen Determinationskoeffizienten

8.5.2

Die erste Frage ist, ob das Regressionsmodell auch in der Grundgesamtheit überhaupt eine Erklärungsleistung aufweist. Dieser Frage muss nachgegangen werden, bevor man die Einflüsse der einzelnen unabhängigen Variablen in der Grundgesamtheit untersucht. Geprüft wird die Nullhypothese, dass keine Erklärungsleistung in der Grundgesamtheit vorliegt, dass also $\rho^2 = 0$ ist. Kann diese Nullhypothese verworfen werden, kann man behaupten, dass das Modell auch für die Grundgesamtheit eine Erklärungsleistung aufweist, dass also $\rho^2 > 0$ ist. Formal:

F-Test prüft, ob Regressionsmodell für die Grundgesamtheit eine Erklärungsleistung aufweist

$$H_0: \rho^2 = 0$$
$$H_1: \rho^2 > 0$$

Wenn die H_0 für die Grundgesamtheit zutrifft, dann folgen die r^2-Werte in Stichproben einer F-Verteilung mit den beiden expliziten Parametern $df_1 = J$ und $df_2 = n - J - 1$. Man kann daher die Nullhypothese mit einem so genannten **F-Test** prüfen. Der empirische F-Wert wird aus dem Stichprobenwert r^2 berechnet mit:

$$F_{df_2}^{df_1} = \frac{r^2}{1 - r^2} \cdot \frac{n - J - 1}{J}$$

Liegt in der Stichprobe ein kleiner F-Wert vor, so spricht dies für die Beibehaltung der H_0. Kleine r^2-Werte sind mit der H_0 vereinbar, ihr Vorkommen hat unter der vorläufigen Annahme der H_0 eine große Wahrscheinlichkeit. Große F-Werte sprechen gegen die H_0 und für die H_1. Denn ihr Vorkommen hat unter der vorläufigen Annahme der H_0 nur eine geringe Wahrscheinlichkeit. Beträgt die Auftrittswahrscheinlichkeit für den empirischen F-Wert (oder einen noch größeren) unter der H_0 nur 5 % oder weniger, dann wird die H_0 verworfen. Dann ist der empirische F-Wert F_{emp} größer als der Rückweisungswert F_r.

Man kann den F-Test des multiplen Determinationskoeffizienten r^2 auch so auffassen, dass er die Nullhypothese prüft: „In der Grundgesamtheit übt keine der J unabhängigen Variablen einen Einfluss auf Y aus, und daher kommt keine Erklärungsleistung in der Grundgesamtheit zustande!" Dann gilt:

$$\beta_1 = \beta_2 = \beta_3 = \ldots = \beta_j = \ldots = \beta_J = 0$$

Die Alternativhypothese behauptet, dass zumindest eine der unabhängigen Variablen einen Einfluss in der Grundgesamtheit hat und dass damit zumindest ein β_j in der Grundgesamtheit von 0 verschieden ist. Formal:

$$H_0: \beta_j = 0 \text{ für alle } j$$
$$H_1: \beta_j \neq 0 \text{ für mindestens ein } j$$

Der F-Test ist ein *globaler* Test, er prüft den Regressionsansatz *insgesamt*. Ist der empirische F-Wert größer als der Rückweisungswert, muss die H_0 verworfen werden. Ist der empirische F-Wert dagegen kleiner als der Rückweisungswert, dann kann man nicht länger annehmen, dass das Regressionsmodell überhaupt eine Erklärungsleistung beanspruchen kann, und man sollte den Regressionsansatz für die Analyse der abhängigen Variablen insgesamt verwerfen.

F-Test ist ein einseitiger Test, Rückweisungsbereich liegt rechts vom Rückweisungswert

Beispiel: Für die *Wahlwahrscheinlichkeit von CDU/CSU* gilt, dass die r^2-Werte unter der H_0 einer F-Verteilung mit $df_1 = J = 8$ und $df_2 = n - J - 1 = 1249 - 8$

– 1 = 1240 folgen. Der Rückweisungswert F_r ist (für ein Signifikanzniveau von 5 %):

$$F^8_{1240_r} = 1,95$$

(→ TABELLE 11.4 im Anhang). Den Rückweisungsbereich bilden alle F-Werte, die größer oder gleich dem Rückweisungswert sind. Der empirische r^2-Wert wird nun zu einem empirischen F-Wert umgerechnet. Man erhält durch das Einsetzen:

$$F^8_{1240_{emp}} = \frac{0,223}{1 - 0,223} \cdot \frac{1249 - 8 - 1}{8} = 44,485$$

Da $F_{emp} > F_r$ ist, kann die H_0 verworfen werden. Auch in der Grundgesamtheit aller Wahlberechtigten hat das Regressionsmodell eine Erklärungsleistung.

Korrigierter Determinationskoeffizient 8.5.3

Wenn die Erklärungsleistung eines Regressionsmodells anhand von Stichprobendaten berechnet wird, dann ist der r^2-Wert kein unverzerrter Schätzer für den entsprechenden Wert ρ^2 in der Grundgesamtheit. Der r^2-Wert ist als Schätzer für die Erklärungsleistung in der Grundgesamtheit systematisch etwas zu groß. Diese Verzerrung ist tendenziell umso größer, je mehr unabhängige Variablen in einem Modell enthalten sind. Aus diesem Grund wird bei Verwendung von Stichprobendaten nicht r^2, sondern ein korrigierter Wert r^2_{korr} als Schätzung für die Erklärungsleistung des Regressionsmodells in der Grundgesamtheit angegeben. Die Korrektur wird berechnet mit:

$$r^2_{korr} = r^2 - \frac{J \cdot (1 - r^2)}{n - J - 1}$$

Für das Beispiel ergibt sich ein korrigierter r^2_{korr}-Wert von:

$$r^2_{korr} = 0,223 - \frac{8 \cdot (1 - 0,223)}{1249 - 8 - 1} = 0,218$$

Der **korrigierte Determinationskoeffizient** ist zumeist nur geringfügig niedriger als der r^2-Wert. So auch in dem Beispiel. Man würde also hier als Schätzwert angeben, dass in der Grundgesamtheit der Deutschen 21,8 % der Variation der *Wahlwahrscheinlichkeit von CDU/CSU* durch die acht unabhängigen Variablen erklärt wird.

8.5.4 t-Test des Regressionskoeffizienten

Nachdem der F-Test für den Determinationskoeffizienten des Regressionsmodells zur Verwerfung der Nullhypothese geführt hat, steht an, die unabhängigen Variablen *einzeln* daraufhin zu untersuchen, ob sie jeweils in der Grundgesamtheit einen Einfluss auf die abhängige Variable ausüben. Dies erfolgt mit dem t-Test.

t-Test prüft Einfluss einzelner unabhängiger Variablen

Geprüft wird für jede der J unabhängigen Variablen X_j die Nullhypothese: „X_j übt in der Grundgesamtheit keinen Einfluss auf Y aus!" Diese Nullhypothese ist gleichbedeutend mit der Behauptung: „Der X_j zugehörige Regressionskoeffizient β_j ist in der Grundgesamtheit 0!" Die Alternativhypothese lautet: „X_j übt in der Grundgesamtheit durchaus einen Einfluss aus, und dementsprechend unterscheidet sich der zugehörige Regressionskoeffizient β_j in der Grundgesamtheit von 0!" Formal:

$$H_0: \beta_j = 0$$
$$H_1: \beta_j \neq 0$$

Für jeden der Regressionskoeffizienten liegt eine eigene Stichprobenverteilung der Zufallsvariablen B_j vor. Denn aus Zufallsgründen gibt es eine Variation der Stichprobenwerte b_j. Diese Variation wird ausgedrückt

Stichprobenfehler des Regressionskoeffizienten

durch den **Stichprobenfehler** oder Standardfehler der Zufallsvariablen B_j, abgekürzt: σ_{b_j}. (Dieser Wert quantifiziert, wie die Stichprobenwerte für b_j variieren, wenn b_j für viele Stichproben berechnet wird, und ist nicht zu verwechseln mit der Standardabweichung von X_j in der Stichprobe s_{x_j}!)

Als Prüfgröße wird diese t-Verteilung verwendet. Daher heißt dieser Test t-Test des Regressionskoeffizienten.

t-Verteilung ist Stichprobenverteilung von B_j

Die Regressionskoeffizienten b_j werden in t-Werte umgerechnet, die einer t-Verteilung mit df = n – J – 1 Freiheitsgraden folgen. Diese t-Verteilung ist damit zugleich die Stichprobenverteilung des Regressionskoeffizienten. Sie geht mit größer werdenden Freiheitsgraden in die Standardnormalverteilung N(0;1) über. Unter der Annahme, dass die H_0 zutrifft, lassen sich die empirischen t-Werte mit folgender Formel errechnen:

$$t_{n-J-1} = \frac{b_j}{\sigma_{b_j}}$$

Die Werte für b_j und σ_{b_j} werden durch die Statistik-Software aus den Stichprobendaten berechnet. Trifft die H_0 für die Grundgesamtheit zu, dann sind im Durchschnitt die t-Werte in den Stichproben 0. Geringe zufallsbedingte Abweichungen vom arithmetischen Mittelwert sind dabei wahrscheinlich, extreme Abweichungen (bei zutreffender H_0) aber unwahrscheinlich. Findet sich in der Stichprobe ein empirischer t-Wert, der nur gering von 0 abweicht, so ist dies mit der H_0 vereinbar. Weicht der empirische t-Wert aber so stark von 0 ab, dass die Auftrittswahrscheinlichkeit für einen solch extremen t-Wert (oder einen noch extremeren) unter der H_0 nur 5 % oder weniger beträgt, so nimmt man an, dass die Zufallsstichprobe nicht aus einer Grundgesamtheit stammt, die durch die H_0 zutreffend beschrieben wird. In diesem Fall spricht der empirische t-Wert gegen die H_0, und diese wird dann verworfen. Um festzustellen, ob die H_0 verworfen wird, wird der empirische t-Wert verglichen mit zwei theoretischen t-Werten, den Rückweisungswerten. Es sind zwei t-Werte, da eine Abweichung von 0 in zwei Richtungen erfolgen kann: Sehr kleine negative t-Werte und sehr große positive t-Werte sprechen gegen die H_0.

t-Test ist zweiseitiger Test

Beispiel: In der TABELLE 8.6 sind für die acht unabhängigen Variablen die Regressionskoeffizienten b_j, deren Standardfehler σ_{b_j} und die daraus berechenbaren empirischen t-Werte angegeben.

Die t-Werte folgen unter der H_0 jeweils einer t-Verteilung mit df = 1249 – 8 – 1 = 1240 Freiheitsgraden. Damit entspricht die t-Verteilung praktisch der Standardnormalverteilung $N(0;1)$. Die Rückweisungswerte sind (für ein Signifikanzniveau von 5 %):

$$t_{r_1} = -1,96 \quad \text{und} \quad t_{r_2} = +1,96$$

Der Rückweisungsbereich R_0 besteht aus zwei Teilen. Einen Teil von R_0 bilden alle t-Werte, die kleiner/gleich –1,96 sind. Den anderen Teil von R_0 bilden die t-Werte, die größer/gleich +1,96 sind. Da für jede Variable die H_0 formuliert wird, muss achtmal festgestellt werden, ob die empirischen t-Werte in den R_0 fallen oder nicht (siehe TABELLE 8.6). Die beiden t-Werte der Regressionskoeffizienten der Variablen *Alter* und *Abitur* fallen nicht in den R_0. Für diese beiden Variablen kann man demnach die Nullhypothese nicht verwerfen. Für die übrigen sechs Variablen fällt der empirische t-Wert jeweils in den R_0. Für diese Variablen kann man also die H_0 verwerfen und danach annehmen, dass sie auch in der Grundgesamtheit einen Einfluss ausüben.

Konfidenzintervalle für β_j

8.5.5

Das Testergebnis (gleich, wie es ausfällt) informiert nicht darüber, in welcher Größenordnung der wahre Grundgesamtheitswert β_j ausgeprägt ist. Dafür kann man Konfidenzintervalle symmetrisch um den Stichprobenbefund b_j konstruieren. Diese Konfidenzintervalle geben mit einer bestimmten Sicherheit an, in welchem Bereich β_j liegt. Für ein übliches Vertrauensniveau von 95 % berechnet man für ein Konfidenzintervall die untere Grenze mit:

$$b_j - t_{0.975} \cdot \sigma_{b_j}$$

und die obere Grenze mit:

$$b_j + t_{0.975} \cdot \sigma_{b_j}$$

Das Konfidenzintervall ist dann:

$$\mathrm{KONF}[b_j - t_{0.975} \cdot \sigma_{b_j}; b_j + t_{0.975} \cdot \sigma_{b_j}] = 0,95$$

Beispiel: Das Konfidenzintervall für den Regressionskoeffizienten β_1 der ersten unabhängigen Variablen *Religiosität* hat die untere Grenze:

$$0{,}180 - 1{,}96 \cdot 0{,}028 = 0{,}125$$

und die obere Grenze:

$$0{,}180 + 1{,}96 \cdot 0{,}028 = 0{,}235$$

Das Konfidenzintervall ist damit: KONF[0,125;0,235] = 0,95. Man kann sagen, dass mit einer Sicherheit von 95 % der Grundgesamtheitswert für den Regressionskoeffizienten der Variablen *Religiosität* im Intervall von 0,125 bis 0,235 liegt. Die TABELLE 8.8 stellt für alle unabhängigen Variablen die Grenzen der Konfidenzintervalle für ein Vertrauensniveau von 95 % zusammen.

Ein Konfidenzintervall ist umso informativer, je schmaler es ist. Setzt man ein bestimmtes Vertrauensniveau voraus, dann hängt die Breite des Konfidenzintervalls für einen Regressionskoeffizienten von dessen Stichprobenfehler σ_{b_j} ab. Ist σ_{b_j} klein, führt dies zu einem schmalem Konfidenzintervall. Je größer σ_{b_j} ist, desto weniger informativ ist das Konfidenzintervall. (Der Stichprobenfehler σ_{b_j} selbst wird von der Stichprobengröße beeinflusst. Mit wachsender Stichprobengröße wird der Stichprobenfehler des Regressionskoeffizienten kleiner.)

Konfidenzintervalle für β_j sind aussagekräftiger als t-Tests

Ein Konfidenzintervall macht plausibel, in welcher Größenordnung ein Regressionskoeffizient β_j in der Grundgesamtheit ausgeprägt ist. Eine solche Information stellt ein Hypothesentest nicht zur Verfügung. Man kann an Konfidenzintervallen auch erkennen, ob der Test der H_0: $\beta_j = 0$ für einen Regressionskoeffizienten jeweils verworfen wird oder nicht. Beinhaltet das Konfidenzintervall den Wert $\beta_j = 0$, so führt ein Test der H_0 nicht zu ihrer Verwerfung. Wenn sich die Vorzeichen der Intervallgrenzen unterscheiden, dann beinhaltet das Konfidenzintervall den Wert $\beta_j = 0$. Dies ist der Fall bei den Konfidenzintervallen für die Regressionskoeffizienten β_6 und β_7 der beiden Variablen *Alter* und *Abitur*. Für diese beiden Variablen hatte der Test der H_0 nicht zur ihrer Verwerfung geführt.

j	Variable	b_j	σ_{b_j}	95 %- Konfidenzintervalle untere Grenze	obere Grenze	Tab. 8.8
1	Religiosität	0,180	0,028	0,125	0,235	
2	Links-Rechts-Selbst-einstufung	0,539	0,046	0,449	0,629	
3	Oben-Unten-Selbst-einstufung	− 0,222	0,058	− 0,336	− 0,108	
4	Vertrauen in Bundes-regierung	− 0,385	0,072	− 0,526	− 0,244	
5	Vertrauen in pol. Parteien	0,670	0,079	0,515	0,825	
6	Alter	− 0,007	0,005	− 0,017	0,003	
7	Abitur (kein Abitur = 0)	− 0,148	0,204	− 0,548	0,252	
8	Geschlecht (männlich = 0)	− 0,579	0,166	− 0,905	− 0,253	

Untersuchung der Anwendungsvoraussetzungen (inferenzstatistisches Beispiel) | 8.6

Prüfung der Linearitätsannahme

Für die Darstellung der Linearität der Beziehung zwischen je einer der unabhängigen Variablen X_j und der abhängigen Variablen Y kann man die partiellen Regressionsdiagramme heranziehen. Hier zeigt sich, ob die Beziehungsform der Variablenpaare (nach Auspartialisierung aller übrigen unabhängigen X_j) jeweils *ausreichend linear* ist. Für die partiellen Regressionsdiagramme sind zusätzlich zwei Techniken eingesetzt worden, die die visuelle Prüfung auf Linearität unterstützen sollen.

(1) Will man ein Streudiagramm für große Fallzahlen erstellen, so entsteht das Problem, dass viele Fälle dicht beieinander oder sogar übereinander geplottet werden. Um das Problem zu lösen, wurden verschiedene Strategien entwickelt. Eine davon ist die von JOHN W. TUKEY entwickelte **Cellulation**. Dabei wird das Streudiagramm in viele gleich große rechteckige Bereiche eingeteilt und ermittelt, wie viele Punkte in jedem Rechteck liegen. Dann wird in jedes Rechteck nur ein Punkt mit einer Größe proportional zur Fallzahl im Rechteck geplottet.

Cellulation für Streudiagramme mit vielen Fällen

(2) Um die Form der Beziehung zwischen zwei Variablen in einem Streudiagramm zu visualisieren, kann man lokal gewichtete Regressionen

einsetzen, diese heißen **LOWESS** (für engl. „locally weighted scatterplot smoothing"). Anstatt eine durchgehende Regressionslinie für alle Fälle in das Streudiagramm einzuzeichnen, die den x_i-Werten die $\hat{y}_i$ zuordnet, werden für einzelne x_i-Werte jeweils lokale Regressionen berechnet, um ihnen damit Vorhersagewerte $\hat{y}_i$ zuzuordnen. Verbindet man die so berechneten Vorhersagewerte, erhält man die LOWESS-Linie (für die LOWESS-Kurven siehe SCHNELL 1994 und FOX 2000).

Abb. 8.11

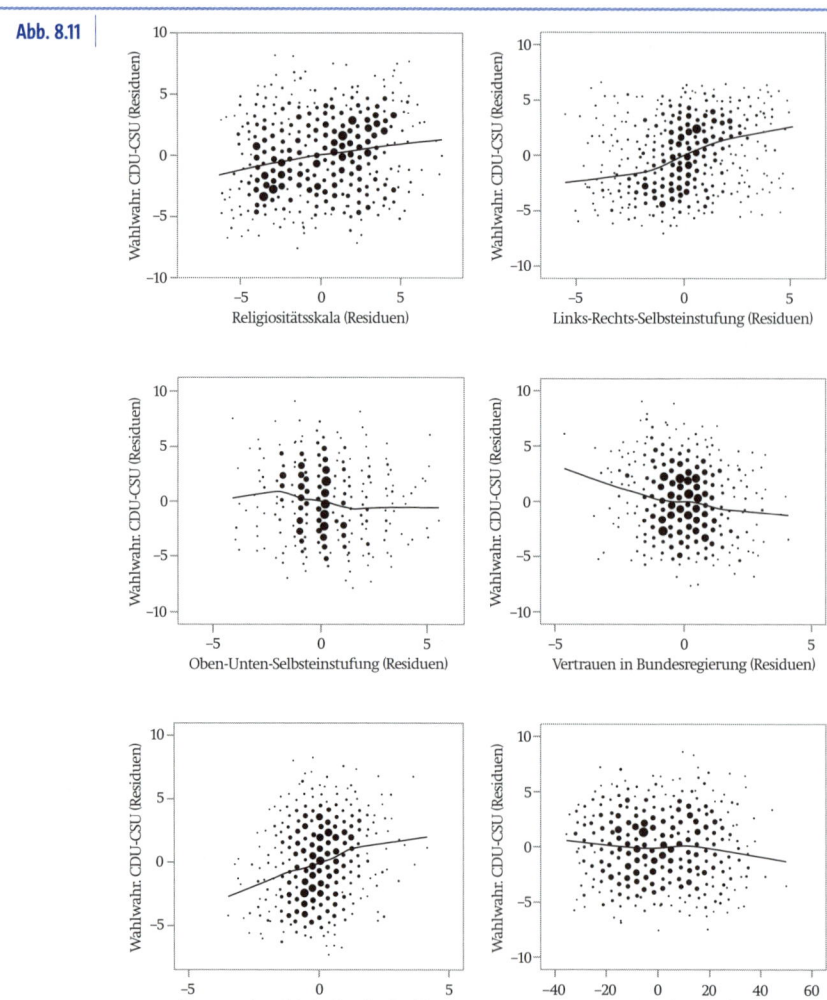

Diese Strategie gibt keine für alle Fälle durchgängige Beziehungsform vor. Liegt tatsächlich eine einheitliche und durchgehend lineare Beziehung zwischen zwei Variablen vor, dann ist auch die LOWESS-Linie eine Gerade. Liegt aber eine andere, deutlich nichtlineare (z. B. eine quadratische) Form in der Beziehung zwischen X_j und Y vor, so kann die LOWESS-Linie dies zum Ausdruck bringen. Praktisch werden die lokalen Regressionen für einen x_i-Wert berechnet, indem nur ein bestimmter Prozentsatz (die Spannweite) der in der X-Dimension näher liegenden Fälle einbezogen wird. Je nach Entfernung werden diese dann auch unterschiedlich gewichtet. Die Gewichtungsfunktion ist die Kernel-Funktion. In den sechs partiellen Regressionsdiagrammen in ABBILDUNG 8.11 sind die Residuen der abhängigen Variablen gegen die Residuen je einer unabhängigen metrischen Variablen geplottet. (Für die beiden dichotomen unabhängigen Variablen *Abitur* und *Geschlecht* ist die Linearitätsannahme unproblematisch, (→ Kap. 4.3.3). Für alle sechs unabhängigen metrischen Variablen kann man sagen, dass eine lineare Beziehungsform mit Y vorliegt. Im inferenzstatistischen Kontext wäre ein Verstoß gegen die Linearitätsvoraussetzung, dass dann die Regressionskoeffizienten verzerrt geschätzt würden.

Prüfung auf geringe Multikollinearität

Alle unabhängigen Variablen haben in dem Beispiel ausreichend gute Toleranzwerte (TABELLE 8.7). Im inferenzstatistischen Kontext würde sich starke Multikollinearität nachteilig auf die Stichprobenfehler der Regressionskoeffizienten (σ_{b_j}) auswirken. Die Stichprobenfehler würden zu groß und die Regressionskoeffizienten damit weniger präzise geschätzt.

Prüfung auf Varianzhomogenität

Man erkennt anhand der beiden Grafiken in ABBILDUNG 8.12, dass die Varianz der Residuen bei mittleren Vorhersagewerten im Vergleich etwas größer ist als die Varianz der Residuen, die mit relativ kleinen oder großen Vorhersagewerten einhergehen. (Die abfallenden Linien in dem linken Streudiagramm kommen dadurch zustande, dass die abhängige Variable zehn Ausprägungen hat. Dieses Muster deutet nicht auf Varianzheterogenität hin.)

Anhand der Boxplots ist zu erkennen, dass bei kleinen Vorhersagewerten die Tendenz vorhanden ist, dass die Wahlwahrscheinlichkeit damit überschätzt wird (negative Residuen überwiegen), während mit großen Vorhersagewerten die Wahlwahrscheinlichkeit eher unterschätzt wird (positive Residuen überwiegen).

Abb. 8.12

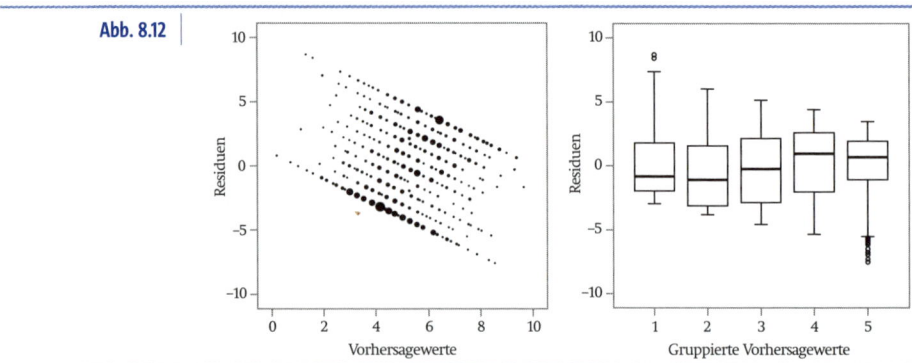

Vorhersagewerte   Gruppierte Vorhersagewerte

Aber die Varianz der Residuen in den gebildeten Gruppen ist ausreichend homogen, die Boxplots weisen ähnliche Streuungen aus. (Die Varianzen in den Gruppen variieren von 7,06 bis 9,16.)

Man kann hier also von ausreichend gegebener Varianzhomogenität sprechen.

Inferenzstatistisch ist die Folge von gravierender Varianzheterogenität, dass die Stichprobenfehler der Teststatistiken (t-Test und F-Test) größer werden (Ineffizienz) und die Testergebnisse nicht mehr zuverlässig sind. Dies gilt insbesondere für den F-Test, dessen Resultate bei Varianzheterogenität nicht als zuverlässig angesehen werden können. Mit der Vergrößerung der Stichprobenfehler sind entsprechend auch die Konfidenzintervalle für die β_j nachteilig betroffen, sie fallen zu groß aus.

Es ist nicht einfach anzugeben, bis zu welchem Ausmaß eine Heteroskedastizität unproblematisch ist. Eine Strategie, die Heteroskedastizität zu quantifizieren, ist, die Vorhersagewerte in Gruppen einzuteilen und für diese die Varianz zu berechnen. Eine Faustregel besagt, dass sich die kleinste und die größte der Varianzen um ein Vielfaches unterscheiden müssen, damit die Varianzheterogenität problematisch ist (COHEN et al. 2003, S. 146).

„Faustregel" für problematisches Ausmaß an Varianzheterogenität

Prüfung auf normalverteilte Residuen

Eine im inferenzstatistischen Kontext zu untersuchende Anwendungsvoraussetzung ist, dass die Residuen normalverteilt sein sollen. Dies ist dann der Fall, wenn das Regressionsmodell alle systematischen Einflüsse auf Y beinhaltet. Eine Normalverteilung stellt sich dann ein, wenn nur noch rein zufallsbedingte Abweichungen von einem Mittelwert vorliegen. Die Residuen repräsentieren dann nur noch zufällige (und nicht systematische) Einflüsse. Die ABBILDUNG 8.13 zeigt das Histogramm der

Wenn keine Systematik mehr enthalten ist, verteilen sich Residuen normal

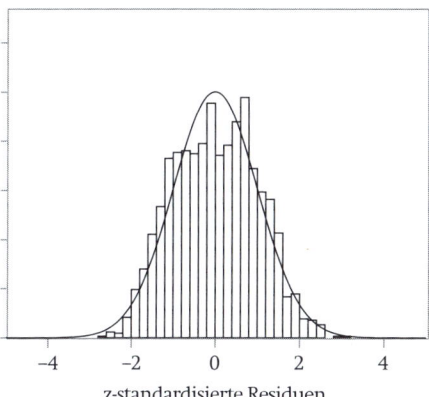

Abb. 8.13

z-standardisierte Residuen

(z-standardisierten) Residuen. Zudem ist die Standardnormalverteilungs-kurve N(0;1) eingezeichnet, um das Ausmaß der Abweichung von gegebener und erwarteter Verteilung zu visualisieren. Man sieht hier, dass im mittleren Bereich die empirische Verteilung der Residuen von der Standardnormalverteilung abweicht. Die kleinen Residuen sind unterproportional vertreten.

Bei Regressionsanalysen mit kleinen Stichproben (n < 40) sind die Befunde von F-Test und t-Test nicht mehr verlässlich, wenn die Abweichung als gravierend beurteilt wird. Bei großen Stichproben sind Abweichungen wenig problematisch.

Exkurs: Transformation   8.7

Manchmal kann man eine Variable transformieren, um Anwendungsvoraussetzungen für die Regressionsanalyse einzurichten. Ein Grund für die Durchführung einer **Transformation** ist, dass man eine nichtlineare Form der Beziehung zwischen zwei Variablen in eine möglichst lineare Form bringen möchte („linearisieren"). Dafür transformiert man eine der beiden Variablen. Nach der Transformation kann sich dann erweisen, dass die Beziehung zwischen den Variablen nun ausreichend linear ausfällt. Anlass für die Transformation einer Variablen im Rahmen der Regressionsanalyse kann auch eine sehr schiefe Verteilung der Variablen sein. Dann kann man versuchen, die Verteilung der Variablen mit Hilfe einer Transformation zu symmetrisieren. Symmetrisierte unabhängige Variablen weisen nach ihrer Transformation häufig eine höhere Erklä-

Zweck der Transformationen

rungsleistung auf. Bei starker Heteroskedastizität oder starker Abweichung der Residuenverteilung von einer Normalverteilung ist eine Transformation der abhängigen Variablen in einigen Fällen eine Maßnahme, um die Verstöße zu korrigieren.

Praktisch werden alle vorhandenen Ausprägungen einer Variablen mit einer Rechenoperation in neue Werte umgerechnet. Im Rahmen von Regressionsanalysen werden Transformationen von Variablen mit Hilfe von einfachen Funktionen durchgeführt. Verwendet werden häufig der natürliche Logarithmus $f(x) = \ln(x)$ oder einfache Exponentialfunktionen wie $f(x) = x^2$ (Quadrierung) und $f(x) = x^{0,5}$ (Quadratwurzel). Um eine geeignete Transformation zu erreichen werden in der Praxis zumeist mehrere verschiedene Exponentialfunktionen (mit den Exponenten 2, 0,5, –0,5, –1, –2) und die $\ln(x)$-Funktion nacheinander ausprobiert. Der Nachteil von transformierten Variablen ist, dass sie weniger anschaulich zu interpretieren sind als die ursprünglichen Variablen. Man hat es nach der Transformation eben mit einem anders zu interpretierenden Sachverhalt zu tun. (Zur Transformation und den Strategien der Linearisierung siehe TUKEY 1977, FOX 1991, SCHNELL 1994.)

Beispiel: Für die verheirateten, berufstätigen Befragten im ALLBUS 2002, die angegeben haben, mit einem nicht berufstätigen Ehepartner zusammen zu leben, soll der Zusammenhang zwischen dem *Nettoeinkommen* und der *wöchentlichen Hausarbeitszeit* (in Stunden) untersucht werden.

Zunächst soll ein Streudiagramm erstellt werden, in dem die Hausarbeitsstunden gegen das Nettoeinkommen geplottet werden. Da das Einkommen eine Variable ist, die sehr häufig linksschief verteilt ist, soll zudem ein Histogramm (mit gleichen Klassenbreiten) für das Einkommen erstellt werden.

Für Transformation verschiedene Funktionen probieren

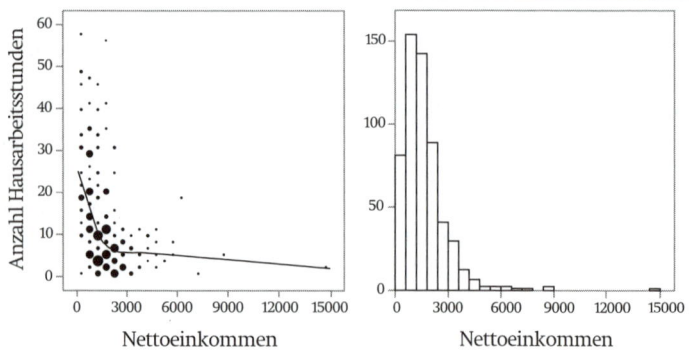

Abb. 8.14

In ABBILDUNG 8.14 erkennt man, dass mit zunehmendem Einkommen die Zahl der Hausarbeitsstunden sinkt. Je höher das Einkommen ist, umso mehr überlassen die berufstätigen Befragten die Hausarbeit dem nicht berufstätigen Ehepartner (oder kaufen sich dafür Dienstleistungen ein).

Die Beziehungsform zwischen den Hausarbeitsstunden und dem Einkommen ist aber deutlich *nichtlinear*. Die LOWESS-Linie zeigt eine zunächst steil abfallende Tendenz, dann einen fast horizontalen Verlauf. Ein lineares Regressionsmodell wäre keine adäquate Repräsentation des Zusammenhangs. Das Histogramm der Einkommensvariablen zeigt, dass diese sehr schief (linkssteil) verteilt ist. Das Einkommen wird nun logarithmiert. Das neue Streudiagramm in der ABBILDUNG 8.15 (links) zeigt dann, dass sich der Zusammenhang durch die Transformation linearisiert hat.

Die LOWESS-Linie zeigt nur geringe Abweichungen von einer linearen Beziehungsform an. In der ABBILDUNG 8.15 ist rechts das Histogramm des logarithmierten Einkommens dargestellt. Die Transformation hat die Verteilung symmetrisiert.

Im multiplen Fall eignen sich die partiellen Regressionsplots dazu, die Abweichung der vorhandenen Beziehungsform von einer linearen Beziehungsform zu erkennen. Ist es erforderlich, eine unabhängige Variable X_j zu transformieren, dann werden allerdings nicht die im partiellen Regressionsplot verwendeten Residuen der unabhängigen Variablen (nach Auspartialisierung der übrigen unabhängigen Variablen) transformiert, sondern X_j selber. Um hier die Identifikation der vorliegenden Beziehungsform zu unterstützen, können so genannte **partielle Residuenplots** (engl. „component-plus-residual-plots") verwendet werden. Um einen solchen Plot für eine Variable X_j zu erstellen, geht man in drei Schritten

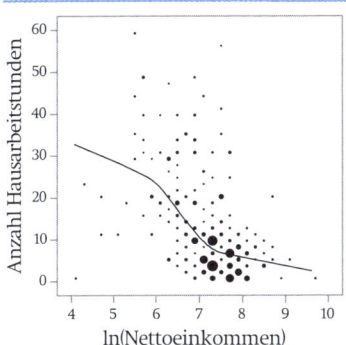
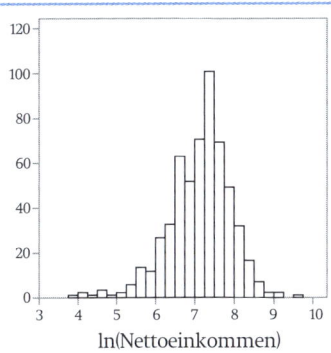

Abb. 8.15

vor: Zuerst wird für jeden Fall die Residue von Y (e_i) aus dem multiplen Regressionsmodell berechnet. Dann wird zu jeder Residue e_i, der Teil von Y hinzuaddiert, der sich linear auf X_j zurückführen lässt (die Komponente $b_j \cdot x_{ji}$). Zuletzt werden für alle Fälle die Werte ($e_i + b_j \cdot x_{ji}$) gegen die x_{ji} geplottet. Partielle Residuenplots werden standardmäßig nicht durch alle Statistikprogramme zur Verfügung gestellt, sie können aber leicht selbst erstellt werden (Speichern der Residuen des multiplen Regressionsmodells und Hinzuaddieren der Komponente ergibt die Werte für die Y-Dimension).

Logistische Regression | 9

Die logistische Regression ermöglicht, eine dichotome abhängige Variable in ein Regressionsmodell aufzunehmen. Dadurch erweitert sich für soziologische Analysen das mögliche Anwendungsspektrum für Regressionsanalysen enorm. Denn sehr viele Sachverhalte, die soziologisch bedeutsam sind, lassen sich durch eine 0–1-kodierte Variable numerisch darstellen. Die TABELLE 9.1 stellt beispielhaft mögliche dichotome Sachverhalte zusammen, die abhängige 0–1-kodierte Variablen sein können.

Tab. 9.1

	Kodierung	
abhängiger Sachverhalt	0	1
Ereignis/Situation	tritt nicht ein	tritt ein
Zustand	liegt nicht vor	liegt vor
Risiko	niedrig	hoch
Entscheidung/Einstellung	gegen etwas	für etwas
...	...	...

Binäre und multinomiale logistische Regression

Eine logistische Regression, die eine dichotome abhängige Variable auf eine oder mehrere unabhängige Variablen regressiert, nennt man auch **binäre logistische Regression**. Davon wird die **multinomiale logistische Regression** unterschieden, die eine abhängige Variable mit drei oder mehr Kategorien aufweist (polytome Variablen). In vielen Fällen kann man die binäre logistische Regression dennoch für die Analyse einer zunächst polytomen abhängigen Variablen verwenden, wenn man diese in geeigneter Weise dichotomisiert.

Wie bei der multiplen linearen Regression liegen auch hier wieder die Zielsetzungen vor, ein Regressionsmodell zu entwickeln, das die abhängige Variable in einem möglichst hohen Ausmaß statistisch erklärt, und den gerichteten Einfluss der einzelnen unabhängigen Variablen auf die abhängige Variable zu quantifizieren. Liegen Stichprobendaten vor, ist man auch daran interessiert, Hypothesen über die Erklärungsleistung des Modells sowie über die Einflüsse der einzelnen Variablen in der Grundgesamtheit zu prüfen.

Logistische Regression ist nicht linear

Anwendungsvoraus-setzungen der logistischen Regression

Die logistische Regression stellt eine Form der *nichtlinearen* Regression zwischen der dichotomen abhängigen Variablen und den unabhängigen Variablen dar. Dies hat zur Folge, dass sich trotz vieler Ähnlichkeiten zwischen der linearen und der logistischen Regressionsanalyse diese beiden multivariaten Verfahren hinsichtlich einiger ihrer Konzepte voneinander unterscheiden. Die logistische Regressionsanalyse hat im Vergleich zur linearen multiplen Regression weniger Anwendungsvoraussetzungen. Dazu zählt die Anforderung geringer Multikollinearität: Die erklärenden Variablen sollten untereinander nicht stark korrelieren. Zudem sollten die beiden Kategorien der abhängigen dichotomen Variablen nicht extrem ungleich besetzt sein (z. B. nicht mit 5 % und 95 %). Die unabhängigen Variablen müssen metrisches Skalenniveau haben oder 0–1-kodiert sein. Empfohlen wird, dass die Fallzahl pro Kategorie mehr als 25 Fälle umfassen sollte. Bei mehreren unabhängigen Variablen sollte die Fallzahl einige Hundert Fälle umfassen. Dieses letzte Kapitel soll aber auf die Einführung der binären logistischen Regression beschränkt bleiben, ohne die Anwendungsvoraussetzungen und die Residuenanalyse dieser Form der Regression zu vertiefen.

9.1 | Herleitung der logistischen Regressionsgleichung

Anhand eines Beispiels sollen die Logik und die Konzepte der logistischen Regression eingeführt werden. Dafür wird ein logistisches Regressionsmodell mit nur einer metrischen unabhängigen Variablen verwendet.

Beispiel: Neun Studierende seien danach befragt worden, ob sie nach Abschluss des Studiums an ihrem Studienort bleiben oder lieber in eine andere Stadt ziehen möchten (*Bleiben?* Y). Die Antwort „ich möchte am Studienort bleiben" wird mit 1 (= bleiben) kodiert, die Antwort „ich möchte nicht am Studienort bleiben" wird mit 0 (= nicht bleiben) kodiert. Es sei zudem erfragt worden, wie groß das Netzwerk aus Freunden und Verwandten der Studierenden am jetzigen Studienort ist (*Netzwerkgröße* X). Die Fallzahl n = 9 ist für die Anwendung der logistischen Regression eigentlich zu gering, hier wird sie aber aus Gründen der besseren Darstellbarkeit für das Beispiel gewählt. Die ABBILDUNG 9.1 stellt die Daten in einem Streudiagramm dar.

Man sieht anhand des Streudiagramms, dass mit zunehmender Anzahl von Freunden und Verwandten die Neigung tendenziell zunimmt, auch nach Abschluss des Studiums am Studienort bleiben zu wollen. Mit zunehmender *Netzwerkgröße* steigt tendenziell die Bindung an den Studienort. Man erkennt aber auch, dass eine Regressionslinie hier keine angemessene Repräsentation des gerichteten Einflusses sein kann. Denn die abhängige Variable kann nur die beiden Werte 0 und 1 annehmen, eine Regressionslinie würde dagegen Vorhersagewerte dazwischen sowie unterhalb von 0 und oberhalb von 1 nahe legen. Das zu lösende Problem ist nun, eine Regressionsgleichung zu entwickeln, die die dichotome abhängige Variable mit dem bekannten Regressionsausdruck aus der linearen Regression ($b_0 + b_1 \cdot x_i + e_i$) verbindet. Offensichtlich kann man hier nicht einfach gleichsetzen und die Koeffizienten ermitteln. Die logistische Regressionsgleichung wird nun in der Weise entwickelt,

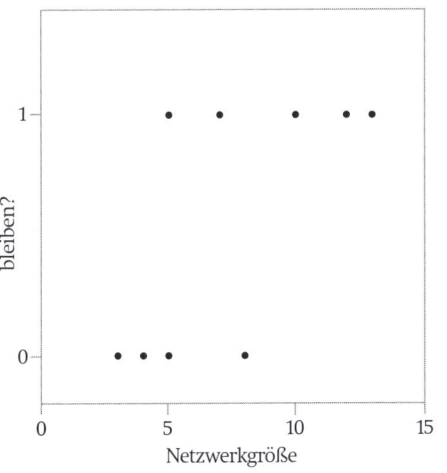

Abb. 9.1

dass die abhängige Variable so transformiert wird, dass ihr Variationsbereich mit dem Variationsbereich des Regressionsausdrucks $[-\infty;+\infty]$
übereinstimmt. Danach wird die transformierte abhängige Variable mit
diesem gleichgesetzt. Dies erfolgt in drei Transformationsschritten.

(1) Zunächst betrachtet man als zu erklärenden Sachverhalt nicht mehr
die Variable Y selber, sondern die Wahrscheinlichkeit dafür, dass bei
einem Fall i für die Variable Y die Ausprägung $y = 1$ vorliegt. Das ist
$P_i(y = 1)$. Diese Wahrscheinlichkeit variiert im Bereich [0;1].

P_i(y = 1) statt Y

(2) Nun ermittelt man für jeden Fall das Verhältnis der Wahrscheinlichkeit $P_i(y = 1)$, dass die Ausprägung 1 vorliegt, zu der Gegenwahrscheinlichkeit, dass die Ausprägung 1 nicht vorliegt, das ist $1 - P_i(y = 1)$. Diese
Gegenwahrscheinlichkeit ist gleich der Wahrscheinlichkeit, dass die
Ausprägung 0 vorliegt: $1 - P_i(y = 1) = P_i(y = 0)$. Das Wahrscheinlich-
keitsverhältnis oder auch Chancenverhältnis sind die Odds$_i$ für den
Fall i ($\rightarrow$ Kap. 4.2.4):

Odds

$$\text{Odds}_i = \frac{P_i(y = 1)}{1 - P_i(y = 1)} = \frac{P_i(y = 1)}{P_i(y = 0)}$$

Die Odds$_i$ können im Bereich $[0;+\infty]$ variieren.

(3) Zuletzt berechnet man den natürlichen Logarithmus der Odds und
erhält so für jeden Fall den Logit ($\rightarrow$ Kap. 4.2.4):

Logit

$$\ln(\text{Odds}_i) = \ln \frac{P_i(y = 1)}{1 - P_i(y = 1)} = \text{Logit}_i$$

Der Logit wird mit L$_i$ abgekürzt. Da er für jeden Fall vorliegt, ist er mit i
indiziert. Der Vorteil dieser Transformation ist, dass der Logit nun im Bereich $[-\infty;+\infty]$ symmetrisch um 0 variiert. L$_i$ kann man nun gleichsetzen
mit dem bekannten Regressionsausdruck ($b_0 + b_1 \cdot x_i + e_i$) und erhält so
ein Logit-Modell:

Logit-Modell

$$\ln(\text{Odds}_i) = L_i = b_0 + b_1 \cdot x_i + e_i$$

Der Logit ist hierbei die abhängige transformierte Variable, die linear
von der unabhängigen Variablen X abhängt. Dass die logistische Regression eine nichtlineare Form der Regression ist, zeigt sich erst, wenn man
die Gleichung des Logit-Modells umstellt nach $P_i(y = 1)$. Das Resultat ist
die **logistische Regressionsgleichung**, hier für den bivariaten Fall:

Logistische
Regressionsgleichung

$$P_i(y = 1) = \frac{1}{1 + e^{-(b_0 + b_1 \cdot x_i + e_i)}} = \frac{1}{1 + e^{-L_i}}$$

(mit e = 2,718…). Diese Gleichung hat den Nachteil, dass sie nicht mehr
unmittelbar erkennen lässt, wie eine Variation von X sich auf P(y = 1)

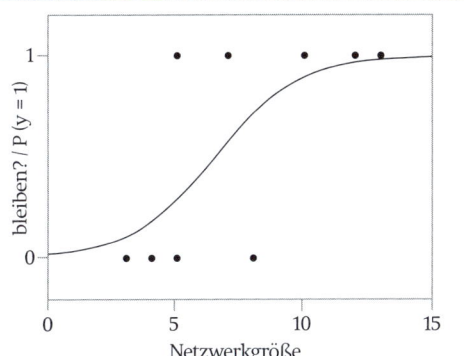

Abb. 9.2

auswirkt. Nun hat man diese Transformation durchgeführt und einfach gleichgesetzt. Aber ist das Resultat auch sinnvoll, d. h. als Modell für die Daten angemessen?

Beispiel: In der ABBILDUNG 9.2 ist die Kurve eingezeichnet, die möglichen Werten für die unabhängige Variable *Netzwerkgröße* eine Wahrscheinlichkeit P(y = 1) dafür zuordnet, dass ein Studierender angibt, nach dem Studienabschluss am Studienort bleiben zu wollen.

Die logistische Regressionsfunktion liefert nun auch Werte zwischen 0 und 1 für P(y = 1). Kleinere Werte als 0 und größere Werte als 1 können nicht vorkommen. Die Kurve ist immer S-förmig. In diesem Beispiel steigt sie von links nach rechts an. Ihre S-förmige Gestalt ist als Modell dem Sachverhalt hier angemessen, da sie Werte für P(y = 1) liefert, die klein sind für die Studierenden mit einem kleinen Netzwerk, wohingegen sie große Werte liefert für Studierende mit einem großen Netzwerk. Die logistische Regressionskurve legt zudem eine Art Sättigungseffekt nahe, der darin zu sehen ist, dass für Studierende mit vielen Freunden und Verwandten zusätzliche Freunde bzw. Verwandte die Wahrscheinlichkeit für das Bleiben am Studienort nicht mehr deutlich steigern können. Entsprechend ist es auf der linken Seite der ABBILDUNG 9.2: Wer nur wenige Freunde oder Verwandte hat, für den ist die Wahrscheinlichkeit für das Bleiben bereits so gering, dass eine Verringerung der Netzwerkgröße keine deutliche Veränderung für $P_i(y = 1)$ bewirken würde.

9.2 | Logitkoeffizienten und Effektkoeffizienten

Die Koeffizienten für die logistische Regressionsgleichung werden **Logitkoeffizienten** genannt. Im bivariaten Fall liegen nur zwei Logitkoeffizienten b_0 und b_1 vor. In der ABBILDUNG 9.3 sind verschiedene logistische Regressionsfunktionen für den bivariaten Fall dargestellt. Ist b_1 ein positiver Wert, dann steigt die Regressionsfunktion von links nach rechts an. Eine Erhöhung von X steigert dann den vorherzusagenden Wert für $P(y = 1)$. Ist b_1 dagegen negativ, so fällt die Regressionsfunktion von links nach rechts ab. Entsprechend bewirkt eine Erhöhung von X eine Verringerung des vorherzusagenden Wertes für $P(y = 1)$. Der Betrag von b_1 wirkt sich in der unterschiedlichen Steilheit des Kurvenverlaufs aus. Der Logitkoeffizient b_0 bestimmt, wie groß der Schätzwert für $P(y = 1)$ an der Stelle $x = 0$ ist.

Interpretation der Logitkoeffizienten

Fortan wird für diese Einführung in die logistische Regression die Residue e_i vernachlässigt. (Genau genommen werden im Folgenden jeweils geschätzte Ausprägungen für die Wahrscheinlichkeit bzw. für die Odds oder für den Logit berechnet. Hier wird auf die jeweilige Kennzeichnung als Schätzwert durch ein „^" verzichtet, um die Schreibweise nicht kompliziert werden zu lassen.)

In dem eingeführten Beispiel sind die **Logitkoeffizienten** $b_0 = -3{,}951$ und $b_1 = 0{,}609$. Zieht man diese heran, erhält man die die logistische Regressionsgleichung:

$$P_i(y = 1) = \frac{1}{1 + e^{-(-3{,}951 + 0{,}609 \cdot x_i)}}$$

Mit dieser logistischen Regressionsgleichung kann man nun für einen Studierenden die Wahrscheinlichkeit $P_i(y = 1)$ dafür ausrechnen, dass er

---

Abb. 9.3

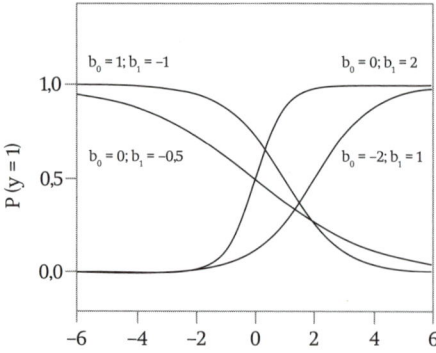

angibt, am Studienort nach Abschluss des Studiums bleiben zu wollen, wenn man dessen Ausprägung für die *Netzwerkgröße* x_i in die logistische Regressionsgleichung einsetzt. Eine einfache Interpretation der Logitkoeffizienten ergibt sich, wenn man das Logit-Modell heranzieht. Die Logits werden in dem Beispiel berechnet mit der Gleichung:

$$L_i = (-3{,}951) + 0{,}609 \cdot x_i$$

Hier zeigt sich, dass die Interpretation der Logitkoeffizienten der Interpretation der Regressionskoeffizienten in der linearen Regressionsanalyse gleicht. Der wichtige Unterschied besteht darin, dass im Logit-Modell die abhängige Variable nicht Y selbst ist, sondern der Logit. Der Logitkoeffizient b_1 gibt dann die (durchschnittliche) *lineare* Veränderung des Logit an, wenn die unabhängige Variable um eine Einheit zunimmt. Aber auch diese Interpretation hat den Nachteil, dass der Logit keine anschauliche Größe ist.

Der Effektkoeffizient e^b

Das Interpretationsproblem der logistischen Regressionsgleichung besteht darin, das man anhand dieser Gleichung nicht unmittelbar nachvollziehen kann, wie sich eine Veränderung von X auf $P(y = 1)$ auswirkt. Eine Lösung dieses Problems stellt folgende Beziehung zwischen den Odds und dem Logit dar:

$$e^{\ln(\text{Odds}_i)} = e^{b_0 + b_1 \cdot x_i} = \text{Odds}_i.$$

Diese Beziehung erhält man, wenn man die beiden Seiten der Gleichung des Logit-Modells in den Exponenten zur Basis e setzt (→ Kap. 11.5). Wenn man nun x_i um eine Einheit erhöht, verändern sich die Odds in folgender Weise:

$$e^{b_0 + b_1(x_i + 1)} = e^{b_0 + b_1 \cdot x_i + b_1} = e^{b_0 + b_1 \cdot x_i} \cdot e^{b_1} = \text{Odds}_i \cdot e^{b_1}$$

Eine Erhöhung von X um 1 bewirkt also eine multiplikative Veränderung der Odds um den Faktor e^{b_1}, der **Effektkoeffizient** genannt wird.

Interpretation der Effektkoeffizienten

Variation der Logits, $P(y = 1)$ und der Odds im Vergleich

Soweit sind die Auswirkungen der Erhöhung von X auf den Logit und die Odds einzeln vorgestellt worden. Anschaulicher wird der Einfluss und die Interpretation der Logit- und Effektkoeffizienten, wenn man die Folge einer schrittweisen Erhöhung von X auf die Logits, die Wahrscheinlichkeiten $P(1 = 1)$ und die Odds einmal gegenüberstellt.

Beispiel: Die TABELLE 9.2 stellt für mögliche Ausprägungen der unabhängigen Variablen *Netzwerkgröße* (X) im Bereich von x = 0 bis x = 15 die zugehörigen Logits, die Wahrscheinlichkeiten P(y = 1) sowie die Odds zusammen.

Betrachtet man die Spalten, kann man hieran sehen, *wie* sich diese drei statistischen Größen verändern, wenn die unabhängige Variable schrittweise um eine Einheit erhöht wird. Die Logits verändern sich von Zeile zu Zeile jeweils additiv um den Wert $b_1 = 0,609$. Die Wahrscheinlichkeiten P(y = 1) sind zunächst sehr klein, nehmen langsam zu, steigen dann schnell an, um sich zuletzt in nur noch kleineren Schritten an 1 anzunähern. Die Odds verändern sich jeweils multiplikativ um den Faktor

$$e^{b_1} = e^{0,609} = 1,839$$

wenn die *Netzwerkgröße* um eine Person zunimmt. Der Effektkoeffizient ist am anschaulichsten zu interpretieren. In dem Beispiel bedeutet dies, dass die Erhöhung der *Netzwerkgröße* um einen *zusätzlichen* Freund oder Verwandten eines Studierenden das Chancenverhältnis (bleiben/nicht bleiben) um den Faktor 1,839 zugunsten des Bleibens erhöht.

Tab. 9.2

X	Logit	P(y = 1)	$\text{Odds} = \dfrac{P(y = 1)}{P(y = 0)}$
0	− 3,9510	0,0189	0,0192
1	− 3,3420	0,0342	0,0354
2	− 2,7330	0,0611	0,0650
3	− 2,1240	0,1068	0,1196
4	− 1,5150	0,1802	0,2198
5	− 0,9060	0,2878	0,4041
6	− 0,2970	0,4263	0,7430
7	0,3120	0,5774	1,3662
8	0,9210	0,7152	2,5118
9	1,5300	0,8220	4,6182
10	2,1390	0,8946	8,4909
11	2,7480	0,9398	15,6114
12	3,3570	0,9663	28,7030
13	3,9660	0,9814	52,7730
14	4,5750	0,9898	97,0280
15	5,1840	0,9944	178,3950

Logit-koeffizient	Effekt-koeffizient	Logit	$P(y = 1)$	$\text{Odds} = \dfrac{P(y = 1)}{P(y = 0)}$	Tab. 9.3
$b_j < 0$	$0 < e^{b_j} < 1$	nimmt um b_j ab	nimmt ab	nehmen um den Faktor e^{b_j} ab	
$b_j = 0$	$e^{b_j} = 1$	bleibt unverändert	bleibt unverändert	bleiben unverändert	
$b_j > 0$	$e^{b_j} > 1$	nimmt um b_j zu	nimmt zu	nehmen um den Faktor e^{b_j} zu	

Im multiplen Fall liegen mehrere unabhängige Variablen X_j vor, und für jede können der Logitkoeffizient b_j und der Effektkoeffizient e^{b_j} berechnet werden. Die TABELLE 9.3 stellt in den ersten beiden Spalten drei verschiedene Ausprägungsbereiche für die Logitkoeffizienten bzw. Effektkoeffizienten und in den folgenden drei Spalten die Auswirkung der Erhöhung von X um eine Einheit auf den Logit, auf $P(y = 1)$ und auf die Odds dar.

Bemerkung: Liegt eine dichotome 0–1-kodierte unabhängige Variable X vor, so gibt ihr Effektkoeffizient an, wie sich die Odds multiplikativ verändern, wenn man von der Gruppe, die mit x = 0 kodiert ist, zu der Gruppe, die mit x = 1 kodiert ist, wechselt. Setzt man die Odds der beiden Gruppen ins Verhältnis, zeigt sich, dass der Effektkoeffizient der dichotomen unabhängigen Variablen X zugleich das Odds Ratio für den Zusammenhang zwischen X und Y ist. Für den bivariaten Fall sei dies veranschaulicht:

Vergleich der Ausprägungsbereiche von Logit- und Effektkoeffizienten

$$\text{OR} = \frac{\text{Odds}_{y=1|x=1}}{\text{Odds}_{y=1|x=0}} = \frac{e^{b_0 + b_1 \cdot 1}}{e^{b_0 + b_1 \cdot 0}} = \frac{e^{b_0} \cdot e^{b_1}}{e^{b_0} \cdot e^0} = e^{b_1}$$

Maximum-Likelihood-Methode | 9.3

Die Logitkoeffizienten werden mit der Maximum-Likelihood-Methode (ML-Methode) ermittelt. Das Konzept der **Likelihood** wurde von RONALD A. FISHER (1890–1962) in die Statistik eingeführt. Die Likelihood wird mit L abgekürzt. Anders als bei der Methode der kleinsten Quadrate, für die in der bivariaten linearen Regression einfache Gleichungen für die Berechnung der beiden Regressionskoeffizienten vorliegen, müssen bei der ML-Methode die Logitkoeffizienten der logistischen Regressionsgleichung

ML-Methode ist iterativ

iterativ, d h. schrittweise, ermittelt werden. Man beginnt mit ersten Werten für b_0 sowie b_1 und verändert diese iterativ, so dass man am Ende diejenigen Logitkoeffizienten erhält, die die beste Anpassung der logistischen Regressionsfunktion an die vorliegenden Daten ermöglichen. Die Likelihood L ist das Maß, das diese Anpassung in einer Zahl zum Ausdruck bringt. Die Anpassungsstrategie der ML-Methode lautet: „Maximiere die Likelihood!" Praktisch möglich geworden ist die Durchführung der ML-Methode mit der Entwicklung leistungsfähiger Computer, die diese iterative Ermittlung der Logitkoeffizienten mit Hilfe von Algorithmen ausführen können. In den herkömmlichen Statistikprogrammen sind diese Algorithmen heutzutage enthalten. Anhand des deskriptivstatistischen Beispiels werden die iterative Logik der ML-Methode und das Konzept der Likelihood vorgestellt.

Wenn $y_i = 1$ vorliegt, soll $P_i(y = 1)$ nahe 1 sein

Beispiel: Die Zielsetzung ist, diejenigen Logitkoeffizienten für eine logistische Regressionsgleichung zu ermitteln, die die „zutreffendsten" Wahrscheinlichkeiten $P_i(y = 1)$ für die neun vorliegenden y_i-Ausprägungen berechnet. Zutreffend heißt dabei: Die Wahrscheinlichkeiten sollen bei den Studierenden möglichst nahe an 1 sein, für die auch empirisch der Wert $y_i = 1$ vorliegt. Dagegen sollen die Wahrscheinlichkeiten $P_i(y = 1)$ bei den Studierenden dann möglichst nahe an 0 sein, wenn für

Wenn $y_i = 0$ vorliegt, soll $P_i(y = 1)$ nahe 0 sein

Studierende der empirische Wert $y_i = 0$ vorliegt. Bei diesen Studierenden soll der Wert für die Gegenwahrscheinlichkeit $1 - P_i(y = 1) = P_i(y = 0)$ demnach möglichst nahe an 1 sein. In der TABELLE 9.4 sind auf der linken Seite für die neun Studierenden die empirischen x_i- und y_i-Werte angegeben. Für die Berechnung der $P_i(y = 1)$-Werte in den vier Spalten auf der rechten Seite liegen vier verschiedene Kombinationen von Logitkoeffizienten $(b_0;b_1)$ zugrunde. Diese Kombinationen stellen vier Iterationsschritte der ML-Methode dar, wobei die Iteration von links nach rechts erfolgt. Die Anfangswerte der Iteration sind $b_0 = -2,626$ und $b_1 = 0,383$. Die Endwerte sind $b_0 = -3,951$ und $b_1 = 0,609$. In den zugehörigen Spalten sind für die neun Studierenden die Wahrscheinlichkeiten $P_i(y = 1)$ angegeben, die sich mit jeder der vier Kombinationen von Logitkoeffizienten errechnen lassen. Dafür setzt man in die logistische Regressionsgleichung die beiden Logitkoeffizienten und dann für die neun Studierenden jeweils deren x_i-Wert ein.

Verschiedene Kombinationen von Logitkoeffizienten liefern schrittweise bessere Anpassungen

Betrachtet man die TABELLE 9.4 zeilenweise, so sieht man, dass für die meisten Fälle von links nach rechts die Werte $P_i(y = 1)$ besser an die vorliegenden Ausprägungen y_i angepasst sind. Der erste Studierende hat die empirische Ausprägung $y_1 = 1$ (bleiben). Die durch die vier logistischen Regressionsgleichungen berechneten Wahrscheinlichkeiten $P_1(y = 1)$ nehmen von 0,8776 bis 0,9663 zu. Der zweite Studierende hat die empirische Ausprägung $y_2 = 0$ (nicht bleiben). Hier nehmen die Werte für $P_2(y =$

i	x_i	y_i	b_0	$-2{,}626$	$-3{,}558$	$-3{,}906$	$-3{,}951$	Tab. 9.4
			b_1	$0{,}383$	$0{,}539$	$0{,}601$	$0{,}609$	
				$P_i(y=1)$	$P_i(y=1)$	$P_i(y=1)$	$P_i(y=1)$	
1	12	1		0,8776	0,9483	0,9646	0,9663	
2	3	0		0,1859	0,1255	0,1088	0,1068	
3	5	1		0,3294	0,2967	0,2888	0,2878	
4	4	0		0,2509	0,1975	0,1821	0,1802	
5	8	0		0,6078	0,6800	0,7114	0,7152	
6	13	1		0,9132	0,9692	0,9803	0,9814	
7	10	1		0,7692	0,8620	0,8913	0,8946	
8	7	1		0,5137	0,5535	0,5747	0,5774	
9	5	0		0,3294	0,2967	0,2888	0,2878	
			L	0,016731	0,020549	0,020928	0,020939	
			lnL	$-4{,}090492$	$-3{,}884943$	$-3{,}866667$	$-3{,}866142$	
			-2lnL	8,180984	7,769886	7,733334	7,732284	

1) von 0,1859 bis 0,1068 ab, was ebenfalls einer besseren Anpassung für diesen Fall entspricht. Allerdings stellt sich die Verbesserung nicht für alle Fälle ein. Für zwei von neun Studierenden liegen auch in der letzten Spalte schlecht angepasste Wahrscheinlichkeitswerte vor. Für den dritten Studierenden mit der empirischen Ausprägung $y_3 = 1$ liefert die letzte logistische Regressionsgleichung mit $P_3(y = 1) = 0{,}2878$ einen deutlich zu niedrigen Wert. Für den fünften Studierenden mit der empirischen Ausprägung $y_5 = 0$ ist $P_5(y = 1) = 0{,}7152$ deutlich zu hoch ausgefallen.

Anstatt die Anpassung für einzelne Fälle zu beurteilen, berechnet man die Likelihood, die die simultane Anpassung des logistischen Regressionsmodells für *alle* vorliegenden Fälle quantifiziert. Hierfür zieht man bei den Fällen mit der Ausprägung $y_i = 1$ den Wert $P_i(y = 1)$ heran und für die Fälle mit der Ausprägung $y_i = 0$ den Wert $1 - P_i(y = 1)$. Das Produkt aus allen neun Werten ist die Likelihood L. Für die erste Kombination der Logitkoeffizienten ist die Likelihood für die neun vorliegenden Ausprägungen von Y:

Likelihood wird als Produkt berechnet

$$\text{Likelihood}(-2{,}626; 0{,}383) = 0{,}8776 \cdot (1-0{,}1859) \cdot 0{,}3294 \cdot (1-0{,}2509) \cdot$$
$$(1-0{,}6078) \cdot 0{,}9132 \cdot 0{,}7692 \cdot 0{,}5137 \cdot (1-0{,}3294) = 0{,}016731$$

Für die letzte Kombination errechnet sich die Likelihood für die neun vorliegenden Ausprägungen von Y mit:

$$\text{Likelihood}(-3{,}951;0{,}609) = 0{,}9663 \cdot (1-0{,}1068) \cdot 0{,}2878 \cdot (1-0{,}1802) \cdot$$
$$(1-0{,}7152) \cdot 0{,}9814 \cdot 0{,}8946 \cdot 0{,}5774 \cdot (1-0{,}2878) = 0{,}020939$$

Likelihood des vollständigen Modells ist maximale Likelihood

In der TABELLE 9.4 sind die Likelihood-Werte L für die Kombinationen der Logitkoeffizienten angegeben. Man erkennt, dass die Iteration bereits im dritten Schritt fast die maximale Likelihood ermittelt hat, die im vierten Schritt vorliegt. Im Unterschied zu den Wahrscheinlichkeiten $P_i(y = 1)$, die sich auf die Ausprägungen einzelner Fälle beziehen, stellt die Likelihood die *gemeinsame* Auftrittschance der vorliegenden Kombination der y_i-Werte für alle Fälle dar.

Maximum-Likelihood-Schätzung

Liegt eine Stichprobe aus einer Grundgesamtheit vor, so wird eine Likelihood für die Stichprobe berechnet. Die Anpassungsstrategie, die Logitkoeffizienten zu ermitteln, die die Likelihood maximieren, ist dann zugleich die Schätzstrategie für die Logitkoeffizienten β_0 und β_1 in der Grundgesamtheit. Daher hat die ML-Methode als Schätzverfahren ihren Namen: **Maximum-Likelihood-Schätzung**, kurz: ML-Schätzung. Die ML-Schätzung kommt auch bei multiplen logistischen Regressionen zum Einsatz, bei denen mehrere unabhängige Variablen X_j (mit j = 1, ... J) vorliegen und dementsprechend für β_0 und J verschiedene β_j geschätzt werden müssen. Die ML-Schätzung liefert auch eine Schätzung der Stichprobenfehler der Logitkoeffizienten σ_{b_j}.

Die ML-Methode ist von RONALD A. FISHER als ein Schätzverfahren eingeführt worden. Dies ist ihr eigentlicher Entwicklungskontext und Einsatzbereich (auch wenn das Verfahren hier als Anpassungsstrategie deskriptivstatistisch eingeführt wurde). Die ML-Schätzung wird heutzutage für viele moderne multivariate Verfahren genutzt. Ihre Grundlogik, die Koeffizienten für ein Modell so zu schätzen, dass die Daten einer Stichprobe mit der größten Likelihood ausgestattet werden, ist viel allgemeiner verwendbar als nur für die logistische Regression. Die Grundlage der Vorgehensweise für das Schätzen und Testen (→ Kap. 6 und → Kap. 7) war in der linearen Regression (→ Kap. 8) noch die klassische Testtheorie (Neyman-Pearson-Ansatz). Mit der Verwendung der Likelihood und der ML-Schätzung in der logistischen Regression hat man den Neyman-Pearson-Ansatz hinter sich gelassen.

Eigenschaften der Likelihood

Eine Likelihood hat viele Ähnlichkeiten mit einer Wahrscheinlichkeit. Die Likelihood variiert ebenfalls im Bereich [0;1]. Der englische Begriff Likelihood bedeutet „Wahrscheinlichkeit". Aber: in der englischsprachigen Statistik-Literatur wird für die Wahrscheinlichkeit der Begriff „probability" verwendet. Eine Likelihood ist nämlich *keine* Wahrscheinlichkeit. Likelihoods verstoßen gegen Prinzipien der Wahrscheinlichkeitsrechnung. Wenn man im Rahmen der Schätzung der Logitkoeffizienten einer logistischen Regressionsgleichung für *alle möglichen* Kombinationen von Logitkoeffizienten die Likelihoods berechnet, dann überschreitet die Summe dieser Likelihoods den Wert 1, was für Wahrscheinlichkeit nicht möglich sein darf. Die Likelihood, die man mit *einer* Kombination von Logitkoeffizienten berechnen kann, ist dann 1, wenn damit die Anpassung der logistischen Regressionsgleichung an die vorliegenden Daten perfekt gelingt. Likelihoods tendieren dazu, umso niedriger auszufallen, je größer die Zahl der Fälle ist. (Zudem werden die L-Werte durch die Schiefe der Verteilung von Y beeinflusst.) *Einzelne* Likelihood-Werte sind nicht sehr aussagekräftig. Aus diesem Grund werden nicht einzelne Likelihoods, sondern Maßzahlen, die auf zwei Likelihood-Werten basieren, als Anpassungsmaße bzw. als Prüfgrößen in der logistischen Regression verwendet.

Likelihood ist keine Wahrscheinlichkeit

Transformationen der Likelihood

Die Algorithmen zur Maximierung der Likelihood L verwenden die logarithmierte Likelihood lnL, die so genannte **Log-Likelihood**. Dies geschieht aus rechentechnischen Gründen, da das Maximum von lnL leichter iterativ zu ermitteln ist als das Maximum von L. In der vorletzten Zeile der TABELLE 9.4 sind die lnL-Werte angegeben. Sie nehmen wie die Likelihoods von links nach rechts zu. Multipliziert man die Log-Likelihood mit –2 erhält man die **Devianz** –2lnL. (Die hier eingeführte Devianz lässt sich mit anderer Notation auch als ein Maß qualitativer Variation einsetzen, (→ Kap. 3.6).) Die Verbindung zwischen beiden Verwendungen der Devianz zeigen KÜHNEL/KREBS 2004 auf.) Viele Softwareprogramme geben die lnL-Werte oder die –2lnL-Werte statt der L-Werte aus. Bei der Devianz ist zu beachten, dass kleine Likelihood-Werte sehr großen Devianz-Werten und große Likelihood-Werte sehr kleinen Devianz-Werten entsprechen. Die Maximierung der Likelihood-Werte entspricht damit der Minimierung der –2lnL-Werte. Eine minimal mögliche Devianz von 0 entspricht einer maximal möglichen Likelihood von 1. In der TABELLE 9.4 sind in der letzten Zeile die –2lnL-Werte angegeben. Diese werden von links nach rechts mit zunehmend besserer Anpassung der logistischen Regressionsgleichung an die Daten kleiner.

Minimierung der Devianz

9.4 | Pseudo-R^2

Für die Beurteilung der Erklärungsleistung eines logistischen Regressionsmodells kann man nicht auf den Determinationskoeffizienten r^2 aus der linearen Regression zurückgreifen, da im Fall der logistischen Regression die Varianzzerlegung nicht möglich ist, mit deren Hilfe der Determinationskoeffizient konstruiert wurde (→ Kap. 4.3.3). Von Daniel MCFADDEN ist ein alternatives Maß vorgeschlagen worden, das in einer Zahl angibt, in welchem Ausmaß die unabhängige Variable zur Anpassungsverbesserung des logistischen Regressionsmodells beiträgt. Dafür müssen zwei Modelle verglichen werden: ein Modell, in dem die unabhängige Variable nicht berücksichtigt ist, und ein Modell, für das die unabhängige Variable hinzugezogen wird.

Vergleich von Nullmodell und vollständigem Modell

Das **Nullmodell** ist ein logistisches Regressionsmodell, in dem ohne die Kenntnis der x_i-Ausprägungen die Wahrscheinlichkeiten $P(y = 1)$ berechnet werden. Dafür wird der Logitkoeffizient der unabhängigen Variablen einfach $b_1 = 0$ gesetzt. Man wertet die Information über die Ausprägungen der unabhängigen Variablen hierfür also nicht aus. (Im multiplen Fall werden für das Nullmodell alle $b_j = 0$ gesetzt.) Dann wird nur b_0 mit der ML-Methode ermittelt. Für das Nullmodell kann man dann eine Likelihood L_0 und eine Devianz $-2lnL_0$ ermitteln. Das **vollständige Modell** ist dasjenige, in dem sowohl b_0 als auch b_1 mit der ML-Methode ermittelt werden. Hier werden also die Ausprägungen der unabhängigen Variablen für die Berechnung der Wahrscheinlichkeiten einbezogen. Man erhält dafür die Likelihood L_V und die Devianz $-2lnL_V$. Das Pseudo-R^2-Maß erfasst dann die relative Anpassungsverbesserung des vollständigen Modells gegenüber dem Ausgangsmodell:

Pseudo-R^2 gibt relative Anpassungsverbesserung an

$$\text{Pseudo} - R^2 = \frac{-2lnL_0 - (-2lnL_V)}{-2lnL_0}$$

Ist eine Anpassungsverbesserung vorhanden, so kann man sagen, dass ein (gerichteter) Zusammenhang zwischen der unabhängigen und der abhängigen Variablen besteht. Das Pseudo-R^2-Maß kann man auf diese Weise auch für ein multiples logistisches Regressionsmodell berechnen. Pseudo-R^2-Werte unter 0,05 weisen auf einen nur schwachen Zusammenhang, Pseudo-R^2-Werte über 0,2 auf einen starken Zusammenhang hin. Werte über 0,4 treten selten auf (ANDRESS et al. 1997, S. 288).

Beispiel: Für das Nullmodell wird nur die Kenntnis der Variablen *Am Studienort bleiben?* als Informationsbasis herangezogen, um eine logistische Regressionsgleichung zu entwickeln, die die Wahrscheinlichkeiten $P(y = 1)$ ermittelt. Der mit der ML-Methode ermittelte Logitkoeffizient ist $b_0 = 0{,}223$. Da sich in dieser logistischen Regressionsgleichung die Unterschiede der *Netzwerkgröße* nicht auswirken, wird für alle neun Studierenden dieselbe Wahrscheinlichkeit $P_i(y = 1)$ dafür ermittelt, bleiben zu wollen. Diese ist einheitlich $P_i(y = 1) = 0{,}5556$. Dieses Resultat erhält man auch durch die folgende einfache Überlegung: Da fünf von neun Studierenden angegeben haben, bleiben zu wollen, ist die Wahrscheinlichkeit für jeden der neun Studierenden, zu bleiben $P_i(y = 1) = 5 : 9 = 0{,}5556$. Für das Nullmodell wird nun die Likelihood berechnet:

Berechnung
der Likelihood
des Nullmodells

$$\text{Likelihood}(-0{,}223; 0) = L_0 = 0{,}5556 \cdot (1-0{,}5556) \cdot 0{,}5556 \cdot (1-0{,}5556) \cdot$$
$$(1-0{,}5556) \cdot 0{,}5556 \cdot 0{,}5556 \cdot 0{,}5556 \cdot (1-0{,}5556) = 0{,}002065$$

Die Devianz für das Nullmodell ist $-2\ln L_0 = -2 \cdot \ln(0{,}002065) = 12{,}3653$. Die Devianz des vollständigen Modells (TABELLE 9.4) ist, auf vier Nachkommastellen gerundet, $-2\ln L = 7{,}7323$. Das Pseudo-R^2-Maß nach MCFADDEN ist damit:

$$\text{Pseudo} - R^2 = \frac{-2\ln L_0 - (-2\ln L_V)}{-2\ln L_0} = \frac{12{,}3653 - 7{,}7323}{12{,}3653} = 0{,}37$$

Hier liegt eine starke Anpassungsverbesserung vor. Inhaltlich bedeutet das, dass die *Netzwerkgröße* einen starken Einfluss auf die Entscheidung hat, ob die Studierenden nach Abschluss des Studiums am Studienort bleiben oder ob sie an einen anderen Ort umziehen wollen.

Bemerkung: im Anschluss an MCFADDEN und mit Bezug auf dessen Pseudo-R^2-Maß haben auch andere Statistiker Pseudo-R^2-Maße entwickelt, so dass die Statistiksoftware-Programme mehrere solcher Maße angeben. Das McFadden Pseudo-R^2-Maß ist bislang aber der Standard geblieben.

Multiple logistische Regression mit Stichprobendaten | 9.5

Erweitert man das binäre logistische Regressionsmodell um zusätzliche unabhängige Variablen, erhält man ein **multiples logistisches Regressionsmodell.** Anhand eines Beispiels soll die multiple logistische Regression mit Stichprobendaten durchgeführt werden, so dass hier nun inferenzstatistische Gesichtspunkte hinzutreten.

Beispiel: Der ALLBUS wird als einfache Zufallsstichprobe betrachtet. Im Rahmen des ALLBUS 2002 sind viele Fragen zum Thema Religion gestellt worden. Eine davon lautet: „Glauben Sie an ein Leben nach dem Tod?" (v172). Diese Frage konnte mit „ja" oder „nein" beantwortet werden, so dass eine dichotome Variable im Datensatz vorliegt. Diese wird

Variablen im logistischen
Regressionsmodell

mit 0 („nein") und 1 („ja") rekodiert. Mit den folgenden unabhängigen Variablen wird ein logistisches Regressionsmodell erstellt:

(1) *West/Ost* (v3, Referenzkategorie „alte Bundesländer" = 0);

(2) das *Geschlecht* (v182, Referenzkategorie „männlich" = 0);

(3) das *Alter* in Jahren (v185);

(4) Schulabschluss *Abitur* (rekodiert aus v187, Referenzkategorie „kein Abitur" = 0);

(5) die *Oben-Unten-Selbsteinstufung* (v696, mit den Ausprägungen 1= „oben" bis 10 = „unten").

Die Variablen *West/Ost*, *Geschlecht* und *Abitur* sind 0–1-kodiert, die beiden Variablen *Alter* und *Oben-Unten-Selbsteinstufung* sind metrisch. (Für die Analyse wurden nur diejenigen Fälle herangezogen, die in dem Landesteil interviewt wurden, in dem sie auch geboren waren.) Die ABBILDUNG 9.4 stellt das Pfaddiagramm für das logistische Regressionsmodell dar.

Für 912 Befragte liegen die Ausprägungen aller Variablen vor. 409 von ihnen geben an, an ein Leben nach dem Tod zu glauben, das sind 44,85 %. Ein erster Schätzwert für die Wahrscheinlichkeit eines Befragten, an ein Leben nach dem Tod zu glauben, wäre also $P_i(y = 1) = 0,4485$. Wenn die fünf unabhängigen Variablen X_1 bis X_5 einen Einfluss auf die abhängige Variable ausüben, so müsste sich mit der Kenntnis der fünf Ausprägungen jedes Befragten ($x_{1i}, x_{2i}, x_{3i}, x_{4i}, x_{5i}$) ein logistisches Regressionsmodell ermitteln lassen, das für möglichst viele der 912 Befragten eine zutreffendere Wahrscheinlichkeit als $P_i(y = 1) = 0,4485$ liefert.

In der TABELLE 9.5 sind die Logitkoeffizienten b_j für die fünf unabhängigen Variablen und b_0 enthalten, die in dieser Kombination die maximale Likelihood für die Stichprobendaten hervorbringen. Mit den beiden –2lnL-Werten für das Nullmodell und das vollständige Modell aus TABELLE 9.5 ergibt sich ein Pseudo-R^2-Wert (nach McFadden) von:

Abb. 9.4

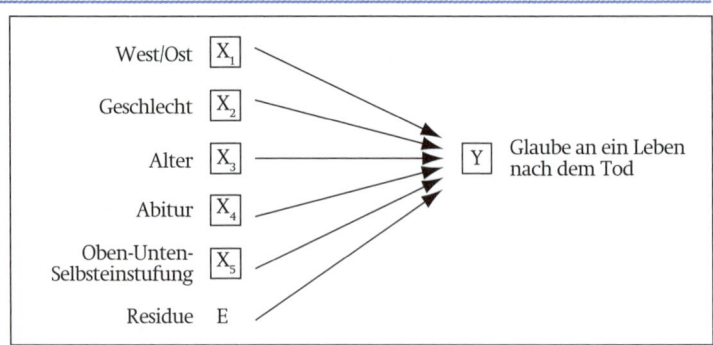

j	Variable	b_j	σ_{b_j}	e^{b_j}	WALD
1	West/Ost (alte Bundesländer = 0)	−1,632	0,206	0,196	62,9775
2	Geschlecht (männlich = 0)	0,738	0,142	2,092	27,115
3	Alter	−0,010	0,005	0,991	4,328
4	Abitur (kein Abitur = 0)	−0,037	0,173	0,964	0,046
5	Oben-Unten-Selbsteinstufung	0,015	0,053	1,015	0,075
	Konstante b_0 = 0,094				
	n = 1012				
	$-2\ln L_0$ = 1255,432				
	$-2\ln L_V$ = 1145,650				

Tab. 9.5

$$\text{Pseudo} - R^2 = \frac{-2\ln L_0 - (-2\ln L_V)}{-2\ln L_0} = \frac{1255,432 - 1145,650}{1255,432} = 0,09$$

Die Größe der relativen Anpassungsverbesserung des Modells beträgt 0,09 und ist eine Anpassungsverbesserung im mittleren Bereich.

Um die Anpassungsleistung des logistischen Regressionsmodells detaillierter zu analysieren, kann man sich die **Klassifizierungstabelle** erstellen lassen (TABELLE 9.6). In dieser Tabelle werden die Fälle in den Spalten danach unterschieden, ob das logistische Regressionsmodell ihnen eine Wahrscheinlichkeit $P_i(y = 1)$ größer oder kleiner als 0,5 zuordnet. In den Reihen werden die Fälle danach unterschieden, welche empirische Ausprägung y_i jeweils vorliegt. Die Klassifizierungstabelle ermöglicht so, die Anpassungsleistung des logistischen Regressionsmodells in den beiden Kategorien einzeln zu bewerten.

Klassifikationstabelle zur Diagnose der Anpassungsleistung

Die 503 Personen, die angaben, nicht an ein Leben nach dem Tod zu glauben (y_i = 0), stehen in der ersten Reihe der Tabelle. Aufgrund der

Tab. 9.6

		mit log. Regressionsgleichung berechnete Wahrscheinlichkeiten			richtige Vorhersagen
		$P_i(y = 1) < 0,5$	$P_i(y = 1) > 0,5$	Σ	
empirische	$y_i = 0$	361	142	503	71,77 %
Ausprägungen	$y_i = 1$	184	225	409	55,01 %
	Σ	545	367	912	

durch die logistische Regressionsgleichung errechneten Wahrscheinlichkeit $P_i(y = 1)$ würde man bei 361 von ihnen die Ausprägung 0 vorhersagen. Diese Vorhersage wäre bei diesen Befragten zutreffend. Für 142 Personen aus dieser Gruppe wäre die berechnete Wahrscheinlichkeit aber größer als 0,5 und damit würde für diese die Ausprägung 1 vorhergesagt, was eine falsche Vorhersage wäre. Dennoch leistet das Modell für diese Gruppe bei ca. 72 % der Personen eine richtige Vorhersage. Für die Gruppe der Befragten, die angeben, an ein Leben nach dem Tod zu glauben, ist der Prozentsatz richtiger Vorhersagen mit 55 % dagegen schlechter ausgeprägt.

Die logistische Regressionsgleichung (→ Kap. 9.1) ist für die Stichprobe:

$$P_i(y = 1) = \frac{1}{1 + e^{-(0{,}094 - 1{,}632 \cdot x_{1i} + 0{,}738 \cdot x_{2i} - 0{,}010 \cdot x_{3i} - 0{,}037 \cdot x_{4i} + 0{,}015 \cdot x_{5i})}}$$

Die Logitkoeffizienten b_j der fünf Variablen geben an, welchen Effekt eine Variable X_j auf den Logit hat. Obwohl der Logit kein sehr anschaulicher Sachverhalt ist, kann man hier für die Stichprobe anhand der Vorzeichen der b_j feststellen, in welche Richtung die Variablen auf $P(y = 1)$ wirken. Im Vergleich zu den Westdeutschen wird für die Ostdeutschen eine geringere Wahrscheinlichkeit durch die logistische Regressionsgleichung berechnet, dafür, dass sie an ein Leben nach dem Tod glauben. Diese Wahrscheinlichkeit fällt für Frauen höher aus als für Männer. Die anderen drei Variablen üben nur einen sehr geringen Effekt auf $P(y = 1)$ aus.

Betrachtet man die Effektkoeffizienten e^{b_j} (TABELLE 9.5), so sieht man, dass die Odds der Ostdeutschen nur ein Fünftel so groß sind wie die Odds der Westdeutschen. Die Odds der Frauen sind mehr als doppelt so groß wie die Odds der Männer. Die Effektkoeffizienten der anderen drei Variablen unterscheiden sich wenig von 1, was wieder auf den nur geringen Einfluss hinweist.

Bemerkung: Da die Variablen *West/Ost*, *Geschlecht* und *Abitur* jeweils dichotom sind, stellen deren Effektkoeffizienten zugleich das jeweilige Odds Ratio dar.

Die Logitkoeffizienten und Effektkoeffizienten sind in der Größenordnung beeinflusst durch die Skalierung von X_j. Eine **Standardisierung der Logitkoeffizienten** – vergleichbar mit derjenigen für die Regressionskoeffizienten in der multiplen linearen Regression (→ Kap. 8.1.2) – besteht in der Multiplikation der Logitkoeffizienten b_j mit der Standardabweichung von X_j:

$$b_j^* = b_j \cdot s_{x_j}$$

Die Anwendung dieser Standardisierung ist nur sinnvoll für die Logitkoeffizienten metrisch skalierter unabhängiger Variablen.

Likelihood-Ratio-Test | 9.5.1

Entsprechend zum F-Test in der linearen multiplen Regressionsanalyse,
gibt es auch in der logistischen Regressionsanalyse einen globalen An-
passungstest. Dieser Test ist der **Likelihood-Ratio-Test**, kurz: LR-Test. Er ver-   LR-Test prüft logistisches
wendet die Differenz der beiden Devianz-Werte des Nullmodells und des   Regressionsmodell
vollständigen Modells als Prüfgröße. Die Nullhypothese behauptet, dass   insgesamt
in der Grundgesamtheit keine der unabhängigen Variablen zur Anpassungsverbesserung beiträgt, d. h. inhaltlich, dass keine der unabhängigen Variablen in der Grundgesamtheit einen Einfluss auf $P(y = 1)$ ausübt.
Die Alternativhypothese behauptet dagegen, dass in der Grundgesamtheit zumindest eine der unabhängigen Variablen zur Anpassungsverbesserung beiträgt. Formal:

$$H_0: \beta_j = 0 \text{ für alle } j$$
$$H_1: \beta_j \neq 0 \text{ für mindestens ein } j$$

Die Differenz zwischen den beiden Devianz-Werten ist die Prüfgröße L^2:   Prüfgröße L^2

$$L^2 = -2\ln L_0 - (-2\ln L_V)$$

Bei der Prüfgröße L^2 handelt es sich um eine χ^2-Konstruktion (wie auch
das Pearson-χ^2). L^2 heißt daher auch Likelihood-χ^2. L^2 ist χ^2-verteilt mit
$df = J$, der Anzahl der unabhängigen Variablen. Wenn die H_0 in der
Grundgesamtheit zutrifft, dann ist in der Grundgesamtheit der L^2-Wert
0. Aus Zufallsgründen kann dennoch in der Stichprobe der L^2-Wert et- L^2 folgt unter H_0
was größer ausfallen. Kleine L^2-Werte in der Nähe von 0 sprechen also   einer χ^2-Verteilung
für die Beibehaltung der H_0. Liegt in der Stichprobe aber ein großer
L^2-Wert vor, so spricht dies für die Verwerfung der H_0. Der Rückweisungswert für den rechtsseitigen χ^2-Test kann aus der TABELLE 11.3 (Anhang) entnommen werden.

Beispiel: Die L^2-Werte folgen unter der H_0 einer χ^2-Verteilung mit fünf
Freiheitsgraden. Der Rückweisungswert (bei einem Signifikanzniveau
von 5 %) ist $\chi^2_r = 11{,}070$. L^2-Werte, die kleiner als 11,070 sind, fallen in den
Annahmebereich A_0, L^2-Werte, die größer oder gleich 11,070 sind, fallen
in den Rückweisungsbereich R_0. Der TABELLE 9.5 kann man die beiden
$-2\ln L$-Werte entnehmen und die Differenz berechnen:

$$L^2 = 1255{,}432 - 1145{,}65 = 109{,}782$$

Da der empirische L^2-Wert größer ist als der Rückweisungswert kann die H_0 verworfen werden. Auch in der Gesamtheit (der deutschen erwachsenen Bevölkerung in Privathaushalten) erbringt das logistische Regressionsmodell eine Anpassungsleistung.

9.5.2 | WALD-Test

Wenn der Likelihood-Ratio-Test zur Verwerfung der Nullhypothese geführt hat, kann man Hypothesen über die Einflüsse der *einzelnen* unabhängigen Variablen prüfen. Diese Prüfung erfolgt mit dem **WALD-Test**. Getestet wird für jede unabhängige Variable die Nullhypothese, dass sie in der Grundgesamtheit keinen Einfluss auf $P(y = 1)$ ausübt. Die Alternativhypothese behauptet dagegen, dass die Variable in der Grundgesamtheit einen Einfluss auf $P(y = 1)$ ausübt. Formal:

WALD-Test prüft Einfluss einzelner unabhängiger Variablen

$$H_0: \beta_j = 0$$
$$H_1: \beta_j \neq 0$$

Als Prüfgröße werden die so genannten WALD-Werte verwendet. Diese lassen sich berechnen, indem man die Logitkoeffizienten durch ihren Stichprobenfehler teilt und das Resultat quadriert:

$$\text{WALD} = \left(\frac{b_j}{\sigma_{b_j}}\right)^2$$

Die WALD-Werte folgen unter der H_0 einer χ^2-Verteilung mit einem Freiheitsgrad. Damit ist (bei einem Signifikanzniveau von 5 %) der Rückweisungswert $\chi^2_r = 3{,}841$.

Beispiel: Die WALD-Werte sind in der letzten Spalte der TABELLE 9.5 angegeben. Es zeigt sich, dass für die ersten drei Variablen der WALD-Test jeweils zu einem signifikanten Testresultat führt, da deren WALD-Werte größer als 3,841 sind. Für die Variablen *West/Ost, Geschlecht* und *Alter* kann damit die H_0 verworfen werden. Man kann aussagen, dass diese drei Variablen in der Grundgesamtheit einen Einfluss auf $P(y = 1)$ ausüben. Für die beiden Variablen *Abitur* und *Oben-Unten-Selbsteinstufung* kann die H_0 nicht verworfen werden. Hier kann man nicht aussagen, dass diese Variablen in der Grundgesamtheit einen Einfluss $P(y = 1)$ haben.

Wald-Test und z-Test äquivalent

Alternativ zum WALD-Test kann man den **z-Test** verwenden. Hierfür werden standardnormalverteilte z-Werte ermittelt, indem man die Logitkoeffizienten b_j durch deren Stichprobenfehler σ_{b_j} teilt. (SPSS verwendet den WALD-Test, Stata den z-Test.)

Konfidenzintervalle für β_j und e^{β_j} | 9.5.3

Ausgehend von den Stichprobenwerten kann man für jeden Logitkoeffizienten das **Konfidenzintervall** konstruieren, in dem mit einer Sicherheit von 95 % der wahre Logitkoeffizient in der Grundgesamtheit β_j enthalten ist. Da die Effektkoeffizienten anschaulicher zu interpretieren sind, erstellt man zumeist auch die Konfidenzintervalle für e^{β_j}. Für ein Vertrauensniveau von 95 % berechnet man für ein Konfidenzintervall die untere bzw. obere Grenze mit:

$$b_j - z_{0.975} \cdot \sigma_{b_j} \text{ bzw. } b_j + z_{0.975} \cdot \sigma_{b_j}$$

Das 95 %-Konfidenzintervall für den Logitkoeffizienten ist:

$$\text{KONF}[b_j - z_{0.975} \cdot \sigma_{b_j}; b_j + z_{0.975} \cdot \sigma_{b_j}] = 0,95$$

Beispiel: Das Konfidenzintervall für den Logitkoeffizienten β_1 der ersten unabhängigen Variablen *West/Ost* erhält man, indem man die Werte für b_j und σ_{b_j} aus TABELLE 9.5 heranzieht. Die untere bzw. obere Grenze ist:

$$(-1,632) - 1,96 \cdot 0,206 = -2,036 \text{ bzw. } (-1,632) + 1,96 \cdot 0,206 = -1,228$$

Mit einer Sicherheit von 95 % beinhaltet das Intervall KONF[–2,036;–1,228] den Logitkoeffizienten der Grundgesamtheit. Mit den berechneten Grenzen des Konfidenzintervalls für den Logitkoeffizienten kann man die Grenzen des Konfidenzintervalls für den Effektkoeffizienten berechnen. Für den Effektkoeffizienten e^{β_1} der Variablen *West/Ost* ergeben sich die untere bzw. obere Grenze mit:

$$e^{(-2,036)} = 0,131 \text{ bzw. } e^{(-1,228)} = 0,293$$

| Tab. 9.7

j	Variable	95 %-Konfidenz-intervalle für β_j		95 %-Konfidenz-intervalle für e^{β_j}	
		untere Grenze	obere Grenze	untere Grenze	obere Grenze
1	West/Ost (alte Bundesländer = 0)	– 2,036	– 1,228	0,131	0,293
2	Geschlecht (männlich = 0)	0,460	1,016	1,584	2,762
3	Alter	– 0,018	– 0,001	0,982	0,999
4	Abitur (kein Abitur = 0)	– 0,376	0,301	0,687	1,351
5	Oben-Unten-Selbsteinstufung	– 0,089	0,118	0,915	1,125

Mit einer Sicherheit von 95 % beinhaltet das Intervall KONF[0,131;0,293] den Effektkoeffizienten in der Grundgesamtheit. Die TABELLE 9.7 stellt die 95 %-Konfidenzintervalle der Logit- und Effektkoeffizienten für alle fünf unabhängigen Variablen zusammen.

Beinhaltet das Konfidenzintervall für β_j den Wert 0 bzw. das Konfidenzintervall für e^{β_j} den Wert 1, dann kann *nicht* mit 95 %iger Sicherheit angegeben werden, in welche Richtung die unabhängige Variable X_j in der Grundgesamtheit auf die abhängige Variable wirkt. Der zugehörige WALD-Test des Logitkoeffizienten führt nicht zur Verwerfung der Nullhypothese.

Konfidenzintervall lässt erkennen, ob Stichprobenbefund signifikant ist

Literatur

ADM/AG.MA Arbeitskreis Deutscher Markt- und Sozialforschungsinstitute e. V./Arbeits-gemeinschaft Media-Analyse e. V. (Hrsg.) (1999): Stichproben-Verfahren in der Umfrageforschung. Opladen: Leske + Budrich.

Agresti, Alan (2002): Categorical data analysis. 2. Aufl. New York: Wiley.

Allison, Paul D. (1984): Event history analysis. Regression for longitudinal data. Newbury Park/CA: Sage.

Allison, Paul D. (2002): Missing data. Thousand Oaks/CA: Sage.

Andreß, Hans-Jürgen/Hagenaars, Jacques A./Kühnel, Steffen (1997): Analyse von Tabellen und kategorialen Daten. Berlin: Springer.

Bacher, Johann (2002): Clusteranalyse. 2. Aufl. München: Oldenbourg.

Backhaus, Klaus/Erichson, Bernd/Plinke, Wulff/Weiber, Rolf (2005): Multivariate Analysemethoden. Eine anwendungsorientierte Einführung. 11. Aufl. Berlin: Springer.

Benninghaus, Hans (2005): Deskriptive Statistik. 10. Aufl. Wiesbaden: VS Verlag.

Benzécri, Jean-Paul (1992): Correspondence analysis handbook. New York: Dekker.

Bishop, Yvonne M. M./Fienberg, Stephen E./Holland, Paul W. (1975): Discrete multivariate analysis. Theory and practice. Cambridge/MA: MIT Press.

Blasius, Jörg (2001): Korrespondenzanalyse. München: Oldenbourg.

Blohm, Michael/Harkness, Janet/Klein, Sabine/Scholz, Evi (2003): Konzeption und Durchführung der „Allgemeinen Bevölkerungsumfrage der Sozialwissenschaften (ALLBUS) 2002". ZUMA-Methodenbericht 2003/12. Mannheim: ZUMA.

Blossfeld, Hans-Peter/Hamerle, Alfred/Mayer, Karl Ulrich (1986): Ereignisanalyse. Statistische Theorie und Anwendung in den Wirtschafts- und Sozialwissenschaften. Frankfurt: Campus.

Blossfeld, Hans-Peter/Rohwer, Götz (2001): Techniques of event history modeling. 2. Aufl. Mahwah/NJ: Erlbaum.

Bollen, Kenneth A. (1989): Structural equations with latent variables. New York: Wiley.

Bortz, Jürgen (2004): Statistik für Human- und Sozialwissenschaftler. 6. Aufl. Berlin: Springer.

Bourdieu, Pierre (1982): Die feinen Unterschiede. Kritik der gesellschaftlichen Urteilskraft. Frankfurt: Suhrkamp.

Brosius, Felix (2004): SPSS 12. Bonn: mitp-Verlag.

Bulmer, Martin I./Sturgis, Patrick J./Allum, Nick (Hrsg.) (2006): The secondary analysis of survey data. Thousand Oaks/CA: Sage.

Carrington, Peter J./Scott, John/Wasserman, Stanley (Hrsg.) (2005): Models and methods in social network analysis. Cambridge: Cambridge University Press.

Chen, Peter Y./Popovich, Paula M. (2002): Correlation. Parametric and nonparametric measures. Thousand Oaks/CA: Sage.

Clausen, Sten-Erik (1998): Applied correspondence analysis. Thousand Oaks/CA: Sage.

Cohen, Jacob/Cohen, Patricia/West, Stephen G./Aiken, Leona S. (2003): Applied multiple regression/correlation analysis in the behavioral sciences. 3. Aufl. Mahwah/NJ: Erlbaum.

Cook, R. Dennis/Weisberg, Sanford (1999): Applied regression including computing and graphics. New York: Wiley.

Desrosières, Alain (2005): Die Politik der großen Zahlen. Eine Geschichte der statistischen Denkweise. Berlin: Springer.

Diaz-Bone, Rainer (1997): Ego-zentrierte Netzwerkanalyse und familiale Beziehungssysteme. Wiesbaden: DUV.

Diekmann, Andreas (2005): Empirische Sozialforschung. 13. Auflage. Reinbek: Rowohlt.

Draper, Norman R./Smith, Harry (1998): Applied regression analysis. 3. Aufl. New York: Wiley.

Durkheim, Emile (1983, zuerst 1897): Der Selbstmord. Frankfurt: Suhrkamp.

Durkheim, Emile (1984, zuerst 1895): Die Regeln der soziologischen Methode. Frankfurt: Suhrkamp.

Eliason, Scott R. (1993): Maximum likelihood estimation. Logic and practice. Thousand Oaks/CA: Sage.

Engel, Uwe (Hrsg.) (2002): Praxisrelevanz der Methodenausbildung. Bonn: Informationszentrum Sozialwissenschaften.

Engel, Uwe/Reinecke, Jost (1994): Panelanalyse. Berlin: De Gruyter.

Ferschl, Franz (1985): Deskriptive Statistik, 3. Aufl. Würzburg: Physica-Verlag.

Fox, John (1991): Regression diagnostics. An introduction. Thousand Oaks/CA: Sage.

Fox, John (2000): Nonparametric simple regression. Smoothing scatterplots. Thousand Oaks/CA: Sage.

Gabler, Siegfried/Hoffmeyer-Zlotnik, Jürgen H. P. (Hrsg.) (1997): Stichproben in der Umfragepraxis. Opladen: Westdeutscher Verlag.

Gabler, Siegfried/Hoffmeyer-Zlotnik, Jürgen H. P./Krebs, Dagmar (Hrsg.) (1994): Gewichtung in der Umfragepraxis. Opladen: Westdeutscher Verlag.

Greenacre, Michael J./Blasius, Jörg (Hrsg.) (1994): Correspondence analysis in the social sciences. New York: Academic Press.

Hagood, Margaret J. (1941): Statistics for sociologists. New York: Reynal and Hitchcock.

Hardy, Melissa A. (1993): Regression with dummy variables. Thousand Oaks/CA: Sage.

Harlow, Lisa L./Mulaik, Stanley/Steiger, James H. (1997): What if there were no significance tests? Mahwah/NJ: Erlbaum.

Hosmer, David W./Lemeshow, Stanley (2000): Applied logistic regression. 2. Aufl. New York: Wiley.

Hyman, Herbert H. (1987): Secondary analysis of sample surveys. Principles, procedures and potentialities. Middletown/CT: Wesleyan Publisher.

Iversen, Gudmund R. (1984): Bayesian statistical inference. Thousand Oaks/CA: Sage.

Jaccard, James (2001): Interaction effects in logistic regression. Thousand Oaks/CA: Sage.

Jaccard, James/Turrisi, Robert (2003): Interaction effects in multiple regression. 2. Aufl. Thousand Oaks/CA: Sage.

Jahoda, Marie/Lazarsfeld, Paul F./Zeisel, Hans (1975, zuerst 1933): Die Arbeitslosen von Marienthal. Ein soziographischer Versuch über die Wirkungen langandauernder Arbeitslosigkeit. Frankfurt: Suhrkamp.

Jambu, Michel (1992): Explorative Datenanalyse. Stuttgart: G. Fischer.

Jansen, Dorothea (2003): Einführung in die Netzwerkanalyse. 2. Aufl. Opladen: Leske + Budrich (UTB).

Kiecolt, K. Jill/Nathan, Laura E. (1986): Secondary analysis of survey data. Newbury Park/CA: Sage.

Klemm, Elmar (2002): Einführung in die Statistik. Für die Sozialwissenschaften. Wiesbaden: Westdeutscher Verlag.

Knoke, David/Burke, Peter J. (1980): Log-linear models. Newbury Park/CA: Sage.

Kohler, Ulrich/Kreuter, Frauke (2005): Datenanalyse mit Stata. 2. Aufl. München: Oldenbourg.

Kreft, Ita/De Leeuw, Jan (1998): Introducing multilevel modeling. London: Sage.

Kromrey, Helmut (2006): Empirische Sozialforschung. 11. Aufl. Stuttgart: Lucius & Lucius (UTB).

Kühnel, Steffen-M./Krebs, Dagmar (2004): Statistik für die Sozialwissenschaften. Grundlagen, Methoden, Anwendungen. 2. Aufl. Reinbek: Rowohlt.

Kühnel, Steffen-M./Krebs, Dagmar/Jacob, Marita (2003): Aufgabensammlung zur „Statistik für die Sozialwissenschaften". Reinbek: Rowohlt.

KVI Kommission zur Verbesserung der informationellen Infrastruktur zwischen Wissenschaft und Statistik (Hrsg.) (2001): Wege zu einer besseren informationellen Infrastruktur. Baden-Baden: Nomos.

Langer, Wolfgang (2004): Mehrebenenanalyse. Eine Einführung für Forschung und Praxis. Wiesbaden: VS-Verlag.

Lazarsfeld, Paul F. (1976): Die Interpretation statistischer Beziehungen als Forschungsprozeß, in: Hummell, Hans. J./Ziegler, Rolf (Hrsg.) (1976): Korrelation und Kausalität. Stuttgart: Enke, S. 1–15.

Lieberson, Stanley (1985): Making it count. The improvement of social research and theory. Berkeley/CA: University of California Press.

Lippe, Peter von der (1993): Deskriptive Statistik. Stuttgart: G. Fischer (UTB).

Loehlin, John C. (2004): Latent variable models. An introduction to factor, path, and structural analysis. 4. Aufl. Mahwah/NJ: Erlbaum.

Luke, Douglas A. (2004): Multilevel modeling. Thousand Oaks/CA: Sage.

Menard, Scott (2001): Applied logistic regression analysis. 2. Aufl. Thousand Oaks/CA: Sage.

Pampel, Fred C. (2000): Logistic regression. A primer. Thousand Oaks/CA: Sage.

Porst, Rolf (2000): Praxis der Umfrageforschung. 2. Aufl. Stuttgart: Teubner.

Rehberg, Karl-Siegbert (2003): DGS-Empfehlung zur Methodenausbildung, in: Soziologie, Heft 4, S. 69–76.

Rohwer, Götz/Pötter, Ulrich (2001): Grundzüge der sozialwissenschaftlichen Statistik. Weinheim: Juventa.

Rohwer, Götz/Pötter, Ulrich (2002): Wahrscheinlichkeit. Begriff und Rhetorik in der Sozialforschung. Weinheim: Juventa.

Rudas, Tamás (1998): Odds ratios in the analysis of contingency tables. Thousand Oaks/CA: Sage.

Sahner, Heinz (2005): Schließende Statistik. 6. Aufl. Wiesbaden: VS Verlag.

Schnell, Rainer (1993): Die Homogenität sozialer Kategorien als Voraussetzungen für die „Repräsentativität" und Gewichtungsverfahren, in: Zeitschrift für Soziologie, Jg. 22, Heft 1, S. 16–32.

Schnell, Rainer (1994): Graphisch gestützte Datenanalyse. München: Oldenbourg.

Schnell, Rainer (1997): Nonresponse in Bevölkerungsumfragen. Opladen: Leske + Budrich.

Schnell, Rainer/Hill, Paul B./Esser, Elke (2005): Methoden der empirischen Sozialforschung. 7. Aufl. München: Oldenbourg.

Schulze, Gerhard (2000): Die Erlebnisgesellschaft. Kultursoziologie der Gegenwart. 8. Aufl. Frankfurt: Campus.

Smithson, Michael (2003): Confidence intervals. Thousand Oaks/CA: Sage.

Snijders, Tom A./Bosker, Roel J. (1999): Multilevel analysis. An introduction to basic and advanced multilevel modeling. London: Sage.

Stigler, Stephen M. (1986): The history of statistics: The measurement of uncertainty before 1900. Cambridge/MA: Belknap Press.

Stigler, Stephen M. (1999): Statistics on the table: The history of statistical concepts and methods. Cambridge/MA: Harvard University Press.

Tukey, John W. (1977): Exploratory data analysis. Cambridge/MA: MIT Press.

Überla, Karl (1971): Faktorenanalyse. 2. Aufl. Berlin: Springer.

Wasserman, Stanley/Faust, Katherine (1994): Social network analysis. Methods and applications. Cambridge: Cambridge University Press.

Weber, Max (1892): Die Lage der Landarbeiter im ostelbischen Deutschland, in: Schriften des Vereins für Socialpolitik. LV. 3. Bd. Leipzig.

Weischer, Christoph (2004): Das Unternehmen „Empirische Sozialforschung". Strukturen, Praktiken und Leitbilder der Sozialforschung in der Bundesrepublik Deutschland. München: Oldenbourg.

Wickens, Thomas D. (1989): Multiway contingency tables for the social sciences. Mahwah/NJ: Erlbaum.

Zeisel, Hans (1970, zuerst 1947): Die Sprache der Zahlen. Köln: Kiepenheuer & Witsch.

11 | Anhang

Kurzporträts multivariater Verfahren | 11.1

Die Zahl der multivariaten statistischen Verfahren, die für soziologische Analysen zur Verfügung stehen, ist umfangreich, die Zahl ihrer Neuerungen und Spezialformen ist kaum mehr zu überschauen. Das gilt auch für die Zahl der Software-Programme, von denen einige wenige ein umfassendes Spektrum von statistischen Verfahren und Prozeduren anbieten. Dazu zählen SPSS (BROSIUS 2004) und Stata (KOHLER/KREUTER 2005). Für einzelne multivariate Verfahren stehen heute in der Regel zusätzlich spezifische Software-Programme zur Verfügung. Notwendig werden spezielle Software-Programme, wenn die Datenstruktur sich nicht mehr in Form einer Datenmatrix speichern lässt (wie bei Netzwerkdaten). Hier werden einige multivariate statistische Verfahren in Kurzform vorgestellt, die häufige Verwendung in der Sozialforschung finden. Dabei handelt es sich zumeist um eine Gruppe von Verfahren. Für die Aneignung der meisten multivariaten Verfahren ist die Kenntnis der multiplen Regressionsrechnung die Voraussetzung.

Clusteranalyse | 11.1.1

Clusteranalysen dienen dazu, die Fälle eines Datensatzes zu gruppieren. Unterstellt wird, dass eine Gruppierung („Typologie") in der sozialen Wirklichkeit vorliegt, aber die Gruppenzugehörigkeiten entweder nicht ermittelt wurden oder die Gruppierung noch unbekannt ist. Die Clusteranalyse gruppiert die Fälle eines Datensatzes schrittweise (iterativ) so, dass die zu bildenden Gruppen (Cluster) in sich möglichst homogen und untereinander möglichst heterogen sind. Für die Clustering müssen Variablen vorliegen, die die wesentlichen Unterschiede zwischen den Gruppen zum Ausdruck bringen. Will man beispielsweise Lebensstilgruppen clusteranalytisch untersuchen, müssen die Lebensstil-Dimensionen operationalisiert worden sein und als Variablen im Datensatz enthalten sein. Clusteranalysen gehören zu den explorativen (strukturentdeckenden) multivariaten Verfahren, sie dienen nicht dem Zweck, Hypothesen (z. B. über die Gruppenstruktur) zu prüfen, sondern dazu, Strukturen freizulegen. Kennzeichnend für explorative Verfahren ist, dass die Resultate eine theoriefundierte Hermeneutik erfordern. Die erhaltenen Cluster müssen soziologisch interpretiert werden. Eine Einführung in die Clusteranalyse findet sich in BACKHAUS et al. 2005. Eine umfassende Darstellung vieler Clusterverfahren liefert BACHER 2002. Es gibt mehrere Grundformen von Clusteranalysen, welche sich mit der verbreiteten Statistik-Software rechnen lassen.

11.1.2 | Ereignisdatenanalyse

Ein multivariates Verfahren, das soziale Prozesse im Zeitverlauf kausal analysiert, ist die **Ereignisdatenanalyse** (engl. „event history analysis" oder „event history modeling"). Die Ereignisdatenanalyse unterscheidet sich von den anderen multivariaten Verfahren durch die besondere Art von Daten, die analysiert werden. Die sonst üblichen Datensätze beinhalten Messungen an Fällen zu einem einzigen Zeitpunkt. Panelanalysen führen Messungen an denselben Fällen mehrfach wiederholt und zeitversetzt durch. Ereignisdatenanalysen setzen nicht die Erfassung von Zuständen zu diskreten *Zeitpunkten* voraus, sondern die Erfassung, in welchen verschiedenen Zuständen sich Personen über kontinuierliche *Zeitabschnitte* befunden haben. Für die Analyse von Erwerbsbiografien können beispielsweise bestimmte untersuchungsrelevante Zustände vorher definiert werden: „in Berufsausbildung befindlich", „arbeitslos", „erste Berufstätigkeit", „zweite Berufstätigkeit", „weitere Berufstätigkeit", „nicht berufstätig", „in Weiterbildung", „verrentet". Dann erfragt man, wann eine Person zum ersten Mal in einen der definierten Zustände eingetreten ist und wann dieser Zustand beendet wurde. Dann wird erfasst, in welchen Zustand gewechselt wurde und bis wann dieser angedauert hat, anschließend wird erfragt, in welchen Zustand als nächstes gewechselt wurde usw. Drei Informationen: die Art eines eingenommenen Zustandes, der Zeitpunkt seiner Einnahme und der Zeitpunkt des Austritts aus ihm, bilden eine **Episode.** Ereignisdaten bestehen aus Serien von Episoden für die befragten Personen. Untersucht wird nun, wie die Zustandswechsel (Übergangsraten) modelliert werden können und wie sie durch die vorhergehenden Zustände sowie durch andere soziale Bedingungen beeinflusst werden. Für die Ereignisdatenanalyse sind eigene Software-Programme (wie TDA) entwickelt worden. Viele ereignisdatenanalytische Auswertungen können aber auch mit den herkömmlichen Statistikprogrammen wie Stata durchgeführt werden. Eine einfache Einführung bietet ALLISON 1984. ROHWER/PÖTTER 2001 betten die Ereignisdatenanalyse in ihre (eher mathematisch ansetzende) Einführung in die sozialwissenschaftliche Statistik ein. Grundlagenbände sind BLOSSFELD et al. 1986 und BLOSSFELD/ROHWER 2001.

11.1.3 | Faktorenanalyse

Die **Faktorenanalyse** ist im Rahmen der Intelligenzforschung entwickelt worden. Die Zielsetzung für die Entwicklung dieses Verfahrens war, eine nicht direkt beobachtbare (latente) Größe – wie die Intelligenz – anhand verschiedener beobachtbarer (manifester) Variablen zu messen. Voraussetzung ist, dass die manifesten Variablen metrisch skaliert sind. Solche Variablen können erzielte Punkte bei der Lösung von Aufgaben in einem Intelligenztest sein. Die Faktorenanalyse errechnet anhand der Punkte die dahinter stehenden latenten Dimensionen der Intelligenz, diese sind die Faktoren. Faktorenanalysen ersetzen also eine Anzahl von manifesten Variablen durch eine geringere Anzahl von Faktoren. Es gibt verschiedene Formen der Faktorenanalyse. Die gebräuchlichste Form ist die Hauptkomponentenanalyse, abgekürzt: PCA (für engl. „principle component analysis"). In der Hauptkomponentenanalyse wird eine große Anzahl von erhobenen Variablen durch eine möglichst geringe Anzahl von errechneten Faktoren, die hier Hauptkomponenten heißen, ersetzt. Mit Hilfe der Hauptkomponenten kann man auf diese Weise Variablen „bündeln", so dass einzelne Variablengruppen durch je eine Hauptkomponente repräsentiert werden. Man verdichtet so einen multivariaten Datenraum mit vielen Dimensionen (= Anzahl der Variablen) auf einen Raum, der nur noch wenige Dimensionen (= Anzahl der Hauptkomponenten) hat. Die Faktorenanalyse ist wie die Clusteranalyse ein strukturentdeckendes Verfahren. BACKHAUS et. al. 2005 und BORTZ 2004 führen mit einzelnen Kapiteln in die Faktorenanalyse ein. Eine vollständigere Darstellung der Faktorenanalyse bietet ÜBERLA 1971. Die Hauptkomponentenanalyse lässt sich mit der verbreiteten Statistiksoftware (SPSS, Stata) rechnerisch durchführen.

Korrespondenzanalyse | 11.1.4

Zur grafischen Analyse von mehrdimensionalen Kontingenztabellen dienen **Korrespondenzanalysen**. Dabei werden die Kategorien von mehreren Variablen räumlich so in eine zweidimensionale Grafik geplottet, dass die Kategorien, die relativ häufig kombiniert auftreten, nahe beieinander und die Kategorien, die relativ selten kombiniert auftreten, weit auseinander geplottet werden. Korrespondenzanalysen ermöglichen so eine grafische Darstellung von Zusammenhängen zwischen Kategorien und unterstützen damit die soziologische Interpretation der Korrelation von Kategorien. Die Korrespondenzanalyse ist ein strukturentdeckendes Verfahren und hat Ähnlichkeiten mit der Hauptkomponentenanalyse, da auch hier die Zielsetzung ist, eine mehrdimensionale Datenstruktur mit wenigen (nach Möglichkeit nur mit zwei) Dimensionen, die hier Achsen heißen, mit möglichst wenig Informationsverlust darzustellen. In die Soziologie ist die Korrespondenzanalyse von PIERRE BOURDIEU (1930–2002) eingeführt worden. In seiner kultursoziologischen Untersuchung der französischen Gesellschaft (BOURDIEU 1982) hat er die Korrespondenzanalyse eingesetzt, um Lebensstilgruppen in einem sozialen

Raum anhand der Korrespondenzen zwischen ihren Berufspositionen und ihren kulturellen Präferenzen zu positionieren. In der französischen Soziologie (und auch Marktforschung) ist die Korrespondenzanalyse eines der am häufigsten verwendeten multivariaten Verfahren überhaupt. Eine kurze Einführung findet sich bei CLAUSEN 1998 und in den einleitenden Beiträgen in GREENACRE/BLASIUS 1994. Grundlagenwerke sind die Bände von BENZÉCRI 1992 und BLASIUS 2001. Nur wenige Softwareprogramme ermöglichen die Durchführung einer multiplen Korrespondenzanalyse mit mehr als zwei Variablen (bei SPSS ist dies mit der Prozedur HOMALS möglich).

11.1.5 | Log-lineare Analyse

Die Kausalstruktur mehrdimensionaler Kontingenztabellen kann mit einer **log-linearen Analyse** systematisch „aufgeschlüsselt" werden. Die einfachen Techniken der Tabellenanalyse (nach PAUL LAZARSFELD) stoßen schnell an ihre Grenzen, wenn die Ausprägungskombinationen von mehr als drei Variablen betrachtet werden (und wenn diese zudem noch viele Kategorien besitzen). Bei mehr als zwei Variablen sind nicht nur bivariate Zusammenhänge, sondern auch die Zusammenhänge höherer Ordnung zwischen je drei, je vier usw. Variablen möglich, welche mit den log-linearen Verfahren vielseitig untersucht werden können. Das Verfahren heißt „log-linear", da die Grundidee ist, die logarithmierten Häufigkeiten in den Zellen additiv zurückzuführen auf Effekte einzelner Variablen, auf Effekte von Zusammenhängen zwischen je zwei, je drei usw. Variablen. Log-lineare Verfahren sind erweitert worden, so dass auch latente Variablen einbezogen werden können. Werden bei log-linearen Modellen die Kausalstrukturen zunächst als symmetrisch betrachtet, so können diese auch asymmetrisiert werden, womit man dann Logit-Modelle erhält. Log-lineare Analysen lassen sich inferenzstatistisch zur Prüfung von Modellen einsetzen und mit der statistischen Standardsoftware (SPSS oder Stata) durchführen. Eine neuere Einführung findet sich bei ANDRESS et al. 1997, eine leicht lesbare kurze Einführung ist der Band von KNOKE/BURKE 1980. Standardwerke sind BISHOP et al. 1975 und WICKENS 1989, einen Abriss der verschiedenen Verfahren gibt AGRESTI 2002.

11.1.6 | Mehrebenenanalyse

Die **Mehrebenenanalyse** (engl. „multilevel analysis", abgekürzt: MLA, oder auch „multilevel modeling") untersucht, wie individuelles Handeln sowohl durch individuelle als auch durch kontextuelle Einflüsse beeinflusst wird. Die Berücksichtigung verschiedener Ebenen unterscheidet Mehrebenenanalysen von multiplen Regressionsanalysen. Ein soziologischer Grundgedanke für die Verwendung solcher Modelle ist, dass in verschiedenen sozialen Kollektiven (Gruppen, Organisationen) die Ursache-Wirkungs-Beziehungen unterschiedlich ausfallen können. Daher ist die Erweiterung von multiplen Regressionsmodellen um Interaktionen, die den modulierenden Effekt von Kontexten (Kollektiven) auf Ursache-Wirkungs-Beziehungen (auf der Individuenebene) darstellen, ein Zwischenschritt zwischen Regressionsmodellen und Mehrebenenmodellen (→ Kap. 8.4). Mehrebenenmodelle stellen einen statistischen Ansatz dar, um Mikro-Makro-Beziehungen zu analysieren. Einführungen sind KREFT/DE LEEUW 1998, SNIJDERS/BOSKER 1999 und LUKE 2004. Mit LANGER 2004 liegt eine deutschsprachige Einführung vor. Für die Mehrebenenanalyse gibt es besondere Softwareprogramme. Mit Stata (ab der Version 9) können Mehrebenenmodelle gerechnet werden.

Netzwerkanalyse | 11.1.7

Die sozialwissenschaftliche **Netzwerkanalyse** ist nicht einfach ein multivariates statistisches Verfahren. Es handelt sich hierbei um einen sozialwissenschaftlichen Ansatz, der die Beziehungen zwischen sozialen Elementen bzw. sozialen Akteuren (Personen, Organisationen) und deren Einbettung in Netzwerke untersucht. In der Netzwerkanalyse sind viele weitgehend eigenständige statistische Verfahren für die Analyse sowohl einfacher als auch komplexer Netzwerkstrukturen entwickelt worden. Die Besonderheit netzwerkanalytischer Verfahren ist, dass hierbei nicht die Merkmale von Fällen (attributionale Merkmale) im Vordergrund stehen, sondern dass die zwischen ihnen vorliegenden Beziehungen, deren Eigenschaften (relationale Merkmale) und die Struktur, die die Beziehungen bilden, untersucht werden. Die Folge ist, dass man eigene Dateiformate und Software-Programme (wie UCINET oder Pajek) dafür entwickelt hat. Die so genannte **ego-zentrierte Netzwerkanalyse** untersucht die personalen Netzwerke z. B. daraufhin, wie ihre Dichte oder ihre interne Organisation ausgeprägt ist. Diese Form der Netzwerkanalyse ist die einfachste, und sie ist insofern die Ausnahme unter den netzwerkanalytischen Zugängen, als hierfür die herkömmlichen Statistikprogramme verwendet werden können. Die netzwerkanalytischen Strategien für große Netzwerke lassen sich derzeit in zwei große Strömungen unterteilen: in **Kohäsionsanalysen** und **Blockmodellanalysen**. Kohäsionsanalysen untersuchen die unterschiedliche Intensität der Vernetzung, d. h. wie sich Netzwerke intern in Regionen ausdifferenzieren, die dichter oder weniger dicht vernetzt sind. Blockmodellanalysen untersuchen die Makro-

struktur in Netzwerken, indem Akteure, die ein ähnliches Vernetzungs-
muster haben, zu Gruppen (Blöcken) zusammengefasst („geblockt") werden. Die Netzwerkanalyse untersucht insgesamt, wie sich die Struktur-
eigenschaften von Netzwerken als Ermöglichungskontext (z. B. als
soziales Kapital) oder als Begrenzung auf das Wahrnehmen und Handeln
von Individuen, vernetzten Gruppen oder von Organisationen auswirken. Eine Einführung in die Netzwerkanalyse liegt mit JANSEN 2003 vor.
In die ego-zentrierte Netzwerkanalyse führt DIAZ-BONE 1997 ein. Die um-
fassendste Darstellung netzwerkanalytischer Verfahren findet sich in
WASSERMAN/FAUST 1994. Eine an diesen Band anschließende Darstellung
der neueren Trends in der Netzwerkanalyse ist der Band von CARRINGTON
et al. 2005. Die internationale Organisation für die sozialwissenschaftliche Netzwerkforschung ist das International Network of Social Network
Analysis, auf deren Internetseite http://www.insna.org sich viele Links
u. a. zu den zahlreichen Software-Programmen und weiterer Literatur
finden.

11.1.8 Strukturgleichungsmodelle

Strukturgleichungsmodelle werden dafür verwendet, Kausalmodelle zwischen latenten Variablen „zu prüfen". Der Ansatz wird auch als LISREL-
Ansatz bezeichnet, da LISREL die erste Software für die Berechnung von
Strukturgleichungsmodellen war. Etwas vereinfachend könnte man sagen, dass Strukturgleichungsmodelle Faktorenanalysen und Regressionsanalysen kombinieren. Denn in einem Strukturgleichungsmodell
werden Messmodelle, anhand derer die latenten Variablen erfasst werden, mit dem Strukturmodell verbunden, welches die gerichteten Beziehungen zwischen den latenten Variablen darstellt. Das System der Kausalbeziehungen im Strukturgleichungsmodell soll als Ganzes ein
theoretisch fundiertes Modell darstellen, das auch als Ganzes daraufhin
geprüft wird, ob und wie gut es sich an die Daten anpassen lässt. Man
kann andere multivariate Verfahren (wie Faktorenanalysen oder Pfad-
analysen) als Sonderformen von Strukturmodellen auffassen, so dass
diese ein sehr breites Anwendungsspektrum erhalten. In BACKHAUS et al.
2005 findet sich ein einführendes Kapitel; ein Grundlagenwerk ist BOL-
LEN 1989, als eine verständliche Einführung gilt LOEHLIN 2004. Die rechnerische Durchführung eines solchen Strukturgleichungsmodells hat
sich durch die grafische Oberfläche von Softwareprogrammen wie
AMOS vereinfacht, da hier das Strukturgleichungsmodell als Pfaddiagramm (anstatt als Gleichungssystem) eingegeben und dargestellt werden kann.

Sekundäranalysen | 11.2

Von einer **Sekundäranalyse** spricht man, wenn ein Forschungsprojekt Daten nicht selbst erhebt, sondern auf vorhandene Datensätze zurückgreift. Werden die Daten, die für ein Forschungsprojekt benötigt werden, durch dieses selbst erhoben, spricht man von einer **Primäranalyse**.

Eigenheiten der Sekundäranalyse | 11.2.1

Sekundäranalysen sind möglich, wenn bereits verfügbare Datensätze vorliegen, die die benötigten Informationen für ein Forschungsprojekt in Variablenform beinhalten. Sie sind erforderlich, wenn ein Forschungsprojekt nicht die Mittel hat, selbst Daten zu erheben. Gerade für Studierende gilt, dass ihre Qualifikationsarbeiten häufig Fragestellungen aufgreifen, die eine bevölkerungsweite Grundgesamtheit betreffen, dass die Studierenden aber die Kosten für die Erhebung einer ausreichend großen Stichprobe nicht aufbringen können. Am Anfang steht nicht der Datensatz, sondern ein Forschungsinteresse. Der nächste Schritt ist dann die Suche nach einem geeigneten Datensatz, der für die relevante Grundgesamtheit und die durch das Forschungsinteresse angesprochenen Sachdimensionen geeignete Variablen beinhaltet. Der Nachteil bei Sekundäranalysen ist, dass man sich auf die Operationalisierungen einlassen muss, die den von anderen definierten Variablen zugrunde liegen. Sekundäranalysen haben daher eine von Primäranalysen etwas abweichende Logik, da hier ein Abgleich von Forschungsinteresse und Datenlage erforderlich wird. Neben der Kostenersparnis haben Sekundäranalysen, die Datensätze aus Datenarchiven verwenden, den Vorteil, dass die Resultate auch von anderen kritisch nachvollzogen werden können. Damit eine informierte Datenanalyse möglich ist, müssen neben den Datensätzen die Fragebögen (mit den Frageformulierungen und den in der Befragung eingesetzten Materialien, Schaubildern etc.), die Stichprobenpläne sowie Informationen zu den jeweiligen Datenerhebungsprozessen (Art der Datenerhebung, Ausfallquoten, Informationen zu systematischen Einflüssen) vorliegen. Seit vielen Jahren nimmt die Zahl der Datensätze, die für Sekundäranalysen zur Verfügung stehen, stetig zu. Die Möglichkeit der elektronischen Speicherung und Vervielfältigung von Datensätzen sowie institutionelle Zusammenschlüsse haben die Zugänglichkeit deutlich vereinfacht. Erster Anlaufpunkt für die Suche nach geeigneten Datensätzen sind Datenarchive. Darüber hinaus finden sich bei vielen wissenschaftlichen Einrichtungen, aber auch bei Verbänden, Non-Profit-Organisationen und Behörden Datensätze, deren Nutzungsmöglichkeiten jeweils erfragt werden müssen. Einen Überblick über die Infrastruktur der sozialwissenschaftlichen Datenproduktion gibt der Bericht der KVI 2001.

11.2.2 Datenarchive

Datenarchive stellen heutzutage für Sekundäranalysen Tausende von Datensätzen zur Verfügung. Diese sind entweder für bestimmte Forschungsprojekte erhoben worden und können auch für andere Fragestellungen ausgewertet werden, oder sie wurden von vornherein mit der Zielsetzung der Datengenerierung für zukünftige sekundäranalytische Forschung erhoben. Die Datensätze werden von den Datenarchiven für wissenschaftliche Untersuchungen zumeist gegen eine geringe Nutzungsgebühr zur Verfügung gestellt. Das wichtigste deutsche Datenarchiv ist das **Zentralarchiv** (ZA) an der Universität zu Köln, das einige Tausend Datensätze archiviert und für die wissenschaftliche Forschung zur Verfügung stellt. Auf europäischer Ebene sind die Datenarchive im **Council of European Social Science Data Archives** (CESSDA) organisiert.

http://www.gesis.org/ZA/index.htm
http://www.nsd.uib.no/cessda/

11.2.3 Wichtige Datensätze für die Sekundäranalyse

ALLBUS

Seit 1980 wird alle zwei Jahre die **Allgemeine Bevölkerungsumfrage** (ALLBUS) durchgeführt. Träger sind das Zentralarchiv (ZA) und das Zentrum für Umfragen, Methoden und Analysen in Mannheim (ZUMA). Die Grundgesamtheit ist die erwachsene deutsche Bevölkerung in Privathaushalten. Die mehrstufige und geschichtete Stichprobengröße beträgt jeweils zwischen 2500 und ca. 3500 befragte Personen. Zielsetzung dieser Bevölkerungsumfrage ist, für die sozialwissenschaftliche Forschung regelmäßig Daten für Sekundäranalysen zur Verfügung zu stellen, so dass im ALLBUS nicht nur soziodemografische Variablen enthalten sind, sondern zu vielen sozialwissenschaftlichen Themen Variablen zu finden sind. Darunter finden sich Themen wie soziale Ungleichheit, Berufstätigkeit, Bildung und Kultur, Religiosität, soziale Beziehungen, Familie, Lebenszufriedenheit, Wertorientierungen, politische Einstellungen und politische Partizipation. Der ALLBUS wird über das ZA zur Verfügung gestellt. Bemerkenswert ist die umfassende Dokumentation. Der ALLBUS beinhaltet (als nationale allgemeine Bevölkerungsumfrage) auch jeweils die zwei Fragebatterien des jährlich durchgeführten ISSP.

http://www.gesis.org/Dauerbeobachtung/Allbus/service_guide.htm

ISSP

Seit 1985 wird das **International Social Survey Program** (ISSP) als jährliches sozialwissenschaftliches Fragenprogramm in den nationalen Bevölkerungsumfragen eingesetzt. Dabei wird zu jeweils einem sozialwissenschaftlichen Thema eine international standardisierte Datenerhebung durchgeführt. Beteiligt sind über 30 Länder. Da einige der Frageblöcke zum wiederholten Male eingesetzt wurden, sind nicht nur Ländervergleiche möglich, sondern zusätzlich auch Vergleiche über die Zeit. Zielsetzung ist, für die international vergleichende Sozialforschung Daten für Sekundäranalysen zur Verfügung zu stellen. Zu beziehen sind diese Daten über das ZA.

http://www.issp.org/homepage.htm

SOEP

Das **Sozio-oekonomische Panel** (SOEP) ist ein seit 1984 jährlich erhobenes Panel. Ein Panel ist eine Wiederholungsbefragung bei denselben Personen. Die Datenerhebungen bei Panels finden zumeist in regelmäßigen Abständen statt, jede einzelne wird „Welle" genannt (ENGEL/REINECKE 1994). Damit unterscheidet sich ein Panel wie das SOEP von anderen Befragungsprogrammen, die immer wieder neue Stichproben ziehen. Das SOEP hat zur Zielsetzung, für die sozial- und wirtschaftswissenschaftliche Forschung Daten bereitzustellen, anhand derer auch soziale Veränderungsprozesse auf der Mikroebene (Personenebene) untersucht werden können. Dieser Datensatz beinhaltet Variablen zu Themen wie Lebensbedingungen, Wertvorstellungen, Berufstätigkeit, soziale Mobilität, Familie und Lebensformen. Zudem gibt es wechselnde Themenschwerpunkte. Kennzeichnend ist, dass die Grundgesamtheit die deutschen Privathaushalte sind. Das SOEP ist damit eine so genannte repräsentative Längsschnittstudie privater Haushalte in Deutschland. Es liegen Daten zu allen Personen der gezogenen Haushalte vor, das waren 2004 über 24 000 Personen in ca. 10 000 Haushalten. Verfügbar ist das SOEP für die wissenschaftliche Forschung als anonymisierter Scientific Use-File über das Deutsche Institut für Wirtschaftsforschung (DIW), bei dem das SOEP angesiedelt ist. Allerdings muss die Handhabung der Daten vorher geschult werden. Es steht ein umfangreiches Angebot an Informationen zum SOEP online bereit, das Erhebungsprogramm ist gut dokumentiert.

http://www.diw.de/deutsch/sop/

Mikrozensus

Der **Mikrozensus** (MZ) ist die jährlich erhobene (geschichtete und mehrstu-fige) Stichprobe der amtlichen Statistik. Der MZ wird für eine 1%ige Stichprobe der deutschen Bevölkerung in Privathaushalten erhoben und hat damit einen Stichprobenumfang von über 800 000 Personen. Die Frageinhalte des Mikrozensus betreffen die soziale und wirtschaftli-che Lage sowie die Erwerbstätigkeit der Bevölkerung in Deutschland. Die Teilnahme an der Befragung ist gesetzlich verpflichtend, so dass der Mikrozensus eine Ausschöpfungsquote von ca. 97 % hat. Seit 1987 steht der wissenschaftlichen Forschung eine 70%ige anonymisierte Unter-stichprobe des Mikrozensus mit über 550 000 Fällen als Scientific Use-File zur Verfügung. Aufgrund der hohen Ausschöpfungsquote wird der Mikrozensus für viele andere Stichproben als Referenz herangezogen, um hiermit die Verteilungen der soziodemografischen Variablen abzu-gleichen. So kann versucht werden, zumindest grobe systematische Ver-zerrung zu identifizieren. (Dennoch hat auch die amtliche Statistik ei-gene Defizite und Probleme bei der Datenerhebung.) Bezogen werden kann der Scientific Use-File beim Statistischen Bundesamt. Informatio-nen zum Mikrozensus werden aber auch vom Zentrum für Umfragen, Methoden und Analysen (ZUMA) bereitgestellt.

http://www.destatis.de/micro/d/micro_c1.htm

11.3 | Literaturhinweise

Geschichte der Statistik in den Sozialwissenschaften

Um die Konzepte und auch die Heterogenität der Statistik zu verstehen, ist eine Beschäftigung mit ihrer Genealogie nützlich. Viele Sozialwis-senschaftler, die die Statistik genutzt oder sogar weiterentwickelt ha-ben, haben sich auch aus diesem Grund mit der Geschichte der Statistik (und der Geschichte der Statistik in der Soziologie) befasst. Einen kur-zen Abriss der Geschichte der empirischen Sozialforschung mit Bezü-gen auf die Rolle der Statistik ist das Kap. 2 in SCHNELL et al. 2005. Eine sehr empfehlenswerte, soziologische Darstellung der Geschichte der so-zialwissenschaftlichen Statistik liegt mit DESROSIÈRES 2005 vor. Dort fin-den sich weitere Literaturangaben. Der Klassiker für die Geschichte der Statistik ist STIGLER 1986, der die Geschichte der Statistik bis 1900 dar-stellt. Die Essaysammlung STIGLER 1999 stellt dann die weitere Ge-schichte der Statistik bis in die 1930er Jahre dar. Zur Geschichte der Infe-renzstatistik in den Sozialwissenschaften siehe auch ROHWER/PÖTTER 2002 und die dortigen Literaturangaben. WEISCHER 2004 stellt das Feld der deutschen Sozialforschung insgesamt für die zweite Hälfte des

20. Jahrhunderts dar, darin auch die Rolle der Statistik für die empirische Sozialforschung.

Deskriptiv- und inferenzstatistische Grundlagen

Die beiden Statistiklehrbücher KÜHNEL/KREBS 2004 und KLEMM 2002 behandeln die Grundlagen der Deskriptivstatistik und der Inferenzstatistik ausführlicher. Hier finden sich weitere Zusammenhangsmaße. Für KÜHNEL/KREBS 2004 liegt zudem eine Aufgabensammlung vor (KÜHNEL et al. 2003). BENNINGHAUS 2005 und CHEN/POPOVICH 2002 versammeln sehr viele Zusammenhangsmaße. Dort fehlt jeweils das Odds Ratio, welches mit seinen Eigenschaften ausführlicher bei RUDAS 1998 behandelt wird. Eine Einführung in die Inferenzstatistik bietet SAHNER 2005.

Das Lehrbuch KROMREY 2006 bietet neben einer Einführung in die empirische Sozialforschung zusätzlich eine Einführung in die Deskriptivstatistik. Hier findet sich auch eine ausführlichere Darstellung der Konzentrationsmaße. VON DER LIPPE 1993 stellt die statistischen Eigenschaften deskriptivstatistischer Maß- und Indexzahlen vor. CHEN/POPOVICH 2002 stellt die inferenzstatistischen Eigenschaften des Korrelationskoeffizienten r und verwandter Maßzahlen dar. In den Lehrbüchern KLEMM 2002, KÜHNEL/KREBS 2004 und BORTZ 2004 finden sich weitere Tests für statistische Maßzahlen.

Über die Grundlagen hinaus seien noch folgende Titel empfohlen: ROHWER/PÖTTER 2002 untersucht, welche Vorstellungen von Wahrscheinlichkeit in der sozialwissenschaftliche Statistik vorliegen und wo sie aus sozialwissenschaftlicher Sicht problematisch werden. Die gesammelten Beiträge in HARLOW et al. 1997 geben einen aktuellen Überblick zu der Diskussion über die Grenzen der Aussagekraft von Signifikanztests. Ebenso wie in der Darstellung von SMITHSON 2003 findet man hier auch eine Aufwertung der Bedeutung von Konfidenzintervallen. Eine Einführung in die Bayes'sche Statistik, eine zum Neymann-Pearson-Ansatz alternative inferenzstatistische Position, gibt IVERSEN 1984.

Eine klassische Grundlage für die kausale Denkweise der Soziologie ist DURKHEIMS „Die Regeln der soziologischen Methode" (1984, zuerst 1895). Heute noch lesenswert sind die Marienthalstudie „Die Arbeitslosen von Marienthal" von JAHODA et al. (1975, zuerst 1933) und der Band „Die Sprache der Zahlen" von ZEISEL (1970, zuerst 1947), der in der Tradition von LAZARSFELD steht. Diese Klassiker sind sicher nicht auf dem heutigen Stand der statistischen Analyse, aber sie zeigen anschaulich, wie man soziologische Überlegungen mit methodischen Strategien und einfachen statistischen Darstellungsformen verzahnt. LIEBERSON 1985 beinhaltet eine kritische Beurteilung der soziologischen Kausalanalyse und Drittvariablenkontrolle. Einführungen in kausale Argumentation und

Forschungsdesigns für die kausale Analyse liefert SCHNELL et al. 2005, Kap. 5. Hier finden sich auch weitere Literaturangaben.

Explorative Datenanalyse/Datenanalysegrafiken

Die explorative Datenanalyse (EDA) ist mit TUKEY 1977 systematisch in die Statistik eingeführt worden. Dabei handelt es sich nicht um eine Sammlung von univariaten Maßen oder Grafiken, die einfach kombiniert einzusetzen wären. Dieses Missverständnis wird immer noch von einigen Lehrbüchern der Deskriptivstatistik bedient. Explorative Datenanalyse wurde von JOHN W. TUKEY als eine „Geisteshaltung" gekennzeichnet, die eine Praxis der Datenanalyse begründet, in der man versucht, schrittweise (iterativ) nach „Strukturen" in den Daten zu suchen und Modelle zu entwickeln. Eine herausragende Bedeutung hat dabei der Einsatz spezifischer Datenanalysegrafiken. TUKEY 1977, JAMBU 1992 und SCHNELL 1994 geben Einblicke in die Strategien der EDA sowie in das Spektrum der Datenanalysegrafiken. Dabei zeigt sich, dass man von verschiedenen Schulen der EDA sprechen kann.

Multiple lineare Regressionsanalyse

Die besten Darstellungen zur multiplen und logistischen Regressionsrechnung sind englischsprachig. Eine empfehlenswerte Abhandlung zur multiplen linearen Regression ist COHEN et al. 2003. Dieses Lehrbuch verzichtet auf Matrixschreibweise und integriert (in der dritten Auflage) die grafisch gestützte Residuenanalyse. Den Schwerpunkt auf grafische gestützte Regressionsanalyse legt COOK/WEISBERG 1999, in dem die Visualisierungsmöglichkeiten für Regressionsmodelle, für die Residuenanalyse sowie für die Identifikation einflussreicher Fälle vorgestellt werden. Die dafür verwendete Software (ARC) kann kostenlos aus dem Internet heruntergeladen werden. Im Sage-Verlag erscheint die Reihe „Quantitative applications in the social sciences". In dieser auflagenstarken Reihe erscheinen 70- bis 95-seitige Publikationen zu aktuellen Entwicklungen statistischer Verfahren, die für sozialwissenschaftliche Anwendungen bedeutsam sind. Darunter sind einige, die sich spezifischen Aspekten der Regressionsanalyse widmen, wie der Dummy-Kodierung (HARDY 1993), der Regressionsdiagnostik (FOX 1991), Interaktionen in der linearen Regression (JACCARD/TURRISI 2003). Zur Dummy-Kodierung in der Regressionsanalyse finden sich Erläuterungen in KÜHNEL/KREBS 2004 und COHEN et al. 2003.

Logistische Regression

Das Grundlagenwerk zur logistischen Regression ist der Band von HOS-
MER/LEMESHOW 2000. Einführungen in die logistische Regressionsanalyse
sind in der oben erwähnten Sage-Reihe erschienen mit MENARD 2001
und PAMPEL 2000. Die Interaktion in der logistischen Regressionsanalyse
untersucht JACCARD 2001. In den beiden deutschsprachigen Lehrbüchern
ANDRESS et al. 1997 und BACKHAUS et al. 2005 findet sich jeweils ein einführendes Kapitel zur logistischen Regression. In ANDRESS et al. 1997 und etwas ausführlicher in ELIASON 1993 finden sich Einführungen in die Maximum-Likelihood-Schätzung.

Weitere multivariate Verfahren

Für einzelne multivariate statistische Verfahren, die in der soziologischen Analyse heute eine bedeutende Rolle spielen, finden sich Literaturhinweise bei den Kurzporträts (→ Kap. 11.1). Vier Ansätze, die für die
Analyse von kategorialen Daten nützlich sind, werden anschaulich in
ANDRESS et al. 1997 dargestellt (das sind: logistische Regression, log-lineare Analyse, GSK-Ansatz und latente Klassenanalyse). Das Standard-
werk für die sozialwissenschaftliche Analyse kategorialer Daten ist immer noch AGRESTI 2002. Beginnend bei den Grundlagen (Analyse der 2 ×
2-Felder-Tabelle) bis hin zu den Zusammenhängen von log-linearer Analyse und logistischer Regression und Logit-Analyse werden die statistischen Verfahren inklusive ihrer Voraussetzungen für die Analyse gerichteter und ungerichteter Zusammenhänge vorgestellt. Das Lehrbuch
zu multivariaten statistischen Verfahren von BACKHAUS et al. 2005 ist für
die Anwender in der Wirtschaft und der Marktforschung geschrieben.
Das ist auch ein Praxisbereich von Sozialwissenschaftlern. Der Anwen-
dungsbezug erhöht hier die Zugänglichkeit der Darstellung.

Sekundäranalysen

Eine kurze einführende Darstellung in die Logik und Probleme der Sekundäranalyse findet sich in KIECOLT/NATHAN 1986, eine Monographie
zum Thema ist HYMAN 1987, ein umfangreicher Sammelband liegt mit
BULMER et al. 2006 vor.

Stichproben und Gewichtung

Die in der Sozialforschung verbreiteten Stichprobenverfahren werden
in den Methodenlehrbüchern (DIEKMANN 2005, KROMREY 2006, SCHNELL et
al. 2005) vorgestellt. Ausführliche Darstellungen zu praktischen Proble-
men der Stichprobenziehung finden sich in GABLER et al. 1997 und ADM/
AG.MA 1999. Zum Nonresponse siehe SCHNELL 1997, zum Thema Gewichtungen GABLER et al. 1994 und den Aufsatz SCHNELL 1993.

Zeitschriften

In vielen soziologischen Fachzeitschriften finden sich – wenn auch selten – Beiträge zu statistischen Themen. Die beiden halbjährlich erscheinenden Zeitschriften „ZA-Informationen" (hrsg. vom Zentralarchiv, Köln) und „ZUMA-Nachrichten" (hrsg. vom Zentrum für Umfragen, Methoden und Analysen, Mannheim) berichten über Themen und Probleme der empirischen Sozialforschung, regelmäßig auch über praktische Probleme der Sekundäranalyse sowie über statistische Themen. Diese Zeitschriften sind online verfügbar über http://www.gesis.org/. Eine Zeitschrift, die schwerpunktmäßig über neuere Entwicklungen der soziologisch relevanten Statistik berichtet, ist „Sociological Methods & Research" (SMR, Sage-Verlag). Allerdings setzen die Beiträge fortgeschrittene Kenntnisse voraus.

11.4 | Rechnen mit dem Summenzeichen

Das Summenzeichen Σ (gr., großes Sigma) ist eine Schreibweise für eine Aufsummierung:

$$x_1 + x_2 + x_3 + \dots + x_i + \dots + x_{n-1} + x_n = \sum_{i=1}^{n} x_i$$

Der Anfangswert für den Index i heißt **untere Summationsgrenze** und steht unterhalb des Summenzeichens. Der Endwert von i für die Summierung heißt **obere Summationsgrenze** und steht oberhalb des Summenzeichens. Der Index i selber ist der **Laufindex**. (→ Kap. 2.3). Geht aus dem Kontext hervor, was der Laufindex ist und was zu summieren ist, findet sich auch die Kurzschreibweise Σx. Die Summierung bezieht sich nur auf das Produkt oder den eingeklammerten Ausdruck, der rechts neben dem Summenzeichen steht. Steht dann noch ein weiterer Ausdruck daneben, wird der nicht in die Summation einbezogen.

Beispiele:

$$\sum_{i=1}^{n} x_i \cdot y_i = x_1 \cdot y_1 + x_2 \cdot y_2 + \dots + x_i \cdot y_i + \dots + x_n \cdot y_n$$

und

$$\sum_{i=1}^{n} (x_i + y_i) = x_1 + y_1 + x_2 + y_2 + \dots + x_i + y_i + \dots + x_n + y_n$$

aber

$$\sum_{i=1}^{n} x_i + y_i = x_1 + x_1 + \ldots + x_i + \ldots + x_n + y_i$$

Konstanten

Sind Konstanten zu summieren, kann die Summation als ein Produkt ausgedrückt werden:

$$\sum_{i=1}^{n} a = n \cdot a$$

Sind die zu summierenden Ausdrücke Produkte mit einem konstanten Faktor c, so kann Letzterer vor das Summenzeichen gestellt werden:

$$c \cdot z_1 + c \cdot z_2 + \ldots + c \cdot z_n = \sum_{i=1}^{n} c \cdot z_i = c \cdot \sum_{i=1}^{n} z_i$$

Wenn ein Index kein Laufindex ist

Ist ein Index nicht Laufindex, so wird über ihn nicht summiert. Ist beispielsweise m ein Laufindex (von m = 1, … M), aber i nicht, dann ist die Summation von x_{mi} über m:

$$\sum_{m=1}^{M} x_{mi} = x_{li} + x_{2i} + x_{mi} + \ldots + x_{Mi}$$

Für den Index, der kein Laufindex ist, muss aus dem Kontext hervorgehen, welche Ausprägung der Index hat.

Mehrfachsummen

Wenn man Ausprägungen x_{ij} über zwei Indizes i (von i = 1, … I) und j (j = 1, … J) aufaddieren will, verwendet man zwei Summenzeichen:

$$\sum_{i=1}^{I} \sum_{j=1}^{J} x_{ij}$$

Es wird dabei unterschieden zwischen **äußerer Summation** und **innerer Summation**. Die äußere Summation wird durch das linke Summenzeichen und die innere Summation wird durch das rechte Summenzeichen dargestellt. Die innere Summation beginnt mit der unteren Summationsgrenze, läuft dann einmal vollständig durch. Dann erst wird die äußere Summation um 1 erhöht und wieder läuft die innere Summation vollständig durch usw.:

$$\sum_{i=1}^{I} \sum_{j=1}^{J} x_{ij} = x_{11} + x_{12} + \ldots + x_{1J}$$

$$+x_{21} + x_{22} + \ldots + x_{2J}$$

$$+\ldots$$

$$+x_{I1} + x_{I2} + \ldots + x_{IJ}$$

Ein Beispiel für eine Doppelsumme ist die Summierung von Zellenhäufigkeiten f_{ij} über alle Zellen einer $r \times s$-Kontingenztabelle ($\rightarrow$ Kap. 4.3.1). Die Kurzschreibweise ist:

$$\sum_{i=1}^{r} \sum_{j=1}^{s} f_{ij} = \sum_{\text{Zellen}} f_{ij}$$

11.5 | Rechnen mit Exponenten und natürlichem Logarithmus

Exponenzierungen, Exponentialfunktionen und die Logarithmusfunktion $\ln(x)$ finden in der sozialwissenschaftlichen Statistik in Verfahren wie der Logit-Analyse, der logistischen Regression oder der log-linearen Analyse Verwendung.

Exponenten
Exponenten geben an, wie oft eine Zahl mit sich selbst multipliziert werden soll. Diese Zahl heißt Basis, das Resultat heißt Potenz.

Basis^{Exponent} = Potenz $\qquad a^n = \underbrace{a \cdot a \cdot a \cdot \ldots \cdot a}_{n}$

Beispiel: $\qquad 10^5 = \underbrace{10 \cdot 10 \cdot 10 \cdot 10 \cdot 10}_{5} = 10\,000$

Rechenregeln für Potenzen:

$$a^m \cdot a^n = a^{m+n} \qquad a^n \cdot b^n = (a \cdot b)^n$$

$$\frac{a^m}{a^n} = a^{m-n} \qquad a^{-n} = \frac{1}{a^n}$$

Konvention: $\qquad a^0 = 1$

Exponentialfunktion

Gibt man eine Basis a als konstanten Wert fest vor und exponenziert diese Basis mit den Werten x einer Variablen X, erhält man eine **Exponentialfunktion**. Zur Erinnerung: Eine Funktion ordnet jedem Wert x der Variablen X einen zugehörigen Funktionswert f(x) zu, eine Funktion ist eine Zuordnungsregel. Eine Exponentialfunktion ordnet dann jedem x-Wert den Wert a^x zu. Anders notiert: $f(x) = a^x$. Eine wichtige Exponentialfunktion ist die zur Basis e, der **eulerschen Zahl** mit:

$$e = 2{,}71828183\ldots$$

Hier ist e auf die achte Nachkommastelle gerundet. Die eulersche Zahl ist eine nichtrationale Zahl. Die Exponentialfunktion ist:

$$e^x = 2{,}71828183\ldots^x$$

Natürlicher Logarithmus ln(x)

Die **Logarithmusfunktion** weist jeder Potenz den Exponenten zu, der bei gegebener Basis einzusetzen ist, um diese Potenz zu erhalten. Eine wichtige Logarithmusfunktion ist der Logarithmus zur Basis e, der **natürlicher Logarithmus** heißt.

Schreibweise: $f(x) = \ln(x)$.

Wenn $e^b = x$, dann ist $\ln(x) = b$. Dann ist auch $e^{\ln(x)} = x$.

Rechenregeln für Logarithmen:

$$\ln(n \cdot m) = \ln(n) + \ln(m) \qquad \ln\left(\frac{n}{m}\right) = \ln(n) - \ln(m)$$

Anwendungsbeispiel: Das Odds Ratio OR drückt das Verhältnis zweier Odds aus, das logarithmierte OR drückt die Differenz zwischen zwei Logits aus. Denn es gilt die Beziehung:

$$\ln(OR) = \ln\left(\frac{Odds_{y_1|x_1}}{Odds_{y_1|x_2}}\right) = \ln(Odds_{y_1|x_1}) - \ln(Odds_{y_1|x_2})$$

Abb. 11.1

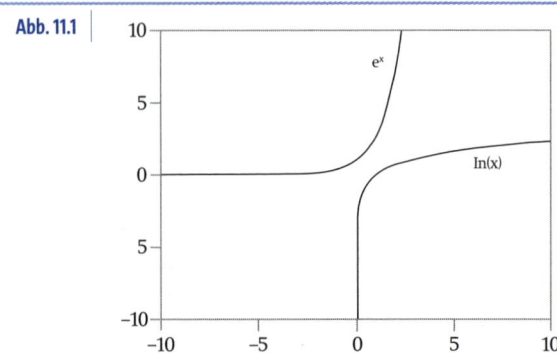

Der Unterschied zwischen den Logits ist gleich ln(OR). Ist die Differenz der beiden Logits von 0 verschieden, liegt ein Einfluss von X auf Y vor.

In der ABBILDUNG 11.1 sind die Exponentialfunktion e^x und die Logarithmusfunktion ln(x) für den Bereich [–10;10] dargestellt.

Man erkennt grafisch, dass e^x die Umkehrfunktion von ln(x) ist. Für negative x-Werte ist ln(x) nicht definiert.

11.6 | Statistische Tabellen (Auszüge)

TABELLE 11.1 Ausgewählte Quantile der Standardnormalverteilung
Der Wert p gibt den Anteilswert der z-Werte an, die kleiner/gleich z sind. z_p ist damit das p · 100 %-Quantil. Beispiele:

z = 1,200   ist das 88,5 %-Quantil ($z_{0.885}$)
z = –0,050   ist das 48,0 %-Quantil ($z_{0.480}$)

Tab. 11.1

p	z_p	p	z_p	p	z_p	p	z_p	p	z_p
0,000	$-\infty$								
0,005	$-2,576$	0,205	$-0,824$	0,405	$-0,240$	0,605	0,266	0,805	0,860
0,010	$-2,326$	0,210	$-0,806$	0,410	$-0,228$	0,610	0,279	0,810	0,878
0,015	$-2,170$	0,215	$-0,789$	0,415	$-0,215$	0,615	0,292	0,815	0,896
0,020	$-2,054$	0,220	$-0,772$	0,420	$-0,202$	0,620	0,305	0,820	0,915
0,025	$-1,960$	0,225	$-0,755$	0,425	$-0,189$	0,625	0,319	0,825	0,935
0,030	$-1,881$	0,230	$-0,739$	0,430	$-0,176$	0,630	0,332	0,830	0,954
0,035	$-1,812$	0,235	$-0,722$	0,435	$-0,164$	0,635	0,345	0,835	0,974
0,040	$-1,751$	0,240	$-0,706$	0,440	$-0,151$	0,640	0,358	0,840	0,994
0,045	$-1,695$	0,245	$-0,690$	0,445	$-0,138$	0,645	0,372	0,845	1,015
0,050	$-1,645$	0,250	$-0,674$	0,450	$-0,126$	0,650	0,385	0,850	1,036
0,055	$-1,598$	0,255	$-0,659$	0,455	$-0,113$	0,655	0,399	0,855	1,058
0,060	$-1,555$	0,260	$-0,643$	0,460	$-0,100$	0,660	0,412	0,860	1,080
0,065	$-1,514$	0,265	$-0,628$	0,465	$-0,088$	0,665	0,426	0,865	1,103
0,070	$-1,476$	0,270	$-0,613$	0,470	$-0,075$	0,670	0,440	0,870	1,126
0,075	$-1,440$	0,275	$-0,598$	0,475	$-0,063$	0,675	0,454	0,875	1,150
0,080	$-1,405$	0,280	$-0,583$	0,480	$-0,050$	0,680	0,468	0,880	1,175
0,085	$-1,372$	0,285	$-0,568$	0,485	$-0,038$	0,685	0,482	0,885	1,200
0,090	$-1,341$	0,290	$-0,553$	0,490	$-0,025$	0,690	0,496	0,890	1,227
0,095	$-1,311$	0,295	$-0,539$	0,495	$-0,013$	0,695	0,510	0,895	1,254
0,100	$-1,282$	0,300	$-0,524$	0,500	0,000	0,700	0,524	0,900	1,282
0,105	$-1,254$	0,305	$-0,510$	0,505	0,013	0,705	0,539	0,905	1,311
0,110	$-1,227$	0,310	$-0,496$	0,510	0,025	0,710	0,553	0,910	1,341
0,115	$-1,200$	0,315	$-0,482$	0,515	0,038	0,715	0,568	0,915	1,372
0,120	$-1,175$	0,320	$-0,468$	0,520	0,050	0,720	0,583	0,920	1,405
0,125	$-1,150$	0,325	$-0,454$	0,525	0,063	0,725	0,598	0,925	1,440
0,130	$-1,126$	0,330	$-0,440$	0,530	0,075	0,730	0,613	0,930	1,476
0,135	$-1,103$	0,335	$-0,426$	0,535	0,088	0,735	0,628	0,935	1,514
0,140	$-1,080$	0,340	$-0,412$	0,540	0,100	0,740	0,643	0,940	1,555
0,145	$-1,058$	0,345	$-0,399$	0,545	0,113	0,745	0,659	0,945	1,598
0,150	$-1,036$	0,350	$-0,385$	0,550	0,126	0,750	0,674	0,950	1,645
0,155	$-1,015$	0,355	$-0,372$	0,555	0,138	0,755	0,690	0,955	1,695
0,160	$-0,994$	0,360	$-0,358$	0,560	0,151	0,760	0,706	0,960	1,751
0,165	$-0,974$	0,365	$-0,345$	0,565	0,164	0,765	0,722	0,965	1,812
0,170	$-0,954$	0,370	$-0,332$	0,570	0,176	0,770	0,739	0,970	1,881
0,175	$-0,935$	0,375	$-0,319$	0,575	0,189	0,775	0,755	0,975	1,960
0,180	$-0,915$	0,380	$-0,305$	0,580	0,202	0,780	0,772	0,980	2,054
0,185	$-0,896$	0,385	$-0,292$	0,585	0,215	0,785	0,789	0,985	2,170
0,190	$-0,878$	0,390	$-0,279$	0,590	0,228	0,790	0,806	0,990	2,326
0,195	$-0,860$	0,395	$-0,266$	0,595	0,240	0,795	0,824	0,995	2,576
0,200	$-0,842$	0,400	$-0,253$	0,600	0,253	0,800	0,842	1,000	$+\infty$

Abb. 11.2 | Ausgewählte 97,5 %-Quantile der t-Verteilungen

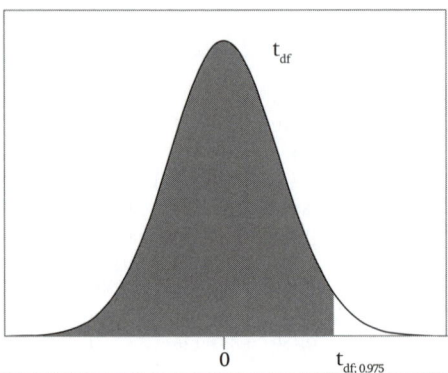

Aus der Tabelle können für zweiseitige t-Tests auch die 2,5 %-Quantile entnommen werden, da gilt $t_{df;0.025} = -t_{df;0.975}$.

Tab. 11.2 |

df	$t_{df;\,0.975}$	df	$t_{df;\,0.975}$	df	$t_{df;\,0.975}$	df	$t_{df;\,0.975}$
1	12,706	12	2,179	23	2,069	50	2,009
2	4,303	13	2,160	24	2,064	75	1,992
3	3,182	14	2,145	25	2,060	100	1,984
4	2,776	15	2,131	26	2,056	150	1,976
5	2,571	16	2,120	27	2,052	200	1,972
6	2,447	17	2,110	28	2,048	250	1,969
7	2,365	18	2,101	29	2,045	500	1,965
8	2,306	19	2,093	30	2,042	1000	1,962
9	2,262	20	2,086	35	2,030	2000	1,961
10	2,228	21	2,080	40	2,021	5000	1,960
11	2,201	22	2,074	45	2,014	∞	1,960

Ausgewählte 95 %-Quantile der χ^2-Verteilungen Abb. 11.3

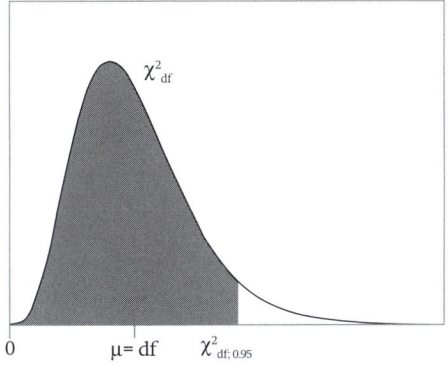

Tab. 11.3

df	$\chi^2_{df;\,0.95}$	df	$\chi^2_{df;\,0.95}$	df	$\chi^2_{df;\,0.95}$	df	$\chi^2_{df;\,0.95}$
1	3,841	9	16,919	17	27,587	25	37,652
2	5,991	10	18,307	18	28,869	26	38,885
3	7,815	11	19,675	19	30,144	27	40,113
4	9,488	12	21,026	20	31,410	28	41,337
5	11,070	13	22,362	21	32,671	29	42,557
6	12,592	14	23,685	22	33,924	30	43,773
7	14,067	15	24,996	23	35,172	31	44,985
8	15,507	16	26,296	24	36,415	32	46,194

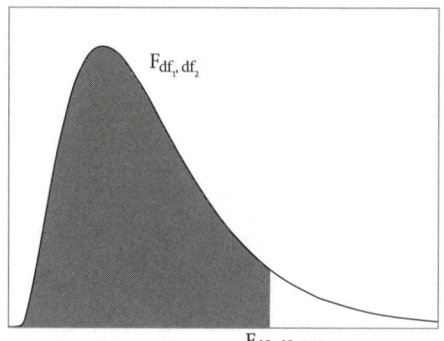

Ausgewählte 95 %-Quantile der F-Verteilung · **Abb. 11.4**

Tab. 11.4

df$_2$	df$_1$ 1	2	3	4	6	8	10	12	15
5	6,608	5,786	5,409	5,192	4,950	4,818	4,735	4,678	4,619
10	4,965	4,103	3,708	3,478	3,217	3,072	2,978	2,913	2,845
15	4,543	3,682	3,287	3,056	2,790	2,641	2,544	2,475	2,403
20	4,351	3,493	3,098	2,866	2,599	2,447	2,348	2,278	2,203
25	4,242	3,385	2,991	2,759	2,490	2,337	2,236	2,165	2,089
30	4,171	3,316	2,922	2,690	2,421	2,266	2,165	2,092	2,015
40	4,085	3,232	2,839	2,606	2,336	2,180	2,077	2,003	1,924
50	4,034	3,183	2,790	2,557	2,286	2,130	2,026	1,952	1,871
60	4,001	3,150	2,758	2,525	2,254	2,097	1,993	1,917	1,836
70	3,978	3,128	2,736	2,503	2,231	2,074	1,969	1,893	1,812
80	3,960	3,111	2,719	2,486	2,214	2,056	1,951	1,875	1,793
90	3,947	3,098	2,706	2,473	2,201	2,043	1,938	1,861	1,779
100	3,936	3,087	2,696	2,463	2,191	2,032	1,927	1,850	1,768
150	3,904	3,056	2,665	2,432	2,160	2,001	1,894	1,817	1,734
200	3,888	3,041	2,650	2,417	2,144	1,985	1,878	1,801	1,717
250	3,879	3,032	2,641	2,408	2,135	1,976	1,869	1,791	1,707
300	3,873	3,026	2,635	2,402	2,129	1,969	1,862	1,785	1,700
350	3,868	3,022	2,630	2,397	2,125	1,965	1,858	1,780	1,695
400	3,865	3,018	2,627	2,394	2,121	1,962	1,854	1,776	1,691
500	3,860	3,014	2,623	2,390	2,117	1,957	1,850	1,772	1,686
600	3,857	3,011	2,620	2,387	2,114	1,954	1,846	1,768	1,683
700	3,855	3,009	2,618	2,385	2,112	1,952	1,844	1,766	1,681
800	3,853	3,007	2,616	2,383	2,110	1,950	1,843	1,764	1,679
900	3,852	3,006	2,615	2,382	2,109	1,949	1,841	1,763	1,678
1000	3,851	3,005	2,614	2,381	2,108	1,948	1,840	1,762	1,676
1250	3,849	3,003	2,612	2,379	2,106	1,946	1,838	1,760	1,674
1500	3,848	3,002	2,611	2,378	2,105	1,945	1,837	1,759	1,673
2000	3,846	3,000	2,609	2,376	2,103	1,943	1,835	1,757	1,671
3000	3,845	2,999	2,608	2,375	2,102	1,941	1,834	1,755	1,670
5000	3,843	2,998	2,607	2,374	2,100	1,940	1,833	1,754	1,668
10000	3,842	2,997	2,606	2,373	2,099	1,939	1,832	1,753	1,667

Dank

Das Konzept der vorliegenden Einführung in die Statistik basiert auf den Lehrerfahrungen, die ich in meinen Statistik-Vorlesungen an der Freien Universität Berlin und der Technischen Universität Berlin seit 2002 gesammelt habe.

Uli Meyer, Richard Heidler (beide TU Berlin) und Christoph Weischer (Universität Münster) haben jeweils große Teile des Textes durchgearbeitet. Holger Lengfeld, Harald Künemund, Jochen Roose (alle FU Berlin) und Ulrich Kohler (Wissenschaftszentrum Berlin für Sozialforschung) haben einzelne Kapitel gelesen und kommentiert. Christofer Edling (Universität Uppsala) und Alois Hahn (Universität Trier) haben zum Konzept des Buches wertvolle Rückmeldungen geliefert. Renate Salge hat die abschließende Durchsicht des Manuskripts besorgt. Sonja Rothländer und Anke Beck haben das Buchprojekt als Lektorinnen betreut. Ihnen allen sei gedankt.

Dem Zentralarchiv (ZA) an der Universität zu Köln danke ich für die Erlaubnis, den Datensatz ALLBUS 2002 für viele der Beispiele zu verwenden.

Berlin, im Januar 2006

Register

UVK:Weiterlesen

Johannes Huinink,
Torsten Schröder
Sozialstruktur Deutschlands
2008, 280 Seiten, broschiert
ISBN 978-3-8252-3146-0
UTB Basics

Eine kompakte Einführung in die Sozialstruktur Deutschlands: Grundbegriffe, zentrale Modelle und Methoden der Sozialstrukturanalyse werden erklärt.

»Der Band ist gleichermaßen ein Lern- wie Arbeitsbuch. [...] Er eignet sich nicht allein zur Einführung in die Sozialstruktur Deutschlands, sondern ebenso als Lern- und Arbeitstableau soziologischer Grundbegriffe und Theorien wie als Hinführung zu einer soziologisch abgesicherten Urteilsbildung.«   ZPol

»Das Werk ist didaktisch hervorragend aufgebaut, mit Übersichten, Infoteilen, Lernkontrollfragen, annotierten weiterführenden Literaturangaben und graphischen Angaben direkt im Text versehen.«
ekz-Informationsdienst

Klicken + Blättern

Leseprobe und Inhaltsverzeichnis unter

www.uvk.de

Erhältlich auch in Ihrer Buchhandlung.

UVK Verlagsgesellschaft mbH

UVK:Weiterlesen

Volker Kruse
Geschichte der Soziologie
2008, 320 Seiten, broschiert
ISBN 978-3-8252-3063-0
UTB Basics

Ein kompakter Überblick über die Geschichte der Soziologie: von den Anfängen im 19. Jahrhundert bis in die Nachkriegszeit. Es werden die für die Lehre zentralen Soziologen vorgestellt – ihr Leben, ihr Werk und ihre Zeit.
Der Autor zeigt, wie soziologische Theorien in der Auseinandersetzung mit zeitspezifischen politischen, ökonomischen und kulturellen Herausforderungen entstehen und ermöglicht damit ein leichteres Verständnis der begrifflichen und theoretischen Grundlagen der Soziologie.

»Eine umfassende, informative, verständliche, z. T. sogar spannend zu lesende Studie.«

ekz-Informationsdienst

Klicken + Blättern

Leseprobe und Inhaltsverzeichnis unter

www.uvk.de

Erhältlich auch in Ihrer Buchhandlung.

UVK Verlagsgesellschaft mbH

UVK:Weiterlesen